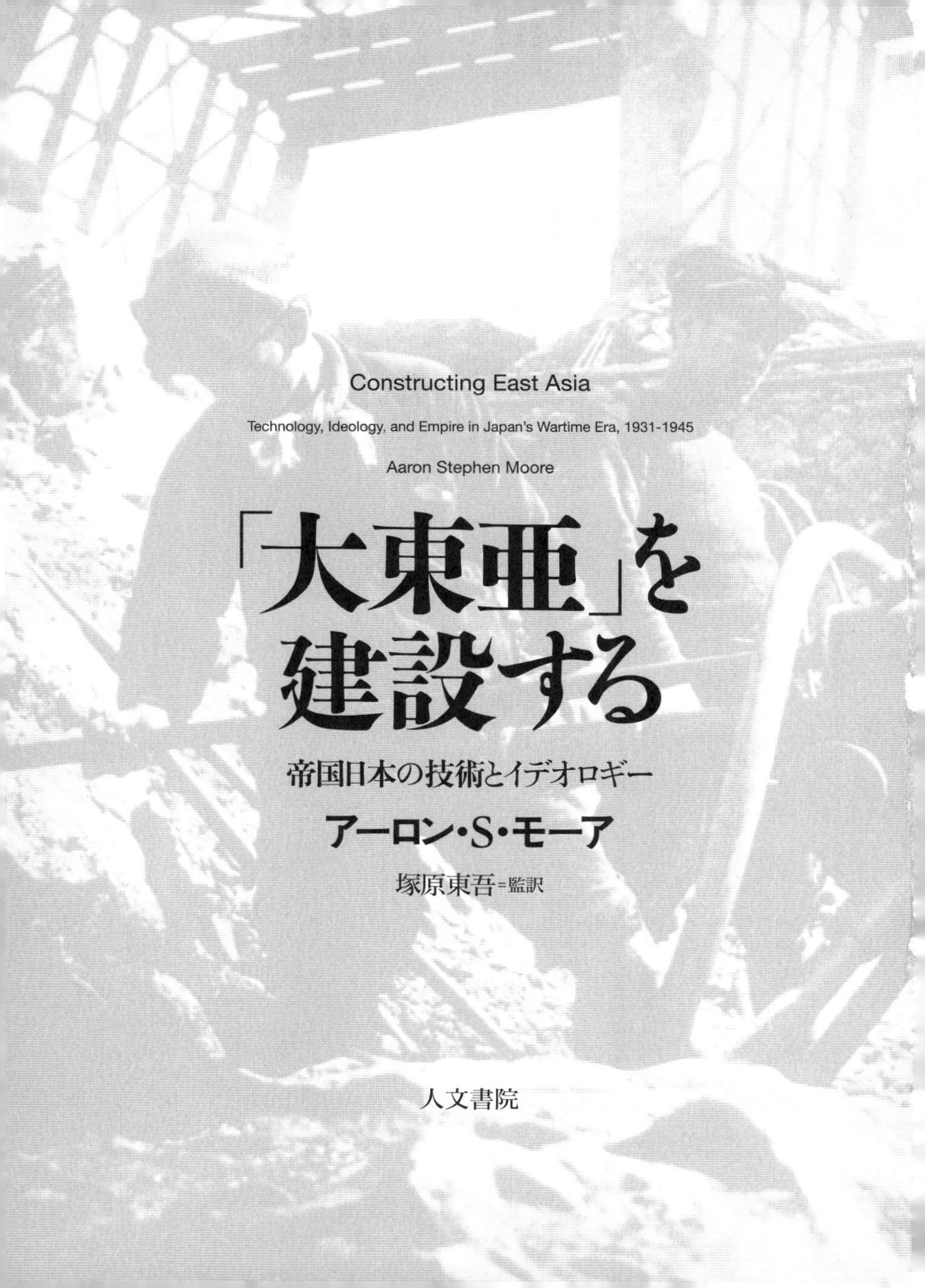

Constructing East Asia

Technology, Ideology, and Empire in Japan's Wartime Era, 1931-1945

Aaron Stephen Moore

「大東亜」を建設する

帝国日本の技術とイデオロギー

アーロン・S・モーア

塚原東吾＝監訳

人文書院

「大東亜」を建設する　目次

序説　帝国日本の技術的想像力　9

第一章　生活を革新する技術　39

第二章　アジア発展のための技術　95

第三章　大陸を建設する　143

凡例

一　漢字は原則として常用漢字を用い、歴史的仮名遣いは現代仮名遣いに改めた。難解漢字についても、適宜ルビを施した。ただし固有名詞については、オリジナルの表記にしたがった箇所もある。

二　著者による追記は、一律に（　）であらわした。

三　原書の表記での誤植や誤記などは適宜修正を施した。引用元の原典と原書での英語表現との齟齬がある場合は、原典を優先し採用した。

四　英語の出典が示されているもので、邦訳がある場合など、訳者が追記したものは、〔　〕であらわした。なお、原文で英語から引用されている場合、英語でのページ数を優先的に記し、邦訳との照合関係の見られない場合や確認ができない場合などは邦訳書の対応ページは省略した。

五　原文は英語のため、基本はすべてアルファベットの表記になっているが、以下の場合は可能な限り原表記を採用した。（1）出典が朝鮮語（韓国語）の場合、ハングル仮名交じり文にした。ただ漢字名を持つ場合でも、現在、アルファベット表記で活動しており、アルファベット表記を政治的・文化的理由などで使用しているばあいはそれを尊重して、アルファベットに基づくカナで表記した。（2）英語の本から引用されている場合で原文が確認できた場合、原文を優先した。（3）原文が引用している英語文献に誤記や誤引用が発見された場合、適宜これも〔　〕で注記した。（4）日本語・中国語については可能な限り原典を参照したが、朝鮮語から引用されているものについては、訳者グループの力量を超えるので、英語からの訳とした。

六　翻訳のため原著にある謝辞は割愛し、献辞のみを掲載した。

七　引用部分などに今日の人権意識・社会性に照らして不適切な記述や用語が見られるが、歴史的文脈に鑑み、原文通りとした。

「大東亜」を建設する——帝国日本の技術とイデオロギー

両親であるリサ・チェン・モーアとステファン・ウィリアム・モーアに本書を献げる

序説　帝国日本の技術的想像力

技術超大国としての日本

一九九〇年一二月、科学技術庁科学技術政策研究所監修のもとに、『日本の科学技術政策史』を刊行した。日本の科学技術の包括的な戦後史を意図するというその報告書は野心的なねらいをもったものだった。日本の科学技術政策が経済・社会の発展にいかに本質的な役割を演じたのかを全世界に知らしめ、日本が自国を豊かにすることだけではなく、世界を豊かにするための政策を提案するというのだ。(1) 報告書が書かれたのは「バブル経済」花盛りの時期であり、日本が家電・自動車・半導体・製造技術・ロボット工学などの技術革新においてグローバル・リーダーとみなされていた時代であった。書店の店頭には、経済発展に対する日本型の特異なアプローチを詳述する『テクノポリス戦略――日本・高度技術・二一世紀の支配』や『科学技術超大国としての日本』〔邦題『日本の驚異――最強の技術力はいかにしてつくられたか』〕といったセンセーショナルなタイトルの書籍が数多くならんでいた。(2) 芝浦工業大学工学マネジメント研究科教授・研究科長の児玉文雄は、技術開発促進の日本型モデルはグローバルな「技術パラダイムシフト」を代表するものであるとし、さらには、イラン・フィリピンにおける革命や天安門事件を可能にしたのは日本製のカセットテープ・ビデオといった録音・録画機器やファックスであったとまで主張した。(3) このようにして日本の科学技術政策は、一九八〇年代から九〇年代初頭にかけて、社会的発展や経済的繁栄、ときには民主主義的諸価値をも促進する進歩的勢力としてひろく認められていた[4]。

一九八九年に日本は世界最大の海外援助国となり、冷戦体制崩壊後の一〇年間その地位にありつづけた。一九九五年には日本のODA支出は一四五億ドルに達し、アメリカ合衆国の倍近くになっていた[5]。これら海外援助の多くは科学技術にかかわるもので、それは物資だけでなく、知識提供や人材派遣にもおよんだ。こういった技術援助プログラムは、一九五二年に米国の占領が終わるとすぐに開始され、当初はかつて日本が占領下においた東南アジア諸国への戦時賠償協定に基づいて行われた。そこで典型的だったのは、水力発電・交通網整備・工場建設といった大規模プロジェクトに日本政府が補助金を出すもので、それは日本国内の建設・製造業界に利益をもたらし、ひいては日本経済全体の底上げにつながった。一九六〇年代には、日本の経済学者が「雁行型経済発展論」と呼ばれる技術振興を基盤とした経済の段階的発展理論を展開・喧伝するまでになったが、この理論は一九九〇年代まで一貫して日本のアジア外交政策の基軸となった。この理論によると、低開発国はまずその第一段階において（たとえば日本といった）先進国から製品を輸入し、それにより産業発展を振興する。輸入代替品の生産が第二段階となるが、その余剰生産が製品の輸出にまで至るのが最終的な第三段階ということになる。アジア地域の経済発展の歴史は、技術移転と輸入代替を通じた産業成長というこの理論が正しかったことを証明しているかのように見える。その証拠に、日本の技術援助を長らく享受してきた韓国・台湾・香港・シンガポールは「四頭の虎」の異名をとるようになり、さらにフィリピン・インド・インドネシア・タイ・中国といった第二次新興成長市場がそれに続いた[6]。このように、積極的な科学技術振興政策は日本国内の発展にとって重要であったのみならず、日本の外交政策においても主要な役割を果たしてきた。

日本政府やその賞賛者からすれば、科学技術の進歩とそれを支える政策は、近代史における日本の国家的発展および安全保障にとって、また昨今のアジア諸地域の経済的成功にとっても必要不可欠な、近代化を推進する原動力を意味するものであった。科学技術とは、国家的な繁栄・革新・生産性の向上を実現するために道具的に活用されまた促進されるべきものだった。科学技術に基づく「テクノ・ナショナリズム」的パラダイムを発展させた日本の先見の明、というこの耳慣れた物語は、日本と西洋の研究者がともに作り上げてきた日本の近代化という物語の大きな柱をなすものである。[7]

近代日本における科学技術概念を再考する

本書『東アジアを建設する』〔原題〕は、科学技術に基づく戦後日本の近代化というこの月並みな物語を、その起源を戦時体制下の「技術的想像力《テクノロジカル・イマジナリー》」にまでたどることによって批判する。その目的は、二〇世紀の科学技術がイデオロギーや権力のシステムとして機能してきたあり方の、ある特定の側面に注意を喚起することにある。「技術的想像力」という造語でわたしが意味するのは、多種多様な集団が「技術」という用語にイデオロギー的な意味やヴィジョンを託す、そのさまざまな方法のことである。科学技術の包括的なモデルや定義を提示する代わりに本書が分析を試みるのは、戦時日本の技術をめぐる言説が、議論する主体やその主体である個人・集団の政治的目標によってどのように展開しまた変容したのかという点である。これは科学技術を進歩と繁栄をもたらす抽象的で普遍的な原動力とみなす近代化をめぐる従来型の物語に拡張をせまるもので、そのために本書が分析の俎上に載せるのは技術的想像力が〔帝国日本において〕定式化されていく過程であり、それが国内の資本主義的発展や戦時動員との関係においてのみならず、植民地支配の拡大と密接な関係にあったという点が強調される。後者は、しばしば、日本の歴史的発展の「本流」からは切れたものとして扱われてきたものである。[8]日本のエリートたちのあいだで科学技術にかんする言説が浮上してくることは、「想像すること《イマジナリー》」のプロセスでもあった。すなわち、戦時・植民地政策を考案するうえで創造性豊かな構想力と技術にかんする専門知識とをブレンドしていくことであり、また、さまざまな民族の希望や欲求をとりこむことを意図した大規模なインフラ計画を多数実行に移していくことでもあった[9]。そこで本書が前提とする議論は以下のようなものとなる。政策や計画を想像することを通じて科学技術を動員の原動力として役立てるという戦時体制下にできあがったスタイルは、一九四五年以降も、日本がグローバルな技術超大国として海外開発援助の分野で影響力のある国家に生まれかわることによって継続した。そして、民衆レベルの認識においては、戦後日本経済が奇跡の復興を成し遂げ、世界の舞台で平和を推進する主要国として日本が頭角をあらわすに至ったという通俗的な物語によって、この戦中戦後の継続性は隠蔽され抑圧されてきた。

近代化論者たちは概して、戦時中の一九三〇・四〇年代を、非合理性・精神主義・反動政治が支配した日本近現代史における「暗い谷間」として描き出してきた[10]。これらの論者によれば、日本の戦後民主化はもっぱら米国による占領期（一九四五‐五二）のたまものということになる。しかし他方で、戦後日本の民主主義的システムが、実際には戦時中に発展した国家主義を構成するさまざまな要素にその根を有していることを証明する研究成果が、一九八〇年代より多く現われはじめる。なかには、戦時中の独裁体制や軍国主義にかんして、自由民主主義へのたんなる超保守的な反動ではなく、近代的で進歩的な性質も多く内包するものであったことを示す研究もある。たとえば、チャルマーズ・ジョンソンは、戦後日本の「経済的奇跡」の原因を、戦前戦中の経済官僚が産業振興政策・計画において考案したさまざまな手法のうちに見いだしている。ジョン・ダワーは挑発的なもの言いで、アジア・太平洋戦争を「役に立った戦争」と呼ぶが、その意味するところは、経済官僚の組織化・半‐独占的な合弁企業体・日本型経営と「協力的」労資関係といった戦後の急速な経済成長の鍵となる諸制度が発達するのに戦争が「役に立った」ということだ。シェルドン・ギャロンは、「進歩・科学・合理性」といった近代化がはらむ諸価値のおかげで、市民社会を動員し戦中戦後のより独裁的で管理された社会システムへと適合させるための「良心に訴えかける説得」の技法を、戦前の日本国家が開発することに成功したと論じている。本書は、「近代化」と独裁体制との関係をめぐるこれらの先行研究に注目しつつ、近代化のもっとも明白な産物である「技術」が戦時動員や植民地支配のためのイデオロギーとしていかに機能したのか、そしてそれが、民主国家としての日本の戦後史を形づくったまさに当のものでもあるということを検証する。[11]

技術と権力との関係に光をあて、それによって技術にかんする従来の道具主義的な見方を疑問視するにあたって、本書は、技術の政治的性質をめぐるフランクフルト学派の豊富な研究成果から学んでいる。たとえば「これは正確には「フランクフルト学派」に属するものではないが」マックス・ヴェーバーの有名な議論がある。近代資本主義における規律・計算・合理性といったプロテスタンティズムの倫理の台頭は、「現在、圧倒的な力をもって、その機構の中に入りこんでくる一切の諸個人の生活のスタイルを決定する、機械的生産の技術的・経済的条件[12]」に人びとを縛りつけるような脱呪術化された秩序を創造した。そして目的を持った道具主義的な行動・組織・技術の諸形態は巨大な官僚・行政機構によって具現化され、人びとを「精神のない専門人、心情のない享楽人」へと変容させる理性の「鉄の檻」が築かれる。すると計算可能性と統制力を最大化し、「目的の選択」よりも「手段の効率」に関心のある形式化された合理性のシステムが、人びととの日常生活を支配するようになる。[13] このようにヴェーバーにとって、技術が支配する社会の形成は、近代化論者が言うような直線的な進歩の道行きではなく、合理化が不可避的にもたらす非人間化のプロセスなのである。本書はヴェーバーの議論を取り入れつつ、いかにして科学技術が、戦時日本の権力の性質を形づくることとなる合理化の広範囲に及ぶ影響力を構成するに至ったのかを検証する。

戦時中の日本における科学技術は、たんに合理化の抑圧的な力を代表するものではなく、人びとを国家的目標のために積極的に動員するものでもあった。ヘルベルト・マルクーゼやユルゲン・ハーバーマスの仕事は、技術が人びとの希望や欲望を社会制御のメカニズムのなかにダイナミックに取り込んできた方法を明らかにした点において、科学技術は権力のシステムであるとする本書の議論にとって重要なものである。たとえばマルクーゼは、技術的合理性の拡大を資本主義的支配関係と結びつける。彼にとって技術とは、「人間の不自由の大きな合理化をも準備し、自律的であること、および自分の生活を自分で決定することの「技術的」不可能性を証明する」ものなのである。ヴェーバーが抑圧的な「理性の鉄の檻」を強調したのに対して、マルクーゼは、「暮らし易さを増やし、労働生産性を高める技術的機構に服従すること」として資本主義の支配を描き出した。[14] マルクーゼの定式をさらに練り上げたハーバーマスは、広く浸透している「技術至上主義《テクノクラシー》の意識」あるいは「目的合理性的行為」の論理が、いかにして経済活動の領域の外へと拡大し、人びとが機能的に統合されている社会システムのレベルで再生産されるかという点に注目した。[15]「政治のめざすところは機能障害の除去とシステムをおびやかす危険の防止であり、したがって、実践的な目標の実現ではなく、技術的な問題の解決である」とハーバーマスは論じる。[16] その結果、公共圏は脱政治化され、「良い生活」の実践的なヴィジョンより、むしろシステムが正しく機能することに関心が持たれるようになる。[17] ハーバーマスとマルクーゼにとって、技術とは物理的にそれとわかる以上のもの、すなわち権力と動員の具体的な技法を意味していた。公共的言説において技術の新たな定義が現われ支配的になっていた戦時中の日本で作動していた政治的ダイナミクスを捉えるのに役立つので、彼らの理論的結論は意義深い。

本書は、日本の技術的想像力形成に影響力を持った個人や集団（知識人・技術官僚・技術者・国家計画立案者）の分析を通じて、この政治的ダイナミクスを明らかにする。相川春喜のようなマルクス主義者は、日本の帝国的拡大という急激な社会的変容に人びとの政治・経済・社会・文化的生活を動員するような技術化されたシステム社会の概念を明瞭に提示した。宮本武之輔のような技術官僚は、技術的専門性を国家政策決定プロセスに組み込ませるような「社会的技術者」の重要性を強調し、アジアを近代化し西洋帝国主義から「解放」する「興亜技術」なる考え方を技術者の指針として打ち出した。直木倫太郎・原口忠次郎・久保田豊などの技術者は、国内のお役所仕事を逃れるべく帝国に活路を見いだし、都市計画・ダム建設・治水・産業開発といった技術プロジェクトの連携統合によって持続的な関係と利益を生みだすような、「綜合技術」・「国土計画」という概念を発展させた。毛里英於菟《ひでおと》のような革新官僚は「経済技術」といった概念を練り上げ、「生命的組織」なる主意主義的思考に基づいて日本本土ならびに帝国をひとつの有機的機構に統合するような政策を「経済技術者」が立案することを提唱した。このように「技術」という語が一九三〇年代日本の公共言説において目立った存在になるにしたがって、影響力のあるエリート層がそれを自らの語彙に取り入れるようになり、物理的・人為的なものという従来の意味は拡張され、社会を組織化し変容させる技法を含むまでに至った。

技術と日本型ファシズム

戦時体制下の日本における技術とは、たんに高度な機械類やインフラを意味するのではなく、それよりずっと広く、主体性（subjectivity）や倫理、未来の構想にかかわる次元も含んでいた。欧州などにもみられるように、二〇世紀初頭以来日本における技術は、ある種の創造的思考・行動・存在を表すとともに、合理性・協働性・効率性といった価値を体現するものとなり始めていた。技術はまた、民族や階級をめぐる軋轢のない平等な社会というユートピア的ヴィジョンに、容易に適用されるものでもあった。特に日本が軽工業から重工業中心の戦時経済体制に移行する一九三〇年代には、国民生活のあらゆる側面にじわじわと浸透し変化をもたらすものとしての技術という、主体の制作により深くかかわるような技術観を、エリートは展開した。そしてこのような主体性・動員にかかわるより実践的な技術観（「技術的想像力」）は、広範囲にわたる社会的アクター（想像するもの）にとっての指針となった。そういったアクターには、戦時統制経済を設計する官僚から植民地における巨大インフラプロジェクトを企画・推進する技術者まで、さらには、日本資本主義の発展段階を意味づけ革命の可能性を模索するマルクス主義者から映画やマス・メディアにおける技術の「新しいリアリズム」といった美学を涵養することを唱道する文化批評家まで、多種多様な人材が含まれていた。

戦時日本の技術的想像力が代表するファシズム的イデオロギーとは、精神主義や超国家主義の文化に訴えかけることをもっぱらとする神がかり的なものだけではなく、近代性・合理性といったなじみのある比喩を用いる形態のものでもあった。そしてこの技術的想像力は、戦後日本の社会や外交にとってことさら強力なレガシーとなった。技術とファシズムの関係については異なる文脈における研究が知られているが、なかでもとくに重要なものにジェフリー・ハーフの分析がある。オスヴァルト・シュペングラー、エルンスト・ユンガー、マルティン・ハイデガー、ヴェルナー・ゾンバルトなどの「反動的モダニスト」が、「共同体、血統、意志、自我、形態、生産性、そして最後に人種」といった病理学的で非合理的なロマン主義的目標を達成するために、いかにして技術的理性を横領したのかをハーフは分析した[18]。しかし日本のエリートについては、技術が本来的に有する合理性をたんに「悪用」して非合理主義やロマン主義にどっぷり浸してしまったという言い方は当たらない。むしろ、さまざまな仕方で彼らが表現していたのは、国民生活の多様な領域が合理的に計画・動員されその潜在力や創造性が最大限発揮されるようにする、創意に富んだ実践的で政治的な技術の概念だったのだ。

本書が考察するのは、「日本的」技術といった特殊な概念の確立を求める代わりに、日本のエリート層が、他の文脈から引っ張ってきたユートピア的な技術観をどのようにファシズムのイデオロギーに取り込んだのかという問いである。チャールズ・メイヤーは、二〇世紀初頭のテイラー主義が工場労働合理化の技法という当初の意味を越えて、工場経営と社会再編成の強力な政治的イデオロギーとなった過程を明らかにすることによって、西洋における技術とファシズムの関連性を示している。二〇世紀初頭の欧米においては右左を問わず、階級間の軋轢を乗り越えるためのヴィジョンとして、「科学的経営」はおあつらえむきだったのだ。こういったヴィジョンによれば、「効率性・最適性・生産性の向上・生産量の拡大」の「整合的なシステム」の線に沿って、社会は再組織化されることになる。たとえば、アメリカの「進歩主義時代」においては、チャールズ・ファーガソンやソースティン・ヴェブレンが、「社会に最適性を強要」し資本主義の無駄と階級対立に終止符を打つような理想的人格としての技術者像を打ち出した。フランスでは、「伝統的な階級区分を否定し、ブルジョアであろうとプロレタリアであろうと小作農であろうと、あらゆる「生産的」で「勤勉」な構成員がなす統一的な社会こそが望ましいとする原‐テクノクラシー的なイデオロギーを、サン・シモン主義が具現化していた」。イタリアでは、未来派がファシズム国家を「発電機《ダイナモ》」として、すなわち「国家以上のもの」として思い描いていた。ソ連では、共産主義者が社会革命を促進する技術の潜在力を言祝いだ。最後にドイツでは、ワルター・ラウテナウやヴィヒャルト・フォン・メレンドルフといった技術者＝実業家が技術パラダイムを援用して、資本家を公務員にして資本主義的競争を撲滅する「計画経済」(Planwirtschaft) の実現を強く求めた。以上のように、全世界の工業国において、ことに大恐慌期の資本主義の危機と労働争議の増加に直面するなかで、「技術」という単語が社会の調和・刷新・能率を表す強力な記号となったのだ。日本のエリートもまた、技術と社会運営にかんするこれらの考え方を拒否することなく、むしろ自らのファシズム的イデオロギーのプログラムに組み込んでいった[19]。

本書はファシズムを以下のように定義する——ファシズムとは、社会の革命的変容や動員を可能にするために近代的要素と反近代的要素を結合するようなイデオロギーならびに権力の様式が、全世界的な規模で、さまざまな国民・国家の文脈に翻訳されたものである[20]。戦時期の日本について仕事をしている英語圏の研究者にとって「ファシズム」という用語は争点となり続けてきているが、その用語を使う場合にはたいてい丸山眞男の「上からのファシズム」という概念を借用している。丸山の考えでは、日本のファシズムとは結局のところ、多くのヨーロッパでの例のように「下から」の大衆運動によってではなく、国家のさまざまな機関によって広められたものである。さらに日本のファシズムは、天皇を中心とする家族主義、反近代的な農本主義、西洋からの解放を掲げる汎アジア主義といった点において「特殊」であるとされる。[21] 英語圏の研究者は、丸山理論の多くの論点を洗いなおしたり「ファシズム」という語を使用するのをやめたりしてきたが、それでも多くは、日本のファシズムがもつ合理的で近代化志向の側面よりはむしろ、その反近代的で権威主義的な精神主義・共同体主義の部分を強調し続けてきた。[22] その枠組によれば、あくまでヨーロッパがファシズムの原型モデルであり、そのモデルに照らして日本はつねに特殊なケースとなる。たとえばカリスマ的指導者やファッショ的大衆政党の不在や、明治時代と一九三〇年代とのあいだの制度的な不連続性が、日本がファシズム国家ではなかったことを「証明」するのに十分な証拠を提供しているという議論もある。[23] しかし本書では、ドイツやイタリアの経験から標準モデルを引き出す代わりに、いくつかの共通する思想やプランが異なる国民・国家的文脈に翻訳されたものとしてファシズムを捉える。[24] ファシズムのいわゆる純粋モデルに基づく細々とした特殊性にばかり目が行ってしまうと、異なる地域で同時多発的に展開したファシズムのより大きな歴史的影響力を無視することになる。さらに重要なポイントとして、日本ファシズムの特殊性にばかり注目することは、合理化や社会の再編成、そして戦後にまで重大な影響を及ぼす権力や動員の形態としての技術的想像力の構築といった、近代化のプロセスに共通する要素がファシズムのうちにも見いだされるという事実を見逃してしてしまう。

ヒロミ・ミズノは、戦時期日本のエリート層における「科学的」という概念にかんする最近の著書において、「ファシズム」を避け「科学的ナショナリズム」という用語を採用している。この用語でミズノが意味するのは、「国民・国家の保全・生存・進歩にとってもっとも喫緊かつ重要なのは科学技術である」とするイデオロギーのことである。[25] ジャニス・ミムラは、戦時期日本の革新官僚にかんする考察のなかで、技術的合理性や包括的経済計画そして生産性と効率という近代的価値といったものと民族的ナショナリズム・右翼的有機体論イデオロギーとを融合する革新官僚のイデオロギーに対して、「テクノ・ファシズム」という名称をあたえた。ミムラは、テクノ・ファシズムが伝統的な日本政治の分裂状態を乗り越え、技術系官僚主導の計画経済というより大きな政治のなかに取り込むという目論見をどのようにして実現していったかをさまざまな形で示し、それをひとつの新たな「権力の様態」と表現した[26]。本書は、「科学的ナショナリズム」というミズノの概念とテクノ・ファシズムに関するミムラの示唆を受けて、それらをさらに発展させるかたちで、技術的想像力は、ナショナリズムの政治と技術主導の計画経済以上のなにものかを表象すると論じる。科学的ナショナリズムまたはテクノ・ファシズムのイデオロギーには、たんに抑圧と暴力に頼るのではなく人間の主体的な創造性や活力の利用を基盤とするような、別種の権力の様態の輪郭を見いだすことができる。日本のエリートの考え方や政策において、権力とは、たんに上から社会を組織化するものではなく、おびただしい数の人民や組織による生産的な実践を通して内側から社会をダイナミックに形成していくものだった。ファシズムとは、全体主義国家の存在以上のものであり、日常生活のあらゆる場面で「階級闘争の帰結や、疎外、不安定さや文化的・経済的不平等のすべてを……抹消して」資本主義を維持しようと努める「分子的もしくはミクロ・ポリティクス的な権力」の一形態を創造するものなのである[27]。本書は、こういったファシズム的権力の様態が、技術的想像力によってどのように明瞭に提示されてきたかという問いを検証する。

日本の技術的想像力

本書で扱われる人物や集団は、一九二〇年代以降の日本において、主体性にかかわるユートピア的な技術観を表明し始めた一群のエリートのなかでも前衛に位置する者や集団である。たとえば、アメリカ型の科学的経営イデオロギーは日本の文脈に移植され、一九四五年以降、世界的に有名な「日本型経営」へと発展した[28]。戦前戦中には、国が後押しする能率化運動・産業合理化運動を、多くの技術者・経営者・官僚が推進した。専門技術者による統治を意味するテクノクラシーという考え方もまた、二〇世紀初頭には人口に膾炙するようになる。テクノクラシーを支持する者の中には、重化学工業コンツェルン（財閥）を率いる日産の鮎川義介や理化学研究所の大河内正敏、革新官僚と呼ばれる毛里英於菟・奥村喜和男・岸信介などがいた。鮎川は多数の子会社のうえに「公衆持株会社」を置くという構想を推し進め、大河内は「科学主義工業」という経営理念を提唱した。技術者自身は一九二〇年に「日本工人倶楽部」を結成し（一九三五年に「日本技術協会」に改称）、技術が国民の文化・倫理の礎となると主張し始める。アメリカにおけるニューディール政策やドイツにおけるナチスの経済政策に大きな影響を受けながら彼らが推し進めようとした行動計画は、労資協力を奨励し、行政・官僚の能率化を推進し、国の政策決定への技術者の関与を促進し、東アジアの植民地化を強化することであった。そのリーダー的存在だった宮本武之輔は当時影響力のあった企画院の次長にまで昇りつめるが、一九四一年の「科学技術新体制確立要綱」などの計画策定にあたって中心的な役割をはたした。[29]

第一次大戦によって総力戦の時代が訪れると、技術と社会をめぐる議論において軍がその中心を占めるようになる。「統制派」の将校は、天然資源を有効活用し軍需産業の生産力を最大化するような「国防経済」の確立を訴え、革新官僚や技術者と連携しながら合理化や効率性といった技術の原理に基づく社会編成を促す政策を提唱した。[30] たとえば一九三〇年代に陸軍科学研究所の所長を務めた後に陸軍技術本部長になった多田礼吉は、科学技術は有機的な日本の「国体」にとって本質的な構成要素であり、諸国家間の進化論的生存競争の現段階における勝利を勝ち取るためには、日本国家が積極的に科学技術振興に取り組まねばならないという見解を持っていた。多田は日本を電動要塞とする構想すら持っており、それは高度なレーダー技術が国家の眼として、遠隔操作・誘導システムが国家の手足として、いかなる外国からの軍事的脅威に対してもすぐさま対応できるように備わっている有機的身体をなすという。このような高度国防国家を実現するためには、政府の技術系官僚機構を中央集権化し、必要な技術革新を迅速に行うために国の研究機構を統合しなければならないとされた。[31]

より広い意味でのユートピア的な技術観は、社会科学の分野にも浸透していた。社会学の分野では、松本潤一郎と早瀬利雄が、テクノクラシー運動の理念と、アメリカにおけるニューディール政策・ソビエト連邦における社会主義・ドイツにおけるファシズムにとってのテクノクラシーの重要性を日本に紹介した。[32] 経済学の分野では、大熊信行が物資の生産とともに人間の労働の再生産にかかわる技法の研究を力説し、大河内一男は個人の生産活動のみならず消費生活も促進する政策の導入を訴えた。これらの研究は「生活科学」という広い領域の学問分野へと結晶化し、戦時動員のための国家による技術統制の範囲を拡大するのに役立った。[33] 政治学の分野では、蠟山政道が技術を「人間生活の営みの術」と定義し、国家行政にも適用可能とした。蠟山は行政に合理的経営の技法を採用することによって、技術的意識や方法が行政の現場に浸透し、ついには国民の日常生活を管理する地方政府その他無数の地方組織にまで広がっていくであろうと論じた。[34]

哲学者は、現代の生における感覚と主体性の新たな潜勢力に明確な表現を与えるために、技術をプラクシス・構想力・創造性（「主体的技術」）として概念化した。一九二〇年代から哲学者の西田幾多郎は、「技術」という語を「ポイエーシス」あるいは「行為的直観」と同じ意味を持つものとして用い始めるが、その関心は主体と環境との同時的形成という問題にあった。[35] この流れで思索した哲学者の三木清は、一九三八年の論文に、「技術は物を作る行為である。それが如何なるものであらうと、道具の如きものであらうと機械の如きものであらうと、人間の心や身体の形の如きものであらうと社会の制度或ひは観念形態の如きものであらうと、物を作るといふことが技術の共通の本質である」[36] と書き、「技術」と人間の生のあらゆる領域における制作とを等置した。科学哲学者の下村寅太郎は、かの有名な「近代の超克」座談会（一九四二年）において、人間の身体は「機械を何らかの仕方に於て自己のオルガンとしているるオルガニズムなのである」という見解を示し、科学や技術は西洋のものであるから真に日本的であるとは言い難いと単細胞的に切り捨てる日本主義的な座談会参加者を批判した。[37] マルクス主義哲学者の戸坂潤は、技術をダイナミックな「大衆的知性」と定義し、それは工場内部にとどまらず現代人の日常生活のうちにあらわれる無数の技能・技法・実践の集積であると論じた[38]。中井正一は、メディア技術が主体に与える影響を分析する際に映画の言語を導入した美学者で、現代における人間身体を「光、音、言葉、のいろいろのものを、無限にうつしあう鏡のいっぱいにある宮殿のようなもの[39]」と表現し、大衆的な発明や創造が孕む「技術的時間」の概念を考察した。他方で、日増しに進む多様な技術の日本社会への浸透は、「西洋的」近代に侵されていないことになっている「真正《オーセンティック》」な日本人という主体を措定しようとする、和辻哲郎や九鬼周造といった同時代の著名な哲学者の試みを阻害していた。

一九二〇年代より盛んになるラジオ・映画・大衆誌・ジャーナル・新聞といったかたちの技術の進歩も、文化的表現や人びとの主体的経験を根本的に変容させるのに一役買った。マス・メディアの技術が拡散することは、新たな美的感覚や可能性に満ちた技術文化の形成を意味していた。多くの人にとって、近代の産物としてもっとも目立つものである機械が生活のあらゆる領域に浸透していると感じられてはいたが、労働組合や右派イデオローグたちがしばしば主張するようにそれは人間を疎外するものとしてではなかった。新たなマス・メディアの技術が体現する「スピード、ショック、センセーション、スペクタクル」といった新奇な経験を文化評論家は言祝いでいたが、なかでもマルクス主義批評家の平林初之輔は、映画やラジオや大衆的人気を博した探偵小説などが文化芸術を大衆に近づけ、科学的・批評的態度に根ざした「民衆の文化」が出現する可能性を生む具体的な方途を模索していた[40]。映画評論家の今村太平は、一九三〇年代に勃興する記録映画（「文化映画」）の美学が「新鮮で独自の、機械についての生活、機械に関する私的な独創性、そして新たな機械についての羨望をもつ」と記している[41]。前衛芸術家の村山知義は、「勇敢端的な機械の美を愛する」必要性を説き、彼が主導したＭＡＶＯの芸術家は作品において意識的に、産業社会が生みだした技術生産品を用いて芸術と日常生活のあいだにある障壁を突き崩そうとした[42]。ミリアム・シルババーグの研究は、一九二〇年代における大衆を媒介とする「マス・

メディア化された〕文化の出現がいかにして多様な「消費者主体」の創造活動を促進したかを検証している。が、シルババーグによると、一九三〇年代末くらいまではカフェの女給・主婦・モボ・モガ・サラリーマン・ルンペンといった人にさまざまな小細工を弄して「エロ・グロ・ナンセンス」を追求することによって、国家主義的な合理化言説に挑戦していたとされる。[43] 以上からわかるように、本書で扱う技術的想像力が出現した社会は、すでに工業およびメディアの諸技術ときわめて親和性が高く、それらがすっかり染みついていたと言える状態にあった。

第二次世界大戦時の技術すなわち「テクノ・ファシズム」にかんするこれまでの研究では、上からの技術的運営の重要性ばかりが強調され、新たななにかを動員し創造し刷新し組織する能力という技術が有する別の側面はしばしば等閑視されてきた。[44] シルババーグが述べているように、一九二〇年代・三〇年代に新たに力をつけてきた「消費者主体」は、「（国家による合理化・道徳推進キャンペーンといった）体制維持勢力に対する辛辣な批判や創造へと突き動かされる桁はずれのエネルギー」によって特徴づけられる文化を発展させた。[45] この「エロ・グロ・ナンセンス」と呼ばれる大衆文化は、シルババーグの議論によれば、日本が軍国主義・全体主義へと完全に舵を切る一九三〇年代末にはほぼ死に絶えた。本書が取り組む問いは、革新と実験の精神に満ちあふれるこういった大衆文化をコントロールしようとした国家主義者のエリートが、明示的に〈技術〉に訴えることによってその目的をはたそうと試みた、そのやり方である。「技術的想像力」とは、合理的な手段‐目的型の技術を社会運営の用に供するテクノクラートによる道具主義的な技術利用という以上の意味を持つ。それはまた、民衆の希望や欲求のレベルで作動し国家目標へと誘導することを目指す、新たな形態の権力の編成を表象する。概して技術的想像力が描く社会像は、一連の経済的・科学的・文化的・知的・行政的な諸技術の総体によって構成される有機的システムであるが、これら新興のヴィジョンの多くによれば、社会のあらゆる構成員には、社会システムがひたすら「東亜新秩序」建設のために稼働する中で生産的な役割があてがわれる。技術は、山之内靖が「有機的全体を特徴づけるオートポイエーシス」と表現したものと似通った巨大な技術システムの意味を持ち始めた[46]。技術的想像力を通じて国民生活のあらゆる領域を取り込みシステム化するという、日本の戦時期に見られる動きは、戦後日本にまで継続するある種のファシズム的傾向を分析するための説得力のあるパラダイムを提供するとともに、技術的近代化のプロセスそのものにとってもいくらか本質的なものであると言えるだろう。

技術と日本帝国主義

技術的想像力は日本本土に限定されるものではなく、日本帝国の支配域にも拡大された。一八九五年に最初の植民地として台湾を獲得すると、一八九八年に台湾総督府民政局長（後に民政長官に改称）として赴任した後藤新平は、「生物学的植民地論」と称される独自の「科学的植民地主義」を展開した。おもにドイツにおける植民地行政をめぐる議論に影響を受けた後藤の科学的植民地主義は、開発に対する「体系的で調査研究志向のアプローチ」を意味するが、台湾はまさに「実験場」として都市計画や衛生改善、インフラ建設や民間組織の誘導といった広範囲にわたる政策が実地に移される場となった。生物学的な意味における有機体と類似して、各植民地もそれぞれに固有の法や慣習を有しており、それらは日本人の専門家によって「近代化」・「文明化」の礎となるべく体系的な研究の対象とされねばならないとされた[47]。後藤はその後、一九〇六年に南満州鉄道（満鉄）初代総裁に就任し、さらに一九一六年および一九二三年の二度にわたって（インフラ開発を監督する）内務大臣を拝命している。科学的植民地主義は、朝鮮・台湾・関東州租借地・満鉄付属地といった公式および非公式の帝国圏域へと派遣された第一波の技術官僚・科学者・医者・技術者たちをおおいに鼓舞した。彼らはそこで、当時はまだ農業生産品中心であった日本の商業帝国のために、道路・鉄道・港湾・都市などを建設した。たしかに科学的植民地主義は広範囲にわたる技術的な成果をあげたけれども、それは技術と帝国との関係性を体系的に概念化したというよりはむしろ、日本の帝国支配を正当化する手段として「ほとんどが西洋科学に由来する知識を都合よく応用した」感が強い[48]。一九三二年に満州国が成立し軍事ブロック経済へと移行するようになってはじめて、技術によって統合された帝国という概念をはっきりと意識する官僚や技術者の新たな波がやってくることとなる。

「東亜建設」の旗印の下、何千という技術者が理想を胸に一九三〇年代の朝鮮・台湾・満州国・中国へと押し寄せ、道路・運河・港湾・ダム・都市・灌漑・上下水道・電気通信網の建設に邁進した。彼らの指導の下、これら植民地は、生産諸過程を有機的に統合するシステムとしての社会を構想し、植民地計画・運営と密接にかかわるかたちで市民を動員するような新たな権力の様態である技術的想像力を発展させた。植民地においては中央集権がより強固でお役所風の形式主義もなく派閥争いも緩和されていたので、植民地官僚ならびに技術者は、都市計画や工業開発、河川流域の総合的管理運営といった壮大なヴィジョンの多くを立案し実現することができたのだ[49]。

技術的想像力は、たんに日本のエリートが知的に構築したものではなく、現実的な技術プロジェクトに密着しながら練り上げられた。官僚や技術者もまた、現場で手を汚しながら技術をめぐる諸概念を作り上げていた。楊大慶が論じているように、「日本帝国を築くか、またはまとめ上げておくための物質的手段については、いまだに当たり前のことと見なされていて綿密な検証はされてこなかった」[50]。本書は満州国の遼河河川流域開発計画や北京の都市計画、朝満国境周辺の地域開発計画および豊満・水豊ダムの建設といった戦中の大規模プロジェクトのいくつかの具体例を分析することを通じて、技術的想像力の展開が現地のさまざまな組織・勢力や人びととの絶え間ない交渉の上に成り立っていた事実を明らかにする。日本帝国における技術にかんする先行研究は、二〇世紀中盤の国家が主導する巨大公共事業を独裁主義の色濃い「ハイ-モダニスト」的イデオロギーの事例とみなすジェームズ・スコットの議論をおおむね肯定している。このイデオロギーは、「科学技術の進歩と生産の拡大により人びとの欲求はますます満たされるようになり、自然をも傘下におさめ……なにより、自然法則の科学的理解と軌を一にするような社会的秩序の合理的なデザインを達成することへの自信」が強く表れたものだとされている[51]。スコットの主張によれば、大型多目的ダムのような「中央集権的な合理性に基づく単調な計画」は、現地の人びとや自然界を単純化し「拘束衣を着せる」かたちで、地域が持つ多様で複雑な条件・知識・利害を抑圧し均一の構想に従わせるのだが、私の議論においてはむしろ、そういった多様で複雑な軋轢や交渉こそが、テクノクラート的イデオロギーの形成や土木工事のプロセスのまさに中心に位置すると考えられる[52]。マーティン・ルースも述べているように、「土木工事が成功するには」ハイ-モダニスト的イデオロギーの指図に従って「科学的合理性を適用するだけで事足りることはない」。そうではなく不慣れな環境に対する困難に満ちた対応が必要であるし、また異なる集団からの多様な「社会的インプット」が必要とされる[53]。本書では戦時期のテクノクラートがハイ-モダニスト的なイデオロギーに基づいてつくり出した構想をくり返して社会の複雑さを捨象するのではなく、むしろ戦意高揚キャンペーン・国家による動員計画・環境的影響・商業的利害・官僚の対立・地元住民の抵抗・技術の限界といったさまざまな要素が、個々のプロジェクトのみならずより大きな技術のヴィジョンを形成する際に、どのような役割をはたしたのかが分析される。より広い意味で言えば本研究の主題は、朝鮮や台湾の同化政策や天皇崇拝のイデオロギーによる帝国の基礎づけといった日本帝国主義の特殊性ではなく、植民地権力やイデオロギーが、当時世界中で盛んになっていた総合的技術による開発・計画という、より普遍的なレトリックを用いてどのように機能したのかという点にある。そして植民地の文脈における技術的想像力の機能を理解することで、戦後日本がアジアにおける影響力を誇示することとなる海外開発支援政策や技術支援プロジェクトとの重要な連続性を理解することを可能にするのだ。

本書の射程

本書が扱うのは、日本のファシズムおよび帝国主義の内部における技術と権力の関係であり、技術的想像力の範囲と深度についてカヴァーする。それは、知識人・技術官僚・技術者・国家計画立案者といった、戦時期の言説や国家の政策を形づくるのに大きな役割をはたしたさまざまな社会的アクターを詳しく吟味することによってなされる。本書では、日本帝国における都市・地域開発計画や河川流域の管理運営事業やダム建設計画といった大規模事業のいくつかを俎上に載せる、これらの分析が明らかにするのは、技術的想像力がたんに一握りのエリートの頭の中に浮かんだ構想の賜物ではなく、かなりの部分が現場において発展したものであるということだ。

第一章「生活を革新する技術」では、戦時中に転向した講座派マルクス主義者・相川春喜の理論と経歴を取り上げる。なかでも相川の技術論を検討して、それが生のあらゆる面を変革し動員するとされた主体および制度や機関との間に存在する複雑な社会的メカニズムとして構想されていたことを示す。このことで、技術についての想像力の多様でダイナミックな主体性とエネルギーが、日本ファシズムの展開に、結果的にはどのように動員されていったかを示す。

第二章「アジア発展のための技術」では、当時の重要な技術官僚である宮本武之輔と、技術者運動の言説を検討する。宮本は「技術の立場」、「総合技術」、「興亜技術」という概念を通して、技術官僚は、社会を組織化し複雑な問題を解決する「社会管理者」になるべきだと主張した。宮本はこのような主張を通じてさまざまな政策を起草し、狭い専門化を克服するために興亜院や企画院のような総合国策機関の創設を促している。また宮本は多くの技術者を植民地に送り込んで技術研究とプロジェクトを実施することを推奨しているのみならず、電源開発や灌漑といった単一の目的（技術をひとつの用途に限ること）にとどまらない、「総合開発」事業（例えば多目的ダム、国土計画などさまざまな技術を連関させ、「総合」的な開発を進めること）を推進していたのである。

第三章「大陸を建設する」では、具体的に三つの「総合技術」あるいは「総合開発」事業を分析する。なかでも満州国の遼河治水計画、中国北部の北京東西郊新市街地計画、そして満州‐朝鮮国境沿いの大東港総合臨海地帯計画を検証する。これら各事業は植民地技術者による総合開発計画のさまざまな側面を示している。各事業においてはまた、様々な権力の関与、環境の差異、技術的な限界、予期できない事件、およびさまざま形の抵抗などが起こり、それらとの密接な関係のなかで開発が進められ実現されることになった。それは日本が優れた科学技術を採用しているため、一方的に推し進めることができるという自信に満ちたかたちの技術者主導のプロセスではなく、技術者が未知の環境のなかでのダイナミックな交渉を行いながら、よりよい現地での知識を持つ中国の現場技術者や、異なる目標を持つ対立しているグループ、さらに偶発事象への対応といった過程において、知識と概念を獲得しながら、技術的な事業を推進させてゆくプロセスだった。そのため実際の現場においてあらかじめ想定していた技術的想像力は弱く、脆く、不均等なものでしかなく、多くのあいまいさや葛藤があったことを示してゆく。

第四章「帝国をダム化する」では、満州国の豊満ダムと朝鮮と満州国の国境に跨る水豊ダムの事例を分析する。ここではダムを「権力の集積体」(assemblage of power)として理解する。つまりダムは日本帝国の技術的想像力が最も顕著に表わされたものであり、単なる耐久性のある構造物ではなく、政治的、法的、軍事的、経済的、社会文化的な権力形態すべてが集積したものであると考える。ダムや発電所を建設するための経済的および法的条件や、大規模なダム建設に適した環境を理解する新しい方法は、新しい政府機関、新しく発明された科学機器、そして新しく訓練された技術者との交渉において新たな知識を創造することで形成されなければならなかった。そのため日本と外国の技術を組み合わせなければならなかったし、土地収用と住民を移住させる法律制度も確立しなければならず、また警察や地元の政治家は住民との仲介役を務めなければならなかった。満拓のような拓殖会社や大東公司のような労働者動員機構も利用されたし、ダムの防衛のために関東軍と憲兵隊も配置された。さらに企業や居住者などのアクターが、技術をめぐる言説が持つ進歩と近代化のナラティブに挑むような対抗言説（たとえば、木材業者は、生業と戦時経済とバランスのとれた権利を主張し、居住者は科学技術の破壊的な力に警戒をした）も生まれていたことを指摘する。

第五章「社会機構を設計する」では、毛利英於菟という人物を通じて、満州港での「革新官僚」たちの持った技術的想像力のひとつの典型例を分析する。満州国での多くの革新官僚の目的は、総力戦と資本主義の再編のために、社会を最適かつ統合された社会経済システムに変えることであった。このシステムでは、先端技術に根ざし職能化された生活機能を通じて、様々な主体が自発的にシステムを運用することになる。その際ファシズム的権力は上から管理し規制するだけでなく、多様な主体の創造性と生産性を動員している。ファシズム的権力は、高度な技術、合理的な管理、コーポラティズム的組織に重点を置いて、国民生活システムを創出しようとしたのである。ここではファシズムの定義を生産性、創造性、自発性を動員する方法を含むものと広げ、さらにテクノ・ファシズムの具体的な様相に迫ろうとしている。

終章「戦後におけるテクノファシズムとテクノ帝国主義の遺産」では、戦後と戦中の非連続性の歴史記述への問いかけを行う。ここでは、連続性、すなわち戦後日本の東南アジア・東アジアにおける広範なＯＤＡ事業、戦後日本の経営主義、開発主義の形成と総合国策機関の継続、経済発展のための科学技術政策、そして全国総合開発計画等を指摘しておきたい。

戦時中の技術的想像力を分析することによって明らかになるのは、日本本土ならびにその帝国において、技術のレトリックを用いて人びとを動員しようとするイデオロギーや権力の作動の仕方である。当時技術は、東亜新秩序というユートピアを実現する原動力として、変革をもたらす実践的な力であり徹頭徹尾政治的なものであるという積極的な定義を与えられていた。知識人・技術者・官僚の集団はそれぞれ独自の方針や利害に基づいて技術を定義することによって、戦時日本の全般的な国家目標の枠組みの中で、社会を抜本的に変革しようと努めていた[56]。しかしこの技術的想像力を実際かたちにしていく段になると、彼らは本土ならびに植民地におけるファシズムを合理化することとなり、その結果生まれたのはユートピアどころの話ではなく、アジアの土地・資源・人民を徹底的に搾取するディストピア的秩序だったのだ。その顕著な例は、日本軍の生物化学兵器開発のために身の毛もよだつ人体実験を行った七三一部隊である。数千人単位の中国人やアジア人が「マルタ」として人体実験の犠牲となり、さらに数万人が野外実験で殺害されたとされている。部隊長だった軍医将校の石井四郎は、科学による「真理の探究」が有する普遍性と、敵国に対抗して高度な兵器を開発する国家的重要性とによって、この研究を合理化していた[57]。また一方では、数百万におよぶ中国人・朝鮮人・アジア人が組織的に強制徴募され、日本の使命である「東亜建設」のための労働を強いられていた。満州国の革新官僚だった古海忠之は、一九五四年に開かれた中国における戦犯裁判において「苦力を日本帝国陸軍の、完全に従順な、非人間的な機械人形にする機械的延長とすること」が行われていたと証言している。そして多くの場合、彼らの行き先は、中国人が「万人坑」と呼ぶ集団墓地であり、それらはしばしば豊満ダムや水豊ダムのような日本の工業技術プロジェクトが進行している土地のそばに作られていた[58]。古海はまた、いかに革新官僚や関東軍将校が犯罪者集団と組んで体系的に「粉飾された合理性」を持って麻薬市場を作り、数多くの中国人たちをアヘン・ヘロイン・モルヒネ漬けにして身体を衰弱させる一方で日本の総力戦を支える資金調達をしていたかを証言した[59]。さらにまた数多くの朝鮮人・中国人その他のアジア諸国出身の女性たちが、圧力や詐欺や強制によって従軍慰安婦にさせられ、何人もの日本兵の相手をさせられていた。その名目は、日本兵の「士気」を保ち、男性の「自然」な性向による民間女性のレイプを予防し、軍内部での性病の蔓延を食い止めるというものだった。しかもこれらの女性はしばしば「衛生的な公衆便所」と呼ばれていた。(60)他方で、植民地や前線での蛮行と搾取は、日本本土にもはね返ってきた。老若男女を問わず兵士や工場労働者として戦争に協力し、生活のすみずみまで犠牲にしろという要求が日増しに強まっていたのだ。その行きついた先が一九四五年に打ち出されたぞっとするようなスローガン「一億玉砕」で、すべての日本人が、日本を守るために「自発的」にアメリカの軍艦に体当たりをしかけた「神風特攻隊」の若者のようになることが求められた。地位向上と進歩発展の約束とはうらはらに、技術的想像力は、戦時の強制労働・レイプ・飢餓・資源搾取などを合理化し、おそらくはそれらを残虐なまでに組織的で効果的なものに仕立て上げたのだ。

日本の戦争犯罪にかんする研究の多くは、かくも残虐な行為を説明するのに、軍隊内部および社会全体に浸透している人種差別意識と独裁主義的文化に焦点を合わせている。(61)だがそれは、日本本土ならびに帝国内の人びとの生活やその活力あふれる主体性を徹底的に活用しようと試みる技術的想像力との関係で部分的にではあるがよりよく、理解されうるものであるだろう。アジア全域にわたる技術に基づく近代的な「新秩序」を実現するという「大義」のためになら、個々の人間など究極的には使い捨て可能なのであって、そうやって各地の強制労働収容所・工場・実験室・「慰安所」・戦場における人間の命の「処理」がまかり通っていた。(62)そうであるからこそ、人びとのより良い生活への希望や欲求に訴えかける技術的想像力がもたらす参加と変革を促すメッセージを、たんなる空っぽのイデオロギーにすぎないと片付けてしまうわけにはいかない。なぜならそれは、そのイデオロギーをかたちにするエリート層の利益を確保しつつ民衆にはかり知れない犠牲を求めるような、強力なモダニスト的開発構想を推進する数多の制度・機関を生みだしたのだから。そして比較的無傷なまま戦後にも生き延びたのは、まさにこの権力と動員の新たな形態であって、しかも戦後アジア全体の開発と繁栄のための処方箋としてそれを推し進めた者の多くは、同じ顔ぶれの官僚や技術者や知識人だった。技術的想像力は戦後の日本やアジアが達成した経済の奇跡にとって欠かすことのできない「ポジティヴ」な要素であったと評価するわけにはいかない。そうではなく、戦後においても決定的な影響を保持し続ける権力のイデオロギー的システムとして〈技術〉という概念の起源は戦時中の日本や植民地にあることを、本書は検証する[63]。戦後の経済成長と社会発展を促進するために、日本はひきつづきかなりの規模で技術への投資を続けている。それは「日本型経営」の形成・「土建国家」の建設・影響力のある海外支援事業・「情報化社会」というポスト－工業化構想・原子力エネルギーの強力な推進など、枚挙に暇がないほどだ。こういった情況を考える上で、〈技術〉を通じての権力行使・動員・社会変革を行うといった論点がそもそも戦時中におおがかりに、そして明示的なかたちをとってあらわれていたという事実は、今日でも大きな重要性がある。たとえば、最近起きた福島原子力発電所の大惨事を受けて、豊富で安全なクリーン・エネルギーという原子力エネルギー産業の長年の約束が疑問視されている。それだけではなく、一九五〇年代以来の国による原子力エネルギー政策そのものへと疑いの目が向けられるようになってきている。こういった疑念が生じるのも、つまるところ技術に対する無批判なアプローチの結果であると考えられる。これは、国の発展のために民衆の利益を度外視して技術の重要性を強調し続けてきた制度や組織を野放しにしてきたことのつけがまわってきた、ということであると考えられるのではないのだろうか。

注

（1）科学技術庁科学技術政策研究所（監修）『日本の科学技術政策史』、一九九〇年、i、iii頁。

（2）Tatsuno, *The Technopolis Strategy*〔タツノ『テクノポリス戦略』〕; Bloom, *Japan as a Scientific and Technological Superpower*.

（3）Kodama, *Analyzing Japanese Advanced High Technologies*, 173-174.

（4）一九九〇年代初頭のバブル経済崩壊を受けて、日本の技術をめぐる言説は徐々にアメリカ型の新自由主義パラダイムにシフトしていった。そこにおいては、自由市場こそが技術革新・開発の最高の決定要因となるという考え方が支配的となるわけだが、それを積極的に推し進めたのは小泉純一郎首相であった。とはいえ、日本政府がある程度の市場自由化・民営化・支出削減を敢行したにもかかわらず、国が後押しする技術開発の伝統は力強く居座りつづけている。最近では、とくに家庭用ロボットといった最新技術を用いた日本社会の刷新を目指した「イノベーション25」を〔第一次〕安倍晋三政権が提唱した事例があるが、これについてはRobertson, "Robo Sapiens Japanicus" を参照。

（5）Katada, "Why Did Japan Suspend Foreign Aid to China?", 47-48.

（6）「雁行型経済発展」モデルについては、Hatch, *Asia's Flying Geese* を参照。

（7）Samuels, *"Rich Nation, Strong Army"*.〔サミュエルズ『富国強兵の遺産』〕

（8）近代日本の歴史を叙述する際に帝国が割愛されるという問題については、Schmid, "Colonialism and the 'Korean Problem'", 951-76 を参照。

（9）「imagineering」という表現は、もともとディズニーが普及させたものだが、それは、商品やサーヴィスや場所をデザインする際に工学技術《エンジニアリング》と構想力《イマジネーション》を合体させるような営みのことを指す。Archer, "Limits to the Imagineered City", 322 を参照。わたしは、この表現を〔ディズニーと同様に〕商品化のテクニックという意味で用いるのではなく、むしろ、戦時期日本のエリートたちのあいだに芽生え、具体的な政策や事業として実を結んだ、技術的ユートピア主義のイデオロギーを把握するための手法として用いている。

（10）Morley, "Introduction: Choice and Consequences", 9. 近代化論的アプローチの事例については、Morley, *Dilemmas of Growth in Prewar Japan* 所収の諸論文を参照。

（11）Johnson, *MITI and the Japanese Miracle*〔ジョンソン『通産省と日本の奇跡』〕; Dower, "Useful War", 49-70; Garon, "Rethinking Modernization and Modernity in Japanese History", 350; Garon, *Molding Japanese Minds* など。いかにして近代化が戦時動員に貢献したかを分析した仕事としては、Garon, *The State and Labor in Modern Japan*; Fletcher, *Search for a New Order*〔フレッチャー『知識人とファシズム』〕; Kasza, *The State and the Mass Media* がある。

（12）Weber, *The Protestant Ethic and the Spirit of Capitalism*, 181.〔ヴェーバー『プロテスタンティズムの倫理と

資本主義の精神』、三六五頁、一部改訳〕

(13) Ibid., 181, 182〔同上、三六六頁〕; Freenberg, *Critical Theory of Technology*, 68.

(14) Marcuse, *One Dimensional Man*, 158.〔マルクーゼ『一次元的人間』、一七八―一七九頁〕

(15) Habermas, “Science and Technology as ‘Ideology,’” 107, 109.〔ユルゲン・ハーバーマス『イデオロギーとしての技術と科学』、九三―九四頁〕

(16) Ibid., 103.〔同上、八六頁〕ハーバーマスによる強調。

(17) Ibid., 103, 104.〔同上、八六頁〕

(18) Herf, Reactionary Modernism, 16.〔ハーフ『保守革命とモダニズム』、二二―二三頁〕

(19) Maier, “Society as Factory”, 26–29, 30, 32, 35, 40.

(20) ファシズムを「ポピュリスト的ウルトラ・ナショナリズムが民族再生神話の形態をとるもの」と定義するロジャー・グリフィンによれば、ファシズムの反近代的・伝統肯定的・精神主義的要素も、ある種の牧歌的な過去の肯定や現状維持ではなく、むしろ、前向きで革命的な社会変革の一部をなすと解釈される（Griffin, “The Palingenetic Core of Generic Fascist Ideology”, 213）。

(21) Maruyama, “Ideology and Dynamics of Japanese Fascism.”〔丸山「日本ファシズムの思想と運動」〕

(22) ピーター・ドゥースとダニエル・オキモトは、「ファシズム」よりも適切な枠組みとして「組合協調主義《コーポラティズム》」を提唱し、戦時期の政策策定におけるファシストの存在は「小さな傍流」にすぎないと議論した（Duus and Okimoto, “Fascism and the History of Prewar Japan”, 65–76）。カザは、戦時期の政治システムを記述する際に、「ファシズム」の代わりに「革新を唱道する権威主義的右翼」という表現を用いる。「革新を唱道する権威主義的右翼」は、より現状維持的志向の強い「保守的右翼」と抜本的な政治社会的革命を要求するファシズムとの中間に位置するものと捉えられている（Kasza, “Fascism from Below?”, 625）。ハーバート・ビックスは、戦時期の政治システムを「天皇制ファシズム」と表現する（Bix, “Rethinking Emperor-System Fascism”, 20–32）。ウォルター・スカイヤは、戦時期日本の支配的イデオロギーを表すのに「ファシズム」という用語を避け「ラディカルな神道ウルトラ・ナショナリズム」という表現を好む（Skya, *Japan’s Holy War*）。ほかにも、日本の「文化的ファシズム」を同時代のヨーロッパの潮流との強力な相互作用のうちに分析する仕事がある（ハルトゥーニアン『近代による超克』や、Tansman, *Culture of Japanese Fascism* 所収の諸論文を参照）。E. Bruce Raynolds 編集の *Japan in the Fascist Era* 所収の諸論文は日本をファシズムのグローバルな潮流に位置づける努力をしているが、日本ファシズムが有する近代化志向や合理的・技術主義的性格にはあまり注目していない。

（23）McCormack, "Nineteen-Thirties Japan", 29.

（24）別の言い方をするならば、アンドルー・ゴードンが示したように、ファシズムとは「新たな支配体制を正当化する一連の共有概念であり、そこで採用される共通のプログラム群」のことである（Gordon, *Labor and Imperial Democracy in Prewar Japan*, 334）。

（25）Mizuno, *Science for the Empire*, 13.

（26）Mimura, *Planning for Empire*, 3.

（27）Harootunian, *Overcome by Modernity*, xxviii-xxix.〔ハルトゥーニアン『近代による超克』、上巻三一－三三頁〕ハルトゥーニアンは「分子的権力」の概念を、ドゥルーズ＝ガタリから借用している。

（28）Tsutsui, *Manufacturing Ideology*, 113.

（29）河原『昭和政治思想研究』、五八、六四－六七頁。大河内正敏の哲学を概観したものとしては、Cusumano, "Scientific Industry" を参照。革新官僚やその支持者によるテクノクラシー概念のさまざまな理解のあり方を分析したものとしては、Mimura, *Planning for Empire* を参照。宮本武之輔の生涯と思想については、大淀『宮本武之輔と科学技術行政』を参照。本書第二章は宮本と技術者運動を、第五章は革新官僚を中心的に扱う。

（30）Barnhart, *Japan Plans for Total War*; Mimura, *Planning for Empire*, 15-21.

（31）Robertson, "Mobilizing for War, Engineering for the Peace", 62-84. 陸軍に付属する研究機関の長であった多田は、レーダーや遠隔操作技術の原型となるような戦時中の技術開発を監督する立場にあった。〔だがこのような多田の構想について、Robertson が示す文献の原文に電動要塞、国家の眼、国家の手足などという表現にあたるものは見当たらない。〕高度な兵器を生産するための第二次世界大戦中の日本での科学技術動員について、英語で書かれたもっとも包括的な議論は、Grunden, *Secret Weapons and World War II* である。

（32）河原『昭和政治思想研究』、六八－七〇頁。

（33）同上、二〇三－二四頁。Yamanouchi, "Total War and System Integration", 23-26.〔山之内『総力戦と現代化』〕

(34) 河原『昭和政治思想研究』、七四－七九頁。Koschmann, "Rule by Technology/Technologies of Rule", 5-10.

(35) 酒井直樹は、西田幾多郎が技術を「主体的」という概念で捉えていたことを指摘している。「主観的」とは異なり「主体的」技術とは、「主体がプラクシスを通じて自己自身を制作する」ことによって目的を達するような技術のことである（Sakai, *Translation and Subjectivity*, 24-25, 198-99.〔酒井『日本思想という問題』、三一七頁〕）。

(36) 三木清「技術哲学」、二〇九－二一一頁。

(37) 河上・竹内ほか『近代の超克』、一一六頁。

(38) Kimoto, "Tosaka Jun and the Question of Technology".

(39) 中井「美学入門」『中井正一全集　三　現代芸術の空間』、一一一頁。Moore, "Para-Existential Forces of Invention," 127-57.

(40) Harootunian, *Overcome by Modernity*, 95, 106-18.〔ハルトゥーニアン『近代による超克』、上巻一一七、一九三－二〇九頁〕

(41) Nornes, *Japanese Documentary Film*, 91 に引用。観客＝主体性の支配的概念を形成するために映画技術が言説として動員されるさまを分析したもっとも包括的な研究として、Gerow, *Visions of Japanese Modernity* がある。

(42) Harootunian, Overcome by Modernity, 104〔ハルトゥーニアン『近代による超克』、上巻一九〇頁〕; Weisenfeld, *MAVO*, 125-38.

(43) Silverberg, *Erotic Grotesque Nonsense*.

(44) 河原『昭和政治思想研究』; Mimura, *Planning for Empire*; Mizuno, *Science for the Empire*; 大淀『宮本武之輔と科学技術行政』。

(45) Silverberg, *Erotic Grotesque Nonsense*, 8.

(46) Yamanouchi, "Total War and System Integration".〔山之内ほか編『総力戦と現代化』、三三頁〕

(47) Lo, *Doctors Within Borders*, 35-37.

(48) Zaiki and Tsukahara, "Meteorology on the Southern Frontier of Japan's Empire", 178-88.

(49) 日本の植民地インフラを考察した仕事としては、Yang, "Japanese Colonial Infrastructure in Northeast Asia", 90-107; Tucker, "Building 'Our' Manchukuo"; 越沢明「産業基盤の構築と都市計画」、一八三－二四二頁；

Molony, *Technology and Investment*, Matsusaka, *Making of Japanese Manchuria* などがある。日本帝国内の電気通信をめぐる楊大慶の著書は、一九三一年の満州国成立以降に通信技師たちのあいだで帝国と技術にかんしてより明示的で体系的な言説が生じるさまを描写しているが、これが一九三七年の日中戦争勃発後には「東亜新秩序」統合のための「東亜全体を覆う包括的な電気通信網」の計画および建設へと向かっていくことになる（Yang, *Technology of Empire*、第二部）。

（50）Yang, *Technology of Empire*, 5.

（51）Scott, *Seeing Like a State*, 4. 満州における日本のインフラストラクチャー計画の背後にある近代主義については、Sewell, "Rethinking the Modern in Japanese History", 313-58.

（52）Scott, *Seeing Like a State*, *348-49*. Yang 前掲書もまた、電気通信の建設工事現場における軋轢や交渉の存在を指摘している。

（53）Reuss, "Seeing Like an Engineer", 545-46.

（54）技術的想像力の発展は、一九三〇年代の日本本土における「包括的」インフラストラクチャー計画とも関連していたと言える。とはいえこれら国内のインフラストラクチャー計画が植民地における諸計画ほどのスケールとヴィジョンに達することはついぞなかったし、植民地とは比べものにならないほどの官僚組織内の軋轢や政治家の介入、地元の反発や法による抑制によって邪魔されていたという現実がある。そのためもっとも野心的で理想に燃える技術者は、しばしば日本を飛び出して植民地に活路を見いだしていた。国内における社会的インフラストラクチャー整備計画については、松浦『戦前の国土整備政策』を参照。

（55）Skya, *Japan's Holy War*, 25.

（56）小説家、下級技師、軍人、農民、労働者、消費者といった多くの集団について、彼らが技術というものをどのように考えていたのかといった問題は本書で探究しなかった。その理由は、紙幅の制限もさることながら、英語圏においてあまり注目を集めてこなかった知識人・技術者・官僚といった主要なアクターたちの技術をめぐる思想をより十全に描き出したいという筆者の狙いにある。文学やＳＦについては、Mizuno, *Science for Empire*, *143-72*. および、Nakamura, "Making Bodily Differences", 169-90 を、経営者や労働者については、Tsutsui, *Manufacturing Ideology* を、国家の地方再生事業や公共事業との関連における農民については、Smith, *A Time of Crisis* を、近代的な都市家屋・家族という新思潮との関連における新興中流階級の消費者については、Sand, *House and Home in Modern Japan* を、それぞれ参照のこと。

(57) Williams and Wallace, *Unit 731*, 37-38; Grunden, *Secret Weapons and World War II, 165-96* も参照。

(58) Driscoll, *Absolute Erotic, Absolute Grotesque*, 266, 272-73, 314; Kratoska, *Asian Labor in the Wartime Japanese Empire* も参照。

(59) Driscoll, *Absolute Erotic, Absolute Grotesque*, 247.

(60) Watanabe, "Militarism, Colonialism, and the Trafficking of Women", 3-17.

(61) Dower, *War Without Mercy*〔ダワー『容赦なき戦争』〕; Tanaka, *Hidden Horrors*.

(62) 生－政治・神経－政治・死－政治という三つの異なる形式における生の余剰価値搾取のレベルで資本主義が絶え間なく機能するという観点から日本帝国主義を分析した研究として、Driscoll, *Absolute Erotic, Absolute Grotesque* を参照。

(63) たとえば、技術発展と国家安全保障を結びつける戦前・戦中に起源をもつ日本のイデオロギーを「テクノ・ナショナリズム」と呼んで分析したリチャード・サミュエルズの結論は、以下のようなものだ——〔「テクノ・ナショナリズム」は〕「実にみごとな合理性・柔軟性に富むもので、必要な変更を加えさえすれば、アメリカ合衆国でも受け入れられるべき類のものである」(Samuels, "*Rich Nation, Strong Army*", x〔『富国強兵の遺産』〕)。戦後日本が実現した「経済の奇跡」の起源を戦時経済の「役に立った」諸要素に見いだすような研究に先鞭をつけたのは、中村隆英である (Nakamura, *Postwar Japanese Economy*〔中村『日本経済』〕)。

第一章　生活を革新する技術

知的側面からみた技術の位置づけ

科学哲学者の三枝博音は、一九四一年の著作『技術の思想』において、「技術」という言葉が日本の公共の言論において目立つようになってきたのは一九三〇年代半ば、国が技術者、技師、熟練労働者を「興亜」のために動員するようになってからとの見方を示している[1]。彼は「今日東亜に新しい世界が作られている」と強調し、「その作られるということが産業についてであろうと経済についてであろうと政治についてであろうと、更にイデオロギーや文学や美術についてであろうと、新しくものが造られる以上、あらゆる意味での技術家が急激に求められるようになることは当然である」という[2]。こうした戦時中の政治・経済・文化的な「建設」の文脈のもとでは、技術は単に物体としての機械や人工物と関連づけられていたのではなく、むしろ創造性や生産一般と結びつけられていた。技術に関する文献が公共空間におびただしい数出現したことや、「技術精神」「技術文化」「技術動員」といった語が頻出していたことは、戦時日本の言説が戦闘的性質を持っていたことを示すと同時に、技術的想像力が明瞭に現れてきたことの証左でもある[3]。

一九三〇年代そして一九四〇年代を通じて、技術が持つ意味をめぐって、とりわけ官僚、知識人、技術者たちの間で政治的立場を超えて激しい議論がなされていた。一方に昭和維新を推進しようとする極右のイデオローグや政治家がおり、彼らは技術を、日本の精神的力強さや伝統的な天皇を中心とした共同体、そして農本主義の価値観を知らず知らずのうちに崩してゆくものとみなした。また彼らの一部は独自の「日本科学技術」を作り出そうともくろんでいた。[4] 他方で技術者、官僚、実業家の多くは、ますます悪化していく社会病理を解消するためのカギとして、生活のあらゆる領域に技術が拡大していっていることを視野にいれながら、社会全体の管理運営のために合理的技術を採用するべきであると熱心に喧伝した。[5]「技術」は「文化」や「民族」と並んで、日本のエリートたちが総力戦と帝国拡張の時代に日本の近代性を明確にする際に、重要な枠組みだった。こうした言説が持っていた大きな特徴は次のようなものである。多くの人にとって技術は単に「価値中立的な」機械ないし社会における生産機構として受け止められたのではない。そうではなく技術の本質そのものが議論され再定義された。その際技術は、総体としての社会を生み出すもの、つまり社会の法規や制度、イデオロギーや社会組織、経済構造のみならず、市民その他の主体をも含めた全体を生み出すものと同一視された。ヴィクトル・コシュマンが指摘するように、技術は「パフォーマティブな、また実存的な言い回しのもとで、特定の思考なり行動・存在様式を指し示すものとして、あるいは特定の質的な価値観（合理性や創造性や責任倫理といった）を表現するものとして解釈され」た。[6] つまり技術は、日本の知識人が資本主義的な近代に伴う社会的不平等、精神的疎外といったいくつかの喫緊の課題や日本経済の構造や将来の見通しにかかわる諸問題の解決にむけて動こうとする際の記号的表徴《シニフィエ》となっていたのである。

マルクス主義者及び左翼知識人は、国からの抑圧が増大していくなかで、戦時においては周縁的な層となったが、国家の政策の陰で社会科学的批判の言説を先鋭化していた。[7] まさに彼らが最初に技術の意味そして近代資本主義社会における技術の役割をめぐる主要な論点を、アカデミズム、技術者、官僚そして広範な読者層に向けて提示していた。彼らは技術論論争（一九三二－三五年）に火をつけたが、これは、技術が第一義的には「客観的」なものなのか逆に「主観的・主体的」なものなのかに焦点をあてたものだった。彼らは問いかけた――技術とは、まずもって道具・機械・インフラにより構成されるものなのか、それともやはり主観的意志、想像力、そして倫理をも含むものなのか？　この論争は、技術には主観的・創造的な側面があることを明らかにし、技術とほかの政治・教育・芸術領域における「制作」過程とは類似性があることに注意をうながした。(8)　しかしマルクス主義者と左翼知識人にとって要諦だったのは、技術と社会変革との間にある関連性だった。すなわち、技術は精神的疎外や失業など、近代資本主義のもとでの搾取をもたらすような外在的力としてではなくて、どのようにしたら革命的変化と人間発達のための力としての技術を人々の生活に真に組み入れることが可能なのかが最も大事な問いだった。ソ連で行われていたような、技術教育と日常生活での科学技術の振興を通じてプロレタリアートを強化しようとする「社会主義建設」キャンペーンは、日本のマルクス主義者たちにとっての希望の灯となっており、彼らはこの問題を日本独特の資本主義的条件のもとで検討しようと試みていた。

本章では、日本の知識人の間での技術的想像力を、戦時の技術論の指導的な理論家であった相川春喜（本名は矢浪久雄、一九〇九‐五三年）の著作を通じて検討する。日本の公の課題たる「東亜建設」と戦時動員のために、官僚と技術者が生産性・合理性そして創造性という諸価値を体現する技術的視点を支持し、それを明瞭にしようとしたのは当然のことである。だが左翼の思想家は国家に対しては批判的だったのに、なぜ同様の理念を展開したのかは自明ではない。実際相川は、一九三七年に検挙されるまでは、技術を生産手段の物質的体系であるとする極端に唯物論的な技術の定義に肩入れしていた。つまり、技術は日本の「半封建的な」資本主義の矛盾を悪化させた役割があると分析していた。その頃の彼の主要目的は、資本家による支配から生産手段を「解放」するために、技術と資本主義的再生産を理解することだった。資本家による支配は、技術を疎外と搾取のための力へと変質させてしまうからである。なぜ相川のようなマルクス主義者が、資本主義的生産手段や限定的で唯物論的な技術観を放棄して、生活のあらゆる側面を組織する経済的・社会的・文化的諸過程としての（すなわち多種多様な）技術というより大きな観点を採用したのだろうか。このような左翼の発想は、戦時中の官僚や技術者が展開したのと同様の、あらゆる構成員が意識的・積極的に参画して社会そのものを合理化された生産のための社会的メカニズムに変容させようという理念を検討するまでに至った。こうした発想がもつ魅力とは何だったのだろう。この問いに答えることは戦後日本の高度成長期にも強化され続けた技術的想像力と、それらに結びついている価値観がもっていた強烈な訴求力を理解するための助けとなるだろう。

これらの問題は、戦後すぐの時期にあってとりわけ重要性を増してくる。そのころ新たに力を得た左翼知識人は、「成熟しておらず」「非合理的な」主体性とみていたもの（彼らはそこにこそ日本が全体主義と戦争へと堕していった責任があると論じていた）に対抗するべく、「自由で民主的な」主体性の本質とは何かについて論じていた。技術論の領域では、物理学者の武谷三男と彼の追随者は、技術とは「生産的実践における客観的法則性の意識的適用」であるとの有名な定義を、戦時中の、生産性の諸価値に盲目的に追従することを強調した（彼らに言わせれば「ファシスト的な」）技術論に対抗するかたちで打ちだした。[9] 人間の主体性と実践のための自立的な空間を探りあてた武谷理論が、研究室や大学において日本の科学者が取り組んでいた民主化闘争と、そしてより広い、一九五〇年代終わりから一九六〇年代にかけての急速な技術上の変容と、関連しているように見えたのだ。武谷によれば、自主的精神と合理的な科学的探究とが技術者ひいては広範な大衆の間で確立されていくならば、それこそが生産力の向上をもたらすはずであり、それが遅れた非合理な生産関係と対立するために、階級闘争はますます激化し最終的に社会主義革命が起こるはずだという。しかしコシュマンも指摘しているように、このように原理的に合理的なものとして技術をとらえることは、逆効果をもたらさないとも限らない。つまり生産関係が発展していけばそれが技術的合理化と社会の体系化とを促進する基盤となり、それゆえに階級的・社会的対立を再編成して組み込んでゆく基盤ともなりかねない。[10] 戦争を単に非合理・先祖返り・精神主義としてこき下ろすことにより、戦後の左翼知識人は、技術が「自由で民主的な」国民をも動員したある種の筋道を見落とし、その代わり、彼らがとりわけ「合理的」だとした戦後の技術発展を歓迎することになってしまったのである。

本書の序説で示したように、官僚・技術者そして知識人の間で戦時中に行われた技術論は、単に非合理的な全体主義体制の手段としてではなく、権力がいかに近代日本において運用され形成されていたのかについての大きな変革過程の一部として理解されねばならない。山之内靖が論じるように、一九三七年に始まる総力戦への社会的・政治的・文化的で強力な動員が行われたこの時期にあって、権力の性質は、何かしら上から抑圧的に行使されるものから、社会の中のさまざまな機構や人間の間に再設置される、システマティックなものに変貌を遂げていた。山之内はタルコット・パーソンズの言葉を引用しつつ、日本が、国家と社会との領域が明確に分かれていた階級社会から、当時の多くの近代的社会と同様の「システム社会」へと変質したという。階級対立そして社会対立は、技術的統治にますます従属するものとなり、観念化された社会機構の一部として制度化されていった。政治は、今あるのとは異なる対立を引き起こすような社会的予見を提示するというよりも、国家の諸目的のために技術的な諸問題を解決して国民を動員するものになってきた。戦時中に出現してきた「システム社会」が、様々な形で戦後の高度経済成長期を通じて存続した（たとえば、反核運動への一般公衆の強力な共感を原子力肯定へと吸収してしまった）のはさらに重要である。[11]

同時代の欧州そして合衆国における潮流に呼応して、日本の官僚・技術専門家そして知識人は、一九三〇年代そして四〇年代を通じて、政治的党派を超えて、システム化された日本を構想するために重要な役割を果たした。とりわけ、あらゆる生活の局面での生産活動に技術の意義を持たせ、それを拡張したのである。技術的想像力を先鋭化させるのに積極的役割を果たしたのは左翼だった。彼らは既に日本経済を体系だてて理解するための研究を積み重ねており、彼らの方法論を社会のほかの領域に容易に応用できたからだ。相川のようなマルクス主義知識人は、戦時中には、階級を社会分析のための主要な枠組みとして用いることをやめた代わりに、社会を積極的に動員される国民および制度の複合的機構としてとらえ、これが生活のあらゆる領域に革新を引き起こすという発想を持ち出した。このようにして彼らは、国家の計画による変革の力を信じて、それを協調的な大衆動員と結びつけるという点で、国家官僚との間で軌を一とすることになった。テクノクラシーの思想が世界中のさまざまな国家体制やイデオロギーの下にやすやすと組み入れられたのと同様の方法で、日本のマルクス主義者は、技術化された戦時システム社会の概念を、彼らに独特の社会主義的近代化ひいては革命の見通しを達成するために作りあげていった。しかし彼らが作りあげた人民のエネルギーにその根を持つシステム化された社会という展望は、最終的には国家の技術的想像力に自らをゆだねるものになってしまい、戦時動員と帝国のためのより効率的な社会的機構を出現させてしまったのである。

相川の技術に関する膨大で多様な仕事を検討してみるならば、マルクス主義知識人がどのように近代的な「システム社会」を見ており、またそれをどう運営しようとしていたかを知ることができる。相川による完全に技術化された社会という見方は、戦時中の日本がもっぱら権威主義に根ざす暴力、精神主義的なウルトラ・ナショナリズムや先祖返りの浸透に彩られていたとする、人口に膾炙した印象に修正を迫るものだ。さらに重要なのは、相川の仕事は当時技術的想像力の形をとって先鋭化していた、権力と動員についての合理的な技法のいくつかを明確に打ち出していることである。これは戦後の左翼知識人が、戦時を「非合理的な」ものとして単純化し、より合理的・民主的で繁栄した日本を目指す運動の指導者として自らを見せようとする語りのなかで見過ごしてきたことだ。戦時中のマルクス主義者が社会の技術的システム化を素朴に信奉していたのに対し、戦後のマルクス主義者はおおむねこの問題を無視し、技術はヒューマニズムと民主主義に根ざす強烈な「合理的主体」によって統制されうると主張してきた[12]。相川のいう「技術化された社会」に、アジアの「技術的経済」に、そして「文化技術」といった諸概念に着目して分析を行ってみるなら、こうした自由で合理的な主体がいかに帝国のために、また戦争推進をはじめとした民主的な市民社会の発達を阻害するような国家目標のために動員されてしまったのかが明らかになる。

技術論の淵源

日本の知識人は、二〇世紀初頭に欧州と合衆国で行われていた、技術の本質に関する論議に精通していた。機械が生活のあらゆる領域に進出し、巨大かつ複雑な技術体系が組み立てられていった一九世紀終わりから二〇世紀初頭にかけて、知識人は工業化された世界で技術と技術発展とが意味するものは何かという問題に取り組んでいた。一九世紀の言説は特定の技術的生産物に対するロマン主義的な拒絶ないし熱狂的な歓迎でおおむね特徴づけられていたが、二〇世紀初頭の論争はそれとは異なり、技術発達の大規模な目的もしくは技術が浸透していく世界での生の本質に焦点を置いていた。[13] 例えばドイツでは、オズヴァルト・シュペングラー、ヴェルナー・ゾンバルト、マックス・ヴェーバーといった知識人や、ワルター・ラウテナウのような実業家が、破滅的な戦争・広範な失業や精神的疎外のような技術がもたらす害悪との折り合いをつけようとしたこともあり、近代的技術を、よりなじみあるドイツ風の文化（Kultur）や、国家経済計画（Planwirtschaft）に関する言説と「融合させ」ようとした。[14] アメリカやヨーロッパでは、工場における技術的合理性に関するテイラー主義的理念が、効率・最適化そして生産性と密着したシステムという線に沿って社会を組織しなおせば階級対立を克服できるのだというユートピア的な展望を保持していた。これは世界中でアメリカにおけるテクノクラシー運動、フランスにおけるサン＝シモン主義、ソ連におけるスタハーノフ運動、そしてイタリアにおける未来派運動など様々な形をとって実践されていくようになる。これらはいずれも、専門家によって管理され高度な技能を有する創造的な労働者によって実践的に運営される、最適化された社会的メカニズム（それは階級対立と社会的不平等とを解消するものとされた）としてさまざまな展望を提示するものであった。[15] 要するに、生活のあらゆる領域で技術が目立っていき発達するのに従って、批評家は、彼らが知っている特定の歴史的・文化的文脈と重ね合わせながらそうした社会的変革の経験を把握するための新たな概念を形成していた。技術を進んで「自らのものとする」ことによって、知識人はそれをより広い「近代に関する言説」と組み合わせ、近代化の過程そのものを推進しようとしていた[16]。技術は今や新しい奇抜なものではなく、また一九世紀におけるように単に無視したりロマン主義的に拒絶したりするものではなくなっていた。

実際、レオ・マルクスとニリック・シャッツベルクによれば、二〇世紀初頭における近代技術文明の頂点にあったとされるアメリカにおいてさえ、工業製品や機械や技術システムを意味するような一般的用語としての「技術」という言葉は、第一次世界大戦後まで（もしくは大恐慌の時期まで）、それほど広く用いられてはいなかったという[17]。今日「技術」と言われるものを示すためには、ほかの用語、例えば「有用な技能」「マニュファクチュア」「工業」「発明」「応用科学」あるいは「機械」が用いられていた。ドイツは一九世紀終わりごろに急速に工業化されたわけだが、テクニーク（Technik）という語をめぐる洗練された言説が技術者の間で持ちあがっていた。ただより広い論争にそうした言語が進出したのは、二〇世紀初頭に技術者そして知識人がテクニーク（技術 Technik）とクルトゥーア（文化 Kultur）との関連を見定めようとして技術、経済（Wirtschaft）、そして文化の関係を理解しようとしたときからである[18]。つまり「技術」という用語は二〇世紀初頭に、より広く用いられただけでなく、より広い意味での定義づけがされ、物質的ないし生産に関する用語として用いられることは少なくなった。これは世界が工業化されるにつれて複雑化する技術システムが拡大したことと呼応している。このシステムが拡大したことは、人工的な制作とほかの（たとえば）「概念的・制度的・人間的」な制作との間の境界を取り払っていった[19]。この文脈においては、知識人は「技術」をより主観的ないし形而上学的な用語として定義づけ、そのあとで技術の領域を経済・経営・社会政策・文化といった分野に広げていった。

日本における技術論

「技術」という日本語は、前近代・初期近代の日本でも用いられていた、古典的漢語である。飯田賢一によれば、江戸時代には「技術」は、武士の基礎教養を構成するものすべて（所作、音曲、弓道、馬術、書道、算術）を指していた。しかし一八六八年の明治維新以降、西洋の諸制度と科学技術とが丸ごと導入されるに従い、哲学者の西周は「技術」にあたるものを英語でいうmechanic arts（器械的諸技能）の訳語として一八七〇年の著書『百学連環』の中で用いている。一八七一年、工部省（ヨーロッパ・アメリカからの工業技術の導入と鉄道・通信ネットワークの建設とを監督した部署）は、すべての公文書において「技術」という語を使いはじめ、西洋的な啓蒙と教育の提唱者であった福澤諭吉は積極的にこの語を用いた。ただ工業に関する事典や辞書では、この語は単なる生産物というより、「芸」や「技巧」と関連づけられていた[20]。

大衆的イメージの中で「技術」によって実際に、物質的・生産的技術のことが思い起こされるようになったのは、第一次大戦後、日本が軽工業中心から重工業中心の経済に転換していった後である。ただ他国と同様に、技術は、新たな非物質的なイメージを獲得するようになる。これは冶金・化学・電気技術の拡大、大学や研究機関における科学技術の制度化、コミュニケーション・電気的通信システムの拡大、第一次大戦後の大量生産の広がりに伴ってのことであり、とりわけ、技術を用いる自身の仕事を「文化的に創造的な」ものとしてみたがる技術者の間でそうであった。例えば、技術者と技術官僚は、彼らが「技術の立場」と呼ぶものを唱道するようになっていた。これに基づいて社会は合理的に計画され、配列されねばならぬというわけである。日本の知識人は、ヨーロッパとアメリカでの技術が持つ文化的価値と技術発展に関する議論を入念に追っていた[21]。しかし社会科学者やアカデミズムで技術の本質にかかわる論争が本格化していったのは一九三二年以降、大恐慌以後のことである。以来、知識人は技術を機械や技術システム以上のもの、すなわち世界における思考や振る舞いの特別なやり方として、あるいは創造性・効率性ないし社会的責任のような美徳をも含めたものとして定義し始める。[22]

マルクス主義者の雑誌『唯物論研究』誌上で一九三二年から三五年にかけて行われた「技術論論争」は、同時代の知識人の間での技術に関する理論の基調を示すものとなった。[23] マルクス主義はもともと、二〇世紀初頭に、「社会問題」を検討するための枠組みとして日本に入ってきた。その体系立った、普遍的かつ批判的な性格が、とりわけ社会科学者に訴えるところがあった。[24] それゆえこの雑誌は、広範囲の知識人共同体の中にあって、弁証法的唯物論の指導的な論争の場として着目されていた。論争自体は、講座派と労農派という二つのマルクス主義者グループによる広範囲の議論を背景として起こってきたものである。講座派は、日本資本主義のいわゆる跛行的発達に焦点を当てていた。日本は、半封建的な天皇を中心とした政治体制の下、不均衡な経済を持っている。それを構成するのは「高度に工業化された、軍事独占的セクターが都市にあり、〔……〕半封建的な地主と小農の半ば農奴的な様式による経済基盤」であるとされた。[25] 彼らは、社会主義革命の前にブルジョア民主革命を通過せねばならないと信じていた。一方の労農派は、日本は既にブルジョア資本主義社会の外皮をまとっていると主張した。

相川らは、技術論論争を大恐慌への反応として、つまり世界中で出現した様々な「観念論的」な技術概念への反応として位置づけた。例として、ドイツにおける精神論的な技術の定義とアメリカにおけるテクノクラシー運動とをあげている。一九三一年のロンドンにおける国際科学史技術史会議でのソ連代表団による議論を受けて、相川は、資本主義の矛盾を克服するために技術論は資本主義下の技術の本質を明らかにしなくてはならないと強調した。[26] この会議では、モデスト・ルービンシュテインが資本主義的生産関係は生産の発展力を制限する、それゆえそれは技術を増大する搾取・失業・疎外・富の消耗の道具にしてしまうと主張していた。「社会主義建設」のもとでは逆に、資本主義的諸関係は粉砕されるであろうし、科学と技術はその潜在力を生かすべく利用される。だから精神労働と肉体労働との間にある対立は解消されるであろう――労働者が技術的知識を獲得するべく、増大する生産性と革新に積極的に追いつくべく、仕向けられるであろうから。それゆえ各々の労働者が「生産過程の増進・技術発達、それに伴う科学の発展」に貢献するべく「エネルギーの余剰・積極性・発明精神」が開発されるようになる。[27]プロレタリアートと対面するようになった科学者と技術者は、もはや「金融資本」に従属するような研究機関に尽くすのではなくて、社会主義建設にまつわる技術的諸課題（たとえば集団農場のための機械化された農業、地域ごとの特色ある天然資源開発や集約された電力ネットワークの建設）を解決するために奉仕するような、中央集権化された研究所群の一部を構成することとなろう。要するに、生産の社会主義的諸関係が、生産力と労働の双方を、それらが弁証法的に揚棄されるようなところまで解放するだろう。

ソ連のこのような見通し（これこそ論争の背景にあったものだった）をもとに、相川は戸坂潤のような知識人と対峙した。戸坂は近代技術が技能、知性、発明といった主観的な諸要因を含んでいると強調している。相川はこれに対して、技術は厳格に史的唯物論的なやりかたで、特定の生産体制の中にあっての「労働手段の体系」として理解すべきだと訴えた。[28]相川はしばしば、講座派指導者の山田盛太郎の仕事である『日本資本主義分析』からの引用を行っている。山田は『資本論』第二巻におけるマルクスの再生産理論を日本資本主義において「具体化」しようとした。山田は、資本主義的財産セクターにおける生産が消費物資生産セクターとの均衡を達成したときこそ、資本制の再生産は「首尾一貫した完成」に至ると信じていた。一八九七年から一九〇七年にかけて、日本は重工業および海外での帝国主義的戦争を遂行することを見込んだ軍事独占セクター（天然資源・市場・原資を日本拡張のために供給する）を急速に発達させている。[29]こうしたセクターが発達したのは、農村部における搾取的な半封建的土地貸与システムと結託して高止まりした地代によるものである。日本資本主義は、まずは軍事重工業の「生産手段の生産」に力を注ぐ。同時に発達していった資本主義的な農業と軽工業は資本主義的再生産のより広範な形態を形づくり、それらを通じて、消費と商品生産に力を与えていく。[30]その代わりに農村部における半封建的かつ搾取的な状況は、生産力そして熟練した労働力の充分な発達を妨げる。それゆえ山田に倣った相川が論争の中で技術を「労働手段の体系」と定義づけたのは、技術が資本主義的再生産において果たす役割を理解するためである。そうした再生産はいずれその物質的構造のおかげで根本的な矛盾をさらけ出すこととなるだろうし、こうした矛盾を正確に看取できていれば、マルクス主義者はよりふさわしい革命的戦略を立てることができると考えたのである。

マルクス主義者のうち何人かは、相川による、技術のあまりに厳格な唯物論的解釈に対して異を唱え、工業社会そして労働に対する批判と主観的要素を含ませようとした。例えば戸坂は、生産の非物質的な諸形態（知的労働や技能）を、技術という概念の中に入れている。彼は技術を「主観性と客観性の相互交流」とし、技術は次第に現代資本主義社会におけるダイナミックな「大衆知」の形をとると主張した。岡邦雄は相川を、技術と生産力の発達における重要な要素としての「生きた労働」を軽視していると非難した。戸坂と岡にとって、相川の唯物論的な技術の定義はあまりに図式的・独断的であり、技術が現代日常生活において主観性をダイナミックに注入している多彩な方法を扱えないと考えたのである。[31]かくしてマルクス主義者は、社会科学的言説の中に技術の主観的で創造的な意味を導入した初の知識人集団となり、相川は戦時中の議論の中でこれらの概念を展開していくこととなる。

実践的技術論——技術を社会そして生活に溶け込ませる

一九三七年、中国との戦争が開始されると、相川の技術論は日本軍国主義に対する全面的な支持へと移行した。一九三六年六月、相川は他三二名とともに、非合法となっていた日本共産党の再建をもくろんだとして検挙された。相川は一九三〇年代を通じて共産主義者のサークルの中でそこそこに活動的で、講座派の論客として「日本資本主義論争」に参加しており、官憲による左翼知識人に対する様々な捜査によって、数回にわたり逮捕されている。一九三六年の特高調書には、相川がマルクス主義的経済理論を否定することは拒絶したものの、非合法的組織活動を行ったと自白し、あらゆる政治活動から身を引くと言ったと書かれている。彼はまた技術に関する自身の初期の唯物論的定義も否定した。相川がなぜ突然に国家主義へと転向したのかは明らかではない。一九四〇年の著作である『現代技術論』において、相川は一九三八年に国の指令を受けて中国を旅行していることがわかるが、このことで東亜新秩序建設にあたっての「文化的・知的・科学的建設」の役割に目が開いたとされている。戦争のために人民を動員するためのキーワードとして「建設」が出てくるに従い、「技術」という用語もまた、国家が重工業と軍需生産とを振興して技術者および熟練労働者を動員し、技術教育と発明とを奨励し、運営・労働実践を合理化しようとするにあたって重みを増している。この文脈で相川は、技術の枠組みを明確化し、東亜に新秩序を樹立しようとする日本の「世界史的使命感」と歩調を合わせながら、それを具体的な人間実践と生産とに根づかせることが必要だと述べるようになっている[32]。

しかし戦時中の相川の技術論は、初期の社会主義者的な技術理論と完全に断絶したものではない。初期には同僚のマルクス主義者との論争の中で、「技術」はおおむね大量失業・破壊的な戦乱・精神的荒廃を引き起こす疎外をもたらす力と見られるか、もしくは人類のすべての病理に対しての観念論者による万能薬と見られるかのどちらかであった。相川らにしてみれば、ソ連の急速かつ力の入った工業化及びインフラ建設、労働者や農民の大衆教育、生活を通じての科学技術振興は、おしなべて社会への技術のあるべき組み入れ方のモデルとなるものだった。ソヴィエト連邦は日本のマルクス主義者に対して、第一次五カ年計画の宣伝と社会主義リアリズムの映画や文学を通じて、プロレタリアートにとっての技術発展についての魅力ある事例を提供していた。相川は一九四二年の『技術論入門』において、技術が一般には人間精神と対立する要素としてみなされているのに対し、むしろ広く見られる「生活危機」から脱するためにこそ、日常生活の中で技術を「生きている概念《もの》」とすることが必要だとしている[33]。彼が技術を「生きている概念《もの》」とすることの理由づけはもっぱら、国内および海外の帝国領における戦時動員に置かれていたのだが、明らかに彼は、社会を技術を通じて変革することをあきらめてはいなかった。

　相川にとって、技術とは本質的に実践と生産に根ざすものであり、それは「生活」の中にその具体的表現を見出せるものとされていた。彼はマルクスのフォイエルバッハに関する第一テーゼ（主観性をホモ・サピエンスの精神ではなく世界における実践ないし「人間的な感性的行動」と記述した）に同意している。[34]実践的な主体は彼ら自身の世界を形づくり、それに続いて人類は彼らの目的を実現するための技術を生み出す。それゆえ技術とは実践的な生の目的を認識するための客観的手段、つまり「生活技術」である。[35]ただ相川は技術を「手段」と定義したものの、自身の初期の唯物論的な技術の定義（完全に主観性から切り離された「労働手段の体系」）は退けた。彼は「手段」に、イデアルなものとレアルなものとの間にある特別な存在論的地位を与え、初期の定義を退けたのである。ヘーゲルを引用しつつ相川は、「手段」は決して死んだものではなく、道具的客体ではあるが、すでに人間の目的や価値に組み込まれているとした。技術は理性的なあるいは現出したイデアルなものがさらに具現化したものである。ヘーゲルが『論理学』の中で手段に重要な地位を与えたのはそのためである。[36]だから技術は単なる客観的手段なのではなく、人間の目的・価値・理念に組み込まれた「生きた手段」である。しかしヘーゲルの観念論に対するマルクスの批判に沿って、相川は技術が本質的には「人間的・感性的行動」と実践的世界の中で結びついていることを強調した。それは、ヘーゲルが論じたような単なる「精神の具現化」ではない。

　相川は、経済的生産が技術の実践的本質の原理的な表現形態であることを強調した。というのは、それはあらゆる社会関係と生産の根本を形づくっているからだ。技術は常に経済構造の「技術構成」として特定の歴史的形態をとる。機械体系・化学的過程・電力を利用する労働組織・日本及び日本帝国の天然資源と一体となった重工業生産技術は、戦時日本の経済構造の技術構成を形づくっていた。しかし相川の新たなる技術定義によれば、技術構成は単に客観的・物質的なものではなくて、実践的価値と意図とに全面的に融合されていくものとなる。戦争を通じて、日本技術を社会性ないし日常生活での実践的目標と価値とともに生み出すことは、東亜新秩序建設と戦時動員にとっての国家的使命だと考えられた[37]。全面的な国家「建設」と社会的再組織との言説は、技術の要点——根本的に実践的・創造的そして変革的なものである——と調停させられる。国家理念を技術にも当てはめていくこの点において、岡や戸坂のような彼の同僚たるマルクス主義者は、相川を観念論者ないし神秘主義者でさえあると非難した[38]。

しかし相川は、マルクス主義の先人との論争から、技術の主観的側面を借用していた。そこでは彼の言う国家の技術構成をあらゆる技術の領域に、もしくは今や彼が「実践過程」と呼ぶあらゆる生活の領域を生み出しかつ再生産するものに、逆に含ませようとしていたのである。技術論に関する戦時中の初期諸著作において、相川は現代社会を作っている様々な技術のダイアグラムを展開している（図1）。経済過程は技術の基盤を作っており、あらゆる経済生活の側面に関連した技術によって構成される。たとえば消費物資技術は家庭内消費により構成され、再生産過程は医療・衛生技術と関連している。配分技術は「金融（通貨）技術」と「経営技術」により構成されており、それらは産業・鉱業・農業における「生産技術」と関連していた。これらの基盤の上に政治・文化的な過程ないし技術がある。たとえば「国民思想的技術」は、「芸術的技術」「道徳的技術」ないし「国民教育的技術」によって構成される。政政治過程は国防技術にとどまらず、厚生・文化・労働・経済を規制取り締まり管理する「行政技術」でもある。要するに社会とは融合された技術体系ないし「実践過程」のシステムなのである。東亜新秩序を建設せんとする日本の世界史的な目標は、こうした「生きた」技術システムを単なるメカニズムと対立させるような総合的理念を生み出せるはずである。それゆえ技術は自由主義的資本主義のもとで疎外を引き起こす客観的力ではなく、その根本的本質で人類のために世界を創造し変革することと調和しなくてはならない。それは近代の病を克服し、アジアを西洋帝国主義から解放するための普遍的エトスによって満たされるとしたのである[39]。

相川によれば、技術のしかるべき概念的理解——変革を目指す国家目標と結びついた労働手段の体系

――は、日本の文化的・経済的・政治的政策を導くために必須なものであるという。それは短期的には戦争に勝つためであり、長期的には技術と生活とが統合されるような新秩序を生み出すためである。彼は「技術は、社会的歴史的な人間の目的を意識した活動のプロセスにおける外的手段又はその複合《コンプレックス》、その組織、その体系《システム》」であると書いている。[40] このように彼は、技術を社会主義建設のために資本主義者から技能を奪取する「プロレタリアート」に根ざすものとするよりは、生活や主体性のより一般的な類型に根ざすものであると考えたのである。戦時国家の「行動」「実践」「建設」を祝福せんとする理念は、相川のようなマルクス主義者に対して、彼ら自身の革命的目的にかなった用語を提供した。しかしほかのマルクス主義知識人が社会における科学的価値観、満州国における農業改革、もしくは西洋帝国主義からのアジアの解放を推進しようとしたのと同様のやり方で、相川の理念そして提起は、日本国家の戦時目標に服属してしまった。マルクス主義者はしばしば新たな動員のための技術を提供し、効率的・効果的なものとした。そして主要なシンクタンクのためのさまざまな雑誌や座談会に示されるように、マルクス主義的な考え方は戦争中を通じて国家主義的なエリートの理念にとって何かしら受け入れ可能なものであり続けた。[41]

理論と政策――近代化と動員のための政治技術

相川によって「実践過程」として「建設的」な国家目標と組み合わされた技術論は、いったいどのようにして戦時に推奨される政策に翻案され、科学や技術が関連する個々の問題に適応されていったのだろうか？　彼が産業的生産における技術を最も実践的でアクチュアルな形態として強調したことは、生産性を向上させ戦争に向けて人民を動員しようとする国家的課題に明らかな優先順位を与えた。彼は自身の理論を応用的に提示したいくつかの研究を公刊している。『技術の理論と政策』（一九四二年）、『産業技術』（一九四二年）、『東南亜の資源と技術』（一九四四年）、そして『技術及び技能管理――多量生産へ

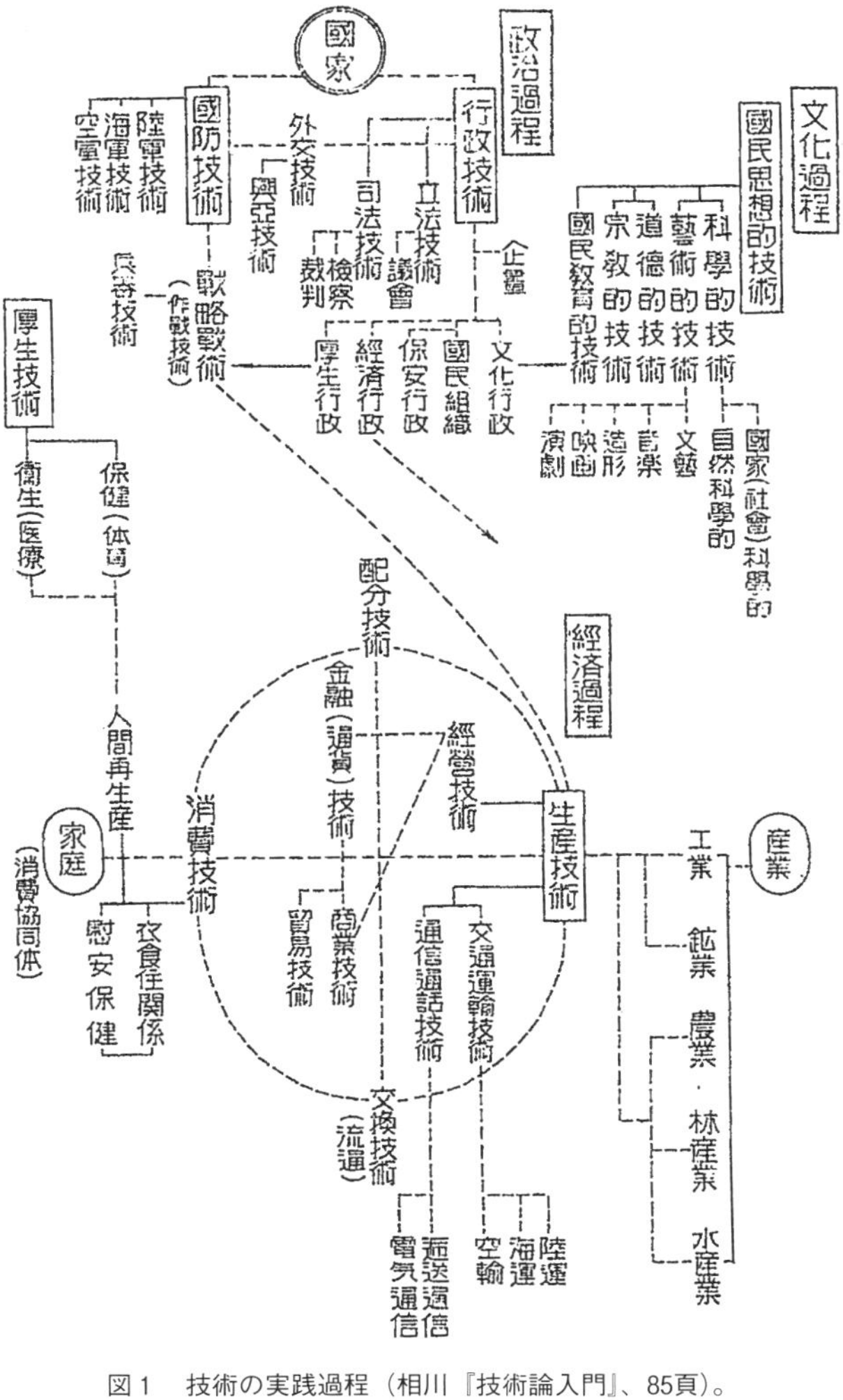

図１　技術の実践過程（相川『技術論入門』、85頁）。

の転換』（一九四四年）などの著作がそれである。これらの研究の中で彼は、技術の要点を主観的でも客観的でもあるものとして理解することが新たなる秩序建設にあたってカギとなると主張した。その秩序の中では、知識・創造性・技能そして想像力が、組織的に発達した大量生産システム、複雑な化学過程、そして巨大な電気・通信・運輸システムと融合している。要するに、日本の「高度国防国家」と「東亜新秩序」とは、近代の「精神的危機」ないし技術と文化の間の対立——自由資本主義が作り出して悪化させてきた——を乗り越えるものであるとされた。戦時の新たなる秩序は、技術と生産とを生活圏の中に引き戻そうとするマルクス主義者の目的を満たすものとなる。それはまた、日本の経済構造のあらゆる半封建主義的要素を消しさり、そして将来の社会主義革命のための道均しとなる。このようにして技術についての国家主義的言説——生産性を向上させ、西洋流の資本主義を除去し、東アジアに新秩序を築くということを全面的に強調していた——は、究極的には国家転覆のために奉仕する者の希望と一体となりえたのである。(42)

相川によると日本の戦時動員は、全面戦争の体制を樹立することを強調する中で、技術の実践的・生産的な本質を浮かび上がらせたものだった。それは例えば、経済新体制確立要綱（一九四〇年）、科学技術新体制法（一九四一年）、物資動員計画及び生産拡充計画、重要産業令といった一連の法規の整備を通じてなされた。相川は日本技術協会の雑誌である『技術評論』の編集委員ともなり、一九四一年には国策研究会（国家改革官僚のシンクタンク）の勉強会にも参加している。そしてテクノクラートのための雑誌——工政会の『工業国策』、そして理研が発行していた『科学主義工業』に「技術評論」というタイトルで多数の記事を書いていた。これらの組織は戦時中の技術者・技術官僚のために最も有力だった圧力団体である。相川は科学技術新体制の構成部分である技術者・技師を組織する部門に提案書を出す日本技術協会の下部委員会の主要メンバーでもあった。これらの立場を通じて、相川は政府における技術者の地位を向上させ、国策を「技術の立場から」確定し、植民地を開発し、職場における技術的合理化を貫徹させ、経済動員のための新たなる秩序を打ち立て、技術革新を振興しようとする、技術官僚のキャンペーンに取り込まれていく。[43]

相川は戦時動員そして帝国主義的拡張という国家的目標に伴う技術者の目的を全面的に支持してはいたが、加えて独自の批判的視点を持っており、それらは国家政策をより効果的・効率的にするためのものだった。自身の理論に沿い、相川は技術の主観的側面と客観的側面とを融合させた。単に発達した物理的な技術というのではなくて、自発性・創造性そしてそれらを研ぎ澄まして活用する側面に注目するのである。彼の批判は、あらゆる生活領域においての技術動員をより強化させるべく、国家を後押しするものだった。実際一九三一年の満州事変以後そして近衛文麿の新体制運動（一九四〇－四一年）以降の戦時統制経済は、日本における工業の独占、半封建的な家内制手工業、小土地所有農業に改革の手を入れてはいるものの、現存する構造を抜本的に変革するために新たな機構がなおも必要だと相川はいう。[44]彼は日本資本主義をめぐる「跛行的」本質の分析を、戦時動員の国家的プログラムと融合した。国家による戦時改革は、相川のようなマルクス主義者に、日本は最終的にその半封建的な資本主義の状況を正し、社会主義に向けて発展を遂げられるという希望を与えた。

科学技術新体制確立要綱（一九四一年五月に可決）は、技術者と技術官僚の間に展開されたキャンペーンの頂点である。その目的は科学技術計画の中央集権化、戦時動員に向けての探究、植民地資源の開発と人々の「科学的精神」の涵養であった。それは「大東亜共栄圏資源に基く科学技術の日本的性格の完成」という掛け声とともに始まっていた。[45]これにより技術院が設立されたが、これは複数の省庁間に分散していた国の科学技術行政を一元化することが意図されたものである。ほかにも技術者や技師を優先的工業部門へと振り分けること、戦略部門において革新的な研究を振興すること、特許を共有すること、学校、大学、工場、社会施設において科学技術上の訓練をより多く行うことなどが計画された。要綱はまた、科学技術総合研究機関と科学技術審議会の設立も考えていた。研究機関は結局設立されなかったが、審議会のほうは冶金・造船・農業といった様々な優先分野の学者・知識人そして官僚から成る政策諮問機関となって成立している。政府は要綱の全体的目標である日本の戦時動員システムの展開に支持を与えたものの、新体制の目論見はおおむね失敗した。なぜなら軍部その他の政府官庁が互いの嫉妬から権益を守ろうとし、実業部門は彼らの研究を競争相手に渡そうとしなかったためである。ただ要綱は戦後日本の中央集権的な技術行政の原型となった。(46)

相川は科学技術政策の一元化、植民地資源に基づいた独自の革新的な「日本」技術を作り上げること、一般大衆の間に技術教育をほどこすことを支持していた。しかし彼は、科学技術新体制は、工場レベルにおける技術研究よりも実験室における科学研究を優先したものとして批判している。彼にとって要綱は、技術を実践的・実際的な生産としてみるのではなく、科学的知識の単なる応用としてみる見方に基づいている。そのような見方では生産領域の外における科学研究を強調することによって、技術をその本質たる生産と実践から切り離してしまう。相川曰く、技術は人々の経済生活と統合されねばならないのであって、実験室に閉ざされるようなものではない。ドイツの重工業を代表するクルップ、ジーメンス、ダイムラー・ベンツが、応用的革新的研究、大量生産そして生産と効率とを向上させようとする国家キャンペーン促進の三点を融合させることによって、技術を科学・生産・国家目標の総合として理解したほうがよいことを示しているというのだ。(47)

相川は技術が科学技術新体制のような「政治技術」を通じて「政治化」されている実情を歓迎していた。(48)しかし究極的に彼が読者に告げるのは、技術政策の目的は戦争に打ち勝つことだけでなく、西洋資本主義システムを乗り越え、技術と経済生活の関係を疎外されていないものに引き戻すことにあった。新体制は軍需技術の質と量を増進させることにのみ焦点をあてるべきではなく、より広い「主観的」構成要素をも組み入れるべきである——技術が真に人々の生活に根ざし彼らの参加・動員を通じて恒常的に発展するためにも。技術院のような機関は、技術政策と研究とを方向づけるための「科学技術全体性の脳神経中枢」を形成するための最初の一歩に過ぎない。次なる一歩は、管理者・技術者・労働者を「科学技術職能団体」のもとに組織することにある。工場でのこうした組織は、効率性を追究し、発明と改良と協働を鼓舞し、任務とそれに対する責任の感覚を浸透させるであろう。こうした団体を通じてのみ、技術は単なる生産の道具的手段であることをやめ、人間の生きた活動と融合される「実践的本質」を再獲得する。国家の方向性も、こうした団体を通じて、人々の創造性・自発性そして革新性を保ってさらに盛り立てていくように「操作され」なければならない。新体制の最終局面は「国民生活の科学化」である。技術的知識と同様、合理性・創造性・効率性がもつ技術上の価値は、学校・訓練所・相互交流施設やメディアにより宣伝されることを思えば、社会のほかの部分に根ざしているものである(49)。それゆえ相川にとって技術とはもはや労働手段の体系ではなく、政治・社会・文化技術の全体的な統合されたシステムである。それは戦時動員を通じて、日本を資本主義の病理（階級対立や精神的疎外）を克服する重工業化された発展した列強へと変革するという国家的目標と融合させられていく。新体制は、より多くの機械・武器・資源を生産するだけでなく、高度に教育された創造的・生産的な市民も同様に生み出さねばならない。この市民は、相川その他のマルクス主義者にとっては、将来の革命そして社会主義建設のための主役になる層を形成するとされたのである(50)。

相川は茨城県の日立手工業工場にある製作所組織は、科学技術新体制に基づいた動員単位を構成する「科学技術職能団体」の具体的なモデルとなりうると考えていた。一九四一年中に相川は、国が援助するドキュメンタリー『今日の闘い』のシナリオ執筆を手伝い日本技術協会の雑誌にその報告書を書くために、複数の日立のプラントを訪れていた。これらの工場は相川に、新体制が渇望するタイプの動員の具体的なモデルを提供した。それは管理における技術の重要性と、行政における技術的方法の重要性の双方が強調されたものだった。イノベーションは、上から下に向けて振興される。労働者の創造性は尊重され鼓舞される。そして相当な投資が研究・訓練そして労働者やその家族のための厚生施設に向けて投じられる。企画院技術局の局長そして新体制の立案者の一人である森川覚三はこのプラントを幾度も訪問し、それを国家が採用するべきモデルとみなしていた。相川によると、日立の工場における動員のやりかたのみが真に技術の実践的で創造的な本質を有機的に生活と融合させる形で引き出すことができるという(51)。

日立は、重工業機械と動力機械部門において世界的優位にあったジーメンスとGEに対する日本なりの回答である。その業績は一九三一年以来、満州および中国に対する日本の拡張が始まったときから上向いている。一九四一年までに日立は「科学と企業の新体制の生きたモデル」として三五億円の資本金を持つ巨大な重工業関連企業へと急成長を遂げていた。日立は「収益を上回るだけの生産」、「営業本位より生産本位」そして「現場を尊重」していることでその独自性を主張している。それは手工業の現場、研究ラボ、事務系統、試験工房・訓練工房、教練所、労働者向け寮、娯楽施設などの相互に関連しあう複合体であった。高度な技術を生み出し技術的組織化まで一企業内で行うという点で、日立は日本国内の技術上の先端部分を代表していた(52)。

「日立精神」の核となる要素は発明促進システムである。結果として八三八の特許、三二三九の「実用新案」、世界水準の水力タービン――いくつかは満州国の豊満ダムにおいて用いられた（第四章を参照）――を生み出している。相川によれば、日立の管理者と技術者は労働者に自身のアイデアや発明を開陳し、鼓舞し、保証づけるための体系だった方策を持っているという。工場の通信報には月あたり三〇以上のアイデアや設計が掲載されており、毎年三〇〇の発明賞と一万の認可状が発給されている。発明を行った労働者には現金による賞与が与えられ、三年後にもまだこの発明が使えるものであれば、さらなる追加賞与も出る。相川は、発明は単に科学教育と天才の産物なのではなく、工場現場で労働者同士が協力するように、技術との間で相互交流をするからこそ出てくるという。発明の例としては数百の薄い金属を圧延できる天井からつるされる自動圧延装置や、タービンブレードの仕上げに用いる特別な表面加工装置がある。創造性と革新とが工場における無駄を省くために活用されていた。発明促進のシステムが導入されたことにより、進歩的で協力的な技術文化の形成が促進された。そこでは労働者の創造性と行動とが尊重され感謝される対象となっていた。実際相川が言うように、このようなシステムは技術の実践的で想像力に富む社会的な精神を生み出している。資本主義におけるように、労働が技術的問題によって分断されていることが労働者組織のありかたを決定づけたりはしない。その代わりに労働者の動員は、技術のよりダイナミックで疎外を行わない感覚、すなわち工場労働者と国家目標との間の関係において、技術を常に発展途上にある「生きた手段」としてとらえる感覚をもたらす。このような労働の技術的な組織化は、「官僚主義」と上からの「警察的制度」の押し付けよりも効果的である。[53]

相川にとって印象深かったのは職場常会である。これは日立の組織体系で合理性・創造性・効率性にともなう「技術精神」を植えつけるにあたって中核となっていたものだ。彼は社内新聞を調べ、効率性・生産性・工場生活全般を向上させようとする多くの労働者の自覚的な取り組みについて語っている。これらの会合を数カ月重ねていけば、労働者は明らかに「自覚的に」資材・時間・労力の浪費について気を配るようになるという。彼らはまた、不良品の数を減らすという目標を立て、達成できた労働者を褒賞している。あらゆる種類(機械部品の改良、作業の工程、技術移転、ミスの発見)のイノベーションは何かしら褒賞されるか着目がなされる。要は労働者を集結させることを組みいれた管理技術が、労働者の責任感と協力とをトップダウンの権威的方法に頼ることなく増進させる効果をもたらしたのだという。[54]

相川は、このような労働者管理技術は、工場街におけるより大規模な「技術建設」と技術構造におけるその他の変化と結びつけられねばならないという。とりわけ一九四一年のアメリカとの開戦以来、日本はその経済を大量生産システムへと転換させねばならなくなっている。季節労働者の賃金体系は、管理者によって恣意的に決定され生活水準にあわせて親方に預けられるというシステムから、より現代的なものにしていかねばならない。時給に加えて、超過生産に対してしかるべき体系に従った賞与を出す

「安藤式管理法」は、生活費を保障すると同時に生産性を向上させるシステムの代表である[55]。あらゆる方面の技術を持っている古めかしい労働者は、飛行機や機械の製作に必要な技術的要求に沿ってより優れた専門化された技能を訓練されなければならない。優れた生産技術を持つだけでなく全体の生産過程も理解している「基幹工」は大量生産の時代の新たな型の労働者だ。知識・直感・技能・技術が機械的ないし肉体的な労働にとってかわられるだろう。技術者が設計室を離れて、現場を指導し生産ラインの体系を再構成するために工場にやってくれば、新たに出てきた「管理労務者」と「生産技術インテリゲンチャ」との間にある階級的な壁が取り払われる。国家は技能・知識・技術の間にある不可分な関係を理解する必要がある。その時はじめて技術はその実践的・創造的な本質を具現化し、究極的には社会全体を変え、古い非効率的な要因を取り除いていく新たなる日本型大量生産システムの基盤を形成していくはずだ[56]。

産業の物質的構造もまた、戦時の技術に真に適合するべく、生活に沿って変革されねばならないと考えられていた。科学技術新体制は経済新体制（一九四〇年）と密接に関連していなければならない。これは基幹産業を統制会のもとに組織するもので、統制会は経済界の指導を受けつつ生産を計画し、資本を管理部門からより分け、小工場と下請け企業を再編成し、生産刺激システムを導入している。企業は、伝統的な産業分類法（鉄鋼、工作機械、繊維、石炭といった）に基づいた統制会のもとに組織されるのみならず、興隆しつつある化学工業（それは最新の機械・電気・化学工学、肥料・合金・医薬品・合成燃料、そして原料・染料・爆発物といった戦時の重要物資を生産するために融合されている）とあわせて組織されねばならない。ドイツのIGファーベン、アメリカのデュポン、イギリスのICIといった巨大化学トラストは、その基盤を高度技術においており、研究開発の相乗効果を生み出すような工場組織の未来形を表現している。これらの工業トラストは硫黄やソーダといった基本的化合物から合成燃料・合金といったより複雑な生産物まであらゆるものを生産している[57]。日本では大河内正敏の理研、鮎川義介の日産、中野友禮の日本曹達、野口遵の日本窒素で巨大トラスト型の化学工業的な装置設置産業が着手されている。これらは、鉱業・造船・繊維といった伝統的産業を基盤とする三井や三菱のような重工業巨大企業モデルとは異なっている[58]。

　最後に技術革新は特許開放、共同研究、そして共同生産といった手段を通じて企業経営の中において鼓舞されねばならない。連合国が経済制裁を行っている状況下で日本の技術水準を向上させるためにも、特許の開放は他人の生産過程を観察したり研究成果を交換したりといった表面的な水準を超えて、鉄鋼統制会のような研究グループの組織や、銑鉄生産のための試験精錬所のような共同研究プロジェクトを動かさなければならない[59]。それゆえ相川の技術論にもとづけば、創造性・参入・生産性を動員するプログラムを通じて、技術のより主観的な要因を鼓舞する努力をもとに、工業技術を発展させるための手段が訴えられる。技術発展のカギは「技術構造」のあらゆる要素、つまり天然資源、生産手段、労働を融合する方針を貫きつつ、革新化することにある。

　一九三〇年代と四〇年代には日本及び東アジアでの新たな秩序を「建設」しようとする言説が興隆したのと同様、戦争遂行のための技術のさまざまな側面を振興する法律が続々と発布された。国家が技術に力を入れたことにより技術者・知識人・政府高官、そして実業家の間で多数の議論がもたれ、どのグループも次第に重要なものとなっていく「技術」という用語を彼ら自身の希望ないし目的にかなうように用いている。相川のようなマルクス主義者（日本の革命的変革を志していた）も、このように技術という語を取り入れていくことにおいて例外ではなかった。技術がもつ「実践的な」意味あいを人々の間にもたらすことによって戦時動員システムを強化しようとする相川の提案は、彼が初期に抱いていたマルクス主義的近代化の枠組み――日本に執拗に残る半封建的な経済に着目していたこと――との強い連続性を看取することができる。実際上述したように、彼はしばしば日本経済の「跛行的発展」について、戦時の提案でも議論している。例えば彼は一九四二年の生産拡充計画での「技術的合理化」の推進を称揚している。国家が合理的に資源・労働・技術を利用する計画をたてるなら、最新技術を援用せずいまだに物理的労働力に頼っている小さな下請け企業から成る日本の非効率的な生産構造が正されるであろう。彼らを廃業させ優先的工業物資の生産者へと転換すること、新たなより規格化された技術及びフォード式の大量生産技能を導入することによってそうした矯正は行われるだろう。[60] 日本の地理的状況に適合した農業の機械化と共同化は、生産性を向上させ日本農業の半封建的、労働集約的、小規模経営という特色を正すであろう。[61] このようにして技術に関する国家的言説がマルクス主義者の希望に訴えかけた。なぜならそれは「半封建的な」日本を完全に近代化し、資本主義に伴う不平等と病理を除去することを約束するからである。技術は国家の戦時計画にとって中心的な存在に他ならない。それは日本の生産性を向上させるという物質的理由からだけで計画の中心であったのではない。日本市民を東アジアの秩序を樹立するために尽力するような活動的で動員された主体に転換するという精神的理由からも計画の中心におかれた。相川は戦時の技術に関する国家的言説を「社会主義建設」に適合させようとしたが、人々の生活の中にダイナミックに技術を直結させるという彼による提案は、最終的にはこの言説を強化して日本の戦時動員システムをより効率的・効果的にすると約束するにとどまった。われわれは同様のいきさつを、日本帝国の拡充に向けての相川の提案についても看取することとなる。

偉大なる東亜の技術的経済

相川にとって、戦争とは単に日本の「半封建的」な経済を統制された経済にすること、そして大衆動員を確立することによって近代化すること以上の意味合いを持っていた。それは西洋帝国主義から解放された新しい秩序を「建設する」ことを目指したものでもあった。後続の章で扱われることになる技術官僚や軍の将校らと同様、相川は植民地群の「技術的経済」への編入——日本は重工業の核となり、植民地群は天然資源開発、加工、そして軽工業マニュファクチュアの核となるといった——もくろんでいた。相川は満鉄の東亜経済調査局のための彼の仕事（『東南亜の資源と技術』）において、経済発展のマルクス主義的理論を濃密に適用した植民地工業化の詳細な青写真を提示している[62]。東南アジアに日本軍が進出していった一九四一年、軍部と企画院は、スズ、天然ゴム、ニッケル、石油といった戦略資源に関する調査を強化した[63]。この文脈において相川の研究は、急速な近代化・発展そして動員のための計画を立てていたが、それは植民地化された世界における資本主義の「跛行的発展」を正しつつ、将来の民族的そして社会主義的な革命を準備するというマルクス主義的綱領と一致するものだった。相川はふたたび国家の技術官僚的言説を採用している。つまり植民地の「手つかずの」天然資源を「進んだ」日本の技術と科学により発展させるべきだというものであり、最終的に彼の提案は、日本指導者たちの計画をも超えた、最適化された効率的な利益の抽出マシーンとして帝国を編成するという展望も与えている。

相川によれば、東南アジア――その重工業化は、西洋植民地主義による資源収奪が過度に集中した構造ゆえに阻害されていた――において、日本はまず経済基盤を樹立するか、あるいは重工業マニュファクチュアや資源開発と採鉱・動力・労働管理の技術をもたらすことに集中するべきだとされた。日本の「技術構造」を革命化しようとする提案と同様、生産技術は技術の主観的・客観的要素を表象する三要素とむすびつけられている。（一）物質的生産手段、（二）技能と工学上の潜在力、そして（三）天然資源である。東南アジアにおける日本の「総合的技術的な計画構図」の構築は、包括的であるために、これら三要素すべて、つまりマニュファクチュアでの機械設備、技術的訓練と専門性、天然資源の質と型に向けられなければならない。これら三要素の状況こそが、東南アジアにおける生産技術のしかるべき組織化を決定づける。日本社会を構築する技術の分析と同様に、生産技術は他の諸技術（政治的・社会的・文化的）のための物質的基盤を形成し、それらの総体がアジアの（実際には日本の）喫緊の軍需を満たし、西洋帝国主義から解放された生産主義的で自立した「アジア人のアジア」を建設するという、より大きな社会歴史的目標と融合される。日本は東南アジア諸国を独立と近代化に向けてしかるべきコースに乗せるための外的な力となる。このようにして相川は、究極的には共通の「大東亜文化圏」樹立のために協働する独立諸国家による東亜同盟の設立を支持したのである[64]。

相川の調査は一九三〇年代末時点では西洋帝国主義のもとにあった東南アジアの技術インフラそして天然資源生産（上述した要因の一と三）にまず集中していた。彼は労働管理についてては将来の作業にゆだねるとしている。ここでは彼はいくつかの一般的な方針を提唱するにとどまり、その中には労働力移民計画、職業分布と各民族ごとの「肉体的・精神的・知的」能力を研究すること、そして現実の経済状況と密に関連した技術訓練施設を導入することが含まれていた。東南アジアの技術経済基盤となっていたのは豊かな天然資源の開発であり、それは東南アジアよりは西洋諸国の重工業化を支えてきたものである。とりわけ、鉱石加工施設の分布、加工地と鉱脈の間にある輸送ネットワークの状態、火力・水力資源の位置が、詳細に研究されなければならなかった。西洋の植民地支配諸国は資源と動力に注力していた一方、現地での加工および天然資源生成にはさほど投資していない。ほとんどの加工はヨーロッパ大都市における化学工場・精製所において行われており、植民地においては低水準技術での組み立てや軽工業ばかりが行われている。日本はしかしながら、さらなる天然資源開発とともにそれらを非常に有用な工業資源・物品に加工するために必要な「技術システム」ないしインフラの建設に注力することができる。それはちょうど満州国で当時出現しつつあった工業化プログラムと同様である。日本の総力戦の需要を満たすことと、アジアの工業的自立ないし解放は東アジアにおける新たな技術経済を支える二つのイデオロギー的支柱であった。相川の研究はそれゆえ、東南アジアを天然資源供給地としてのみ見立てて工業そして加工業を台湾・朝鮮も含めた日本そして満州国に集中させようとする日本指導部による「大東亜共栄圏」の提案とは対立するものだった[65]。

調査のうち多くは、現下の植民地の経済基盤――その蓄積の上に、日本が工業化された東南アジアを樹立することができる――を分析するため、公刊された統計を用いていた。相川は植民地列強にとっての三つのカギとなる天然資源であるスズ、ゴム、石油の経済的「ピラミッド」を検討することから始めている。「総合的な」視点をとらないあるいは正確な統計を用いていない研究に酷評を加えつつ、相川はそれぞれの資源の位置・生産価格そして質を分析する。掘削・栽培・精製に要する技術、現下の加工生産設備、運輸ネットワークと送電施設、そして最後にシンガポールにおける技術インフラなどは各々、ピラミッドの頂点に立っているものだ。なぜならそれらは西欧に搬出されるほとんどの東南アジア天然資源の加工と再輸出のためのセンターであるからだ。

たとえば「ゴムピラミッド」は典型的な植民地の「交易ピラミッド」を形成している。それは未加工ゴムの生産を、広大な土地における肉体労働力の強烈な搾取を通じて、また高度加工技術設備や加工技術にはほとんど投資することなく大都市に再輸出することによって最大化する。対照的に、日本は既に存在している東インド諸島におけるグッドイヤープラントのごとき設備に便乗しながらも、高度な加工技術設備を導入すること、必要なインフラを発達させることに集中し、熱帯での農業や化学・機械加工の領域で訓練された専門家を派遣するだけでなく、数百人もの東南アジアの労働者たちを「能率的に鞭打使役」するための「管理」および「行政的」技術の知識生産にも焦点を当てることが必要となる。[66]このようにして東南アジアのゴムピラミッドは、植民地からの搾取へとむけられる「交易ピラミッド」から、「国防」そして自給的重工業発展へと方向づけられる「生産ピラミッド」へと変革されることになろう。

対照的に、「錫生産ピラミッド」は一方で（キンタ川渓谷地域におけるマレーのスズ資源のイギリスによる開発が中心となるのだが）、東南アジアの開発のために日本が行うべきことに最も近づいていた。良質のスズの加工というのは比較的簡単かつ収益も見込めたのでイギリスは浚渫《しゅんせつ》技術を導入したし、スズ熔解プラントや反射炉も建設し、チェンデロウには水力発電所を、ペナンには運輸・港湾設備を建設した。原料ならぬ加工された良質のスズが生産され世界中に向けて輸出された。日本もこのモデルに沿って建設する必要がある。ただしイギリスとは異なり有機燃料を用いるのではなく水力を利用した動力を発動させねばならず、商業都市よりも工業都市の建設により注力する必要がある。こうした水力への傾注は日本の東アジアにおけるダム建設の経験に根ざしたものであった（第四章参照）。相川によれば西洋の専門家たちがしばしば東南アジアの工業化に対して悲観的なのは、西洋の工業文明の礎となったコークスを加工する石炭資源の質が低劣だからである。しかしいわゆる西洋モデルの、蒸気力の段階を経てから電力を通じての工業化を行うというモデルに替わり、日本はテネシー川流域開発公社（ＴＶＡ）、ソ連におけるドニエプロストロイのダム建設、満州国における日本の重工業ダムプロジェクトの路線によって、すぐさま工業化にとりかかることができる。東アジアと東南アジアは蒸気時代の多くを素通りし、「電力牽引形」の工業化を推進することができるだろう。これはルイス・マンフォードがネオ技能文明の二つの柱と呼んだ、電力と合金生産の発展に基づいたものとなるという。[67]

上述したような包括的な発展プロジェクトに刺激を受けた相川は、東南アジアにおける長期発展の優先順位は、資源開発と現地におけるマニュファクチュア・加工を「有機的に」統合することにあるとしている。「三次元的な」工業と、資源を地方の資源分布地に近い大規模な都市マニュファクチュアセンターと工場に送るというプランである。それは拡大した「技術経済」を樹立するにあたって枢要なものである。これに対置されるのは「平面的」な計画であり、単に資源分布地と都市センターとを結ぶものとされた。立体的計画とは重工業のセンターを志向する資源の「求心的」な力と、地方の資源分布地における加工プラントの「遠心的」な力とのバランスをとる。この線に沿って相川は電化と拡大しつつある工業発展とを結びつける六つの異なる資源グループに目を付けた。すなわち、鉄、ボーキサイト、スズ、石炭、クロム・ニッケル、そしてマンガン・アンチモンである。各資源につき相川は生産地帯の状況を吟味し、工業化された地帯へとそれらが発展しうる潜在力を検討している。[68]

相川は特定の天然資源・エネルギー資源が集積される、中核となる諸都市（urban centers）に着目して、工業化が可能な地域のおおまかな地図を作成していた（図2を見よ）。キンタ川渓谷のスズ鉱脈地帯、スマトラ島北部のアサハン川周辺、都市メダンの周辺におけるボーキサイト開発の技術的状況が吟味されている。インドシナにおけるハノイそしてハイフォン周辺のトンキンデルタ地帯における石炭の開坑の様子、ビルマはマンダレー周辺のボルドウィンの鉱脈地における銅・亜鉛・鉛の開坑の様子、マニラ近郊のフィリピンにおけるザンバレス地域でのクロム開発、そして同じくマニラ近くのラグナ湖周辺のニッケル開発その他である。それぞれの地域は鉱脈・運輸ネットワーク・加工・マニュファクチュア工業、発電所そして中核となる諸都市の融合された複合体である。現状を分析するのに加えて相川は、開港に伴って日本が乗り越えなければならない困難さを詳述した。良好な輸送インフラが不足していること、労働力のコスト高、発達したマニュファクチュアに必要な主要天然資源が近辺に不足していること、機械化や技術上の設備の水準が低いこと、電力供給が不十分なことなどである。日本は現状の資源地域・発電所・マニュファクチュア設備・西洋が失敗した開発計画の上にこれらを再建するであろう。しかし西洋植民地列強が多くの場合、資源収奪と蒸気力に固執した古びた植民地主義的心構えによって足元をすくわれたのに対して、日本はネオ技能的な秩序を打ち立てる寸前のところまで来ている。それは重工業生産を包括するような領域と、より効率的な水力にその基盤を置いたものとなるであろうという。(69)

各々の工業地帯の中心には、巨大で多民族が共生する「工業都市」がある。相川は五万以上の人口を有する三五の中核都市（main cities）を分析した。東南アジアの諸都市は天然資源の再輸出をとり行う政治・商業的センターという「植民地的性格」をもっている。そこでは発展は、工業的な設備についてよりも軍事・運輸・商業的なものである。都市人口は大部分、移住してきた労働者ないし貿易業者によって構成され、彼らの生活は単一作物の農業・鉱業に、半封建的な農村地域と近代都市との二重経済に、貿易と商業ないし軽工業マニュファクチャに、それぞれの基盤を置いていた。日本の目的はこれら植民地的な諸都市を、上述したような包括的工業ゾーンと連携させること、生産的なメトロポリタン的地域

図２　「東南アジア工業地域の概要」、点線で囲まれた円は特定の天然資源と主要な都市（小さな丸印）を中心にした工業地域を示している。斜線でさまざまな陰影をつけているところは、石油、鉄鉱石、スズ、そして石炭など（他の天然資源は化学記号で表している）重要な天然資源の所在を示している。×印は、発電施設の建設計画のあるところである。（出典：相川『東南亜の資源と技術』、412ページ）

に変えていくことである。労働・交易の従事者が労働者階級となるだろう。相川は植民地的都市を三つのタイプに分け、それらの現状の技術インフラを吟味している。農業都市は農業生産にとっての中心地となり、製糖・ゴム加工プラントのような基本的加工施設を持つ。小規模電力プラントも同様である(例えばマンデレー、バンドン、サイゴン)。冶金都市は天然鉱脈の中心地であり、石油精製、単純な化学・資材工場そして大規模な発電所を有する総合的都市がある(バレンバン、パダン、そしてハノイなど)。そして両方の型が混じった、大港湾と大工場を擁する総合的都市がある(シンガポール、ジャカルタ、スラバヤなど)。日本の目的は各工業地域の中で天然資源を加工・輸送するための「媒介的」センターとしての諸都市を発展させることにある。例えばメダンは東スマトラ・マラッカ海峡のボーキサイトを基盤とする工業ゾーンの発展のためのセンターとなるだろう。同様にマニラは鉄以外の金属および合金を基盤とした工業ゾーンの発展のための、ペナンとクアラルンプールはスズ・ゴムを基盤とした工業ゾーンの発展のためのセンターとなる。つまり各地域の工業発展は日本を中心とする新たな大東亜の生産秩序内における都市化と結びつけられるだろう[70]。

東南アジアの工業化は、大規模な水力発電開発プロジェクトおよび強化された労働力動員の網に基礎を置くべきで、それは相川が「エネルギー構成のアジア的システム」と呼んだものだ。西洋の植民地列強が主として浪費される石炭・石油資源と技術に依拠し、搾取的資源経済に依拠し、都市化に際して商業的やり方に依拠しているのと対照的に、日本は例えばスマトラのアサハン川、スラウェシのラロナ川、ミンダナオのラナオ湖のように重工業化と都市化とを賄うためのダムを作って開発を行う。彼はドイツのエネルギー経済(Energiewirtschaft)の理論にとりわけ影響を受けていた。これはあらゆる国のあらゆるエネルギーを総合的に調査した上で発展的なバランスをとって運用することを目標としたもので、工業的に拡大された経済を樹立するために必要なのだという[71]。相川は独自にこれを展開して、「西洋の」エネルギー理論はあらゆるほかのエネルギー形態の根本となる人間のエネルギーを考慮に入れていない点からして還元主義的だという批判を加えている。「この東亜十億の民族力は、それ自体が即時的に厖大無雑なエネルギー・レザーヴを意味し、いまや一定の燃焼炉に置いて点火され、燃焼しつつある血液的ガソリンの大貯蔵庫なのであ」ると彼は書いている[72]。アジアのエネルギーシステムは石油・石炭・木材・水といった物質的エネルギー源だけでなく、人間の生物的な力をも利用しなければならない。純粋に理論的な形ではあるものの、彼は「人的エネルギーと食料構成」を決定づけるために、あまつさえアジアと西洋諸国のカロリー摂取量と食物価格の比較もしている[73]。

つまり相川の青写真は、戦略的天然資源、地域ごとの加工そしてマニュファクチュアのプラント、大規模な水力発電プロジェクト、工業都市、最適な形で動員された人口——これらはすべて最大の生産性を志向する——の融合されたシステムを提示していた。彼の提案は、日本帝国主義者の従来のイデオロギー（そこでは植民地はおおむね、より進んだ日本の都市のための資源提供源とされている）を補完している。相川の研究を通じてわれわれは、いかに日本の左翼が国家帝国主義の「アジア建設」の言説に魅せられ積極的にかかわっていたかが分かるだろう。そうした言説は発展・近代化と体系化や異種結合がもつ技術上の価値を強調するもので、西洋帝国主義の「ゆがみ」を正すべきものとされ、そのため暗黙のうちに社会主義革命の構造的な状況を準備するものでもあった。究極的には、これは国家の技術者の間でアジア大陸での包括的なインフラを発展させる「アジア建設の技術」という言説を強化させるものとなった（三、四章を見よ）。内的に関連しあっている工業地帯——戦略的天然資源と水力設備（アジアの「血の」力と同様の）に特化した——を打ち立てようとする綿密な計画とともに、相川の研究は実際、彼らの計画をより強化してまとめあげることになった。それは究極的には、アジアの生命と資源を「解放」、「アジア建設」の名のもとに搾取することを正当化したのである。このようにして、「非合理的」軍人指導者や法学官僚に対置されるような、国家テクノクラートである技術エリートに指導される最適化された合理的植民地システムは、不均衡な発展を除去しプロレタリア社会を作ろうという社会主義者の夢と一体化されたのである。

映画の文化技術

相川の技術論は国家官僚と技術者が着目していた経済的生産性と経済政策という問題を超えていた。彼は精力的に映画やマスメディアもしくは彼の言うところの「文化技術」についても書いていた。ルイス・マンフォードやヴェルナー・ゾンバルトのような同時代の技術論者に呼応する形で、彼は日本が一九二〇年代に「電気の文化」に到達したと書いている。電化は「これは最も根本的なものとして、私的独占又は国家的独占の脈管と神経とを再組織したのである」[74]。工業は農村地帯に進出し「化学革命」は合成原料の大量生産を可能とし、運輸ネットワークは諸地域を互いに密な連関のもとに置き、有線・無線によるコミュニケーション技術は世界中からのニュースと画像をラジオ・新聞・雑誌・映画という新たに勃興しつつあるマスメディアによって運んでくるようになった[75]。相川をはじめとする技術論を書いていた左翼知識人たち——中井正一、戸坂潤、三木清ら——にとって、マスメディアは人間の感覚のまさに本質的な部分に転換をもたらし、個の主体性を集団の主体性へと転換させたものであるという。マスメディアの技術は技術を何かしら人間生活からは疎外されたもの、もしくは「外的手段」としてみるよくある見方を問題とし、それを人々の主観的性質と密接に結びつけた。ここでも相川は、技術の本質を大衆の主体性と文化のレベルで根拠づけることによって、国家技術者ないし官僚よりも掘りさげていた。国家技術と帝国主義的政策についての彼の理解と同様に、相川は科学と技術を戦時の方策のため振興しようとしていた国家の見解を強調し拡大しようとした。

相川がいうには、現代の技術的文化がもっている主な特質は「複製技術」の支配である。ラジオ文化は散文や詩の文化にとってかわり、映画は劇場を圧倒し、写真は絵画に対抗しつつあり、レコードが生の交響楽団にとって代わられている。しかしドイツの同時代人たるワルター・ベンヤミンと同様、相川はロマン主義者よろしく古典文化の衰退を嘆いて「オリジナルなもの」が劣化した「複製」にとってかわられるのを嘆くのではなく、「機械的再生芸術の新ジャンル」にみられる「オリヂナル」を称揚していた[76]。ほかのマルクス主義映画評論家——権田保之助や今村太平のような——が認知していたごとく、これら新たなジャンルは「市民的大衆性」と「大衆心理に近づきうる流布性」を有している[77]。機械的複製芸術は内容よりも形式のほうを強調するが、このことは逆に新たな内容の可能性を生み出す。多くの芸術家たちが、新たな芸術を生み出すようなこうした技術面での優位に立つことがないまま、ロマン主義的かつ個人主義的なやり方で袋小路に入っている現状を相川は嘆いた。芸術は「天才的」ないし精神的な創造性なのではなく、特定の方法、過程そして大衆的な「表現技術」の技能をとりいれることなのだ。こうした技術が採るのは映画・ラジオ・録音そして写真といった「豊富な形式の多様性」である[78]。相川はあらゆる芸術家に「新しい酒は新しい革袋に」注ぐよう請願する[79]。彼やマルクス主義者にとって複製芸術は芸術上の内容を貶めない（あるいは「誤った」資本主義イデオロギーを代表しない）ばかりか、その可能性を豊饒化し何倍にもしてくれるものだった。

　機械的複製芸術がもつ新たな潜在力の例としてまず挙げられるのが映画だった。これは相川曰く、「大衆的普及力のある形式を切り取るや否や、新しい時代感覚的な内容を表現しうる積極的な可能性を開拓し始めている[80]」。映画製作はそれ自体、メディアがもつ大衆的な性格を強化した。それは「文芸的要素（シナリオ）、演劇的・美術的要素（撮影）及び音楽的要素（録音）が組立てられ、映写機と発音装置による再生産＝スクリーン化を予想して」統合される巨大な制作過程である[81]。芸術形式における映画によって可能なものとなったイノベーションは新たな内容をも発生させた。例えばチャーリー・チャップリンの「モダン・タイムズ」（一九三六年）のような映画は、産業的合理化と技術を非人間的（それゆえ創造性に対して抑圧的）とするロマン主義的な風刺の域を超えていないが、「ポパイ」のようなアニメーションは、古い「技術対芸術」の二項対立を乗り越え、その代わりに新たなる技術感覚を生んでいる[82]。相川は「ポパイ」についてこう書く。

ポパイの怪腕のなかにはモーターがうなり、砲弾のごとき破壊力、電動機のごとき心臓、彼の法外に強力な活動は機械的エネルギーの溢出を意味し、音楽は金属的な轟音を放っている。この構想は、映画形式を支えている力学的光学的技術と完全にマッチしていて、しかも不思議にリアルな新鮮な感覚を伴っているのはなぜであろうか。この金属的なまた電光的な感覚がやがて芸術的にリアルな内容イメージに結びつくとすれば、そこに映画の芸術的性格が新しく切り拓かれてゆくように考えていいものか、どうか。

このような新鮮な現代的感覚は他の芸術形式にこれを求めるのは極めて困難なことであろう。[83]

音楽や詩といった古典的な芸術の形態は、文化と技術の間にあった分裂を想定したものであるが、それらはこうした技術と生活の融合——相川によると新鮮な「現代的感覚」——をついぞ達成させることができなかった。相川はメディア技術が社会を満たしていくことに、精神的疎外ではなく、潜在的ダイナミズム、力、生を看取していた。それらが大衆に対する伝達力を持っており新たな感覚を活気づける能力を持っていることは、過去にロマンを見出そうとするあまりにこれを拒絶するのではなく、芸術家たちがより積極的に受け入れ展開させていくべきである。[84]

上述したように相川は戦争を、日本から「封建的遺物」を一掃するための第一の手段であるとみなしていた。また技術は疎外と物象化を引き起こすのではなく、社会と生活との融合部分を形成するための新たなる秩序の水先案内人とみなせるという。文化の領域における彼の戦争肯定は、理論家としての活動の中に、そしてドキュメンタリーないし「文化映画」のスクリプト作家としての活動の中に、明白にみることができる。戦時中の映画制作者および批評家は文化映画をその時代における最先端の美学的形式とみなしていた。劇場的映画（「劇映画」）ですらリアリズムに基づくドキュメンタリー的な様式と質を採用するようになっていた。ドキュメンタリー映画はまた劇場的な性格そしてテクニックを採用するようになり、文化映画というジャンルを形成するようになっていく。ジャンルの境界がこのように融解していったのはいくつかの要因からの帰結である。一九三九年の映画法令は「映画新秩序」を樹立し、検閲システムを生み出し、あらゆる映画プログラムの中で最低でも二五〇メートルのノンフィクション映画を見せることを奨励している。ドキュメンタリーはまた、しばしば検閲をすり抜けた。というのもそれにはしばしばシナリオがなかったからで、このことによって制作はより容易になっていた。国による検閲料の徴収はノンフィクション映画においては適用されないということすらあり、そのことがさらなる制作を後押ししていった。このように国が文化映画を振興したため爆発的に制作されることとなり、文部省の見積もりでは一九四〇年だけでも四四六〇のドキュメンタリーが制作されている。その結果ドキュメンタリー映画という様式が、戦時の映画界において急速に確立されることとなる。この様式は、戦場での歴史的緊迫性、観客の間における人気、映画評論家たちからますます着目されるようになったことにより普及していき、ドキュメンタリーの美学は秀逸なものになっていった[85]。

「文化映画」という語はもともと、ドイツの大映画会社であるＵＦＡが一九二〇年代に作り始めたKurturfilme が輸入された際に使われ始めたものだ。文化映画はもともと現代科学技術の成果なり過程なりを描く映画だった[86]。しかし文部省はすぐにこの語「文化映画」を日本で制作されたすべてのドキュメンタリー映画に関して用いるようになる[87]。戦争がはじまると文化映画はより国家主義的な響きを伴うようになり、この語は「啓蒙」・「近代化」のため、そして戦争・帝国のために人々を動員することを目的とする映画を指すようになった。それらは、エリート空軍パイロット訓練兵の精神的な活力を映し出したもの（『空の少年兵』一九四二年）から、農村の貧困と村落発展のために力を合わせて働く北日本の農民たちを描いたもの（『雪国』一九三九年）、そして鉄道労働者の生活をとらえたもの（『機関車Ｃ五七』一九四一年）までさまざまである。[88]「文化」という語の意味は個々の映画によって異なる。ほとんどすべての文化映画が規律・共同・自己管理そして精励に価値をおく調子で撮られていた。また多くの映画が近代技術による装飾効果（工場、機械、管理技術そしてイノベーション）を喜んでとりいれており、人々の「迷信的な」慣習と信条を正そうともしていた。相川にとっては文化映画こそ、近代的技術社会のあらゆる側面を表現し、日本そして東アジアを通じて人々に新たなる「技術文化」を樹立させるための尖兵だった。

『文化映画論』（一九四四年）は、一九四〇年代に相川が書いたドキュメンタリー映画に関する評論を集めたものであり、多少付加的資料や改訂が加えられている。それには左翼映画人にとっての避難所であった芸術映画社でのドキュメンタリー映画を研究した彼の経験が生かされている。映画評論家今村太平の書物『記録映画論』と並んで、それは戦前・戦中日本におけるドキュメンタリーに関する数少ないまとまった理論的考察の一つである。[89]多くの映画評論家と同様、相川はドキュメンタリーがもつ科学的で高度な技術がもつ特質を称賛している。映画というのは総じて「特有な技術機構」を持っている。映画は「近代機械学、光学写真化学及び音響学等々、殆んどすべての物理的化学的及び電気的応用の総合的な所産である創作及び映写のメカニズムによってあたえられた可能的な世界」なのだと彼は書いた。[90]古典的な芸術的産物とは異なり——それらは個人的かつ職人的なものである——映画は「近代的制作機構」を働かさねばならない。[91]

ドキュメンタリー映画製作の「技術構造」とは別に、相川は「自然及び社会的な生活事実のうちに一つの合理的構成を見出してゆくという主要な立場」のゆえに文化映画に称賛を与えている。まさにその構造と組織において文化映画は「虚構に対する事実、創作に対する記録、直感に対する抽象、感性に対する知性の呼び掛け」をもたらす。それゆえに劇映画——それらは感情・直観・想像・虚構をまずは重視する——よりも進歩した点がある。映画の「技術的システム」にある科学的要素は、「制作者の主観のうちに目醒まされ、その企画その構成、その制作、つまりその対象の見方、捉え方、描き方にまで浸透」する。[92]それゆえ科学と技術は、こうしたドキュメンタリー制作にみられる協力の主体と行動とを合体させる。このようにして、文化映画は、科学的精神および国家の戦時キャンペーンに向けての生きた補完材料となるという。

技術が有する主観性と客観的な構成要素を統一しようとする自らの技術論に沿うべく、相川は文化映画がもつ映画技法と制作の形式から発生する科学的質は、感情的で美学的な質と不可分なものであると主張した。イメージはそもそも主観的に創造された「表現形式」なのであるから、それがいくぶんかの美学的要素を呼び込むのは不可避のことである。ただし主観的・美学的な要素は、客観的な映画技法それ自体に引き継がれてゆくものでもある。様々なカメラ、レンズ、音響機材、照明技術、撮映技術はそれぞれに美学的質を備えており、各技術における発達はなべて映画全体の質を変革してゆく。[93]要するに相川にとって、戦時のドキュメンタリー映画の「文化技術」は合理性と感性、科学と美学との統合を生み出すものである。文化映画はストイックに離れたところから行う観察あるいは純粋に道具的手段により生産される外的対象というよりは、主観性が絡みついた文化的所産の「生きた手段」なのである。

相川らは、文化映画の技術・美学を「新しいリアリズム」と呼んだ。相川を触発したのはセルゲイ・エイゼンシュテインやフリードリヒ・エルムラーといったアヴァンギャルドの映画制作者であり、「記録主義」に関する彼の批評からこのことを看取することができる。彼の批評はカメラについては客観的リアリティーを表現することに徹するべきであり、ひるがえって「流動の精神、過程の精神、モンタージュの精神」こそ映画のエッセンスであると強調している。文化映画の主要な目的はリアリティーを記録することにのみあるのではなく、日常に隠蔽された国民的理念を明るみに出すことにあるのであって、それは編集・カメラワーク・演技・音楽といったさまざまな技法を通じて、それ自体の技術・美学的なものもしくは流動の「構成力」を活用しなくてはならない。このようにして、文化映画はドキュメンタリーを方向づけるような客観性と、劇映画を方向づけるような主観性の双方を備えた高次の文化的形態へと結合されていく。「新しいリアリズム」はこれまでは見えてこなかった「真実」を、ドキュメンタリー主義とロマン主義の双方とがとらえきれなかった現実性の中において明るみに出すために、美学的感覚と科学的概念性とを統合するというわけである。[94]

相川は映画の文化技術についての持論を、『今日の戦い』(一九四二年)の制作に協力する中で発展させた。一九四〇年、情報局は芸術映画社に、「全国民的連帯」に関する叙事詩的な映画を作成するよう委ねた。映画制作者はすぐさま、複数の階級の出身者たちの連帯を表すのにふさわしい選択肢として重工業部門の工場に目をつけ、工場における生活に関する三つのシリーズ映画を作ることにした。[95] 相川は台本執筆を手伝うように要請され、一九四一年と四二年に東京近郊の複数の日立発電機プラントを視察している。ここが映画のロケ地の一つとなった。この映画は、動員の映画的技法ないし「文化技術」の一例として興味深いというだけでなく、表現の対象(日本の最新鋭の技術を用いた工場群)を記録しているという点でも興味深い。

相川が最も着目していたのは、日立の発明促進と職場における集会プログラムであって、これらは映画のストーリーのカギとなるプロットも構成していた。台本によれば『今日の戦い』は、まずは非効率的な発電機工場を描き出す。そこではしばしば事故・遅延が生じ、世代間そして出身地間(都市か農村か)の対立があり、機械部品が故障している。管理者は労働者の不満を吐き出させ、問題点を明確にし、現場改善という形で彼らの自主性を引き出すために労働者集会のシステムを導入する。管理者の考えでは、これが多様な労働者同士の団結を促し、より多くの発電機を生産するという国家目標に対してより責任を感じさせることになるという。事態は目に見えて改善され、映画は、占領したオランダ領東インドへと搬送される一万キロワットの発電機の製作と試験運用をもって終わる。工場のあらゆる問題は解決され、労働者は彼らの労働こそが「東亜新秩序を建設している」との感覚に満たされる。彼らの「火華散らす」機械用具は、創造性を湧きたたせ、発電機は新しい帝国の動力となり、精密に作られたエンジンのパーツは一ミリごとに東アジアの文化建設に奉仕することになる。多くの点でこの映画は、新たな大量生産・高度技術のもとでの生産システムによって古い工業の構造が乗り越えられたこと（マルクス主義者と戦時国家の双方に共有されていた目標であったこと）を見せつけるものとなっている。[96]

『文化映画論』の中で相川は、映画制作者が直面する、そして映画技術・技法の中に反映されている多くの問題を論じている。例えば、映画の最後はダムに関する映像となっている。それは排水口に押し寄せる水、発電のためタービンに流入する水、作業場、家屋、そして前線へと出征する兵士などである。相川にとって、これはあまりに「記録主義的」であって、特定の職務へのかかわりを通じて国民的統合を観客の精神に喚起するという重要な理念をもたらしていないという。それゆえ制作者はこれらのシーンをカットしたのだが、かわりに大地を照らす朝日という凡庸な短いショットによって唐突に終わらせている。映画的な「文化技術」は単に乾いた科学的表象ないし「退屈な国策説教」のレベルにとどまってはならず、美学そして感覚の水準において作用する必要があると相川は論じる。技術は編集・照明・音響効果・カメラワークを総動員することによって国民的思考を表象するだけでなく、創造しなくてはならない。結局のところ相川には、この映画は文化映画の挑戦として、「東亜建設」と国民連帯の理念をダイナミックに統合することには失敗していると感じられていた。[97]

重工業の工場が選ばれた理由の一つは、それが国民的連帯そして人々の多様性が機能的にまとまるミクロな場となっていたからだ。ただこの映画に関して、相川はそうした技術上のまとまりのミクロな場を社会のほかの場からも見出すことを望んでいた。彼は映画制作者に、何かしらまとまった工場に似たものとして社会を表象する方向を追究させたかったたし、そのため彼らは次のようなシーンを追加した――居心地の悪さを感じた労働者が田舎に帰る。すると彼の故郷の村が、農業機械を導入してお国のためにさらに多量の食糧を生産するため協力して働くことによって利益を得ているところを目の当たりにする。そこでこの労働者は、旋盤工としての彼の仕事が国家的意義を有していることに気づき工場に戻る。さらに相川は消費者組織と隣組組織との関連性をも導入しようとした。映画制作者は彼らが言うところの「技術の過程」――工場のシーンにより両者の技術的連関を表象しようと試みる――を映画に映し出そうともしていたがこれらのシーンは最終的にわき道にそれすぎたものとしてカットされた。相川によると映画の「文化技術」のもうひとつの側面とは、異なる文脈や空間を統合してゆく能力のことであり、それは多様な人々の間に連帯の感覚を生み出すはずであると考えられていた(98)。

相川はイメージの映像上の展開ないし映画がもっているテンポのほうが内容それ自体よりも重要であると常に論じていた。編集は最も重要な表現技術である。なぜならモンタージュのような映画技法が異質の映画的テンポを生み出すし、それがすぐさま人々の感情・感覚に影響を与えるからである。効果的な編集は否定的な開幕から肯定的なエンディングに至るまでの映画的語りを元気づける。また編集によって、労働者の生活に突然歴史的出来事が勃発するような異質な瞬間を組み入れることもできる。たとえばある映画では日本の真珠湾攻撃は撮影の最中に起こったことになっていて、映画制作者は突然生じたアメリカとの戦争に労働者を動員する効果をもたせようとした。彼らはそのために労働者大衆が押し寄せるシーンを入れて、映画の中でも常に東亜建設という喫緊の使命に目を開かせるようにしたのである。相川は彼らが自身に語りかけるイメージを、過度に多いナレーションや流れを作るための音楽の利用より好ましいものだと思っていた。また映画を現実を映し出すための単なる道具とみなすのではなく、新たな表現技術によって可能となったさまざまな感覚を積極的に創りだすことを、映画制作者に促している。相川は、技術は国家的政策を積極的にイメージへと変革してゆかねばならないとしていたのだ(99)。

相川にとって「再生芸術」は人間の感覚に革命を引き起こすもので、文化を大衆化して大衆的表現を可能にする可能性を持っている。とくに文化映画は、現代技術社会における文化表現の最高形態のひとつであるという。それらに科学的な正確さと合理性とが混合されていることは、編集・照明・音響の美学的・創造的技法を取りこむことと併せて、人々の間にダイナミックな技術的感覚を作りだし、組織・革新・科学的合理性がもつ技術的な諸価値を鼓舞する。新たな映画的技法と革新的な美学上の技法のたえまない発達を通じて、「新しいリアリズム」こそが主だった美学となるであろうし、人民の生きたエネルギーを戦争遂行と「東亜文化建設」のための動員を支えるものとなる。相川が社会を形成するとみなしたほかの技術と同様、文化映画のような「ネオリアリズム」という文化技術は、主観的ないし倫理的な意図を客観的過程・実践と融合させた。たとえば『今日の戦い』は国民的価値（責任感、創造性、統合）を鼓舞するという精神的目的と、実際に用いられる技術（撮影、編集、台本執筆、演技）とを、人民の間にそうした価値を普及させるために結びつけている。相川は映画がもつ革命的な潜在力を把握していたのだが、いまや彼の政治的地平は（少なくとも表に出るかぎり）、もはや社会主義革命の主体としてのプロレタリアートではなく、国家目標（戦時動員と生産性向上）に組み込まれた国家《ネイション》であった。ただし技術過程を経済分野において強化しようとする彼の呼びかけと同様に、文化映画に対する彼の声高な批判は、より広範囲の言外の政治的目的も提唱していた。すなわち技術を生活、感覚そして主観性と結合させようという、初期の彼が社会主義者として抱いていた夢である。文化技術と美学はこのもくろみを実現するにあたって中心的な役割を果たしていた。ソ連の社会主義リアリズムが主張したように、プロレタリアート独裁の基盤を築くために、芸術家と映画制作者は「魂の技師」にならねばならない。ただし最終的に相川は、政府による戦時動員キャンペーンの鼓笛隊長となってしまい、日本国民を自発的にそして喜んで国家のために犠牲にするべく、鼓舞（もしくは「工学化」）することになったのである。[100]

結論――戦後の相川の活動と、彼の思想が暗示するもの

相川は満州の関東軍に召集され、一九四五年の終戦が近づいた時に脱走してソ連に投降した。ソ連極東のビロビジャン強制収容所に収監されたのち、相川は日本軍将兵を社会主義のもとで再教育する「民

主化運動」として知られる運動を行うため、ソ連に登用される。相川は帰還するまでに革命運動を日本において行える政党を組織したいという希望をもって、一九四五年から一九四九年まで『ハバロフスク日本新聞』の編集者として、この「反ファシスト」教育運動に心底身を投じた[101]。彼は一九四九年に帰還し、一九五三年に死ぬまで日本共産党の組織者であり、これら社会主義諸国との国交正常化を強力に後押しし、ソ連や中国から日本への帰国者を再組織する際の指導者であり、ソ連や中国から日本への帰国者を再組織する際の指導者であった[102]。相川は第二次世界大戦以後のソ連の急速な再建と共産主義に向けての進歩について、熱意をもって執筆し続けている。彼が訴えるところでは、新たなる「ソヴィエト・ヒューマニズム」が勃興しており、それは抽象的なブルジョア・ヒューマニズムや日本その他の国において早くも復活しつつある「ファシスト・アンチヒューマニズム」が陥っている空虚な荒廃ぶりと対照的である。そこでは労働が尊重される。人々はその能力と頑張り次第で表彰される。個性・創造性・敬意が職場において盛り立てられる。人々は基本的市民権である言論の自由、信教・結社の自由だけでなく、食糧・住居・教育・医療といった社会権をも有する。また高水準の政治意識を有しており、マルクス主義・レーニン主義の高度な知識を持っている。そして誰もが文学・映画・美術・演劇などのわきたつような文化の領域に参画できる[103]。このようにして相川は、ソ連のヒューマニズムは同国の戦時破壊からの急速な復興と共産主義にむけての発達の基盤をつくっていたと主張している。

彼がソ連側につき、その社会主義建設という目的に熱心に尽くしたことから判断するなら、相川が初期に持っていた共産主義への共感を、戦争のまっただ中にあっても決して放棄しなかったことは明らかである。彼は自身の戦時の仕事を「究極において戦時生産の御用学者に転落してしまった」と位置づけていたが、自身の「体系」説に基づいた技術論を保ちつづけた。それは社会を、技術を構成する諸過程の相互交流のもとに見ようとするものである。彼は技術論を書き改めることを予告していたが、一九五三年、疲労と捕虜としての年月に患った病に起因する突然の死のため、それが形になることはなかった[104]。

ただ疑問は残る。なぜ彼は戦争と帝国に対する支持を放棄したのだろうか。国家からの圧力の結果戦前・戦中に左翼たちの間でイデオロギー的に起こった転向の研究者たちは、この現象を「真」か「偽」かの二分法のもとにとらえてきた[105]。しかし次第にわかってきたのは、日本の戦時ファシストたちと相川のような共産主義者の目的は、実際にはしばしば共犯関係にあり相互に転化可能であったこと、そして技術的想像力にかかわる言説においてはとりわけそうだったことである。次第に増していく国家からの抑圧、一九三〇年代を通じてのプロレタリア大衆運動の取り込みを目撃していたほかのマルクス主義者と同様、相川はおそらく戦争と「新東亜建設」の文化的使命こそが社会主義に向けての唯一の有効な道のりであるとみなしていたのだろう。このような理由から、戦時動員と帝国主義から東アジアを解放することを通じて日本経済を急速に近代化しようとする国家目標は、社会主義革命にふさわしい状況を作ろうとする講座派のプログラムと共鳴するところがあった。戦時動員と民族の解放は、日本が共産主義に向かう際の障壁となると講座派マルクス主義者たちが信じていた「封建的残滓」を除去するであろう[106]。相川のソ連における日本人捕虜を「民主化」・「近代化」しようとする戦後の活動と、日本共産党その他のための組織活動――米国占領終了後に、平和・民主・社会的平等、ソ連・中国との連帯を目指す「人民政府」を作ろうとしたこと――とは、日本を共産主義への「適切な」道のり（とくにスターリン的なヴァージョンにおける）に位置づけようとすることに彼が相変わらずかかわり続けていたことの証左となっている。

相川の仕事は、戦時には技術がファシスト権力に組み入れられる領域になっていたことの一つの実例を示している。すでにリチャード・サミュエルス、ジョン・ダワー、中村隆英らが、戦時のイデオロギー・構造・制度、テクノクラート的合理化と計画化の政策が戦後日本の経済的奇跡とどのように関連してきたかを指摘してきた。しかし彼らは、こうしたことが戦後にも健在だった権力の特有の流儀をどのように作ってきたかについて十分な吟味をしているわけではない[107]。戦時の技術動員に関する国家言説は多くの集団にとって納得のいくものであり、そうした集団の中には、彼ら自身が考える社会変革の意味・目的に合わせて語法を変えていった左翼知識人たちも含まれていた。とはいえそうすることで相川のようなマルクス主義者は、日本とその帝国が全面的にシステム化されることに、ポジティブな展望を持っていた。そしてそれは、戦時のファシズムと帝国主義をより強力にそしてより効率的なものにしていた。人々は「科学と技術の自発的組織」ないし労働者集団のもとに組織化され、これが創造性・自己犠牲・自尊心を鼓舞し増大させる。戦略的天然資源とアジアの労働力を中心として重工業化を行おうとする総合的な領域がアジア全体に拡大され、日本そして日本帝国のほかの領域とも強固な結びつきを得る。「ネオリアリズム」の映画などの同時代的なメディア形態は、すべてを日本の戦争努力のためにすんで犠牲にしようとする情熱とともに、人々の間に科学的な態度を浸透させる。技術的想像力の相川的ヴァージョンは、戦後日本経済の成長に向けて単に素材を用意しておいたというだけでなく、戦後ふたたび日本人民を動員したいくつかのカギとなる制度・政策をいろいろなやり方で準備してもいた。それは中央集権的な科学技術官僚制、日本ならではの管理イデオロギー、工場における品質管理のための諸集団、日本の海外における開発方針（アジアの「包括的発展」に力点を置いた）であり、急速な経済成長に向けて生産性という価値観を鼓舞するメディアにおけるキャンペーンなどである。こうした戦後にも受け継がれた技術的想像力と、それが権力そして社会統制にもたらした意味あいを検討することが、この本のエピローグの主題となるだろう。次の章では技術的想像力を制度化するのを助けた知識人以外の主要なグループ、すなわち技術者・技術官僚に目を向けることとしよう。

注

（1）三枝「技術の思想」、一四七頁。

（2）同上、一二七頁。

（3）相川の『現代技術論』の中における包括的な文献紹介と批評とにより、当時日本で入手可能だった広範囲の技術論各派に関する、彼の思考をみることができる。相川『現代技術論』、二八七－三三六頁。

（4）河原『昭和政治思想研究』、二五六－二五七頁。Mizuno, Science for the Empire, 98–101; 109–11.

（5）よりユートピア的な技術観を強固に支持した例としては、宮本武之輔がいる（第二章を見よ）。

（6）Koschmann, "Rule by Technology/Technologies of Rule," 1.

（7）Barshay, *Social Sciences in Modern Japan*; Fletcher, *Search for a New Order*.〔バーシェイ『近代日本の社会科学』〕

（8）Koschmann, "Rule by Technology/Technologies of Rule," 5.

（9）Koschmann, *Revolution and Subjectivity in Postwar Japan*, 144〔コシュマン『戦後日本の民主主義革命と主体性』、一九二頁〕より引用。

（10）Ibid., 146. コシュマンはマルクーゼによる、工業化された世界を政治闘争を体系化し服従を合理化させる「技術装置」とみなす観点を援用している。以下を見よ。Marcuse, *One-Dimential Man*, 158.〔マルクーゼ『一次元的人間』〕

（11）Yamanouchi, "Total War and System Integration," 1–42.〔山之内「方法的序論」『総力戦と現代化』〕原子力に対する大衆からの支持を勝ち取るテクニックについては、Aldrich and Dusinberre, "Hatoko Comes Home," 683–705.

（12）これら戦後の「自由で民主的な主体」の展開に関する論争について、それらの戦時中との連続性について、より詳しくは、Koschmann, *Revolution and Subjectivity*.〔コシュマン『戦後日本の民主主義革命と主体性』〕

（13）Härd and Jamison, "Conceptual Framework," 2–3, 7.

（14）Härd, "German Regulation," 33–67.

（15）Maier, "Society as Factory."

（16）Härd and Jamison, "Conceptual Framework," 4.

（17）Marx, "Idea of Technology and Post-Modern Pessimism," 248; Schatzberg, "*Technik* Comes to America,"486.

(18) Ibid., 486, 494-96.
(19) Marx, "Idea of Technology and Post-Modern Pessimism," 248; Schatzberg, "Technik comes to America," 486.
(20) 飯田『技術』、三七二－七三頁：Mizuno, *Science for the Empire*, 26.
(21) 大淀『宮本武之輔と科学技術行政』、二〇八頁。
(22) 第一次大戦以降の日本における科学と技術に関する社会組織の発展については、廣重『科学の社会史』。初期の技術者運動についてより詳しくは、Mizuno, *Science for the Empire*, 19-42.
(23) 詳細な論争史については、中村『技術論論争』を見よ。
(24) Mizuno, *Science for the Empire*, 80. 日本へのマルクスへの導入についてより詳しくは、Hoston, *Marxism and the Crisis of Development in Prewar Japan*; Barshay, *Social Sciences in Modern Japan*, 36-71.〔バーシェイ『近代日本の社会科学』〕。
(25) Sugiyama, "World Conception of Japanese Social Science," 209.
(26) 中村『技術論論争史　第一巻』、六－一〇頁。
(27) Rubinstein, "Relations of Science, Technology, and Economics under Capitalism, and in the Soviet Union," 20-21.
(28) 相川『技術論』、八頁。
(29) Sugiyama, "World Conception of Japanese Social Science," 208-9, 212-13.
(30) Barshay, *Social Sciences in Modern Japan*, 81〔バーシェイ『近代日本の社会科学』、九九－一〇〇頁〕：相川『技術論』、二二一－二二二頁。
(31) 戸坂と岡の技術論については、Kimoto, "Tosaka Jun and the Question of Technology."
(32) 相川『現代技術論』、三頁。
(33) 相川『技術論入門』、八、一四－一五頁。
(34) Marx, "Theses on Feuerbach," 400.〔マルクス『フォイエルバッハに関するテーゼ』〕相川は初期には大っぴらに技術論の中で、実践と真理・思考との不可分性を示すために「テーゼ」から引用していた。相川『技術論』、一二二頁を見よ。戦時中の作品群の中からはマルクスの名は消えているが、彼は変わらず「実践、この現実的実践、実践の結実としての事実」こそが「人間精神の第一義」であると強調している。相川『技術論入門』、一九〇頁。

(35) 相川は実践を技術の本質的要素として強調はしたが、慎重に、技術は特定の歴史的生産様式（道具、機械、機械体系など）に基づいた特定の歴史的形態をとるということも記している。実際彼の作品のなかでも技術の歴史的発展は多くを占める。相川『技術論入門』、二六‐五〇頁。

(36) 相川『現代技術論』、四七‐四八頁。

(37) 相川『技術論入門』、五九‐六〇頁。

(38) 中村『技術論論争史　第一巻』、六〇頁、六五‐六六頁。

(39) 相川『技術論入門』、八五頁。図1は、以前相川が示した表（『現代技術論』、九五頁）のより精緻化したヴァージョンである。

(40) 相川『現代技術論』、八五頁。

(41) 相川と同様、多くのマルクス主義者たちは、国家機関のための公的研究を遂行するなり報告書・記事を書くなりして、日本の戦争遂行の努力に身を投じていた。例えばミズノは、マルクス主義者が戦時にいかに科学に対する最も熱狂的な推進者となっていたかを論じており、それは彼らが合理的な科学的世界像こそが大衆の間における批判的で独立した精神を植え付けることを望んだからだとしている。Mizuno, *Science for the Empire*, 71-142. ルイス・ヤングが分析するところでは、満州国で農業研究を遂行した左翼は、これが半封建主義的な状況に対するラディカルな農業改革を促進させることを期待したからだという。Young, *Japan's Total Empire*, 291-302. スギヤマ・ミツノブは日本の「大東亜共栄圏」の経済研究を推進したマルクス主義者は、目標として「アジアを帝国主義のもとから解放」するか「近代化する」ことを掲げていたことを示している。Sugiyama, "World Conception of Japanese Social Science."

(42) 「乗り越え型の近代化」そして資本主義の「精神的危機」については、相川「なぜ技術を考えるか」『技術論入門』、五‐一六頁。相川「現代技術から技術論へ」『現代技術論』、五‐一一頁も見よ。

(43) 相川『産業技術』、二一一頁。大淀『宮本武之輔と科学技術行政』、四〇六‐一一頁。技術者と技術官僚について詳しくは第二章で論じる。

(44) 相川『産業技術』、七九‐八〇頁。

(45) Morris-Suzuki, *Technological Transformation of Japan*, 148 より引用。

(46) 科学技術新体制について、詳細は以下を見よ。Mizuno, Science for the Empire, 63-68; Pauer, "Japan's Technical Mobilization".

(47) 相川『産業技術』、三九－四三頁。相川はしばしば、「科学技術」という用語を、科学に技術に対する優位を与えるもの、それゆえ抽象的なものとして批判していた。例えば相川、前掲書、五三頁。彼にとって、科学はあくまで「ポテンシャル技術」なのであって、実際にある技術ではない。相川『技術論入門』、一〇四頁。

(48) 相川『産業技術』、一二〇、一三六頁。

(49) 相川『技術の理論と政策』、一三五、一四二－四三、一二三－二四頁。

(50) 一九四一年、相川と日本技術者協会の技術官僚は、科学者と技術者との協力的な組織のための提案書を作成したが、これは戦時産業のために科学と技術を発達させるだけでなく、工場の外におけるあらゆる生活の領域において効率性、最適化、合理性といった技術上の価値を広めていくことをもくろんだものだった。提案書は帝国規範協会、企画院、全日本科学技術組織連盟に提出されたが、あまりに「観念的」であるとして却下された。大淀『宮本武之輔と科学技術行政』、四一一頁。総じて相川の提案は、技術的動員と生産主義のスタハーノフ運動版に非常によく似ていた。戦後になって書かれたエッセイの中で相川は、彼がプロレタリアートに責任を持つ技術インテリゲンツィアを誕生させることを意図したスタハーノフ運動の重要性に、ほかの知識人が理解不足であることに批判を加えている。スタハーノフ運動は技術的に訓練された労働者が自由にその創造性、独自性、研究を、新たな技術――ソ連の生産性を資本主義諸国におけるものに伍するものとし、あまつさえ共産主義の基盤もかたちづくることとなったような――を創造するために用いられ、技術的ヒューマニズムの一つの型を代表するものである。相川「第二次産業革命節の批判」、一六頁。それゆえ相川の戦時中の自発的組織と共同体に基づく大衆的技術動員への掛け声は、総力戦システムを強化することを通じて急速な近代化を進めることが社会主義の基盤となるという彼の信念の表出であるとみることもできる。

(51) 相川『技術の理論と政策』、一三四－三五頁。

(52) 相川「日立製作所日立工場見学記」、四二－四六頁。

(53) 同上、四四頁、相川『技術の理論と政策』、一三五－三八頁。

(54) 相川「日立製作所日立工場見学記」、四〇‐四三頁。
(55) 相川『産業技術』、一一五‐三二頁。
(56) 相川『技術及び技能管理』、六〇‐七七頁。
(57) 相川『産業技術』、一一二‐一四頁。
(58) Mizuno, *Science for the Empire*, 51.
(59) 相川『産業技術』、一五二頁。
(60) 同上、一五四‐五五頁、一七五‐七六頁、一八九‐九一頁。
(61)「日本農業技術」の展開について、詳しくは同上、一五三‐八五頁。
(62) 相川の東南アジア研究は、相川『東南亜の資源と技術』として刊行された。もともと調査部の機関紙であり東南アジアおよび西アジアに焦点を当てていた『新亜細亜』における連載をもとにしたものである。調査部は、満州・中国・その他日本帝国の各領域における天然資源、工業的農業的発展について大量の研究報告書を出していた。それはまた翻訳も出版し、人類学的・歴史的・社会学的研究も推進している。満鉄の研究所群については、小林『満鉄』を見よ。
(63) このような軍事研究の例としては、多田『南方科学紀行』。
(64) 相川『東南亜の資源と技術』、五頁、八‐九頁、四六頁。
(65) 同上、五七、七六頁。戦時日本の東南アジア政策については、Mendl, *Japan and Southeast Asia* の三章を参照。
(66) 相川の「ゴム・ピラミッド」の構図については相川『東南亜の資源と技術』、一六八頁。同書の一五七‐二二〇頁では、ピラミッドの全面的分析がなされており、土地所有の型、活用される技術の型、賃金体系、各分野の工程管理について述べられている。
(67) 同上、二六四、三四〇、三八七頁。
(68) 同上、二五三頁。
(69) 同上、四一二頁。
(70) 同上、四〇八‐九頁。
(71) 同上、四四五頁。

(72) 同上、四四八頁。
(73) 同上、四五一頁。
(74) 相川『現代技術論』、二五五頁。
(75) 同上、二五〇 - 五七頁。
(76) 同上、二五九 - 六〇頁。
(77) 同上、二七二頁。
(78) 同上、二六四頁。
(79) 同上、二七七頁。
(80) 同上、二七六頁。
(81) 同上。
(82) 同上、二七六 - 七七頁。
(83) 同上、二七七頁。
(84) 同上、二七六 - 七九頁。
(85) Nornes, *Japanese Documentary Film*, 63, 95.
(86) 相川『文化映画論』、一六頁。
(87) Nornes, *Japanese Documentary Film*, 6.
(88) これらはすべて、山形国際ドキュメンタリー映画祭の東京事務局に保管されている。
(89) 今村『記録映画論』。
(90) 相川『文化映画論』、一五頁。
(91) 同上、一一頁。
(92) 同上、一五 - 一六頁。
(93) 同上、二一 - 二二頁。
(94) 同上、三一、三八、四六、六六 - 六七頁。相川の新しいリアリズムは、映画における形式主義的なネオリベラリズム運動のそれと混同されてはならない。

(95) このシリーズは、水木荘也の「勝利への生産」(一九四二年)、今泉善珠の「造船挺身隊」(一九四二年)、そしてここで分析した映画、中山義男の「今日の戦い」である。映画制作途上で相川はしばしば、「思想の映画化」が難しいことを語っていた。とくに職場での連帯を国民の連帯ひいてはさらに偉大なる「文化建設」に結びつけるのは難しいという。例えば相川『文化映画論』、三〇-三一頁。また久保「工場と文化映画」、三六頁および浅野「今日の戦い――制作報告」、三〇-三一頁。国民連帯を描くのとは別に、映画制作者たちは機械化された工場労働のなかでの労働者の視点をとらえること、巨大で暗く混乱した工場を撮ることに関心を抱いている。

(96) 残念なことに、この映画のフィルムは現存していない。映画の内容は浅野「今日の戦い」、六六-七一頁を参考にした。

(97) 相川『文化映画論』、三〇-三一頁。

(98) 同上、三二頁。

(99) 同上、三三、五七頁。

(100) 相川は「魂の技師」という言葉をマキシム・ゴーリキーから借用しており、初期の技術論に関する作品の中でも用いている。相川『技術論』、一七九頁:Gorky, "Literature and the Soviet Idea," 53-54, 64-67. スターリンも演説の中で(有名な話だが)この言い回しを用いたし、一九三二年一〇月、ゴーリキーの自宅にて、第一回ソヴィエト作家会議を準備する中で、「魂の生産」のほうが「戦車の生産」よりも重要であると述べていた。これが、プロレタリア革命、プロレタリアートによる社会主義文化の建設を正確に描出することを使命とする「社会主義リアリズム」の中心的な教義の一つとなった。

(101) 相川「在ソ民主運動の一決算」、二七一-九七頁を見よ。

(102) 詳細については、矢浪『相川春喜小伝』、二一七-二三三頁。

(103) 相川「ソビエト的人間の形成」、八-一六頁。

(104) 『相川春喜小伝』、一九、七八頁。

(105) Steinhoff, *Tenkō*; Tsurumi, *Intellectual History of Wartime Japan*.

(106) 経済学者の坂入長太郎は、相川が技術文化研究所の設立と指導を手伝ったこと、ここが一九四二年から四五年にかけてますます沈黙させられ戦場へ送られていった左翼・マルクス主義知識人たちにとっての待避所となっていったとしている。三枝博音、岡邦雄、武谷三男、山崎俊雄といった傑出した左翼知識人がこの研究所の活動に参画していたが、部分的に資金供出していたのは改革派官僚であり、近衛文麿の新体制政策の理論的父の一人であった亀井貫一郎であった。設立後数カ月して相川は離れ、研究所も終戦までに爆撃され、記録はすべて破壊されている。矢浪『相川春喜小伝』、八四 - 八五頁。つまり彼は、戦時中に国家主義知識人としての活動を行っているさなかにも、かつての左翼の仲間を捨ててはいなかった。このことは、プロレタリア革命というよりはっきりした目的に対する、彼のかかわりが初期以来継続していたことを示している。

(107) Samuels, "*Rich Nation, Strong Army*"（サミュエルズ『富国強兵の遺産』）; Dower, "Useful War," 49-70; Nakamura, *Postwar Japanese Economy*（中村『日本経済』）. 戦時改革官僚を「テクノ・ファシスト」と性格づけることによって、彼らについての学術的研究に着手したのは Mimura, *Planning for Empire* である。ミムラはテクノ・ファシズムが主体と生活とを総体的に動員しようとする権力の新たな方式をいかに生み出していったかということよりは、ファシズムの範囲内での経営者的、テクノクラシー的傾向に焦点を当てている。

第二章　アジア発展のための技術

社会の管理者としての技術者

二〇世紀初頭の日本で技術の本質について探究を行っていたのは知識人だけではない。一九二〇年代と三〇年代、日本が軽工業から重工業へと急激にその産業構造を転換させていくとともに、技術者も社会的勢力となってゆき、技術に関連した知的言説を彫琢していた。彼らが発展させた「総合技術」や「技術の立場」、「興亜技術」といった用語は、彼ら自身の社会的立場を向上させ、統一された科学技術政策を推進し、東アジアを発展させるといった目標にともなって、また学術研究を日本植民地のインフラ整備計画に参画させよという要請のもとに、日本の技術的想像力の一部をなす語彙となっていく。左翼知識人は技術の意味を生活のあらゆる領域における生産を含意させようと拡大させていった。それに対し技術官僚と技術者は、日本そして日本帝国を先見の明ある専門家によって合理的に組織するために、あからさまなテクノクラシー的技術定義を推していた[1]。政府の技術エリートは日本の技術的想像力を先鋭的なものにしてゆき、アジア太平洋戦争中（一九三一‐四五年）の政治プログラムや政策決定においてその概念を採用してゆく。内務省技術官僚であった宮本武之輔（一八九二‐一九四一年）は日本技術者運動のイデオロギー上の指導者であり、植民地での技術政策を領導していて、興亜院技術部のトップでもあり企画院次長として戦時科学技術の動員システムの策定に携わった。彼は技術を合理的計画および総合的発展とみなしており、彼の提起した概念は戦時政策の策定にあたって技術者の待遇と彼らに払われるべき敬意を向上させるための国家技術制度の原型に組み入れられた。同時にこうした概念は戦時・植民地計画を主導した改革派官僚の政策（第五章を見よ）とも融合されている。本章はこうした概念および技術官僚が採った政策に加え、植民地に対して彼らが採用した表象の方式を検討する。彼らの採用した方式は日本の技術を用いることでアジアを発展させるという言説を宣伝して内面化するためのものであり、実際に用いられたイデオロギーと技術は、植民地の文脈において両者とも同じように決定的だったといえる（より詳細に第三章及び第四章で論じる）。帝国は日本の技術的想像力を構成する根本的要素であり、技術官僚そして技術者にとって彼らがもつ社会的ステータスと利益を上昇させるための要諦であった。

二〇世紀初頭日本における技術者と技術者地位向上政策

一九一〇年代、日本政府が官立大学において科学研究を体系化し、科学や技術のプログラム群を拡張していくにしたがって、技術者も社会政治的な利益団体として自らを組織しはじめた。欧州において第一次世界大戦が勃発したことで、日本ではそれまでの経済発展を支えていた基本的工業化学物資、医薬品、精密技術の輸入が途絶えてしまった。戦争により国家は科学や技術の社会的インフラの整備を追究するようになる(2)。技術者業界を先頭だって組織した民間の技術者も、治水事業のために内務省に動員され、他にも鉄道・道路・橋・港湾・運河・ダムの建設、さらに排水灌漑システムの整備のために他の省庁に動員された。日本が経済的インフラを拡大していくにつれ、また国家が後押しする事業において技師や技術エキスパートが頭角を現していくにつれ、省庁内において彼らの地位や報酬の低さが目立つようになっていく。省庁は法学士たる官僚により支配されていたが、彼らはしばしば技術者よりも若く経験も浅かった。技術者は通常の出世街道（法学官僚のために取っておかれた）からは締め出されており、

「課長」や「次長」ではなく、特殊な「技師」ないし「技官」の身分しか与えられなかった。[3]このような扱いは多くの技術者が観念・文化・倫理といった高尚な世界ではなく物質的世界にかかわっていたために、そこで用いられている道具や機械と同程度にしかみなされていなかったという日本社会における大まかな傾向の反映であった。

大淀昇一は日本においての技術者が社会の管理者とみなされるべきだとする理念は、アメリカにおいて科学・技術のための社会インフラを整備しようとする文脈や電気・化学の高度な技術による巨大複合企業（GEやデュポンのような）が興隆していった文脈の中で技術者の地位を向上させようとしていた一九世紀末と二〇世紀初頭における技術者運動に端を発するという。[4]フレデリック・ウィスロー・テイラーはこうした運動を先導していた管理者としての技術者という理念の影響力ある提唱者の好例である。労働と機械との最大限の節約そして効率を獲得するための合理的組織に関するテイラーのアイデアは、のちに世界中で社会を合理的で最適な社会システムのもとに組織しようとするユートピア的な展望に影響を与えた。セオドア・ローズヴェルト大統領は、一九〇七年、天然資源管理そして「国の効率化」を最優先事項に挙げ、国内水運委員会（Inland Waterways Commission これは代表的な技術者たちの共同体でもあった）を立ち上げた時、活動にかかわる技術者を支援育成した。技術者が社会的にも目立つようになり、彼らが管理者として国家の支援も受けるようになるにつれ、技術者の協会は企業ないし政府において管理者の役割を引き受けられるように自ら経済と法律を学ぼうと呼びかけるようになっていた。自分たちこそは今まさに進行している技術上のプロセスにもっとも通じていて、それゆえに効率性そして生産性を最大化することができるというわけだ。技術者を社会技術者としてとらえ、彼らを社会を最適化してそのさまざまな問題を解決する者としてとらえるこの発想は、テイラー主義と並んで日本では一九一〇年代に端を発する。[5]

直木倫太郎（東京市河港課長兼下水改良事務所工務課長、土木課長）は技術には社会管理技術も含まれるとする理念をもっとも初期に提唱していた。彼の一九一八年の論集『技術生活より』は、当時の若くて理想主義的な技術者——社会におけるより指導的な役割を果たしたいと望み、政府行政職において法学部出身者たちが優勢であることに焦燥感を抱いていた——にとってのバイブルとなった。代表的技術雑誌に掲載した初期の論説群において、直木は技術とは「生気」あるものであって人々の生活を向上させるための人間的機制だと情熱的に論じていた。アメリカおよびイギリスにおける技術者の専門職業化運動に影響され、彼は技術を「手段」としてみる見方を批判した。なぜならこの見方は、技術者の仕事が(大胆で先見の明のある指導者に決定される)特定の目的を達成するための最良の手段を選択するに過ぎないと思われているからだという。直木は技術と工学とは、「建設と運用」と同様、「企画と実行」をも含むものであると論ずる。宮本が初めて直木の講演を聴いたのは、彼が東京帝国大学工科大学の不満がちな学生であった頃である。直木の講演を聞いて、宮本は技術者を「一部に対するエンジニア、全体に対するマネージャー」とする自身のアイディアを展開しはじめるようになった(6)。

技術者の社会的役割についての直木の議論と、政府・社会における技術者の地位が低いことへの怒りに触発されて、九人の東京帝国大学工科大学の卒業生(宮本と久保田豊(第四章を見よ)を含む)は一九二〇年、工人倶楽部を結成した。この団体の主な目的は技術者の地位と収入を向上させることだけでなく、技術を社会発展のための第一の力として振興することにもあった。実際彼らはソースタイン・ヴェブレンの「技術ソヴィエト」設立に向けた一九一九年の呼びかけを引用していた。だがこの議論は次第に入り組んでゆき、相互に関連しあう「社会メカニズム」を合理的に指導し統制する技術的指導層のことを表すようになる。このようなアイディアが、倶楽部結成の背後にあったインスピレーションの一つであった(7)。ヴェブレンの理念は合衆国におけるテクノクラシー運動の興隆にとってだけでなく、戦時日本でカギとなった「総合技術」や「東亜建設のための技術」などの理念の形成にも重要なものだった。

ソースタイン・ヴェブレンと日本技術者運動の知的背景

ヴェブレンはドイツにおいて行われていた技術《テクニク》がもつ精神的特質に関する論争を追いかけていた。エリック・シャッツベルクによれば、彼こそがアメリカ社会科学において「技術」をカギとなる用語にした最初の人物だという。彼にとって技術とは単なる機械的過程の物質的体系ではなく、それを運用する際に付随する原理・知識・技能そして実践である。(8) 一九一九年のヴェブレンによる萌芽的な仕事である『技術者と価格体系』においては、現代社会は入り組んだ「工業体系」であって「たがいに結びついた、多くの、そして多様な機械的体系の包括的な組織体であり、特定の部分の働きが、他の部分の働きによって決定されるような形で、過程それ自体の中で相互に関連しあい、均衡をとっている」ものとされた。技術はこうした体系そのものであるだけでなく、それに付随する「共同体の知識・経験の積み重ね」でもある。産業エキスパート・技術者・化学者・熟練労働者・技師は「知識が連なって積み重ねられること」によって出現するものであって、社会の福利にとって絶対的に重要な地位を占めるものなのだ。(9)

ヴェブレンにとっては技術ないし彼が「産業的技法の形態」というものは、技術に関連しない株式出資者や不在支配人たち（彼らの興味たるや最大限の生産高や「目に見える成果」ではなく私的利益のほうにある）によって転覆されかねないそれ自体の規範というものを有している。この手の「既得権益」はあらゆる種類の「サボタージュ」——天然資源・設備・人力を使用する際の非効率から、利益を保証するため適当な水準に価格を保っておくために意図的に生産を遅延させることを含めた——を引き起こす。ヴェブレンによれば工業的システムを作って運用するような若い技術者は、「工学とは眼に見える成果という領域に始まって終わるものであること、商業上の便宜とは別物であることを理解し始めている」。(10) 効率、成果、適合性、そして共同体の富こそが技術者の規範に付随してくるものであり、それは第一次世界大戦以降の状況では何か決定を下すたびに商品不足と大規模失業とを巻き起こすような、「財政を牛耳るものたち」の規範とは正反対のものである。ヴェブレンは工業的システムが発達してよりこみ入ったものになるにつれて技術者が目立った地位を占めるようになり、責任感という共通の階級的倫理を発達させるという。この技術司令官はそのため、国のエネルギー資源・物資・人的資源に関して詳細な調査結果を出すし、工業的システムの内部と公共空間全体においても熟練労働者の支援を得る。究極的にはソヴィエトは各分野の産業技術者の助けを借りながら、工業的システムの中核に、動力・設備そして材料と利用可能な資源を配分することになる。それゆえ地域ごとにおかれるサブ・センターそして地区評議会は、地方ごとの需要や状況に応じて資源をきちんと利用することが保証される。(11)

そのようなわけでヴェブレンの技術概念は工業的システムのみで構成されているわけではなく、支えとなる知識・実践・倫理からも構成されている。経済を私益のために意図的に「サボタージュする」こともある資本家とは対照的に、技術そして技術者は実際の成果、効率、共有される物質的富といった価値を代表する存在である。急速で過重な工業化そして第一次世界大戦後の周期的な恐慌が社会的不平等を悪化させており、労働者・農民・少数民族そして女性を大衆的抗議へと駆り立てていた大正期の日本にあって、ヴェブレンの理念は広範囲に受け入れられた。ヒロミ・ミズノが示したように、工人倶楽部の創設は勃興しつつあった社会主義運動と同様、良い賃金、労働環境、職場の安全そしてよい評価を求める労働争議と密接に結びついていた。(12)これら運動のただなかにあって、工人倶楽部は急速に良い賃金、求人、公私双方のセクターにおける待遇の向上（そうした場でトップはたいていエリート官立大学の法学部卒業生が占めていた）を求める、技術者たちの利益保護団体になっていった。ヴェブレンによる技術者の規範・価値観に関する理念は資本主義システムの非合理性を克服するための管理者としての役割と相まって、騒然とした大正期を通じ階級・職業意識を発展させようとした日本技術者の闘争に組み入れられていく。(13)

技術者と技術文化の形成

技術者を社会管理者（ないし社会について想像する人）と重ねてとらえる当時形成されつつあった非物質的な技術概念を引っ提げて、宮本は一九二〇年に工人倶楽部の発会の辞を執筆した。それは以下のように始まっている。

技術は自然科学と術と融合せる文化創造なり。技術は創造そのものにして方便にあらざるが故に最終なり、絶対にして相対にあらず、文化創造は独り技術の私《わたくし》し得《え》可《べ》きにあらずと雖も、人類文化は之を一面より観察すれば悉く是なり。少なくとも技術は文化と密接不可分の関係に織り込まるるが故に、技術は社会の凡ての方面に発達せざる可からず。苟も文化にして肯定す可くんば断じて技術を否定する能はず[14]。

発会の辞は冒頭から人間的媒介から離れた物理的手段として技術をみなす理念を拒絶している。そして高度な技術システムを用意することは倫理や創造力や社会的実践といった文化的諸要因を含んでなされることだと述べ、科学的原理を単に機械的に応用することではないと論じる。つまり文化の創造者はあらゆる社会の領域の建設に参画するのだから、「その活動は決して社会の一部に局限せられず広く人類生活の全部を包含」することこそが技術者の責任である[15]。技術者の仕事は直接的に文化的なものでもあり、そこに含まれるのは設計・建設にかかわる技術的問題の解決だけではなく、社会的有用性、行政、社会計画にかかわるより広範囲の諸問題も含まれている。実際技術者はその技術的専門性ゆえに法学官僚よりも熟達した管理者になりうると論じている。

発会の辞の次の章は、ヴェブレンの社会管理者としての技術者の役割という理念を生き生きと喚起している。資本家に労働者を隷従させる「資本主義的産業組織は決して健全なる社会制度と称する可《べか》らざる」のだとして資本主義の限界が指摘され、技術者は資本家と労働者の間の「制導」となり、「技術的文化」を打ち立てんとする共通の課題に向けて双方を指導することになるという。ただヴェブレンのあからさまなラディカリズムからは一歩引いて、この憲章では資本と労働のこうした媒介を（直接行動や革命を通じてというよりは）、技術者を議会に選出して政治的な主張を行う運動を通じて達成されるべきだと追記されている。ミズノが示したように工人倶楽部は一九二〇年代には、育ちつつあるプロレタリア政党と強力な同盟関係にある「頭脳労働者」の労働組合を目指すのか、それとも既存の公的・私的制度の範囲内で技術者の地位を向上させることを目指す職能団体となるのか、おおむねこの間で分裂していた。[16]実際一九二六年に工人倶楽部のラディカル分子は同団体を社会大衆党と合併させることをもくろんでいる。（同党は、土地改革、正式に労働組合を認可すること、最低賃金と工場の労働制限、女性に対する差別撤廃法、そして教育の機会均等などを訴えていた。）宮本は工人倶楽部を英国における労働組合組織なりフェビアン協会、労働党、職業的技術者・管理者による労働者連盟のような、欧米への留学中に彼がその指導者を訪ねた団体と近いものにしようとしていた。ただより保守的な高級技術者（とりわけ大阪支部や札幌支部の多くは政府のために働いていた）は、プロレタリア政党のやり方を志向する傾向には反対していた。さかんな論戦を経て一九二八年までに保守的なメンバーが優位に立つようになり、倶楽部の規定からは「頭脳労働者」が外され、あらゆる政党との提携には終止符が打たれている。こののち彼らは工学教育の進展、基礎的な工学教科書の刊行、国家で標準化された試験制度、雇用機関や職業学校の設立、そしてメンバーを議会に選出させるといった狭い職業団体的な問題に集中するようになる。[17]

このように技術者たちは、文化生産や合理的な社会管理として技術をとらえる新たな感覚を増進させたが、他国の技術者職能集団と同様に、彼らは主としてそれを何らかのラディカルな社会変革を目指すというよりは企業および政府内での自らの社会的地位を向上させるために、そして他からは区別される自身のアイデンティティーを鍛造するために、そのような新しい感覚を用いていた。ミズノが言うように様々な階級的背景をもっていた技術者を国の科学技術政策そして植民地政策を徹底的に先鋭化させる強力な力としてまとめあげるために、国家《ネイション》という、より強力な象徴が用いられた。[18] 濱口雄幸首相により一九二七年の財政恐慌後に制度化された「産業合理化運動」は、工人倶楽部の技術者を国家的目標にむけて動員するための重要な後押しを提供している。この運動は効率性を向上させて生産物の質を上げコストを下げるために科学的な生産方法を採用することを推進した。[19] 一九三〇年までに工人倶楽部の構成員はより主流の工学者の協会である工政会（多くは私企業セクターの技術者によって構成される）と強く団結するようになっていた。そのため「技術文化」を生み出そうとする目標は、大正・昭和初期の大衆民主政治期のラディカルな社会変革というよりは、社会的合理化・管理・効率という国家が後押しするような理念と結びついたのである。

帝国のための技術者——「総合技術」のはじまり

一九三一年九月、関東軍が満州に侵攻して共同統治政権を樹立した「満州事変」は、社会的地位の向上が進展しないことと雇用機会が減っていることにいら立ちを感じていた工人倶楽部の技術者にとって恩恵となることが明らかになってきた。一九三二年三月、彼らの雑誌である『工人』誌上論説で、宮本はこの事変は満蒙に新たな国家を樹立する始まりと位置づけられるとしている。満州は技術者にとっての「新天地」となり、日本の技術者業界を救いうるメッカとなるであろう。国家建設は技術的工業的助言をますます必要とし、多くの技術者の雇用が創出されるというのだ。[20] 宮本は東京帝国大学の工学部の学生だった時分、日露戦争（一九〇四〜〇五年）直後の汎アジア主義的言説に心酔していた。日記の中で彼は対華二一箇条要求（一九一五年）を突き付けつつ日本が満州への拡張策をとったことに対して喝采を送っている。彼はそこで中国を「実質を以て戦はんとする者」のための場所であると記している。[21] 一九一六年の夏、彼は満州への研修旅行に参加し、日記の中で中国が原初的で未発達なのは欧米帝国主義のせいでありしたがって日本の統治と開発が必要なのだと熱狂的に主張している。[22] 初期宮本のこういった態度は、一九三二年、満州の日本技術者グループに対して「民族発展のパイオニヤーとして各位の御活動を切望する」と彼が語ったとき再燃した。[23] 宮本や他の多くの者にとって、満州は日本に天然資源とマニュファクチュア製品を売る市場との双方を提供してくれる「生命線」であった。満州は「青年支那」が自らの資源を開発して「提供」し、日本は「お互ひに有無相通ずる経済的原則に則って満蒙の天地に真に日支共存共栄の楽土を建設する」のを支援するために「組織」と「技術」を提供するべきである。その見返りに日本は中国の木綿、石炭、大豆、そして羊毛についての権益を得る。この「楽土」は日本資本主義者の狭い利益のためにあるのではなく、中国の労働者階級――彼らの状況は張学良将軍の状況とも、日本の労働者の状況とも、密接に結びついている――を上昇させるためにあるという。[24]

宮本と工人倶楽部は政府に向けて、技術面の設備の拡大保持を訴えると同時に満州の長期発展計画を立てるよう圧力をかけた。これにあわせ技術は植民地発展と結びついた「文化創造」そして社会管理なのだとする概念もたち上げていた。一九三二年、宮本は内務省の土木部門技術者として新たな国家である満州国での公共事業拡張の可能性を探るために関東軍に派遣されている。そこで彼が出会ったのが満鉄、関東軍特務部そして満州国国務院といった機関の指導者である。宮本は彼らと会うことを通じて集約化された技術管理局の設立を後押しし、日本から来訪する技術エキスパートの雇用のための道を開いた。[25] 一九三三年初頭に国務院は国道局を設立したが、これは国防および経済発展のために道路ネットワークを作るためだけでなく、一九三一年、三二年に起きた複数の大規模洪水を受けて治水研究を行うためのものだった。[26] この部局に直木倫太郎が新たな局長として採用された。直木は「技術」のもつ意味の中に社会管理と計画とを組み入れることを提言した最初の人物である。就任一カ月後、彼は満州に自分が行くのは「創作」に加わるためであると『工人』誌上で宣言している。また彼は、満州の発展のためには、のちに技術者が「総合技術」と呼ぶようになるものが、最適の枠組みだとも述べている。直木は特に道路建設においては狭い技術的配慮を行うだけでなく、基本設計において国防・治安・行政上の諸問題も考慮しなくてはならないと書いている。例えば道路建設のために周辺地帯の中国人労働者を雇えば「匪賊」組織に彼らが加わるのを防ぎ、地方の治安と経済の健全化に貢献するだろう。国道局は井戸と貯水池を掘って人々に水を提供するだけでなく、飲み水の提供と灌漑、発電のために山あいの大きなダムと貯水池とを建設することになる。運河の数を増やせば中国の内需は拡大して人々の日本に対する好感度も上昇することが期待できる。[27] 要するに直木は満州へ技術導入することは単に日本に技術的専門職、組織、インフラを導入する以上のことを意味すると示唆した。それは軍事的・政治的・経済的・文化的諸目標との密接な関係を含んでいる。このように日本帝国が拡大するにつれ、技術は東アジアの発展・治安・協働、そして繁栄をもたらすための包括的な社会的管理および計画として再定義されていったのである。[28]

「総合技術」という概念は一九二〇年代・三〇年代の政府の治水計画に一部だがその淵源を持つ。明治時代後期に洪水が頻発するようになったのは国家の技術者が江戸期の洗練された「低堤防」インフラを破壊してしまったからである。江戸期のインフラは、洪水防止、運輸、灌漑、植林といった複数の目的のために、水を早急に流入させることとそれを活用することの間に有機的なバランスを保つことを意図して整備されていた。明治期の技術者はそういったものの代わりに、もっぱら治水のみに特化する形で川を直進させ、せき止め、水路を開こうとして西洋風の「高堤防」式技術を導入した。国家の技術者は川と湖とをその土地の広範な環境システムの一部としてとらえるのではなく、河川を管理・方向づけられるべき抽象化された諸機能（治水、水の供給、発電）の束とみなした。明治時代にはこうした技術が有効性を示したものの、二〇世紀初頭ともなると川の流れを遅らせて吸収する伝統的なメカニズムが失われ、さらに森林破壊に起因する洪水が頻繁に起こるようになった。[29] 予算不足、建設の遅れ、頻繁な自然災害のため政府は洪水の予防より復旧に力を集中しなくてはならなくなり、内務省の官僚と技術者は一九二〇年代末以降には治水の手段を別のところに求めるようになる。宮本はこの時期を河川改良工事、農村開発、日本中の災害復旧プロジェクトの視察旅行に費やしている。そして彼はより調和のとれた包括的な治水アプローチを樹立するための努力に身を投じた。一九三六年までに内務・鉄道・農林・通信・運輸・通産の各省の官僚たちからなる洪水災害防止委員会は治水に関連する一六の分野（道路建設・橋建設・林業・排水灌漑・干拓・堤防建設・伐採その他）の協働を呼びかける声明を発表した。宮本は一九三〇年以降「技術の総合連絡」を洪水対策のために呼びかけ、それこそが工学の異なる専門領域間で最適で互いを強化しあった帰結を生み出す方法だとしている。日本と植民地の官僚機構におけるばらばらで重複の多い技術管理区を統合することが、工人倶楽部の、そして後続組織たる日本技術者協会の、カギとなる要請となった。それは、技術者を狭い専門家としてではなく社会管理者としてみる理念をより広めようとする志向性の一部ともいえる。[30]

「総合技術」の起源には、工業化された世界で複数の目的を満たすダムの建設があった。つまり治水に貢献して河川運輸を振興し、干拓・灌漑・給水・発電の促進も同時に行うダムを造ることが、「総合技術」を志向した起源である。多目的ダムという概念は一九二五年に日本に導入され、一九三六年にはそれが公に内務省の政策に採り入れられた。[31] 米国ではウィルソンの複数目的ダム（テネシー川、一九二七年に完成）が、同様の一九三三年のテネシー川流域開発公社（TVA）のプロジェクトや、フランクリン・ローズヴェルト大統領による治水・発電・運輸増進・南東部の経済再活性化のための包括的プログラムを刺激していた。[32] ソ連では「共産主義とはソヴィエト主義権力プラス電化である」とのレーニンのスローガンに触発されて、一九三二年にウクライナのドニエプル水力発電所が完成した。これは工業を発展させ運輸を密なものにしソ連の農村における生活を近代化しようとする大いなる計画の一部であった。[33]

中国国民党政府は淮河保護委員会を一九二九年に立ち上げている。国際連盟の財政上・専門知識上の支援を受けて西洋で教育を受けた中国の技術者は、干拓地のための灌漑水路や海へ向けての分岐水路を建設し、河川輸送を振興し洪水を防ぐ堤防を築くための大規模な計画を描き出している。また水力発電所計画も提案されている。(34) 一九三〇年代は世界中で農工業を発達させるために、国家・政府が総合技術的計画を立てて自然環境を変容し制御しようとしていたわけだ。日本の場合「技術の総合連絡」と「河川の制御」とは治水と開発にかかわる新たな概念形成に貢献していた。そこでは自然災害から単に土地を守ったり自然的に優位な点に消極的に乗ったりするよりは「国土の積極的利用」が推奨された。(35) こうした総合技術の概念が実際に形となったのは一九三〇年代満州における技術プロジェクトにおいてである（第三章を見よ）。このようなプロジェクトでは政治的・経済的・文化的目標をもくろむインフラ建設計画が調整を経つつ実行されることを通じて、自然と社会を互いに互いを強化しあう結託したシステムへと変革していくという構想がもたれたのである。

テクノクラシーを目指して──「技術の立場」に基づく計画化

一九三〇年代初頭、日本と満州国において技術者と技術官僚が「総合技術」の概念に到達していたころ、大恐慌のまっただ中にあったアメリカでは、テクノクラシー運動が起きていた。これは日本の出版物においても経済危機のさなかにあって社会管理の新しい理念を探していた技術者やアカデミシャンそして官僚の間に反響をもたらしている。ジャーナリストによって書かれた入門書や、テクノクラシー運動の代表的人物たるハワード・スコット、グレーアム・レイン、フレデリック・アッカーマンらの翻訳の波が、一九三三年と三四年の日本の公共空間に押し寄せている。テクノクラシーの唱道者はヴェブレンからヒントを得て、需要と供給に制限を設けない価格システムは、生産と分配の組織化にあたって、とりわけ現代技術が興隆する中にあっては不適切であり不合理であるという。技術が価格システムの下位におかれていることは、人々の生活水準を向上させず、失業を増大させるだけだ。工場が生産性と利益とを、労働力を機械に置き換えることで向上させるなら、過剰生産と消費の冷え込みを起こす。また価格システムは投資家のうちの一部が資本に対してさらなる見返りを求めるために負債をため込むことに基盤を置いており、こうした状況では実業家はコストを常に抑えることで生産と利益を得ようとすることになるので、経済危機は悪化する。価格体系の論理は、最適な効率とエネルギー転換の正確な見積もりに基づく技術と生産の論理とは程遠い。技術者がエネルギー消費と現代技術の利用を適切に行って生産と分配とを合理的に再編成するならば、人々は一日八時間週二日働きさえすればよく、それでも年収は二万ドルに達すると彼らは主張した。交換、分配そして生産にまとわりつく不安定な貨幣に、正確なエネルギー計算による信用がとってかわる。人々が多くの時間をレジャー、芸術、自己鍛錬に使うことにより文化ルネサンスが生じる。このようにヴェブレンに従ったテクノクラシーの唱道者は、彼らが社会的メカニズムと呼ぶものの基盤を作るのは技術そして技術者だと信じていた。技術は資本主義とは真っ向から対立する諸価値を表象する。つまり不正確、浪費、不合理、社会的混乱に対して、正確さ、適切さ、合理性、そして社会的福利などである。[36]

日本におけるテクノクラシーの受容は熱狂的ではあったが抑制的でもあった。この動きの周辺にいたアカデミシャン、ジャーナリスト、技術者、官僚が失業や貧困といった社会問題を解決するために技術的専門性を強調することとならんで、技術上のデータと価値観を社会政策の中に導入することを歓迎している。ただこの動きへの参加者は、テクノクラシーが社会主義との親和性を持っていること、しばしば空疎な政策しか生まれないこと、統計や諸事例を不正確にしか利用していないことに批判を加えていた。[37]それでも彼らは最終的に技術経済協会の結成を宣言している。彼らの見通しによれば協会の構成員は彼らの言うところの自由主義経済とマルクス主義の双方が失敗したという見立てのもとに「技術の立場から」精密な探究を遂行し、政策提言を行うはずであった。結局日本においてテクノクラシー運動がもった影響力は、合理的なエネルギー配分によってより平等な社会を出現させようというユートピア的な展望においては弱かった。だがそれより次の点で強かった。つまり能力ある行政エリートおよび成長しつつある労働者階級双方の専門性を要求するより大きくて複雑なメカニズム（それは最適化・効率そして革新という諸原理に基づいている）を社会は構築するであろうという点である。テクノクラシーのブームは早急に鎮静化していったものの社会経済的政策と計画にとって重要な「技術の立場」という概念は技術者運動のイデオロギーにとって中心的なものとなった(38)。特筆すべきことに一九三八年、宮本が戦時中に「興亜技術」という概念を提唱し始めたときにも、彼は満州国と中国における工業発展は自由放任の資本主義ではなく「スコットの所謂「テクノクラシー」」そして「大河内正敏の所謂「科学主義工業」」に基づく合理的で正確な技術的計画に基づくべきであると主張し続けていたのである(39)。

技術を通じて主体を変革する

技術者が政府内での高い地位を求めたこと、日本が満州国で植民地拡大を行うこと、総合的治水計画が開始されたこと、一九三〇年代初頭にテクノクラシーの考えが導入されていったことなどにより、先見性をもつ専門家によって管理される動的なメカニズムとしての社会という概念が形成された。宮本はこういった概念を打ち立てて喧伝するにあたり、内務省の技術者として、日本技術協会の幹部として、また土木学会の幹部の一人として、中心的な役割を果たしていた。管理された社会メカニズムという技術概念は、根本的な部分で主観的な構成要素も有していた。それはテクノクラシーが単に人間から切り離して扱う操作対象ではなかった。日本の貧困地域である東北地方の開発についての記事で宮本は、住民間で自尊自立の精神を打ち立てるための「精神作興」を呼びかけた(40)。河川開発の振興、劣化の管理、土地の干拓、工業発展のための鉄道・道路・港湾建設の振興といった総合的なプログラムだけでなく、東北地方は多くの農業集積地と市民向けの学校を必要としている。自尊という価値観を涵養し「不合理な」農業実践を是正するべく、工業的インフラストラクチャを整備し合理的な実践を振興し、人々の間に自立精神を涵養することによってのみ、東北（ないし、ほかにも経済的に後進的な沖縄のような地域）が国家の後見から自ら乳離れして発展のため自ら投資できるようになる。彼は、「東北振興の目的は……国立育児院とし国立養老院とする意味では断じてない」と論じている。そのために技術を通じての発展は、自尊心を高めることと、人々の間での合理的な自力更生の倫理を樹立することの両立が必要であるという[41]。

一九三〇年、国が重工業および化学工業を積極的に振興し始めると同時に、技術者協会は政府に対し教育システムの改革を請願している。倶楽部の工学教育改革委員会によると日本の教育システムは「独創心を徒らに消耗萎靡」させるものであり、それは自然科学よりも暗記をベースとする古典教育に重点が置かれているがゆえだという。そのため単に外国の技術を模倣するだけで自国で独自の発明をしない技術者や技師を大量に輩出している。このような教育システムでは日本の外国特許技術への隷属を打破しうる革新的で世界水準の工業を生み出すような人的資源は確保できない。この問題を解消するために工人倶楽部は初等中等教育における基礎的科学教育を増進させること、通常の初等中等学校と並立する工業中学校の制度を作ること、労働者のための夜間学校を増やすこと、統一された度量衡システムを整備することを提案している。一九二〇年代に工人倶楽部は各々の工学分野ごとに入門教科書を出版しており、合格者に推薦状が発給される国家試験のシステムを作って従来の教育システムの中では不足しがちだった技術トレーニングをほどこす夜間学校の建設計画も立てていた。技術者により多くの機会を与え科学や工学をなじみのあるものにしようとするこうした努力はこの時は部分的な成功しかしなかった。しかし一九三〇年代に国が重工業を動員し始めてから、工学者グループは再度、より広い大衆の間に技能と技術的価値観とを植えつけようと努力している。彼らは創造者・社会管理者として技術者が指導的役割を果たすべきだと固く信じていたが、同時に大衆の間での創造性・責任感といった精神を涵養することや技術的トレーニングの質を上げていくことも喧伝していた[42]。

日中戦争と総合技術の制度化

宮本は一九三〇年代に、視察および内務省の土木工事計画を策定するために満州と中国に頻繁に出張するようになっており、そのころから「総合技術」という語をよく使うようになってきた。彼がともに仕事をしていたのは新生の傀儡国家たる満州国の省庁所属の直木倫太郎や原口忠次郎といった技術者である。彼らは総合的な治水事業と多目的ダム建設のための青写真を描き調査研究を行う最先端にいた。植民地在住の技術者は、慣れない環境のもとでの実地調査と遼河開発プロジェクトとしてやがて知られるようになる計画の策定（第三章を参照）を行う中で、多様な利益集団との折衝にあたっていた。宮本をはじめとする内務省技術者は、満州国の実力者に対してこの総合技術という新たに使われるようになっていった概念を受け入れさせて制度化するのにあたって影響力があった。一九三七年にはおもだった軍将校、技術者、そして関係省庁の官僚が一堂に会した満州国治水会議が発足している。この時以来関東軍は包括的な公共事業計画にも援助を行うようになったが、それは治安鎮化戦略のためであり、予想されるソ連との戦争に備えて満州国を重工業基盤地帯として変革するという見通しに基づいてのことでもあった[43]。技術者は華北地方の一部での野心的な技術プロジェクトを推進し、その努力を満州国にまで広げることによって（第三章、第四章を参照）この流れに乗っていた。こうした事情に後押しされた宮本は、「総合技術」という概念を、植民地政策を先導するものとして、また日本の科学技術官僚機構を統合する論拠として、国家の最高レベルそして公共空間において唱道するようになっていく。

日本の技術者の間で「総合技術」が確立していくのは一九三七年七月、まさに中国との間に決定的対立が起こった後になってのことである。この前年満州国実業部における改革派官僚はおもだったシンクタンクと協力して満州国での産業五カ年計画を策定したが、これはのちに本国でも統制された戦時経済を樹立するための基盤となった。一九三七年一〇月に設立された企画院は、中国北部において帝国陸軍が急速に展開するにつれ、日本の戦時動員と統制経済計画における戦略的産業・軍需・政府機関に資源を分配して経済政策を主導するための強力な「総合国策機関」となっていった。企画院の官僚は一九三八年四月に国家総動員法を策定した。これが基幹産業に労働力を配分して労働争議を解決するための、また価格と生産とを統制し、戦略物資と日用品を配分し、主要産業におけるカルテルの強化統合を進め、利益・投機を制限するための大きな権限を国家に与えることになる。近衛文麿首相は一九三八年一一月、「日満支経済ブロック」の確立、反共主義、「反帝国主義的」文化の共同での創造といった諸原理に立脚する大東亜新秩序の樹立こそが日本の戦争目的であると宣言した。こうした汎アジア主義的キャンペーン（国外における「特殊な」中国ナショナリズムを超克しようとする）と並んで、近衛と改革派官僚は本国において西洋自由主義・資本主義を超克しようとする新秩序運動を開始している。それは「東亜建設」という目的に向けて民衆を精神的に動員し、労使協調を促進し、生産性と効率を最大化するための法制度の制定を通じて行われた。技術者運動において、技術者運動は国家計画と戦時動員が進展し、戦争の第一目標が「東亜建設」にあると公に宣伝された情勢下において、頂点に達した。技術者運動は改革派官僚との強力な同盟を組んだ（詳しくは第五章において論ずる）。統制された経済を策定しようとするこの同盟の目的は、協力的な国民政党の存在を想定したものであった。

対中戦争の激化にともなって、北支那方面軍は道路の修理建設、工場の運営拡張、港湾と用水路の修復を行うため、より多くの技術者の派遣をあわただしく要求してきた。中村隆英が述べているように、関東軍は以前にも工業を発展させ天然資源を開発し農業財政と運輸を改良する可能性を探るために満鉄の専門家チームを派遣している（彼らが中国北部において一九三五年から三七年にかけて傀儡政権を樹立しようと画策していたころのことである）[44]。一九三五年一二月、大連において株式会社である興中公司が発足したが、これは特別な会社群を作って日本の企業進出を促し、中国北部との貿易を監督するためのものである。一九三七年に全面戦争が勃発してのち、各軍閥は北京で王克敏のもとに中華民国臨時政府を（一九三七年一二月）、南京では梁鴻志のもとに中華民国維新政府を（一九三八年三月）それぞれ樹立した。

一九三七年春、宮本を含む技術者が梁河開発プロジェクトを満州国の技術者とともに計画した際、彼らは北支那方面軍特務部から、重要な港湾都市である天津近辺の海河流域を視察するようにとの要請を受けた。この視察後彼らは軍部とともに満州国における梁河の計画よりもさらに高くつく治水・港湾・河川運輸・道路プロジェクトの計画を検討している(45)。その結果、以前の華北水利委員会による視察にも基づいたより詳細な青写真ができた。これは山中に保水ダムを、そして渤海へと流れ込む分流運河を建設する計画で、天津近郊の平野部にしばしばあふれ出す余剰水の活用を意図したものである。ダムはこのほかにも灌漑・発電・内陸部の河川運輸強化のためにも用いられることになっていた。プロジェクトは天津近郊の主な河川合流点からの分流運河を建設、永定河方面では水路を強化して排水量を増大させ石家荘市まで接続する内陸運輸に用いる運河を建設し、塘沽区近郊には日本へ天然資源を運搬する積み出し港を開発する計画であった(46)。

中国で経験したことに刺激された宮本は一九三八年二月、対支技術連盟を結成すべく、ほかの技術者と官僚への働きかけを開始している。同連盟の結成趣旨で彼らは、技術者を研究推進・専門家育成・中国におけるプロジェクト遂行に向けて組織するために「総合的技術機関」を立ち上げることを提案していた。この機関は中国の経済発展政策を見越して、各地侵攻軍の特務部の統制の下におかれる対支院でインフラ整備プロジェクトの「合理的なる総合計画」を領導することが唱導された。この時期宮本は（いまや彼が「北支開発のパイオニヤー」と記すようになった）中国国内の技術者ついて、統一された技術的アプローチを採用するべきだと多くの文章を執筆しまた発言している(47)。

一九三八年四月、宮本は土木学会の北海道支部メンバー（宮本が日本の植民地政策に積極的にかかわらせようとしていた集団）に向けての講演の中で、頻繁に大陸へ技術計画策定のために出張した体験をもとに中国に総合技術を導入しようというはっきりした展望を述べている。彼は中国における日本による開発は、国際連盟加盟諸国やアメリカが過去に「技術協力」という見せかけのもとにやった莫大な資源と商業的権益を収奪する「技術的侵略」ではないという。中国に進出するにあたっては「侵略国の態度」ではなく、あるいは将来的に競争相手になり技術が流出してしまうとの恐れの下に行うのではなく、中国の資源および重工業を「共同の利益と繁栄」そして「東亜永遠の平和」のために発展させていかねばならない。その際日本は技術を単に無計画にではなく総合的に振興していくべきである。例として宮本は大連近郊の白河を視察したときのアイディアを論じている。白河の流域は本州ほどあり八千万の密集した人口を抱えている。七年に一回の割合で大規模な水害が起きており、直近では一九三七年に起きている。季節によっては流れが速く、運ばれてくる沈降物は河川運輸を妨げ、塘沽近郊に計画されている港湾プロジェクトを阻害している。白河河口の巨大な砂州は航行を遅らせ、河底の沈殿物が耕地化を妨げている。当局はこれらの問題に一つ一つ拘泥するのではなく、余剰水資源を貯める貯水池を建設する総合計画を立てるべきだと宮本はいう。ここでせき止められた水で綿花栽培が行えるように河北省を灌漑し、天津近郊での運河・河川運輸を拡大するための水資源を提供し、沈降物を減らし、主要な港湾のスムーズな運航を可能とし、重工業のための発電にも用いることができる。彼が北海道の学会員に強調しているのは、技術者の使命は洪水管理や運輸ネットワークの計画にあたってこういった「総合技術」の観点に立つことである。技術官僚が分断されている日本とは異なり、中国は技術者が自らの専門性を発揮しつつ工業発展のための総合的計画を立て建設を実施することができる地域となる。[48] このような「北支開発」のために技術者動員を促進しようとする宮本と支那技術協会による努力は、王克敏による北京の連立政府のもとで北支建設総署（第四章を見よ）が設置されたかたちで報われることになった。

「東亜建設」と近衛首相の新体制運動に全面的に忠誠を誓った宮本ら技術官僚は、彼らのいう「総合技術」概念を国内向けにも広めていった。日本技術者協会は、ほかの技術者グループ（例えば逓信義勇会、工政会、六省技術官有志懇談会）と協同で近衛に、西洋技術からの独立を促し、技術者に不利に働いている雇用システムを見直し、政策計画や行政における専門家の数を増やすことが必要であると請願している。技術者の間で共有されるスローガンとなったのが「技術報国」であり、国がますます頻繁に総力戦動員計画の中で「総合」・「統合」といった用語を使うことに便乗していく。彼らは、統一された技術政策機関、とりわけ中央集権的な技術当局を設立しなくてはならないと論じている。なぜなら天然資源の開発にせよ、コミュニケーションや運輸のネットワークの構築にせよ、重工業の振興にせよ、技術教育と研究機関の拡張にせよ、最適で効果的な結果を得るために必要なのは専門化された技能と技術管理の能力であるからだ。

一九三八年九月、産業技術連盟が日本技術者協会の傘下組織として結成された。その憲章がうたうには、生産性増強のための国家政策は「自然科学並に社会科学両方面に亘る総合的生産技術」の視点から研究・計画されねばならない。そして国家は産業に特化した政策を「公明偉大なる総合的技術」という視点から、技術者の総動員そして技術に理解あるより広範囲の公衆の協力と結びつけた形で打ち立てねばならない[49]。この時まさに、技術者のかかわるあらゆる領域において、大衆動員に協力する合理的・適正・効果的な社会経済システムの樹立に向け、総合的な社会管理としての技術という概念が確固として導入された。戦時動員と急速な植民地拡大がこうした概念を涵養するための沃野を作っていたわけである。

総合科学協会の創設者かつ総裁であり、工成会の雑誌『工業国策』の編集者でもあった篠原雄は産業技術連盟の憲章も書いている。ドイツの物理学者エルンスト・マッハと彼の「統一科学（Einheitswissenschaft）運動」――異なる諸科学間に、アメリカのプラグマティズムと同様、共通の経験主義的・実証主義的な枠組みを打ち立てようとした――に大きく影響された篠原は、同グループが設立された二カ月後の論文において、自身の「統一された」ないし「総合科学」という概念について説明している。篠原は計画された戦時経済と東アジアにおける新秩序を打ち立てようとする努力のために、蔓延する分裂志向と専門分化、そして日本の科学者と技術者の間にある、より大きな社会経済的問題に対する関心の薄さを超克することが決定的になっているという。彼らの狭量さそして社会意識不足の根底にあるのは、科学や技術を単に特定の物事のとるに足らない点に関連したものであるとみなすか、せいぜい物理世界の構成要素に関する道具的過程としてしかみないという、広く見うけられる観点である。篠原が言うには技術はそのようなものではなく、より広い特定の目的を「最も効果的に達成すべき」ものであるゆえ、形式や設計の実現に向けてあらゆる行動を方向づけるものとして把握されねばならない。したがって技術は物質的世界だけを対象とするようなものではなく、活発でダイナミックな過程として人間そして社会に向けての行動を方向づける制作形式そして設計を含んだものでなければならない。このように考えれば行政や政治支配に関する「社会科学的技術」について語ることもできる。あらゆる自然科学的・社会科学的な技術は共通の経験的方法に根ざしている必要があり、こうした方法は客観的に確認された事実や経験から結論を導き、バイアス、恣意性、偶発性を締め出すようなものでなければならないと彼は論じている[50]。

篠原はさらに続ける。自由市場のリベラリズムを乗り越え、生産性を（利益をではなく）最大化する統制経済を樹立するという国家の戦時目標の下でこそ、科学者や技術者には狭い専門性を打破してそうした総合的目標の達成を手助けする多くの機会がある。例えばある技術上のデザインや形式を発見するために、産業技術者は資源の利用可能性と分配、労働生産性と労働環境、労働過程の組織、それらの間の相互関係などの要素を考慮に入れる必要がある。つまり技術者は（他の自然・社会諸科学の知識と関連している）自身の専門性を超えた、統合された知識を要求される。「総合科学技術」は国家の生産性と人民の福利向上という共通の目的に向けて技術者と将校、自然科学者と社会科学者、支配人と労働者との創造的な相互関係を含んでいる。篠原はほかの所でも国家のことを「巨大なるエネルギー転換機構」、つまり生産にいそしむ機械とみなしている。一方で、政治家や管理者は生産をつかさどる創造的な技術者ともなろうし、人々は自身の専門的職務においても、生産性を向上させるに貢献するような活発なる科学者‐技術者となるだろうとしている。[51]

技術と東亜新秩序への中国の統合

宮本と技術官僚が彼らの技術的想像力の範囲で表象していた中国そして中国人とはどのようなものだったろうか。ミズノのみるところでは、宮本にとって中国の果たす役割は日本の科学と技術を発展させるための天然資源を提供することであった。[52] このことがかえって「遅れた」中国を発展させることになるというわけだ。日本のエリートが中国のナショナリズムを包摂するためにいかに科学や技術の普遍的言語を活用したかを理解するのに加えて、われわれは彼らがいかに中国を表象していたか、そしてそのイメージを日本の発展に合わせる形でいかに想像していったかを吟味する必要がある。このようにして視点を広くとって分析することにより、酒井直樹が「帝国主義的ナショナリズム」と呼んだものに光を当てることになる。この過程により戦時日本のナショナリズムは自らを積極的で普遍的な多民族（ないし「類」）的なナショナリズムや特定の民族（ないし「種」）のナショナリズムを包摂するようなものとして表象することになった。そこで本書では、日本技術者が用いていた「総合技術」や「興亜技術」といったコンセプトこそが帝国を合理的・適合的・効率的なシステムへと変革しようとする帝国主義的ナショナリストたちのもくろみを構築したのだと主張したい。反日ナショナリズムや抵抗運動はさまざまなやり口で非合理的だの反近代的だの反動的だのと表象され、そのため暴力的な弾圧へと道が開かれてしまった。つまりテクノクラシーのイデオロギーは理念・概念のレベルにおいてのみ活用されていたわけではなく、強固なオリエンタリズム的表象構造を配備することを通じて現実に運用されていたわけである。[53]

宮本は幾度も現地に出張する機会を得ていた。彼は国内外で土木インフラ整備プロジェクトを監督した高級技術官僚として、また技術者の植民地での配置にあたって満州国の高官との連絡の要となる人物として現地に赴いていた。その際彼が、展開しつつあった「東亜建設」の枠組みにおいていかに中国を表象していたのかについて、われわれは一九三七年七月の総力戦勃発前後に彼が技術雑誌に書いた二つの旅行記をもとに瞥見することができる。一九三五年一〇月、工政会は東洋工業会議を組織した。これは三週間にわたる「学術連携、文化的親善」の旅であり、おおむね日本政府そして財界技術者の代表によって構成されており、中国北部・中部や満州の主要都市において中国の政・学・財界の指導者と面会が行われた。宮本はこれを進行中の治水計画・道路鉄道建設計画・都市建設計画の進展ぶりをみるための（内務省を代表しての）満州国への出張の機会としている。この会議は北支那方面軍が連立政権との間で中国北部に国民党の影響力を抑えるために「非軍事地域」を設けた際に開催された。宮本と日本の東方技術者会議使節団は上海に到着するやいなや、一九三二年中日両軍の激突地点（その痕跡と緊張感とはそのときでも明確に感じ取れるものがあった）において中国ナショナリズムの強さを目撃する。会合に参加したり協力したりすること自体が満州国という日本の傀儡政権を暗に承認したととらえられることを恐れて、多くの国民党幹部が会見そのものをボイコットしたし、蔣介石の藍衣隊は会議を妨害しようともくろんでいた。会議は日本の総領事、上海市長、上海の産業部長、外務部副部長が介入してようやく行われている。しかし宮本と使節団は、この会議は政治的性格をもつものではなく、アカデミックで文化的な交流こそが外交的な「問題」と両国間の「紛糾」を解くための最初の一段階なのだと強調した。[54]

自身のことをリベラルだと喧伝していた宮本は、日本と発展途上の中国との間で経済的・文化的協力は可能である、なぜなら両国間には相互に補完的な需要があるからだという。汪兆銘（西洋帝国主義をより危険だとみなして反対し、日本との協力を支持していた行政院の一人）の南京における会見でのことばを引用しつつ、宮本は日本の重工業が中国の資源と市場とを要求するのに対して、中国の発展しつつある産業は日本の技術指導を必要とすると発言している。[55]「青年支那」の技術者と官僚は彼を大いに魅了し、明治期に日本を急速に近代化させた優秀な指導者を彷彿とさせたという。経済的中心地を牛耳っている外国特権に対抗しうる偉大なる上海の建設、中国の建築物を保管している南京に新たなる首都を建設すること、国の道徳水準を向上させて封建的因習からの近代化を目指す新生活運動――これら一切が強烈な国民意識を脱して中国を近代化するという意気込みが感じられるものだとして宮本に印象づけられたのだ。宮本は会議における王首相と外務部高官であった唐有壬の演説に心を揺さぶられたというが、彼らはいずれも中国の近代化を目指して文化的・経済的協力関係を呼びかけていた人物だった。宮本は日本の専門知識や技術は国家存続のために決定的なのだと主張することによって「軽佻な反満抗日」ナショナリストたちに対抗する彼らの勇気をほめたたえた。王はこの数日後に銃撃され負傷し（伝えられるところでは、蒋の藍衣隊の所業だという）、唐は二カ月後に暗殺された。宮本は、日本との協力こそが中国発展にとってのカギであると国民党を説得できるという期待を、これらの事件によって失ったのである。[56]

宮本のふたつめの旅行記は、一九三八年二月、戦争勃発以降であり、満州国と中国北部への視察旅行から戻って数カ月後のことであったが、そこでは異なる表現の途をとっている。火急とされた任務が「東亜建設」から「日華親善」へと変えられている。それは宮本が梁河開発プロジェクト、豊満の多目的ダム、塘沽港、撫順と阜新炭鉱、北京－天津間道路プロジェクトといった日本人技術者によって手がけられたプロジェクトを多数見聞したからである。精力的で先見の明ある中国の技術者、そしてさまざまな技術プロジェクトにかかわって熱心に日本の助言を期待する若い技術者に代わって宮本が描き出したのは、貧しく、希望なく、搾取される農民であった。またありとあらゆる困難に耐えうる忍耐強さという「民族性」であり、中国人の「生への執着」、そして極限状態にあっても喜んで激務に耐えることであった。たとえば南満州における総合的な治水プロジェクトを正当化するにあたって宮本はパール・バックが中国の農民生活を描いた古典的な『大地』（一九三七年に日本語に訳されていた）を直接引用しそのイメージに訴えている。梁河は年平均三五〇〇万円の損害を出しており、最近の一九三七年八月の洪水では七四〇〇万円の損害を出したと宮本は言う。宮本は洪水が起こるたび引き続く干ばつによって農民は「良好な土地」を捨てねばならず、匪賊の襲撃にもさらされるので貧窮化が進むとするバックの記述を引用している。バックによる中部・北部中国の表象を南満州の状況にも当てはめて宮本は、「その結果は『大地』に描かれた様に」肥沃な土地の不足、農業生産性の低下、広大な土地を独占する強力な地主の存在、生存のための最低水準にある「農奴」階級の急速な増大（法外な利息や租税によるもので、場合によっては娘を身売りせねばならない）があると記している。[57] すなわち「中国の農夫」を救いようのない搾取された存在として対象化することによって、宮本は「救いようのなさ」を満州で生み出した移民、階級闘争、経済危機、内戦などの歴史的分析への途をふさいだだけでなく、かの土地を日本と朝鮮の農民や実業家にとって都合のよく利用した日本の役割にも言及し損ねている。中国の農民たちを大地の「復活力」と永久に結びついたものとして、彼らの生活を人間の自然に対する永遠の闘争として描いたバック同様、宮本は彼らの抱える「耕地不足」と貧困の状況にとって第一の原因となっている暴力と対立の歴史を一切締め出してしまった。そうすることで、中国の農民らが置かれている状況を宮本は宿命的なもの《ナチュラライズ》としたのであった。[58]

　このようにして宮本は中国の農民を日本の開発を必要とする人々として位置づけている。中国農民の現状という「点から言っても南満の治水は補境安民の根本策であり、治安宣撫の先決問題でなければならない」と彼は書いた。[59] さらに「この悲惨な農民を救うことなくして五族協和の王道楽土はありえない」とも書いている。梁河活用計画のようなプロジェクトは中国の農民に活力を与えるだけでなく、日本や朝鮮からの移民が耕作する五〇万ヘクタールの開拓地をもたらす。それゆえ土地の狭さと過剰耕作という問題（これは移民の南満州への進出を妨害しているのだが）は軽減される。つまり中国農民の状況を洪水・飢饉・土地不足のような「自然的な」要因と、伝統的に搾取を行ってきた土地保有者や官吏のせいにすることで、宮本は日本技師の専門性を通じてこれらの問題を正すための技術上の余地があるとしたわけである。彼にとって南満州地方の貧困は不平等な階級関係や何層にもわたっている暴力に起因する資源配分の問題ではなく、社会的発展に対する「自然的な」阻害を起こしている技術開発不足の問題だった。

続く旅行記で宮本は中国人の「国民性」についてさらなる観察を行っている。関東軍将校の植田謙吉が「北支平安」のための治水の重要性を説き中国農民の怠慢ぶりを語っていたとき（植田は家がまさに雑草で埋め尽くされようとしているときにも彼らは屋根の上で楽器を弾いていたというエピソードを持ち出した）、宮本は彼の言うところの中国人の「生への執着」を思い起こしていた。宮本にとってこのような不可思議な行動は彼らの「潜在力」を表象している。それはかつて侵略者たる満州族やモンゴル族を次第に骨抜きにして同化させていった中国史を通じての隠忍自重ぶりと同様のものであった。天津から塘沽までの道路プロジェクトでの中国人労働者を観察した宮本は「アンペラのやうなもので細長い、そして直立しては歩けないくらゐの低い蒲鉾小屋を造ってその中に蟹のように這ひ込んで寝る」ような状況で生きる彼らの原初的な生活様式について語っている。天津の下層中国人労働者は埃まみれでいることに明らかに慣れていて、常に車やトラックが行きかう汚染の中で生きるのにも慣れている。漢民族の「旺盛な生命力」と伝統的な生活様式は誠実で精励なる労働者を、衛生や快適さについてのあらゆる関心から超越させている。宮本の主張では要するに、日本は中国人の「潜在力」を侮ってはならず、日本人自身の狭い「島国根性」は東アジアを先導して発展させることの可能な「大陸的な雄大な民族性」を醸造するように乗り越えていかねばならないという。(60)

宮本をはじめとする理想主義的技術者からすれば、技術的近代化は日本の新たな大陸的なる国民性の基盤を作るであろうという。一九三五年暮れに満州国を訪ねた際、宮本はロシアでの早期の包括的な鉄道建設計画と、彼らが気象・河川測候所を多数建設したことを大いに称賛していた。科学的なロシアとは著しく対照的なことに、満州に日本人関係者が持ち込んだのは「神社」と「醜業婦」だけだと宮本は嘆いている。(61)しかしながら今や、「満州開拓そのものに意義を認めて」若い技術者の新たな世代（彼らは筋を通すためには命を投げ出すことすらいとわない）が、自分のことしか考えない「一旗組」や視野の狭い出世主義者（初期の日本官僚と技術者には典型的だった）にとってかわろうとしている。旅先で宮本が出会った技術者、たとえば吉林省の土木工学者であり松花江川治水プロジェクトで働いていた渡辺安蔵などはこうした新たな「大陸的な」日本の専門家の代表格である。彼らは全身で満州国の発展に身を呈している。渡辺は労働者に体罰をくらわす親方を止めさせ、満州の影響力ある知識人に対して指図するような口を利く傲慢な日本の官僚を批判している。そしてキャリアを積み上げさえすればあとはできるだけ早く日本に帰るつもりでいる「一旗組」役人たちも非難する。こうした連中は分離主義的で視野の狭い日本人的なるものを代表しているに過ぎない、彼らは日本が東アジア開発のために必要とする「大陸的な雄大な国民性」を有していないと、宮本に不平を言ったという[62]。

宮本の「支那人」表象は、いつの時代にもあったであろう自然災害・地理的な限界・搾取者たる地主、腐敗した官吏といった諸力に直面しても耐え忍ぶ「国民性」を有するといったものだったが、こうした表象は彼らが「本性上」抱える制約を乗り越えるために日本の専門家と技術開発を必要とするという地位に中国人を追いやっている。こうした表象を与えることで中国人は日本の開発の受動的対象となり、社会経済的な個々の闘争や彼らのたどってきた歴史（日本による侵略と植民地化を含め彼らがおかれている状況を生み出した歴史）からは目がそむけられる。多民族を抱える東亜新秩序の中に中国人を組み入れようという試みは、こうした種類のテクノクラシー的な表象戦略を産み出しただけではない。それは日本人技術者によって中国人労働者・農民・官吏・技術者を日本の帝国主義的な試みの中に参加させるという、「大陸的性格」の涵養も要求していた。要するに日本の技術者と専門家は、純粋に孤立主義的で自閉的な「民族ナショナリズム」とは対照をなす「帝国主義的」ナショナリズムを展開していた。これは人民が「本性的」に抱えている苦境に対して、個別の運輸ネットワーク、多目的の治水プロジェクト、そして都市計画を直接的にあてがって対抗しようとするものである。酒井の言葉をもう一度借用するなら、技術進歩を用いた大規模プロジェクトは個別の日本人・中国人・満州人・その他の人民を大東亜新秩序のもとに糾合するための普遍的な「基層」ないし地平となるものと想定されていたのであった。[63]

技術者と興亜院の結成

一九三〇年代半ば、宮本と改めて活気を得たいくつかの技術協会は中国に向けての経済政策を策定する統一的な政府機関の設置を後押ししようとしていた。そうした機関でこそ総合技術概念が制度化されるはずだというわけだ。一九三七年一〇月には企画院（戦時動員に関して最も中心的だった国策機関）が設置されると同時に、そこの改革派官僚はすぐさま占領地中国の経済関係を監督するために同様の組織を作ろうとした。ほどなくしてそれは興亜院として実現している。陸軍の支援のもとに（軍は危急の軍需を満たすためだけでなく、新たに占領した地域を統治するための整然たる経済計画を要求していた）、彼らは外務省の反対を押し切って一九三八年一二月に興亜院を設置した。[64] 興亜院はその支局を北京（中国北部）、張家口（モンゴル）、上海（中国中央部）、廈門（中国南部）に置いている。院そのものは経済発展の計画を立てるためのもので、北支那開発株式会社・中支那振興株式会社を監督し、経済監督局を設置し、財政・通貨計画を策定し、運輸・コミュニケーションのネットワークを作り、衛生・医療・教育・宗教・学術を中国人民の間で促進するための文化事業も主催している。[65] 技術者団体にとっての最重要事項は技術局を設立したことだった。これは同組織の政治・経済・文化関連部局で生ずるあらゆる技術的な問題を取り扱っている。興亜院の主な事業は中国の工業・農業・インフラ・地理・天然資源・制度の研究をすることだった。そのためこうした研究のためには莫大な数のエキスパートおよび技術者が必要とされた。宮本は同局の局長に選出され、広い範囲の運動にかかわった技術者も多く雇用され、技術協会群はこのことを技術者と専門家が政策決定に参画した草分け的な成果になったと歓迎するイベントをうっている。ただし肩書きの上で宮本はまだ「技術課長」に過ぎず、部局も「諮問機関」と名づけられていた。

だが実際に宮本は長官と同等の権力を持っており、技術局は院のなかでの重要な機能を果たしていた。[66]このこと技術者が国家機関の中で相変わらず直面しなければならなかった差別待遇を示しているといえる。

宮本はすぐさま、やがて興亜技術委員会と呼ばれるものを設立しようと計画している。これは複数の省庁から技術専門家を招集して結成される政策決定委員会である。〔宮本が起草した〕委員会の「設立理由書」によると、その目的は興亜院の政策を策定するにとどまらず、中国における商業活動を指導そして管理するための技術上の研究を計画また評価することにある。「〔日本の〕現代技術の精髄を総動員」する目的とともに、その活動の領域は都市計画、水力発電、健康と衛生、鉱業、農業、道路港湾建設その他あらゆる技術的専門分野にまたがっている。五つの下部委員会〔運輸、食糧管理、農林水産、鉱山冶金、衛生都市工学〕が、「技術の総合的活用」を実現するために、それぞれ異なる技術分野の観点を統合する。理由書は続けて、たとえば食糧管理は同分野のプロジェクトの計画を最適にするため水陸の運輸、灌漑、発電、港湾建設、農林業の専門家との協業が必要だという。[67]宮本の草案はほかにも委員会が興亜院総裁に直接政策提案を行えるとする条項も含んでいた。これは他の部局や省庁の利害に対立するため、抵抗にあってのちには削除されたが、四三人の官僚、実業家、学識者〔宮本自身も含めた〕が委員会に参画しており、一八人の興亜院官僚そして技術者が顧問として名を連ねている〔その中には毛里英於菟経済部第一課長も含まれている。彼については第五章で論じる〕。[68]彼らはほとんどが技術諸学会の構成員であり、社会管理者そして政策決定者としての技術者の役割という視点を共有していた。委員会は宮本が望んだほどには政策を直接決定する力はもたなかったが、国の技術者の「総合技術」と「東亜建設」という立場が興亜院の概念枠組みの中に組み入れられたことを表すものとなった。このことは委員会が遂行した、もしくはその構成員が積極的に参画した多くの調査研究課題から見ることができる。[69]

興亜のための技術

宮本は一九三八年に興亜院技術局長として選出され、その後数年間にわたり、彼の初期の論文集が刊行された。このことで彼は工学界におけるイデオロギー的指導者としての地歩を固めた。『大陸建設の課題』（一九四一）は彼が興亜院でそれまでほぼ三年にわたって務めた間、東亜新秩序の建設という日本の使命を認識するために、中国の天然資源と「人気《じんき》」の「実証的研究」として書かれた講演や論説を集めたものである。(70) この間彼は「興亜技術」という自身の概念を、日本周辺におけるいくつかの講演とメディアに発表した論説の中で彫琢し公にしている。この概念を分析することによって、植民地で技術者により領導された多くのプロジェクトの背後にあるイデオロギー的風景に関してさらなる洞察を加えることができる。

宮本は「興亜技術」にたいして三つの基礎的側面を付与していた。「躍進性」・「総合性」・「立地性」の三つである。「躍進性」は、独立した、世界水準の、中国の無尽蔵の資源を開発しうる、「日本の技術」である。日本技術はその外国技術に対する依存を断ち切る必要性があり、中国に対する指導的立場を恒久的に維持するため革新的技術を開発し続けなければならない。そうでなければ東亜新秩序を支えている中国の資源と日本の技術に成り立っている相補性という原則が崩れてしまう。ドイツが電気化学技術に多大な注力を行って科学技術ゆえ全世界的な優位に立ったことに見習い、日本は中国の資源を開発精錬するため最高級の技術を展開し提出し移出することにまずは注力しなければならないという。(71) 宮本は自立した技術を持つことこそが国の発展のために唯一重要な要因であるとしばしば主張しており、それは豊富な資源や資本を有することよりも決定的なのだと主張していた。例えばドイツでは合成染料の発明があってこそインドの天然塩に対する国家的な依存から脱却することができたし、アンモニア生産におけるハーバー・ボッシュ法は、チリ硝石に対するドイツの依存を軽減させ、そのためにドイツは化学染料・肥料生産における世界的なリーダーへと成長した。ナチの宣伝員アントン・チシュカの一九三六年のベスト・セラーである『科学は独占を破る』を引用しつつ、宮本は列強が従前の植民地支配地域において独占的な経済ブロックを形成しているなかで自立性を確保するためには高度な科学技術を発展させることこそ決定的であると主張した(72)。それゆえ「興亜技術」に特有の「急激な発達」が意味するのは、中国の資源を新しい資源に転換（たとえば、原油を燃料へ、アルミニウム鉱石をアルミニウム精鉱へ、河川を発電力へ）するなり、石炭・綿花・羊毛・塩といった重要資源の生産を増進できる革新的な日本技術を開発し続けることである(73)。日本はまた学校や工場での技術教育を推し進め、応用科学と高度技術を振興させたドイツの事例に倣う必要がある(74)。要するに科学技術の総合的な動員こそが、欧米の特許と技術を購入し続けた日本の長きにわたる依存を断ち切るために必要であり、中国の資源を開発するための真に独立した「日本の」技術を創設するためにも必要なのだという。こうした発想は戦時研究を促進し工業の生産性を向上させる「科学技術新体制」を打ち立てようとする技術者そして官僚の運動の中でその頂点を極めようとしていた(75)。

「興亜技術」の第二原理たる「総合性」は宮本や他の技術者が一九三〇年代初頭に日本でも植民地でも唱導しはじめていた、以前から議論されていた総合技術概念である。総合的開発のための合理的な計画化と専門性の協働は、日本の長期目標たる「東亜建設」を達成するために、とりわけ戦時に資源が不足しているさなかにあって必要であると宮本は訴えた。官僚主義的な些事の迷路に迷い込まないためにも、ドイツは有力になってきている新たな型の行政技術者（Verwaltungsingenieur）が必要となってくる。行政技術者は最適の技術的成果を得ることを目指すばかりでなく、政治的・経済的・文化的成果も（要は「総合的効果」も）得ることを目指す。日本はまたドイツから「フェルファーレンス・テヒニーク（Verfahrenstechnik 生産工学）」も学ぶべきである。これは工業化学、機械工学、経営、労働心理学、産業経済を生産性を最大化して質を向上させるために統合させたものだ(76)。日本が戦争動員を行ってさらに中国に深入りしてゆくにつれ、技術官僚は、とりわけ欧州戦争におけるドイツの電撃戦《ブリッツクリーグ》の成功以来、ますますドイツを技術動員のためのモデルとして採用していくようになっていた[77]。宮本はドイツの「科学的国民性」を日本が見習うべきモデルとみなしており、日本の植民地技術者にもナチスの技術者が示した（特にドイツのほとんどの運河を東西で融合させる水路に接続した中独運河の完成が例として示される）ような、「ツヴェクメッシヒカイト（Zweckmäßigkeit 合目的性）」と「プランメッシヒカイト（Planmäßigkeit 企画性）」が必要であると論じた。中国は多様な範囲で技術発展を必要としているのだから、日本の技術者はプロジェクトを注意深くそして効率的に計画し、効果的に地理的・政治的・軍事的・経済的そして技術的な諸目的を統合しなくてはならない[78]。例えば上海とハルピン地域での石炭資源開発は港湾の位置、鉄道との接続、運河の拡張、治水、農業発展そして電力生産についての総合的な考慮を必要とする[79]。宮本は強力な精神的動員も伴うドイツ型の総合技術と科学性をもってすれば、それは不可能なことではないと言っている。

最後に「立地性」とは日本の技術を画一的に応用するのではなく、特定の気候・文化そして経済的な文脈のもとで技術を採用することを意味している[80]。科学は普遍性を打ち出すものであるが、技術は科学を限定された時間と場所のもとで特定の目的に向けて「組織化」して「体制化」するものである。多くの場合科学や技術に国境は関係してこないとはいえ、同時にそれらは国益と国家の関心に沿って鋳直される。そのことは総力戦と世界的な資源獲得競争の時代にあって国防と重工業に対して国家が支援を惜しまないことに示されている。よりすぐれたその国家の技術をうちたてようとするにあたって最も重要な面は、現存する地理的・経済的状況と自然や住民の状況に適応する柔軟性である[81]。たとえば中国で日本の技術者が先進的な技術を導入するさいに考慮に入れるべきは安価で豊富な労働力である。急速すぎる機械化はさらなる失業をもたらすであろうし、そうする代わりに中国人労働力を利用するほうがしばしば経済的な意味で有益となる。ただし近年では人手不足が目立ってきており、最大限の効率を得ようとすれば技術者はこの二つの間でのバランスを取らざるを得ない。地方ごとの社会経済的な状況を常に念頭に置いておくことで、技術者たちは決まりきった道具的な技術ではない「生きた技術」を保持することができるという[82]。

対中戦争の勃発と中国人の執拗な抵抗にもかかわらず、宮本は東亜新秩序建設が「武力」や「指導」に基づくのではなく、友情や協働に基づくのであると強調し続けた。力の行使は一時的なものであって、多くの日本人指導者と同様に蔣介石は最終的には欧米よりも日本の東亜新秩序と組むだろうと考えていた。近衛の一九三八年声明によれば東亜新秩序は自給自足の反共ブロックを満州・中国・日本に形成して国防国家を樹立することのみならず、新たなる文化を創造することも目指している。宮本はこの新たなる文化は「東洋の「精神文化」」と「西洋の「物質文化」」とを弁証法的に融合し、一方を他方に対して強調しすぎる「不健全な」傾向を正すのだと論じている。とりわけ日本は中国を科学技術の面で向上させることに協力するとともにその「王道」のもつ栄光を保持することができる[83]。日本人民は中国の持つ国民性、歴史、習慣、ライフスタイル、倫理観、そして思想に何ら配慮を示すことなく、自身の「清潔さ、几帳面さ、性急さ、偏狭さ」に基づく基準をもって中国人を「指導」しようとする傾向を減じなければならない。実際中国の指導者は蔣介石のもとでの「新生活運動」(科学、健康、衛生、民族意識を振興しようとする大衆運動)を推進するにあたって「若々しい力」をすでに示している。中国人の能力を見くびるのではなく、日本人は彼らの巨大なる潜在力と国の発展に対する希求を認識して、日本の科学と技術がいかに彼らの目的を達成するのを助けるかを実践の中で示していかなければならない[84]。「東亜諸民族の実体」を把握して彼らの生活の内部での「東亜建設」に根ざすことがなければ、新秩序は日本に対する「無用の反感」を醸成する「空疎なイデオロギー」以外の何物ももたらさない[85]。この意味で日本は中国における何千という西洋のキリスト教伝道師から手掛かりを得る必要がある。彼らは彼らの宗教をひろめるだけでなく、中国人たちの心にそれを届かせるために綿花の質向上といった小規模な技術プロジェクトを手掛け、現代農業テクノロジーを教え、医療を施し、防災の手助けもしていると論じている。

アジア開発と戦時態勢──北部中国における産業五カ年計画

宮本や他の高官は、日中戦争（彼らは常にこれを「事変」だと言っていたが）の激烈さと、国民党軍、共産主義者、その他の非公式勢力による猛烈な抵抗にあって守勢にまわる形となっていた。興亜院と軍が「北支の開発」事業の巨大さを認識するにしたがって、総合技術開発に基盤を置く新たな協働的秩序というバラ色の見通しにも亀裂が走るようになっていく。興亜院が設立されて間もない一九三八年四月にはまだ、中央政府を樹立して地方の政治勢力を「手助けする」計画を掲げており、広範な文化的事業と経済発展の見通しを喧伝している。満鉄の研究者そして関東軍特務部による初期の経済調査に立脚して、彼らは中国の通貨を安定させて日本の円ブロックに組み入れること、戦略的な天然資源の産出地まで鉄道を敷き国際港を建設して発展させ、石炭、鉄、塩の生産量を増強して日本の軍需産業に役立てることなどに力点を置いた野心的な経済計画を立案した。軍からの需要の大きさを背景に興亜院の三カ年計画が力を注いだのは、戦時生産目標を達成するために本土に向けて天然資源を供給することである。しかし一九三九年末には、当局の目にも日本の需要に優先順位を与えることは無残な失敗に終わったことが明らかになった。

いくつかの要因から、日本の指導者は中国にかかわる経済政策を表面上変更することを余儀なくされた。激戦の数々は中国の経済インフラと各地方における社会経済的な諸機関を破壊していた。北部中国において円と連動させた共通通貨を導入しようとする日本の試みは急速なインフレを引き起こした。鉄道が滞ってパルチザンがインフラを破壊した。自然災害が起こったために内地の需要すら賄えないほど日本が輸出規制を行っていたので、鉱山は必要とされる機械類、物資、食料を入手できない。鉄道会社は食糧輸送よりも天然資源と軍事物資の輸送を優先しており、インフレ、食料不足、住民の不安の増大につながった。一九三九年の天津洪水や一九三八年の国民党軍による黄河堤防突破などの天災・人災により、被災、流浪、飢饉、インフレ、財産消失が相次いだ。戦争、食料不足、天災により工場と鉱山は深刻な労働力不足に直面した。これらの結果、中国人民の生活基盤を安定させせぬまま日本本土への天然資源流入を優先し続ける限り、日本の戦時動員目標を達成させることができないばかりか、さらなる社会不安を招くことが軍部と興亜院にはわかってきた。戦乱、自然災害、増大する日本の戦時経済の需要を満たそうとする圧力により、中国での占領政策策定者は「情勢鎮圧」と中国の協力をとりつけるために、総合的な経済政策が必要であるという結論に至っている(86)。

一九四〇年三月、日本軍部当局は、汪兆銘による統一政権を、「和平、反共、建国」とのスローガンのもとに、南京で各地方での改革派の諸政府を統合したかたちで作ろうとしている。四月に宮本は日支満経済会議に出席するために北京に飛んだが、これは日本の諸省庁の官僚、興亜院諸部門の指導者たち、軍将校、満州国将校、中国への経済政策を見直す特別な企業経営者が集まる会合であった。数々の鉱山、工場、港湾、河川を視察するのに加えて宮本と改革派官僚の毛里英於菟は、青島でも北部中国の工業発展について議論するために興亜院の官僚と会合を持っている。大淀が記しているように食料や資源の不足、すさまじいインフレ、自然災害による被害、日本統制経済政策が引き起こす非合理的な需要と規制に関する報告を読む中で、宮本は「興亜」がもつ「科学に立脚せぬ」性格を認識しはじめるようになっていた(87)。六月の興亜院北支局および軍部高官の要請にこたえて彼は再び北京を訪れ、北支興業のための五カ年計画立案を手助けしている。宮本は中国北部のおもだった炭鉱を視察し、興亜院官僚、軍の将校、技術者、特別企業経営者と炭鉱・農業・河川・運河・鉄道・塩田・電力・通信・港湾にかかわる司法的案件についての話し合いにその月のほとんどを費やし、そののち北京にて「北支産業開発五カ年計画総合調整要綱」を作成している。

中国北部の産業計画を立案した経験により、宮本は占領政策と総合技術に関する彼の理念の一部をかみ合わせる機会を得ることとなった。これは戦局の移ろいやすい性質と中国の悪化していく経済状況により、短期的な「開発計画の総合化」の必要性が強調されることに伴って始まった。計画は総合的なものでもあったが、日本の軍需生産を拡大する目的を満足させるために、鉱物資源（なかでも高品質の石炭）生産の増強に重点を置いたものであった。それが北部中国の食糧不足を解決し、社会的安定を回復させ、輸入依存を断ち切るためにコメと穀物の生産を増大させることと組み合わせられていた。石炭・鉄鉱石の鉱床やさまざまな地域での製鉄、運河・鉄道・港湾建設、鉱床のための電力供給、穀物・コメ・野菜・綿花・塩田での生産、食料分配に関する二〇の開発計画が立案されている。一方で宮本の包括的な産業計画は効率を最大化するため、おのおのの優先的分野における専門家同士の包括的な協力関係を強調していた。他方で専門家に対して「合理的な生産目標」を掲げて、個々の目的を達成する地方ごとの事情に基づいた具体的な計画を立てるように呼び掛けてもいる。つまり彼は軍事計画に自身の「総合技術」と「興亜技術」という概念を導入するにあたって、総合的な計画と技術上の専門分化を融合させようとしたのである(88)。

中国の炭田の「動員的採鉱」という日本の政策が失敗したという自覚のもと、宮本の計画は「計画化的開発」に向けて徐々に舵を切るとともに、日本の需要に対しても「合理的調整」を呼び掛けている。採鉱技術を向上させ、重要な建築資材を確保し、鉱山技術者を増やし、労働管理を合理化し、鉄道の接続を増やし、発電施設を開発し、港湾機能と河川運輸を増強するための大規模な見取り図を宮本の計画は描いていた。炭田、鉄鉱脈、塩田のための生産計画によれば、これら資源のほとんどは日本に移出され（石炭に関しては二五〜三〇パーセント、鉄と塩に関しては五〇パーセントないしそれ以上）残りは国内消費されるか満州国その他中国の各地域に輸出される。農業に関して言えば宮本の計画は、中国の食糧危機を解決するため米と穀物に、衰退しつつある日本の繊維業のために綿花にそれぞれ重きを置いていた。小土地開発、灌漑、河川管理、治水、運河建設のような「総合的な生産計画」もまた含まれてもいた。

麦、雑穀、モロコシ類の生産について興亜院北支局の専門家によって描かれた五カ年計画によると、新たな農業技術、農薬、耕運機、灌漑水路を導入することでわずかな土地でも十分な食料を生産できるし、余った土地を綿花栽培に利用できるという。塘沽での港湾建設や青島での港湾拡張のようなインフラ整備は天京周辺の淮河流域における治水と河川開発プロジェクト、石家庄から天京へ、保定から天京への運河開発プロジェクト、そして道路整備と都市計画プロジェクトに重点を置き、中国へ技術者と専門家を従来通り流入させるという。要するに宮本は優先順位付け、包括性、そして具体性を見取り図全体に導入し、農業、採鉱、運輸に関する興亜院が掲げるほかの二〇の計画についての基調を作り上げた[89]。

宮本による北部中国興業のための計画は、素早く効率的な運輸ネットワークを通じて当該地域を日本と満州国の重工業センターと結びつけ、より生産的な天然資源と労働力供給マシーンに転換しようとするものだった。彼の「総合技術」と「興亜技術」という見通しを含む枠組みを、日本の戦時動員システムが提供したわけである。工業発展計画は日本の批評家がいう西洋の植民地における「資源搾取」システムに似ており、中国人の協力を工業発展の見通しによって得ようとする宮本の概念とは矛盾するように見えたけれども、宮本はこれを、経済制裁を強めて自身の国内での産業統制を押し付けようとしている欧米列強やアメリカとの緊張激化に直面した際の一時的措置であるとみなしていた。技術官僚の構想したような、総力戦のために植民地における搾取メカニズムを合理化するという技術的想像力の範囲内で、宮本が一九三九年に三〇年かかるだろうと見積もった長期的なアジア発展の夢の第一段階がようやく端緒についたのである[90]。この計画は改革派官僚の同僚の構想と同様に、日本によって中国の広い経済的範囲の発展を手助けをするという彼自身の以前の論議とは離れてしまったのだが、自由主義的資本主義を乗り越えて重工業地帯に日本と東アジアを転換させるために、戦時動員は最良の道のりであると結論づけた。このように宮本は自身の総合的発展に関する壮大な見通しを、戦時下における狭くて短期限定の軍事領域に適用させてしまった。このことで日本による植民地、労働力、資源の凄惨なる搾取を合理化することにつながったのである。彼の提示した技術的想像力は、完全なる動員と植民地での生命・資源を犠牲にすることを究極的に求めたものでもあった。

宮本は一九四〇年に現地への視察旅行を重ね、中日の協働について次第に暗い見通しを持つようになった。一九四〇年七月に北部中国の興産計画を立ち上げる数カ月前に、彼は欧州系の資本が上海のような諸都市において勢力を増しつづけていること、中国人の間で強烈な反日感情が渦巻いていることを見聞きし、軍についても兵站面での問題と物資不足が深刻であるとの報告を受けており、「東亜建設」は、とりわけ中国中部に関して言うと「東亜建設の前途、極めて遼遠」とついに日記に書きつけるに至っている。[91] 一九四〇年六月に書かれた日記の記述では、北部中国の産業計画立案を指導したこと、「如何にせば支那人が日本人を徳とし日支合作を歓迎するに至るか」と自問し、[92]「日支合作の前途多難。日本民族には果たして異民族抱擁の能力なきか」と記している。一九四〇年九月に宮本は南京での日本大使館員たちとの討論の後、再び詠嘆している。[93] しかしそれでも宮本は、中国の人々の心をつかむために産業発展はカギとなると強調していた。宮本は、日本の発展計画は重慶（当時蔣介石が首都を置いていた）を経済封鎖することによって中国人を疎外している限りは「砂上楼閣」でしかなく、技術発展を通じて戦争を解決に導くという自身の意見を、一九四一年に過労のため休養を余儀なくされる直前に板垣征四郎（支那派遣軍総司令部のトップ）を含む軍上層部に届けていた。[94] つまり彼は東亜建設の進展に対して、個人的には疑念とフラストレーションとを表明していた。しかし「興亜技術」という彼のユートピア的な展望は、中国による激烈な抵抗そして日本の中国労働力と資源からの容赦ない搾取に直面してつけざるをえなかった留保を、常に上回っていた。多くの若い技術者が新たな中国を建設しようとするこの理念に触発され、戦時中の技術的想像力が持っていた途方もない力を表出しつつ、さまざまな技術プロジェクトを推進せんと集結してきたのである。

結論――帝国主義的ナショナリズムとしての技術

一九二〇年代以来、技術者は自身の社会的地位、国家における地位を向上させようとする闘争の一環として、技術の意味に創造性、合理的計画、最適化された社会管理といったことを含ませるようになっていった。彼らは植民地の人々を「進取の気性がなく」「遅れている」とみなす以前からありがちな表象技法を用いて、アジア大陸の英雄的発展に貢献する自身の役割を正当化しようとした。一九三〇年代半ばになると彼らのコンセプトは、国策・植民地計画・国家イデオロギーの最高次の部分に入り込むようになっていく。「総合技術」もしくは複数の政治的・経済的・文化的目的を達成しようとするプロジェクトにかかわる専門家の計画・協働は、企画院・興亜院・植民地行政といった戦時の「総合的な国策機関」において制度化されるにいたる。一九三七年以降、「東亜新秩序」を打ち立てようとするミッションが発進し、それは技術者と技術官僚のコンセプトと交わるようになっていった。学者は総じて汎アジア主義的イデオロギーがもつ文化的なお題目（アジアの伝統と調和を守ろうとする「覇道」に対する「王道」、神道の「八紘一宇」、ほかの民族を統合する同化主義的な概念としての「日本」などの概念）を強調してきた。その一方で日本の汎アジア主義的イデオロギーの要諦として技術を強調していた者はほぼいない[95]。軍部そして改革派官僚が次第に後ろ盾となってくるのと併せてさまざまな技術者集団のロビー活動を強化したことにより、「興亜技術」といった概念が研究調査、工業計画、植民地でのインフラ整備プロジェクトなどの具体的な形をとるに至っている。開発と近代化に関する技術的想像力がもたらす様々な見取り図は、さまざまな人々を日本帝国に包摂するための強力な地平となった。こうすることで技術的想像力は植民地の土地・労働力・生命を強烈にそして包括的に搾取し、そのような搾取を合理化した。第三章と第四章では特定の植民地インフラ整備プロジェクトを取り上げ、技術的想像力を形成するにあたってそれらが果たした役割を、これらプロジェクトが植民地化された地にもたらした効果とあわせて見ていくことにしよう。

注

（1）「技術官僚」は「専門的な技術的知識と広範な行政経験の双方を有する」新たな型の官僚である。Mimura, "Technology Bureaucrats and the 'New Order for Science-Technology,'" 98. 技術官僚に関するほかの研究（そこでは技術者の経歴を有する官僚というより狭い定義がなされている）については、大淀『技術官僚の政治参画』。

（2）廣重『科学の社会史』上巻、三四頁。

（3）米田「小沢久太郎内務技師とナルキ」、一〇七頁。久保田豊によれば、朝鮮におけるダムと水力発電所建設のためのちに出向してきた政府技術者が、「建設コスト」という範疇のもとに計上されており、このことは、技術者を対象ないし「手段」としてみる広くみられた見解を確証しているとされた。長塚『久保田豊』、五九頁。

（4）大淀『宮本武之輔と科学技術行政』、四六－五二頁。合衆国での技術者運動については、Layton, *Revolt of the Engineers*. 科学に基づいた技術についてより詳しくは、Noble, *America by Design*.

（5）日本におけるテイラー主義については、Tsutsui, *Manufacturing Ideology*.

（6）直木『技術生活より』、大淀『宮本武之輔と科学技術行政』、五一－五二頁、五四頁。

（7）大淀『宮本武之輔と科学技術行政』、一一〇頁。

（8）Schatzberg, "*Technik* comes to America," 498, 503.

（9）Veblen, *Engineers and the Price System*, 43-44.

（10）Ibid., 47.

（11）Ibid., 86-104.

（12）Mizuno, *Science for the Empire*, 19-42.

（13）一九二四年から二五年にかけての欧米への研修旅行のさい、宮本はイギリスの労働党指導者であるバーンズなる者と会っており、宮本が技術者の社会的地位向上と、社会管理者としての技術者の役割向上に向けての工人倶楽部の綱領について話すと、彼は宮本に、ヴェブレンの『技術者と価格システム』およびフランク・タウシッヒ（F. Taussig）の『マネー・メーカーズ（Money Makers）』を読むように言ったという。大淀『宮本武之輔と科学技術行政』、一一九頁。ニューヨークの工学教授が彼に同じことを言ったさい、宮本はすぐさま複写本を購入し、日本への船旅の途上で読んだ。宮本「テクノクラシーの研究」、二五－二六頁。宮本は工人倶楽部設立以前にヴェブレンの理念を見知っていた。東京帝国大学の土木工学教授であり工人倶楽部の設立者の一人でもあった山口昇は、定期的に彼の家を訪れる社会主義者や知識人から、こうした理念をめぐる議論を聞いていた。大淀『宮本武之輔と科学技術行政』、一一〇頁。

(14) 大淀『宮本武之輔と科学技術行政』より引用、一一二頁。次も見よ。Mizuno, *Science for the Empire*, 24.

(15) 大淀『宮本武之輔と科学技術行政』より引用、一一二頁。

(16) Mizuno, *Science for the Empire*, 19-42.

(17) 大淀『宮本武之輔と科学技術行政』、一一七－一二〇頁、一四八頁、一五二頁。

(18) ミズノは科学と技術を通じて人々を動員しようとするイデオロギーを「科学的ナショナリズム」と呼んでおり、技術者、知識人、官僚、そしてフィクション作家といった異なる社会的アクターの間にそれがみられるという。このイデオロギーについては、Mizuno, *Science for the Empire*, 8-11. サミュエルズも明治以来戦後に至るまでの日本国家の軍事技術・国防への肩入れを指して「テクノ・ナショナリズム」という語を用いている。Samuels, "*Rich Nation, Strong Army.*"〔サミュエルズ『富国強兵の遺産』〕

(19) 「合理化」運動に関して、より詳細に、特に初期の科学的管理という理念との関連について、以下を参照。Tsutsui, *Manufacturing Ideology*, 58-89.

(20) 宮本「満蒙問題と技術家」、三二頁。

(21) 大淀『宮本武之輔と科学技術行政』、五六頁。

(22) 前掲、三一頁。汎アジア主義言説に関する歴史叙述としては、Hotta, *Pan-Asianism and Japan's War.*

(23) 宮本「満蒙問題と技術家」、三二頁。

(24) 前掲、三一頁。当時広まっていた「満州－生命線」についてはYoung, *Japan's Total Empire*, 88-95.

(25) 関東軍は満州国内で絶大な権力を誇っており体制の軍事面を統制していたのみならず、その基本的な政策方針のほとんどを決定していた。国務院（ほとんどは日本人官僚がその地位を占めていた）は、関東軍と協議のうえで満州国政府の政策と方途のほとんどを計画・立案そして実行していた包括的な機関である。満鉄もまた、しばしば協議を受けていたが、それは多くの株を有していたからだけではなく、その経済研究部門に、専門家を多数擁していたからである。

(26) 大淀『宮本武之輔と科学技術行政』、一九〇頁。

(27) 直木「創作に満州へ」、三頁。

(28) 一九二二年、満州における工人倶楽部と工政会の技術者によって結成された組織である満州工人協会は、彼らの憲章の中で「総合技術」を掲げた。日本における事例と同様、満州で彼らは行政職により多くの技術者を含めるように後押ししていた。ただ「総合技術」はやがて、包括的な開発と動員とを指すというよりは単に技術者、官僚、管理者が開発計画を推進する際により密に協議することを指すようになっていた。大淀『宮本武之輔と科学技術行政』、一六二頁。

(29) McCormack, "Modernity, Water, and the Environment in Japan," 445-47.

(30) 大淀『宮本武之輔と科学技術行政』、一八二‐八六頁。御厨貴は日本の相対立する省庁間の間で「総合的」な政策を形成しようとする試みのことについて、詳細な歴史を提示している。御厨『政策の総合と権力』。

(31) 大淀『宮本武之輔と科学技術行政』、一八六頁。松浦『戦前の国土整備政策』、五‐九頁。日本最初の多目的ダム（五十里ダム）は一九二六年に計画が始まり、建設が始まったのは一九三一年であった。しかし建設の困難さと戦時下の資材不足により、完成は戦後に持ち越された。

(32) Billington and Jackson, *Big Dams of the New Deal Era*, 71-102.

(33) Rassweiler, *The Generation of Power*.

(34) Pietz, "Controlling the Waters in Twentieth Century China."

(35) 大淀『宮本武之輔と科学技術行政』、一八六頁。一九三〇年代に勃興してきた「総合」という観念は、水資源の有機的な需給バランスを達成しようとする江戸時代の観念とは相当に異なっている。総合性なるものは自然を全面的に統制しようとすることと、それを推し進めて洪水抑制、灌漑、そして発電といったさまざまな「機能」における最適解を見出すこと（各地方の生態系リズムに合わせるのではなく）にその基盤を置いていた。

(36) Scott et al., *Introduction to Technology*. 同時代日本におけるテクノクラシーに関する文献目録は、「テクノクラシーに関する文献」、一二三‐四五頁、を見よ。

(37) 「テクノクラシー座談会」、一二三‐四五頁。

(38) 大淀『宮本武之輔と科学技術行政』、二〇八、二一〇頁。

(39) 宮本「大陸発展と技術」、一一五頁。「科学主義工業」は大河内の理研の哲学であり、元来の研究ラボから出た発明を特許化し産業化することに向けた産業的な結びつきを指していた。短期的利益と資本の保護に向けた「資本主義工業」とは対照的に、科学主義工業は、「新たな生産物そして生産方法ないし設備の恒常的な発展を意味しており、需要を刺激するために日用品の価格を下落させる一方で賃金は向上させることを意味する」。消費者の購買力を上げ、労働者の意欲を引き出すためには高賃金が必要である。大河内が主張するところでは、高い賃金は生産性と質が向上するなら長期的には返ってくるのであり、「生産技術の向上は企業をして科学主義工業の究極目標を達成するために価格を下げせしめる……「安くて質の良いものを」」。それゆえ、科学主義工業は技能ある、技術的に進んだ生産的な労働者――利益のためでなく会社の収益と社会全体の収益のために（安価で高品質のものを生産することにより）生産する――を鼓舞するであろう。Cusumano, "'Scientific Industry,'" 284.「科学主義工業」については、大河内の『資本主義工業と科学主義工業』。大河内は中国が「科学主義工業」を必要としているとまで示唆している。中国人労働者は欧米そして中国の資本家たちによって安価で搾取的な賃金のもとで長年働かされており、十分に「工業的精神」を発達させていないからだという。大河内「北支の工業」、六八－七六頁。

(40) 宮本は一九三〇年代初頭を通じて、大恐慌を受けての政府の雇用・公共事業プロジェクトである「農村振興運動」を批判していた。これについては、Smith, *A Time of Crisis*.

(41) 宮本「東北振興計画批判」、六五－六六頁、六八頁、七〇－七一頁。

(42) 大淀『宮本武之輔と科学技術行政』、一二〇－一二八頁、一三〇－一三三頁。日本における技術教育の包括的な研究としては、大淀『近代日本の工業立国化と国民形成』。「技術的自立」獲得に向けての日本の試みについては、Morrs-Suzuki, *Technological Transformation of Japan*, 105-42.

(43) 松浦がみるところでは、「総合的」公共事業が内務省において制度化されたのもこのころ（一九三六－三七年）だった。松浦『戦前の国土整備政策』、五－九頁。

(44) 中村『戦時日本の華北経済支配』、九－八七頁。

(45) 大淀『宮本武之輔と科学技術行政』、二三九頁。

(46) これらプロジェクトのうちいくつかは第三章で詳述する。
(47) 宮本「支那開発と技術」、三頁。大淀「宮本武之輔と科学技術行政」、二三九‐四三頁。
(48) 宮本「支那開発と技術」、一‐三頁。
(49) 産業技術連盟設立にあたっての一九三七年一一月付の技術者協会の声明を見よ。大淀『宮本武之輔と科学技術行政』、二一八‐二〇頁。
(50) 篠原「科学の総合化と技術の総合化」、二一‐二九頁。
(51) 篠原「長期建設国民再組織と「技術」の意義の拡充」、三一頁。
(52) Mizuno, *Science for the Empire*, 58-59.
(53) Sakai, *Subject and Substratum*, 462-530. 日本のオリエンタリズムは、明治初期以来の長い歴史を持つ。日本をアジアの盟主と位置づけたうえでの思弁的対象としての「東洋」の出現を分析したものとして、Tanaka, *Japan's Orient.*
(54) 宮本「支那満州瞥見記」、二二六‐二七頁、二三〇頁。宮本「日華親善と技術的提携」、三〇七‐三一六頁も見よ。東洋技術者会議に際して、土木学会はその東亜部に「東亜親善委員会」を、中国その他からくる留学生を惹きつけ、案内し、追跡するために設置した。同時に、「東亜開発委員会」を、将来のさらなる学術交流を検討するために設けてもいる。彼らの活動は、蔣介石が、より融和的な汪兆銘を抑えて中国の指導権を握った一九三五年暮れに途絶えた。大淀『宮本武之輔と科学技術行政』、二〇〇‐二〇一頁。
(55) 宮本「日華親善と技術的提携」、三一二頁。
(56) 宮本「支那満州瞥見記」、二二五、二四〇‐四一頁。宮本「汪兆銘と唐有壬」、一一九‐二二三頁。
(57) 宮本「南満及び北支雑感」、一八六‐八七頁。
(58) Buck, *Good Earth*, vii.〔バック『大地』〕
(59) 宮本「南満及び北支雑感」、一八六‐八七頁。「北辺の平和を保つ」、「王道楽土」「五族協和」は、汎アジア主義と儒教に基づく満州国の公的なスローガンであった。民衆の支持を得るための文化的統合のこうした試みについては、駒込『植民地帝国日本の文化統合』、第五章。
(60) 宮本「南満及び北支雑感」、一九八‐九九頁、三一六‐一七頁。

(61) 宮本「支那満州瞥見記」、二七一頁。

(62) 宮本「南満及び北支雑感」、三〇三頁。

(63) Sakai, "Subject and Substratum," 482-86.

(64) 興亜院の設立については、本条他「はじめに」、一-二〇頁および柴田「興亜院と中国占領地行政」、二一-四六頁。

(65) 本条他「はじめに」、一〇頁。

(66) Mizuno, *Science for the Empire*, 五六-五七.

(67) 法制局「興亜技術委員会官制ヲ定ム」、一九三九年八月二五日。アジア歴史資料センター所蔵。http://www.jacar.go.jp（二〇〇九年八月一四日閲覧）

(68) 大淀『宮本武之輔と科学技術行政』、二六二-六三頁。

(69) 久保「興亜院による中国調査」、四四-六四頁。

(70) 宮本「序言」、一頁。

(71) 宮本「興亜技術の三つの性格」、一七八-七九頁。

(72) 宮本「興亜技術の指導精神」、九-一四頁。資源不足、国際的緊張、総力戦における科学と技術の役割、資源依存からの脱却に関するチシュカの論説は、一九三〇年代末の日本でますます着目を集めるようになっていた。これに加えて、石油・ゴム・綿花・食糧をめぐるグローバルな闘争に関する彼の何冊かの本は一九三八年から四三年にかけて日本語に訳されている。

(73) 宮本「興亜技術の指導精神」、九、一一頁。

(74) 宮本「興亜技術の根本原理」、一四七頁。

(75) 「科学技術新秩序」に向けての運動については、沢井「科学技術新体制構想の展開と技術院の誕生」、三六七-九五頁。

(76) 宮本「興亜技術の根本原理」、一四八、一五二-五三頁。

(77) ナチスの影響については、Mimura, "Technology Bureaucrats and the 'New Order for Science-Technology,'" 110-11. 代表的な技術官僚による、ナチスに刺激を受けた事業の例については、森川『ナチス独逸の解剖』。

(78) 宮本「興亜技術の指導精神」、一五－一六頁。
(79) 宮本「大陸発展と技術」、一一八頁。
(80) 宮本「興亜技術の三つの性格」、一八二頁。
(81) 宮本「興亜技術の基本政策」、二二一－二二四頁。
(82) 宮本「興亜技術の三つの性格」、一八二－八三頁。
(83) ここで宮本は一九二四年に神戸で行われた孫文の汎アジア主義に関する有名な講演を引用している。そこで彼は、日本は、西洋の伝統である「力による支配」ではない、アジア的伝統たる「権利による支配」の代表者になるべきであると訴えていた。宮本「興亜技術の基本政策」、二二四頁。
(84) 宮本「新東亜建設と技術の使命」、一九六－九八頁。
(85) 宮本「興亜技術の基本政策」、二二七－二八頁。
(86) 中村『戦時日本の華北経済支配』、二三七－四九頁。また、Hanwell and Bloch, "Behind the Famine in North China," 63-68.
(87) 大淀『宮本武之輔と科学技術行政』、二八三－二八四頁。
(88) 「北支産業五カ年計画案摘要」、一九四一年一二月。アジア歴史資料センター http://www.jacar.go.jp （二〇〇九年九月三日閲覧）
(89) 前掲、中村『戦時日本の華北経済支配』、二五二頁、宮本「華北の産業開発」。
(90) 宮本「興亜技術の根本原理」、一四五頁。
(91) 宮本『宮本武之輔日記』、一九三九年四月二三日付、四五頁。
(92) 同上、一九四〇年六月一六日付、六九頁。
(93) 同上、一九四〇年九月三〇日付、一一八頁。
(94) 大淀『宮本武之輔と科学技術行政』、二七七－七八頁。
(95) 汎アジア主義の文化的コンセプトについてより詳細には、Hotta, *Pan-Asianism and Japan's War*, Skya, *Japan's Holy War* を見よ。また、Koschmann and Saaler, *Pan-Asianism in Modern Japanese History* 所収の論考群も参照。

第三章　大陸を建設する

戦時中の満州国と中国における技術

一九四〇年、満州生まれのバイリンガル女優、山口淑子（一般には李香蘭として知られる）と、スター俳優長谷川一夫を主演に据えた映画『熱砂の誓ひ』が、日本全国の劇場で上映された。大陸ものの「親善映画」のひとつとして制作されたこの作品が描いたのは、日本音楽を研究する中国人学者の娘、李芳梅（李）と、一〇〇〇キロメートルに及ぶ「新反共産道路」の建設を監督する華北建設総署の技師杉山一郎の弟、杉山憲治（長谷川）とのラブストーリーである。西安砂漠をゆく異国的な駱駝のキャラバンの長いパン・ショットの後、地平線まで延びる万里の長城を彼方に眺め、この巨大なモニュメントを築いた男たちの「途方もない力」のことを、中国人の技術補佐の揚に大声で尋ねる一郎で映画は始まる。早く家路につきたくて急いでいる楊は見下したように、長城は無用の長物でトラックが走れないと言いすてる。一郎はくすくす笑って、「だから、トラックが走れる長城を作ろうじゃないか?」と応え、新しい道路が建設されることになっている更地を指差す[1]。

治水、道路建設、都市計画の監督のため、一九三八年に北支那方面軍によって設立された華北建設総署の技師が、中国のさまざまな事業現場での映画制作に力を貸した[2]。憲治と芳梅のラブストーリーにそって、映画は次のようなシーンを描いていく。中国語を話す一郎が、渋る地主を説得し、道路には経済成長を促進し、地方の貧困を軽減する利点があることを分からせようと試みる。共産主義の工作員は、サボタージュを通じて道路建設を妨害し、道路は先祖代々の墓を破壊するとの噂を拡散する。日本人の役人は道路建設は叛乱鎮圧の効果的な手段であると議論する。揚は彼の同胞が近代化に抵抗していることが恥かしいという気持ちを吐露する。建設総署の技師は、凶暴な鉄砲水から道路と付近の村々を救おうと奮闘する。いくつものシーンで、中国人労働者は最新の建設機械を使用している。中国人ヒロインの芳梅は、道路建設事業を全面的に支持し、映画を通じて日本の技師と中国の抵抗勢力を首尾よく仲裁することによって、道路建設の実現を助ける。こういったシーンは実際の状況を誇張していたものの、華北の運河建設に携わった技師上野光夫によれば、本作と伊藤久男のヒット曲「建設の歌」は、「当時の若者たちの血を沸き立たせた」[3]。おそらくその歌詞は、戦中に技師として中国に渡った彼らの感情を、最もうまく捉えている――「よろこびあふれる歌声に　輝け荒野の黄金雲！　夜明けだ、夜明けだ！　大陸にわき立つわれらの建設の歌[4]」。

本章は、国家技師と技術官僚、そして「技術」という言葉についての彼らの理解の検証を継続する。ここでは日本の戦時帝国、とりわけ満州国と中国で行われた三つの大規模な技術事業の現場で、事業に携わる技師が技術的想像力をどのように実地で発展、援用したのかを分析する。一八九五年の台湾植民地化以降、技師は日本帝国のいたるところで働き、都市、道路、鉄道、港湾、通信インフラを建設していた。しかし一九三一年の満州事変までに、日本の公共事業は、主として農業、鉱業、商業の促進に注力するようになった。小林英夫が述べるように、満州国の設立が示したのは、主として商業的農業と鉱業に基礎を置き、鉄道と港湾を中心とした帝国主義から、軍事的産業化に注力する帝国主義へ、植民地経済が移行したことだった[5]。一九三一年以降、日本帝国の産業インフラへの投資への移行は急速に拡大していく。その際日本帝国を総力戦経済へと体系化し統合する総合的技術事業の設計と建設を通じて、朝鮮、台湾、満州国、中国は、技師がより大々的かつ集約的な規模で技術的想像力を発展させていく地域となったのである。これらの事業は植民地的不平等と人種主義と暴力によって維持され、植民地の労働力と資源のさらなる搾取を促進した。同時にそれらは帝国内のさまざまな人びとを動員し組み込む、合理的で最適で効率的なシステムへと日本帝国を変容させるユートピア的試みの一部でもあった。

国家技師の「興亜技術」および「総合技術」の構想に関して最近の研究が明らかにしてきたように（そして第二章で議論したように）、技術を通じて東アジアを開発するという理想主義的発想は、日本の統治エリートにとっての政策と活動の指針として作用した。[6] 日本帝国は、テクノクラート的計画における最新の西洋式技術と傾向を取り入れた、多岐にわたるユートピア志向の青写真、政策、事業の実験場だったことが明らかとなってきたが、これらが植民地的文脈の中で実際にどのように形づくられ実施されたのかについてはさほど明らかではない。日本の「すばらしき新帝国」――ルイーズ・ヤングは、満州国のテクノクラートたちのユートピア的な物の見方を、そのように表現した――に関する研究から抜け落ちているのは、彼らの野心的な青写真を作り出した植民地的な関係、利害、勢力である。[7] 日本の「すばらしき新帝国」の近代主義的な計画と事業は、植民地における馴染みのない自然環境、衝突し変化する利害、非協力的な住民、技術的な限界、そして予想外の出来事の展開とダイナミックに関係しながら策定されたものではなく、熟練のテクノクラートの頭の中で大部分が策定され（そしておそらくその後に、植民地にいる他の利害関係者たちの挑戦を受け）たかのように見える。しかし構造的で植民地的なダイナミクスを分析しなくては、日本の技師の事業（と彼らの技術的想像力）は、往々にして、実際よりも持続的・体系的で一貫性があったかのように見えてしまう。

ここまでの「技術」に関する我々の分析は、主として、知識人、技師、官僚がどのようにその用語を概念化し、「東亜建設」というユートピア的課題のために流用したかというレベルに留まってきた。しかしこれらのエリートは、まず彼らの構想を自分たちのあいだで知的に策定し、その後に受動的な植民地風景の中で近代化を目指す自らの計画を実施したというわけではない。日本技術を適用することで植民地を合理化するという彼らの自信に満ちた構想と整然とした青写真とは反対に、彼らの計画と事業に関する分析が明らかにするのは、それらは当初から、植民地における相互に対立する利害と諸力の影響下にずっと置かれていた結果として、曖昧さと、矛盾、一貫性のなさ、偶発性にまみれていたということである。技術的想像力は、日本人エリートが公共圏で表明したさまざまなイデオロギー的陳述の総体をはるかに超えたものである。それは同時に、さまざまな事業と政策策定の現場における、さまざまな人間、制度、環境との困難な折衝の中で立ち現れた。それゆえ本章は、現場における技師の技術的想像力の形成、とりわけ、三つの事業で具体化される「総合技術」という発想の出現を検証することで、技術を単純に理解することを越えていく。「総合技術」という構想が意味したのは、全体を構成する各部分が、効率的かつ相互に強化するかたちで、別の部分に寄与するという合理的なシステムへと、自然と社会を変容させることである。そういった構想は当時すでに西洋諸国の政府内で注目を集めていたが、日本の場合、この観念は一九三〇年代から四〇年代の東アジアにおける帝国主義と戦争という文脈のなかで形作られ、日本の帝国支配をイデオロギー的に正当化する重要な役目を果たした。複雑な折衝と過程が、南満州での大規模な治水事業や、北京の都市計画事業、それから朝鮮と満州の国境に位置するダムの電力で動く臨海都市工業地帯の計画と建設に関わっていた（図3参照）。本章は、技術的想像力の重要な顕現の一つである「総合技術」が、日本のテクノクラートに設計され、上から押し付けられることになるしっかりと一枚岩にまとまったイデオロギー的言説であるというよりも、特殊な植民地的文脈における特定の実践の結果であったことを明らかにすることで、技術的想像力を脱自然化する。それゆえ本章は、朝鮮研究者のアンドレ・シュミットが述べたように、「植民地主義の開発に関する潜在力という近代的発想に訴えることで（……）植民地支配を支持、強化、維持する」ために、植民地的エキスパートによって生み出された書物や研究の無批判な読解がもたらしてしまいかねない、「彼らの企図の植民地主義的解釈」の追認を回避することを試みていく。[9]

図3　満州国と朝鮮北部の主要な都市、河川、事業現場。日本の主要な植民地ダム事業が示されている。朝鮮の興南付近の三つのダム事業は「水路式」ダムで、それぞれの水の落下点にある発電所に水が流れ込むような急峻な一連の落下点を持つものである。

「総合技術」の制度化——南満州における遼河治水計画

一九三一年の満州への日本の侵出は、「総合技術」と呼ばれた概念が日本の国家技師や技術者団体のあいだで発展したことと軌を一にしていた。第二章で述べたとおり、その用語は、狭義の専門家としてよりも、ますます複雑化する社会の管理者として自分たちを宣伝することを通じて、政府内での地位を向上させようとした技師の運動や、国内の治水に対して競合する政府省庁間でもっと連携の取れたアプローチを発展させようという試み、それから電力生産、治水、交通、給水、灌漑に同時に対処する巨大な多目的ダムの建設を目指した工学におけるグローバルな傾向などに起源を持っている。しかし総合技術は、全くもって実践の中で発展したものであり、その発展は宮本武之輔や直木倫太郎などの工人倶楽部の名高い指導者たちが政府に働きかけ、満州国の新境地開発のために多くの技師を派遣し、現地に統合的な技術行政機関を確立していく過程で進められた[10]。幅広い領域に及ぶ政策の計画と実施を単一の傘の下に統合した満州国国務院総務庁のような強力な機関の設立や、国道局と民生部土木局を統合して一つの集権的な技術行政機関にした一九三七年の交通部の拡大によって、満州国において技師たちは官僚主義的な妨害から比較的自由に、より協調的な技術計画を練り上げられるようになった。

一九三三年、工人倶楽部前理事の原口忠次郎は、国道局新京建設処長を務めるべく、直木と日本から最初に派遣された内務省の技師グループに同行した。原口は、計画的産業地帯とより大きな満州国の道路ネットワークの一部分を成す、新京吉林間の道路建設の計画と管理に加え、新京工学院を創設、運営した。同院は土木、鉱業、建設の基礎的な訓練を施す三年制の職業学校で、学生のほとんどは日本人であったが、朝鮮人、蒙古人、満州人の学生もいた[11]。治水も国道局の管轄下にあったため、すぐに原口は氾濫が絶えない河川を管理するという差し迫った問題に関心を向けるようになる。技師たちは日本で一般的に実践していたものと同様に、最初は洪水に対して純粋に防御的方針を実施し、概して主要都市とその周囲での高い堤防の建設と河岸の強化に焦点を当てた[12]。そのため全長一三四五キロメートルの遼河を囲む二三万四七〇〇平方キロメートルの流域は、満州国の穀倉地帯の中核部を形成し、そこには同国人口の大部分が居住し、産業都市が位置した南部の遼河流域の治水は、関東軍と国務院から特段の注目を集めており、特に満州国建国直後の一九三二年と一九三三年の大洪水の後はそうであった[13]。原口と国道局第二技術処にあった彼のチームは、水田開発のために野放図に水を利用する日本人入植者と、治水のことを全く検討しないままに水力発電開発を優先する経済部に憤り、遼河流域の管理に関して、灌漑、水力発電、治水、交通改善を統合した連携的なアプローチの策定に着手していく[14]。

彼らが行った数多くの研究は、遼河に関する特定の問題に言及している。例えば一般的に高い沈泥含有量、低い年間降水量と集中的に雨が降る夏季という組み合わせ、中流部の平原地帯の多くで蛇行している特性とゆっくりとした流れ、太い支流が何本も流れ込む大きな合流点の存在、隣接地域の高いアルカリ度といった具合である。これらの要因が合わさることで、洪水と渇水の頻発、予期しえぬ流路の変化、交通と通信の頻繁な中断、低い収穫高、甚大な物的損害、住民の立ち退き、貧困を引き起こしていた。南満州の洪水は年平均で二五〇〇万円の損害を出し、最悪の年の損害額はゆうに一億円を超えた。このような多年に及ぶ研究から、原口と国道局の技師たちは、遼河の多くの支流を付け替えるという大規模で野心的な計画を策定した。支流の方向を変え、排水溝を建設することによって、過度の負担がかかる合流点の水圧を軽減し、将来の日本人入植に向けた灌漑農地に水を引く。ダムと調節池の建設によって、沈泥の堆積量と年間洪水量を減らし、増大する河川交通、都市用途と産業用途、そして新たな運河網に水を供給する。土手、堤防、堰の建設によって、過剰な堆積を妨げ、氾濫をよりしっかりと防ぎ、そうすることで周囲の土地を農業のために開く[15]。

一九三七年までに、とくに同年七月の中国との戦闘の勃発後に、「総合技術」という発想は、満州国の戦時総動員経済の改革を試みていた革新官僚・国策立案者と関東軍の政策に組み込まれ始めた。一九三七年八月、満州国政府は、日本人移民の増加と満州国の産業発展のため、治水、水力発電、土地改良、交通改善に力点を置いた河川調査を行うことを発表し、それによって、それまで全く別々の目的を持つものと見なされ、別個の省庁の管轄下にあった河川管理に関連する諸領域を連結した。同年、全ての土木関連の行政機関が交通部の下に統合され、原口は航路司長に就任した。それによって様々な土木の専門分野間の円滑な連携が可能となった。一〇月の満州国治水工事打合会議で遼河改修の計画を策定した後、一二月に原口はそれを新たに創設された遼河治水計画審議会に提出した（図4参照）。こうした一連の重要な政策会議は、本国では省庁間対立のせいで未だ実現をみていなかった「総合技術」の制度化を示すものだった。そうした会議は、交通部の技師、関東軍の士官、産業部の計画立案者、地方自治体の責任者、満州拓殖会社の社員、満鉄の代表者、宮本や辰馬鎌蔵のような内務省技師を一堂に会させた。一二月の審議会は、指導的な革新官僚で国務院総務長官の星野直樹が議長を務め、関東軍参謀長東条英機の挨拶で始まった。東条はその中で「農業立国」と産業開発・民生振興、国土保全にとって同事業の重要性の強調した[16]。一九三八年に始まり一五カ年で一億円が注ぎ込まれたこの計画は、消極的だった関東軍に、大規模な協調的公共事業の有効性を納得させ、満州国と中国におけるあらゆる種類の総合開発構想のプロトタイプになった。一九三八年に満州国の公式プロパガンダ機関紙が形容したように、それは「幾萬言にも優る無言の宣伝工作」だった[17]。

原口と彼のチームは、彼らの事業が満州国の環境を合理化し、その「自然」の風景に「文化」をもたらすものになると提示したが、彼らの研究と計画は実のところ不安定で、ばらばらの情報源に依存したものであった[18]。日本人技師は中国の大規模河川と、広大で圧倒的な洪水を経験したことがほとんどなかった。また彼らは中国の気候と地理に大して知悉しているわけでもなかった。国道局の第二技術処は、ロシア人や満鉄が行った降雨、河川流、水量、地勢に関する先行調査と、地方政府や満鉄、軍閥の張作霖が（それぞれの影響圏の近くの条約港に拠点を置く西洋列強と協同して）かつて実施した小規模の治水事業の結果に依拠して、それらの拡充を試みただけだった。総合的計画の情報源の一つは、ウイニアコウ

人文書院
刊行案内
2025,2

白群色

批評の歩き方

赤井浩太／松田樹 編
¥2750

ここは砂漠か新天地か。
noteの人気連載「批評の座標」、ついに書籍化。各論考を加筆修正し、クエストマップ、座談会、ブックリストを増補。さまざまな知の旅路を収録した「批評ガイド」の決定版。新たな冒険者をもとめて！

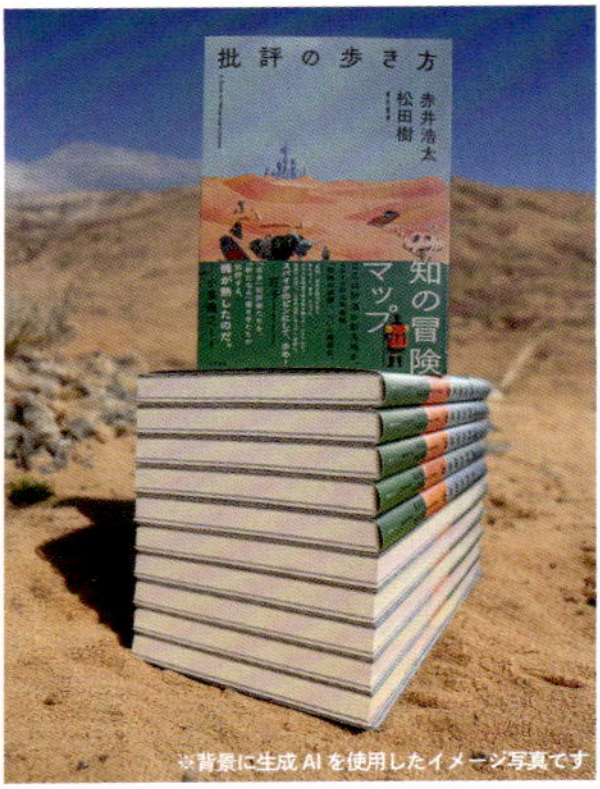

【寄稿者一覧】（掲載順）
赤井浩太（編者）／小峰ひずみ／松田樹（編者）／韻踏み夫／森脇透青／住本麻子／七草繭子／後藤護／武久真士／平坂純一／渡辺健一郎／前田龍之祐／安井海洋／角野桃花／古木獠／石橋直樹／岡田基生／松本航佑／つやちゃん／鈴木亘／長濵よし野

【対象の批評家一覧】
小林秀雄／吉本隆明／柄谷行人／絓秀実／東浩紀／斎藤美奈子／澁澤龍彦／種村季弘／保田與重郎／西部邁／福田恆存／山野浩一／宮川淳／木村敏／山口昌男／柳田國男／西田幾多郎／三木清／江藤淳／鹿島茂／蓮實重彥／竹村和子……

詳しい内容や目次等の情報は以下のQRコードからどうぞ！

■小社に直接ご注文下さる場合は、小社ホームページのカート機能にて直接注文が可能です。カート機能を使用した注文の仕方は**右のQRコード**から。
■表示は税込み価格です。

〒612-8447 京都市伏見区竹田西内畑町 9
TEL075-603-1344／FAX075-603-1814
編集部 X（Twitter）:@jimbunshoin
営業部 X（Twitter）:@jimbunshoin_s
mail:jmsb@jimbunshoin.co.jp

新刊一覧

ブロッホ、グラムシ、ライヒ
敗北後の思想
植村邦彦 著

社会の問題と格闘した、20世紀のマルクス主義の思想家ブロッホ、グラムシ、ライヒを振り返りつつ、エリボンやグレーバーを手がかりとして新しい時代を考える。

¥2640

戦争はいつでも同じ
スラヴェンカ・ドラクリッチ 著
栃井裕美 訳

知識人の戦争協力、戦後の裁判、性暴力―普通の人びとの日常はどのように侵食され、隣人を憎むにいたるのか。鋭く戦争の核心に迫ったエッセイ。

¥3080

優生保護法のグローバル史
豊田真穂 編

基本的人権を永久に保障すると謳うGHQの占領下で、この法律はなぜ成立したか？　その背景を、世界的な優生政策・人口政策・純血政策の潮流のなかに探る。

¥3960

増補新装版
思想としてのミュージアム
村田麻里子 著

日本における新しいミュゼオロジーの展開を告げた旧版から十年、植民地主義の批判にさらされる現代のミュージアムについて、欧州と日本の事例を繙きながら論じる新章を追加。

¥4180

茨木山間部の信仰と遺物を追って
関西の隠れキリシタン発見
マルタン・ノゲラ・ラモス／平岡隆二 編

宣教師たちの活動や「山のキリシタン」の子孫たちの生活とはどのようなものであったのか？　九州だけではない関西茨木キリシタンの全体像を明らかにする。

¥2860

美学入門
ベンス・ナナイ 著
武田宙也 訳

従来の美的判断ではなく、人間の「注意」と「経験」に着目し、異文化における美的経験の理解も視野に入れた、平易かつ大胆、斬新な、美学へのいざない。

¥2860

ヴァレリーとのひと夏
レジス・ドゥブレ 著
恒川邦夫 訳

かつてヨーロッパの知性を代表する詩人・思想家として崇められたポール・ヴァレリー。メディオロジーの提唱者である思想家ドゥブレが、IT時代の現代に生き生きと蘇らせる！

¥3080

スキゾ分析の再生
フェリックス・ガタリの哲学
山森裕毅 著

最も謎めく「スキゾ分析」の解明を主眼にしつつ、独自の概念や言葉が意味するものを体系づけ、開かれたものにしてゆく。今後の研究の基礎づけに挑んだ意欲作。

¥4950

新刊一覧

移民都市

レス・バック／シャムサー・シンハ 著
有元健／挽地康彦／栢木清吾 訳

排外主義が渦巻くこの時代、ロンドンの移民青年たち30人と継続的に対話を重ね、その苦悩や格闘の軌跡をつぶさに辿る。

¥5280

果てしない余生
ある北魏宮女とその時代

羅新 著
田中一輝 訳

南北朝の戦争によって北方に拉致され、宮女となった慈慶。その激動の生涯と北魏の政治史を、正史と墓誌を縦横に駆使し、鮮やかに描く斬新な一冊。

¥5500

神道・天皇・大嘗祭

斎藤英喜 著

神々と天皇、国家と宗教が絡み合う異形の姿。大嘗祭の起源から現代までと、それを巡る論争と思想を描き出し、空前のスケールで歴史の深みへと導く渾身の大作。

¥7150

病原菌と人間の近代史
日本における結核管理

塩野麻子 著

結核の全人口的な感染が予期された近代日本社会において、感染後の身体はいかに統御されるのか。「結核の潜在性」をめぐる、新たな視座を提示する。

¥7150

21世紀の自然哲学へ

近藤和敬／檜垣立哉 編

地球が沸騰するいま、哲学は何を思考し、どう変わりえるのか。多様な理論を手掛かりにした気鋭たちによる熱気みなぎる挑戦。

¥5500

全共闘以後の「革命」のゆくえ

一九六八年と宗教

栗田英彦 編

「一九六八年の革命」と「宗教的なもの」は、いかに関係を取り結んだか。既存の枠組みでは捉えきれない六八年の運動の秘められた可能性を問う画期的共同研究。

¥5500

クライストと公共圏の時代
世論・革命・デモクラシー

西尾宇広 著

フランス革命とナポレオン戦争の衝撃に劇震する世紀転換期に、クライストが描くデモクラシーの両義性と知られざる革命的文脈を掘り起こす。

¥7480

史録 スターリングラード
歴史家が聞き取ったソ連将兵の証言

ヨッヘン・ヘルベック 著
半谷史郎／小野寺拓也 訳

独ソ戦最中に聞き取られ、公文書館にながらく封印されていた貴重な速記録、待望の邦訳！　ソ連側の視点から見た独ソ戦。

¥8250

今回のイチオシ本

アーレントと黒人問題

黒人問題はアーレント思想の急所である

キャスリン・T・ガインズ 著
百木漠／大形綾／橋爪大輝 訳
¥4950

ユダヤ人としてナチ政権下で命の危機に晒された経験を持つアーレントが、アメリカでの黒人問題については差別的な発言・記述を繰り返したのは何故だったのか。アーレント思想に潜む「人種問題」を剔抉する。

2刷

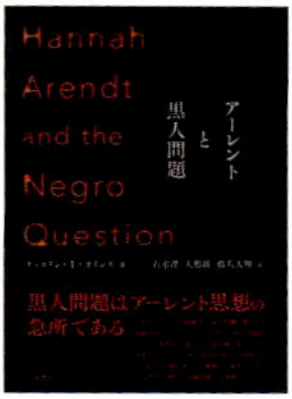

重版

言葉

作家はいかにして自らを創造したか？

ジャン・ポール・サルトル 著
澤田直 訳
¥3300

自らの誕生の半世紀も前からの家系から筆を起こし、幼年時代をつぶさに語りながら、20世紀を代表する、この作家・哲学者が語ろうとしたものは何か。きわめて困難な「言葉」との闘いの跡を示す、「文学的」自伝の傑作を新訳・詳細注・解説で送る。気鋭のサルトリアンによる新訳！

メディア論集成

『電子メディア論』増補決定版

大澤真幸 著
¥4180

メディアによって身体と社会はいかに変容するのか。その問いを、機械的技術のみならず、文字や声にまでさかのぼり原理的に思考した、大澤社会学の根幹をなす代表作。関連文書を大幅増補した決定版。

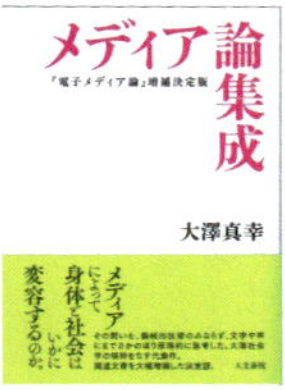

韓国ドラマの想像力

社会学と文化研究からのアプローチ

平田由紀江／森類臣／山中千恵 著
¥2420

韓国ドラマには何が託されているのか、社会のリアルと新たなつながりの想像。2010年代以降にヒットした韓国ドラマを、経済格差、教育、国家権力、軍事、フェミニズムなど、多様な視点から社会学的に読み解く。ドラマ案内、韓国研究入門としても最適な一冊。

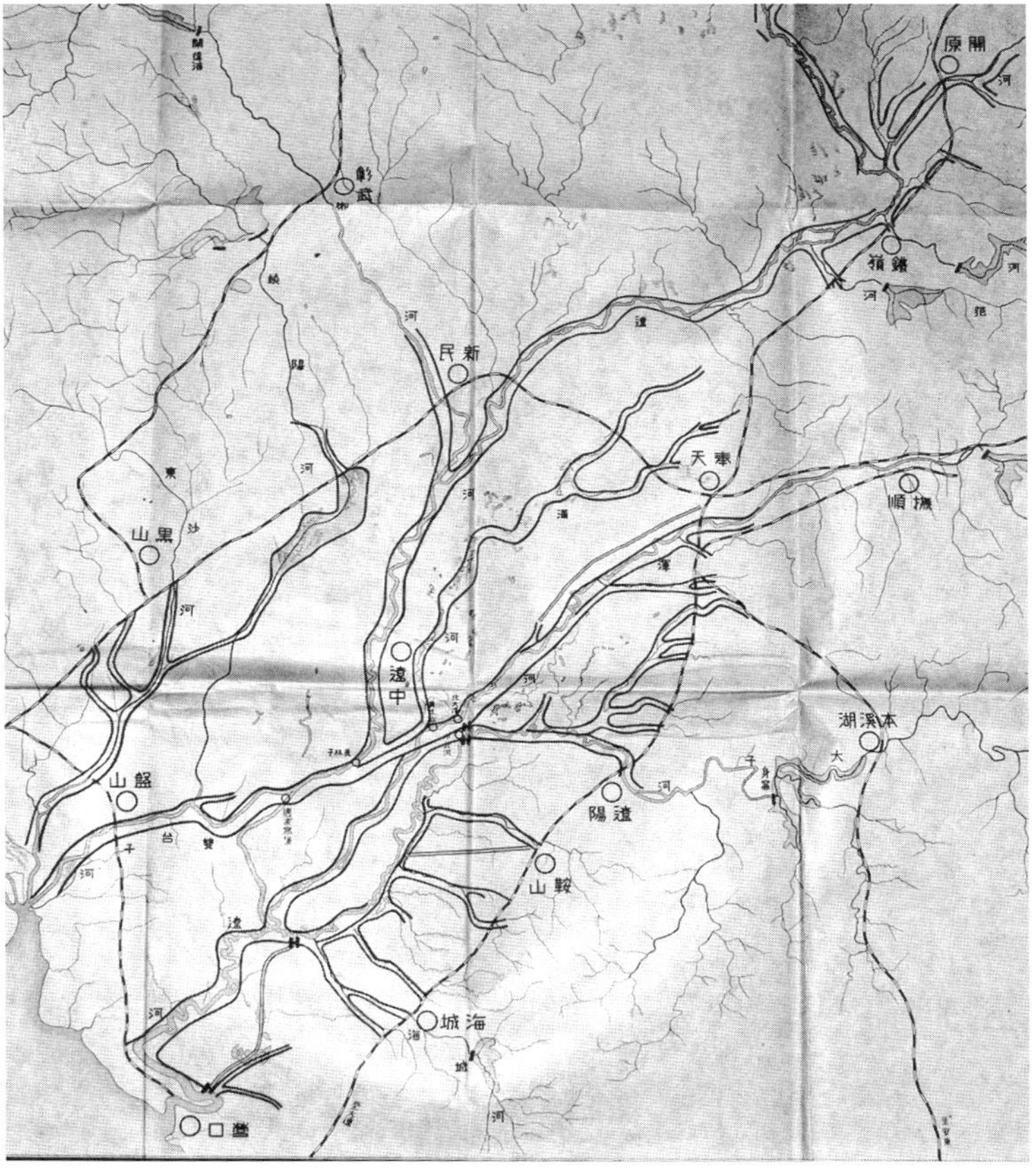

図４　遼河改修事業の簡略図面。短い区切りの線は、貯水池もしくは川の流れを調整するための水門（たとえば上部左端にある閙徳海貯水池）。満鉄の経路は白と黒の線で示されたもの。円は栄口や奉天などの主な都市。出典：遼河治水計画審議会議事録（付録地図）。

スキーという名のロシア人技師だった。彼は元々ロシアの東清鉄道で働いていたが、その後、一九〇五年の日露戦争におけるロシアの敗北後は満鉄の嘱託技師になった。一九三四年に彼は「満州国の開発と治水問題」と題する講演を行い、一九〇三年にハルピン周辺を見舞った大洪水の経験と、それ以降に彼が松花江流域の長期観察に基づいて練り上げた計画について語った。その計画は、北満州での治水、灌漑、電力生産、運河建設のための複数の多目的ダム建設から構成された。より以前のロシアの専門知識と、中国と満鉄の情報源が提供した散漫なデータだけが、大遼河事業の基盤を整えるための限られた情報だったのだ。[19]

日本人技師は、既存の中国の知識と専門知識を積極的に流用したが、自分たちが近代的な日本の技術をいわゆる非文明的な中国に導入していると見なし続けた。満州国政府は、河川を「自然の暴威の為すがまま」放置し、一貫した治水政策を欠いた結果として、満州人民に計り知れない苦難をもたらしたとして、張作霖を公に糾弾する傍らで、国道局の第二技術処は地元の「水利委員会」を一九三三年に迅速に奪取し、その職員と経験を取り込んだ。[20]このようなことはその後一九三七年に日本が華北に拡張した際にも続けられた。実際に元満州国技師で一九三八年には華北政務委員会建設総署水利局長だった秋草勲は、新たに取り込まれた華北水利委員会の中国人技師がすでに、日本人が遼河やその他の河川流域に関して提案していたものと同じ線に沿った総合的治水政策という類似の提案に達していたと記している。[21]また日本人技師は、小規模で頻繁に発生する日本の洪水の防止に適した自分たちの技術が失敗した後には、低予算でも効果があった中国式の堤防や水路の建設技法や、河岸の侵食を防ぐために柳の木を植える地元の技法を採用したことに触れている。[22]さまざまな論文や講演の中で、宮本はたびたび「水利」という古代中国の概念を称賛して、洪水対策、灌漑、水力発電という別個の領域に「利水」を分割する日本の傾向とは反対に、全般的な公共福祉を提供することに本来の起源があると述べた。他の技師も、彼らが適用していたのは洪水を管理するために河川自身の自然な特質を利用する明朝における治水の原理であったと主張している。[23]このように「総合技術」の導入を通じて中国と満州を開発する者としての日本を誇示した公式の言説は、日本人技師が様々な種類の知識を流用したこと、その技術の複数の異種混交的な起源と実践的な基礎があったことを隠蔽している。

原口の当初の土木技師チームは全般的な知識不足であった。そのことは、広範囲に及ぶ大規模事業を実施するのに満州の河川に関して十分なデータが得られていないとの度重なる不平からもうかがえる。たとえば一九三八年当時、多くの欧米諸国では一六〇平方キロメートルに一カ所の雨量測定所が設けられていたのと比較して、満州では一六〇〇平方キロメートルに一カ所しかなかった。[24]満州国の樹立後、技師は関東軍の水供給チームに参加し、気象、水理学・水文学の観測所の建設を主要地域で開始し、日々の観測に齟齬のないように指導しながら地元中国人の官吏と学校教員を雇用して、測定とデータ収集を行わせた。当初、技師は陸軍陸地測量部作成の大まかな一〇万分の一地図を使用していたが、それもまた軍閥とロシアがかつて作成した地図に依拠したものだった。しかしこの地図は多くの誤りを招いたために、新たな地形測量調査が命じられた。流量計は主要河川の各所に設置されたが、満州の河床が洪水のために頻繁に移動することや、流氷や流木による損壊は、定期的な計器のメンテナンスを困難にし、満州の広大さと予算の制限、不安定な治安状況のために計器が確認されたのは年に二回だけだった。[25]とは言っても一九三四年までに満鉄の技師は、堤防建設という純粋に防衛的な手法ではなく、多様な目的にむけて水を利用するために上流に貯水池とダムを建設する積極的な手法を中心とした治水に関する構想を漠然とは策定しており、松花江と遼河の複数の地点において詳細な研究を独自に行なってさえいた。[26]しかしこうした満鉄による研究は限定的なもので、原口が一九三八年の遼河治水審議会で大々的な遼河計画を提案した際、彼はその計画が依然としていかに薄弱なデータに基づいているかを強調し、彼らが提案している相互に結び付けられた仮排水路、用水路、ダム、貯水池、堤防、堰、土手をもっと正確に計画するために、最低、平均、最高の流量に関する総合的な研究を強く求めた。[27]全計画はさまざまな部分のあいだで「デリケートなバランス」を保てるかどうかにかかっていた。正確な研究は上流でのダム建設によって引き起こされる水位の上昇が下流地域に及ぼす影響や、提案された貯水池が膨大な沈泥量を許容できるのかという厄介な問題に関する懸念を軽減すると原口は述べている。だが最後には彼でさえ、貯水ダム建設という新しい技法を通じた遼河の管理は、何らかの確固とした科学的・技術的専門知識というよりむしろ、相当程度の推論と希望に基づいていると認めざるをえなかった。[28]

「総合性」は外国の知識に起源を持ち、未知の環境との困難な折衝に基づいていただけではない。それは満州における様々な植民地的利害のあいだの対立によっても形作られていた。一九三八年の遼河治水計画審議会で、原口が遼河改修計画の草案を提出した際、地方と中央の官吏の緊張関係、技術官僚と経済官僚の緊張関係、そして国家の利益と満鉄や満州拓殖株式会社といった企業の利益の緊張関係が、すぐさま顕わになった。満州国南部の奉天省や錦州省の次長たちは、当該事業の最も熱烈な支持者だったが、彼らでさえ提案された工期の緩慢なペースに不満を表明した。奉天省次長の竹内徳亥は、自然災害に慣れた住民のあいだでは三年ごとに一度ある豊作が天の恵みであると考えられており、頻発する洪水の規模のために、地方官吏が学校教員に適切に給料を支払えなかったり、税金を集められなかったりしている。そのような中で、村人を大きな満州国国民の一員であると感じさせようとする場合、彼らがどのような困難に直面するかを論じている。彼はまた、農業上の水需要がいずれ供給を上回るかもしれないと述べて、多目的ダムという発想についての懸念を表明し、それよりも洪水対策と灌漑という異なる治水のための目的のために、それぞれ別個のダムを建設すべきだと主張した。原口らの国家技師は、不良データによって生じかねない建設ミスで費用がかさむことを避けるために、実施前に総合的な調査を行うことを希望したが、地元の官吏は、遅延は住民の苦難を延長するだけでなく、投機によって地価を上昇させ、日本人入植者に困難をもたらすと主張した。彼らは国家のトップダウンの政策を批判し、そうではない総動員方式を取るように中央権力に迫った。そうした方式においては、入植者の増加と農業生産性の増進という国家目標と足並みを揃えて行わる堤防建設と「植林計画」を通じて、人民の活力と強靱さを速やかに活用できるとされた。このように各省は、技師の遼河事業を熱烈に支持したが、自分たちが治水に関してより喫緊と考えるものに向けて、技師の「総合性」のヴィジョンを改変し、事業実施においては各省の主導権を主張するために最善の努力を尽くした(29)。

その他の機関も、提案された事業の別の側面を強く求めた。満拓が強く求めたのは、百万世帯の日本人を入植させるという二〇年先の目標の最終的達成に向けた土地干拓計画と、低下する農業生産性に対処するための効果的な肥料に関する研究、土壌侵食を防ぐための森林再生への注目だった。関東軍は軍事輸送を見越して堤防建設と道路建設を連動させるよう要求した。満鉄はより入念な治水調査と計画を促したが、それは将来の川筋の変化によって生じるかもしれない、費用のかかる鉄道路線の変更を防ぐためだった。技師もこのような要求を自分たちの権力の増大のために利用し、新たに拡大された交通部を通じて、事業の行政的管理の主導権を首尾よく掌握した。原口は建設に着手する前から、総合的な河川研究とそのための資源が必要だと訴えていた。影響力を持つ技術官僚であった宮本は、遼河治水審議会出席のために、東京から飛行機で乗り付け、原口の申し立てを強く支持した。この時宮本は河川改修について日本は明治以来の長い歴史を有するが、日本河川に関しても未だ十分なデータを欠き、そのために国家資源の莫大な浪費を招いていると論じている。浪費の原因は、技師はより効果的に長期にわたる計画、改修、被害対策を可能とする総合的な全国データに基づいて事業を追求するのではなく、それぞれの自然災害が起きてから多額の費用がかかる現地調査を行い、それに沿って堤防を建設するというようなつけ焼き刃的な対応をしていることだと宮本は主張している。会議中、革新官僚の経済計画志向(第五章参照)を代表する星野は、満州産業開発五カ年計画に記載される経済目標を達成するために、事業を即刻実施するよう要請し、各省の次官、関東軍、満鉄から強い支持を得た。原口は渋々ながら、迅速な実施を求める星野の要請に同意したものの、不十分なデータと彼らの調査予算削減によって生じる不確実性を表明しつづけた。産業部農務司長などの官吏は、拙速な調査と不良なデータのために将来失敗が起きた場合に、人民のあいだで生じる国家の威信の喪失を懸念していた。従って当初から、日本による総合性のヴィジョンは、満州国の将来発展に向けて、治水と電力生産と農民の定住および交通改善の専門的な連携による技師の主張に反論する、自分たちの利害を主張するさまざまな機関のあいだでの対立と緊張関係に満ちていたのだ(30)。

総合的な河川研究の優先を要求する技師と、事業の即刻実施を強く求めるグループを調停するために、交通部は同時に双方を追求することを決定した。一九三八年三月、原口は遼河治水調査処の運営を任され、同処は引き続き、遼陽、奉天、鉄嶺に調査事務所の設立を進めた。彼らがまず強調したのは、河川を多目的に使用する全計画の核心を占める上流のダムと貯水池の予定地で、地質と地形の調査を行うことだった。一九三八年から一九四〇年までに、遼河の支流のすべてに関する基礎的な統計が蓄積され公刊された。あらゆる調査を完了した後、一九四一年に調査処は閉鎖された(31)。こうした研究が一九三八年に始められると同時に、交通部は遼河流域西部で大規模な取り組みである柳河治水工事（柳河治水砂防事業および食糧増産事業）を開始した。遼河の支流の一つである柳河は高い沈泥量の主要な原因であり、モンゴル付近の乾燥した山々に源流があることから、遼河流域西部の急速な砂漠化の一因となっていた。満州と華北をつなぐ満鉄の重要な奉天・山海関路線は、高い沈泥量のために起こる河床の上昇と変化に絶えず脅かされており、このことは一九〇三年以来、三件もの費用のかさむ橋梁、線路、駅舎の改修事業の原因になった。また沈泥は河床上昇の結果として鉄砲水を引き起こし、遼河河口の重要港、営口での交通を阻害した。このように柳河は日本の戦争遂行にとって不可欠な重要交通網を脅かし、この河の管理は南満州で慢性的に起こる洪水問題の解決の鍵であるとされたために、柳河管理は他の遼河治水事業よりも優先された(32)。

遼河流域を調査した柳河治水工事の主要技師、五十嵐眞作は、一九四三年に技術雑誌に寄稿した報告書で、同事業の計画が立ち上がり展開した事情を明らかにしている。全体として柳河治水工事は三つの部分から成り立っていた。それらはまず柳河源流近くの上流での小規模の砂防ダム建設と再森林事業。次に堆積物を塞き止め、年間河川流量を管理し、灌漑を提供するための中流の開徳海に建設される大規模貯水池。三つめは将来の洪水を防ぐために新民市付近の下流に築かれる堤防と土手。堆積物の堰き止めが当該地域の深刻な洪水問題を解決し、水の有効活用に最も迅速で効果的な方策と考えられたので、ほとんどの努力は開徳海貯水池の建設に向けられた。事業の喫緊性のために技師は、かつて軍閥体制や満鉄が行った降水量と流量に関するばらばらの測定記録と、四カ所で行った自前の調査に基づいて、貯水池の流量に関しておおまかな見積もりをした。こうした統計に基づいて彼らは、ダムと貯水池の設定値をはじき出し、ダムは一億二〇〇〇万立法メートルの沈泥と五〇〇〇立法メートルの貯水量を持つため、柳河の平均流量を五〇〇〇立法メートル毎秒から三〇〇〇立法メートル毎秒に減少させると予測した。夏の洪水の時期は、ダムから沈泥を放流することで、きれいな水が流れるようにし、乾期は、他の目的で必要となった場合にいつでも制限放流できるように貯水された。技師たちは一時保留のための貯水は、一五年間で貯水容量近くに達するものの、その間に行われる上流での他の砂防事業と下流での洪水対策建設が組み合わさることで、長期的に見れば、河川の堆積物問題を緩和するだろうと見積もった。[33]

技師たちは柳河周辺の環境に知悉していないことに加え、当該地域の地質や河川の大量の沈泥と絶え間なく格闘しなくてはならなかった。その量たるや、彼が日本で学んだ水文学の原則をくつがえすものだった。開徳海貯水池とダム、各種の堤防の最適の寸法と立地を決定するため、満州国大陸科学院の科学者が新京の実験室で、満鉄線路近くの柳河の一区画を再現した小規模模型を作成した。そこで当該地域の砂と土で仕上げられ模型は、土手や流れる沈泥、いろいろな流量と深度を維持する水供給メカニズム、さまざまな環境と気象状況のシミュレーションをするために河川の傾斜を変えることのできる調節可能な斜面を再現した。また当該地域の岩石のほとんどは非常に脆かったので、地質的には大きなダムには不適合とみなされた。それゆえ彼らは幾人かの専門家を招き、彼らが選定した地点が実際にダム建設に適しているか否かを確定するためのボーリング調査を実施した。しかしそこの岩盤に亀裂がみられ、将来災害的な漏水を引き起こすかもしれないことが分かった。また当該領域周辺の土壌はほとんどが微細な黄砂で構成されており、コンクリートの高い品質を保つために適切なものではなかった。それゆえ技師は、何カ所かの適切な砂利の採取場まで一五キロメートルの道路を建設せねばならず、当該地域の砂利と他の素材を混ぜて、耐久性のあるコンクリートを作る正確な混合率を計算してもらうために、大陸科学院にサンプルを送ったり、コンクリートとセメントの質を確かめる素材試験設備を現場に建設したりしなくてはならなかった。付近の中国人労働者を動員するため地元の官吏を雇用し、一九四二年に閘徳海貯水池は完成、柳河のいくつもの区間での砂防と堤防の建設工事も完了した。(34)

絶えず悪化する戦況のため、野心的な遼河事業のほとんどは実施されず、実施されたものも完了できなかった。柳河事業のほかに、技師たちは一九四三年から四五年までに、満州建国勤労奉仕隊のほぼ中国人労働者で構成された「奉仕隊延べ一七四万人」を動員して、東部の大規模灌漑と東部遼河の治水ダムの八五パーセントを完成させ、太子河の水力発電と灌漑ダム事業を開始した。(35)こういった進展の遅れにもかかわらず、遼河改修事業は「総合技術」の概念、あるいは植民地体制内部での経済的、政治的、軍事的、文化的目標を密接に連携させる技術事業の制度化に向けた第一歩を表していた。技師たちは公的な賛意を得た後、この概念を実際の事業の中で発展させ、それにつれて総合性の構想は多目的ダム建設（第四章参照）や、日本の拡大する帝国のさまざまな地での都市地域計画といった事業にも急速に広がっていった。

「アジアを開発する」——日本人技師たちの中国進出

一九三七年の満州国遼河治水会議で、総合技術に傾注するよう関東軍を首尾よく説得した直後、宮本と他の三人の内務省技師は華北に赴き、視察遠征を行った[36]。その結果出された彼らの報告書に基づき、北支那方面軍も大規模公共事業の重要性を了解するところとなり、一九三八年初頭に満州国土木局長の直木倫太郎に対して、道路建設と河川補改修事業の計画を立てるために、一〇名の技師と職員を派遣するよう依頼した[37]。関東軍は内務技監・辰馬鎌蔵の助力を得て、すべての土木活動を汪兆銘の傀儡政府の下に統合すべく、一九三八年三月、北京に華北政務委員会建設総署を設立した。同署は直接的な戦時再建と開発、そして道路、港湾、運河、都市エリアの計画と建設を所管した（図5参照）。以前、満州国と中国への若い技師の招来にあたって宮本と緊密に協働したことのある三浦七郎が技監に任じられていた。北京に向けての日本出発に際して、三浦は自身と第一次派遣員の技師四五人は、中国人民を多年の内戦と苛斂誅求から「救い進んで」ゆくために出発すると宣言した。「東洋文明の発祥地」の再建に尽力すべく、彼らは黄河や天津近くの海河、北京の永定河の改修事業を行い、塘沽に世界最高水準の港湾を建設し、広大な道路網と灌漑用水網を築くことになるだろう。近代技術によって中国を指導し、そこに「文明を創設」することが日本人の義務であると三浦は付言した[38]。日本の技師運動にとって建設総署の設立は、「総合技術」に根ざした強力な技術行政だけでなく、官僚の干渉から自由に「東亜建設」のヴィジョンを実現するための拠点であったという意味でも、もうひとつの重要なことを達成したものだった。

華北建設総署は、天津、太原、石家荘に工程局を、また数多くの事業所を道路建設と河川改修の各現場に置いた。一九三九年までに、中国にいる日本人技師は一三二人、一九四一年まで三一四人となるが、その数は建設総署職員の二五パーセントに相当した[39]。日本人技師は専門家の職位か顧問に任じられ、事務員、技術員、調査員、警備員、秘書といった職位の大部分は中国人が占めた。中国国民党政府の元経済官僚で、日本で陸軍通信学校を卒業して以降、党内の日本通最上位で日本との交渉役の一人だった殷同が、華北政務委員会建設総署督弁に選任された。傀儡政府の北支那方面軍の顧問によれば、殷は日本の政策に対する大胆な批判で知られ、軍将校に恐れることなく率直な意見を述べることから、日本人技

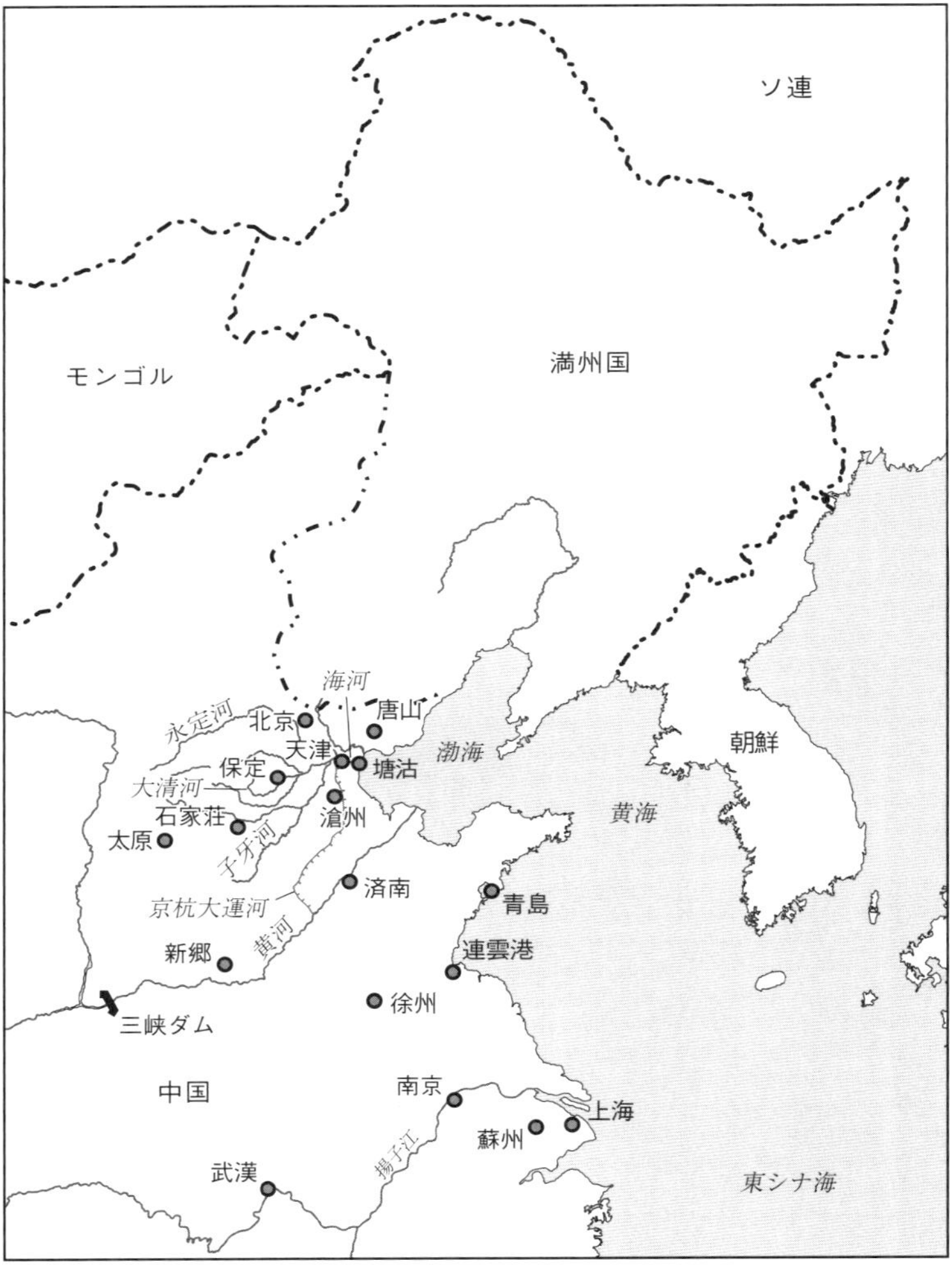

図５　華北における主要な都市、河川、事業現場

師から尊敬されていた[40]。彼は最良の日本人土木技師を中国に招聘するために尽力し、黄河治水事業や都市地域計画事業といった大規模事業を継続的に推し進めた[41]。関東軍の「宣撫官」、および中華民国臨時政府のイデオロギー的翼賛会だった大衆組織（後年、殷が副会長を務める）、新民会の日本人・中国人メンバーとともに、建設総署は同事業を、長期的な治安、安定、開発の促進という観点から、西洋の帝国主義、資本主義、共産主義から中国を解放するための継続的な努力を通じて、アジアの繁栄を回復するという日本の一大任務の一環として提示した[42]。

一九三八年から一九四四年までに、北支那方面軍の残虐な軍事行動と、中国共産党のゲリラやその他の非正規軍による激しい攻撃のただ中で、華北政務委員会建設総署は、道路建設、治水、都市計画を連携させるという計画を積極的に遂行した。「華北開発の動脈」を創出すべく、総署の技師と技術員は、結果として約四千キロメートルの道路の改修、建設、敷設を成し遂げた[43]。北京から漢口、天津から浦口、太原から石家荘といった中国鉄道の主要路線に隣接した道路が優先されたが、それは路線に沿って日本軍が進軍するからだった。その他に高い優先順位が付けられたのは、天津から塘沽に至る道路で、そこでは日本への天然資源の輸送を迅速化するために軍が巨大港湾を建設していた[44]。治水については、総署の初期の努力の多くが、一九三九年の大洪水から天津を防衛することと、近代中国史で最悪の災害の一つで、帝国陸軍の進軍を阻止せんと蔣介石軍が一九三八年に起こした河北省での黄河堤防の決壊を部分的に食い止めることに向けられた。その黄河洪水は最終的に、七万平方キロメートルの土地を水浸しにし、ほとんどが貧しい農民である数十万人の命と生活の場を奪った[45]。「之（治水）に依り農民を救ひ放浪の民を養ひ以国家を治め」るという古代中国の格言を引用し、総署は国民党政府の華北河川行政を接収し、多岐にわたる治水と水利事業を実施した[46]。中国と国際連盟の技師が収集した既存の設計図と統計に基づき、建設総署は、満州国で進行中の遼河治水事業と類似した幾つかの計画を作成し、ダムによる堰き止めと河川の付け替えを通じた積極的な総合的治水戦略を採用した。事業には大慶河、子牙河、南運河の交差する地域に洪水災害をもたらす主要な原因である夏の雨期に、上流での水面上昇を防ぐための迂回水路、華北を貫く「経済開発回廊」を築くための石家荘から天津までの運河、農業促進のための黄河から周辺の平野部への灌漑運河、黄河の河南省西部の三門峡の地点に灌漑、電力生産、運輸、治水、産業化に資する多目的ダムを築くことなどの野心的計画が含まれていた[47]。

周辺地域および国防上の目標と戦略的に統合された近代的都市という形態を取っていようが、農業生産の増大、産業用の電力増産、大都市間の交通網の改善の取り組みと結合した治水事業という形態を取っていようが、建設総署が提案したすべての事業は、新興の「総合技術」言説のさまざまなヴァリエーションに根差すものだった。満州での遼河改修事業と同様、こういった総合的事業は、植民地における利害、制度、勢力が絡み合う網の目の中で生じたものであり、技師たちもその網の目を構成する一団であった。このような現場での困難な折衝は、自分たちは専門知識によって中国を「救っている」と自信満々で主張したユートピア志向の技師が提唱した純粋な「総合技術」の構想とは、全く異なる事態を提示している。以下では建設総署が高い優先度を置いたもう一つの事業である都市計画を詳細に検証することで、戦中の総合的土木事業の射程と普及について明らかにして、技師の技術的想像力の基盤にある中国における複雑なダイナミクスを説明してゆきたい。

都市の技術的想像力――「汎アジア」的北京を事例として

一九三八年一〇月、中華民国暫定政府の新首都、北京で放送されたラジオで、三浦は華北建設総署の全体的な方向性を説明し、国家の「軍事、政治、経済、産業、文化等の中心」としての都市の重要性を強調した。数年に及ぶ内戦、一九二七年の中国首都の南京への移転、一九三七年の日本との戦闘開始、そして一九三八年の大洪水の結果として、華北の主要都市では、鉄道、道路、水路、滑走路などの交通インフラ、上下水道、公園、運動場施設などの公衆衛生施設が、ひどく修繕を必要としているか、全く不足していた。それゆえ日本人技師が、既存の施設の改良と新市街地の建設によって「営業の利便」と「市民の住居の安寧を確保」して、基本的な「近代都市としての機能」を確立していくと三浦は宣言した[48]。建設総署は、満州の大連、新京、ハルピンの都市計画での経験に大きく依拠していた。彼らはハルピン工務処規画科技正・山崎桂一を招聘し、建設総署都市局を監督させ、ハルピン工務処長・佐藤俊久の助言と研究に大いに頼った[49]。新京やハルピンでの日本による近代主義的事業の着想源になったのは、緑地帯に取り巻かれ、工業、商業、居住、農業の区画に整然と分割されている、自己充足し均整の取れた都市という田園都市運動の構想と、市民的美徳と愛国主義を鼓舞するための美化とモニュメント建設という都市美化運動の考えだった[50]。こうした満州の諸都市が、戦時の中国での都市計画のモデルとなった。しかしながら、関東州や満州国における以前の都市計画事業が主として、世界と地元の人びとに披露できる近代的で見た目に美しい都市の設計を重視したのに対して、戦時の中国での都市計画は、一九三〇年代後半の「国土計画」の台頭と軌を一にして、都市を産業や交通、国防上の関心とを、より体系的に統合することを試みた。北京の事例では、そこが明朝と清朝の皇帝の都だった歴史から、計画家はその帝国的な壮大さを活用することを求めたが、満州国の都市計画家は、新しい国民国家のための世界標準の近代主義的都市を築くことを選好し、「旧弊な中国」イメージの拒否と消去を重視した[51]。このように華北の日本人都市計画家は、「アジアの伝統を回復する」という汎アジア主義のイデオロギーを、「総合性」という建設総署の基本構想に組み込んだ。総合性とは、この事例では、都市を個別で自己充足した単位ではなく、より大きな地域と統合された部分で、複数の機能と能力の有機的合成体と理解するということを意味した。北京商工会議所が述べるように、北京は「新東亜推進力、日本の政治、経済、文化、科学の綜合された象徴」であり、日本の「興亜の偉業」の実績を提示する場として考えられていた[52]。

都市の計画と建設が行われたのは、日本の北支那方面軍と国民党軍および共産党軍との継続的な戦闘の中でのことだった。満州国においては、関東軍は往々にして都市計画家の壮大な構想の規模を縮小し、事業を延期させようとさえ試みたのだが、華北での関東軍は都市計画を優先した[53]。建設総署に新たに設置された都市局が、北京、天津、済南、太原、石家荘、徐州という華北の六つの主要都市での調査を一九三八年五月に開始した。佐藤が軍に出した従来の素案には、満州国の近代的都市計画の線に沿った壮大なヴィジョンが幾つも含まれたが、中国の技師はそれらを採用するにあたって、地域の治安のための軍事拠点の確立、道路や保健衛生施設、都市防衛施設の建設、それから特に日本人の急激な人口流入を踏まえた住宅不足の解消といった差し迫った要請を満たすものにせねばならなかった[54]。基本的な技術文書や正確な測量図もないまま、技師たちは大まかに描かれた五万分の一の地図に基づいて、一九三八年末までにそれぞれの主要都市の計画枠組みを仕上げた[55]。保定と新郷、そして塘沽や青島、連雲港といった港湾諸都市の計画枠組みも、一九三九年までに仕上げられた。技師たちは、基本的な治安、交通、衛生施設の確立などの差し迫った必要性と、新たな居住区や街路を長期的に計画し、必須となる公共施設を分置し、将来の都市発展に向けた工業と農業と居住の区画のバランスを取ろうと努めた。彼らはまた、「華北新建設」をそれぞれの都市の特殊性に根差したものにしようと、都市の立地、環境、歴史、政治、経済、文化、交通、産業を検討した。このように華北での都市計画は、近代的で総合的な都市発展の必要性を訴えつつ、中国都市の特殊性と独自性の尊重を主張する、汎アジア主義的協同主義の旗印の下に行われた。一九三八年に軍が華北の主要都市の支配を固めていくにつれ、技師たちは安定の回復を意図した緊急措置から都市と地域の発展計画へと、政治的都市の建設から産業都市の設計へと、そして中核都市の確立から建設総署都市局技術科長・塩原三郎が言う「総合的地域開発」の構想へと焦点を移行させていった[56]。

北京は、華北において技師たちが抱いた都市計画の理想の、またより一般的には戦時の植民都市で具現化される技術的想像力の典型例である。北京の都市計画が重要なのは、それが「総合技術」という一般概念を日本人技師たちが明確な形にした代表であったためだけでなく、北京は伝統的に中国文明の中心を代表し、日本の指導者たちはそれを利用しようと躍起になっていたからでもある。北支那方面軍特務部、興亜院華北連絡部、そして華北政務委員会と緊密に協議しながら、主として山崎と佐藤が一九三八年に立案した最初の北京都市計画概要は同市を、二〇年で二五〇万の人口を擁すると予想される華北の政治的、軍事的、文化的な中心とした[57]。防衛、交通、工業、商業、居住のための近代的施設を抱えた新市街を、北京中心部の城壁外のすぐ西側に建設することで、山崎と佐藤は城壁内の旧市街の人口過剰と衛生施設の不足を緩和しようとした。同時に興亜という汎アジア主義イデオロギーの線に沿って、北京の文化的特殊性を維持しつつも、多くの名所旧跡の保護事業を開始することで、その都市をより卓越した観光都市に作り変えようとした[58]。

佐藤は北京城内に日本人が建てた「不調和」な建築物を猛烈に批判し、それが「百鬼夜行」の感を作り出していると論じた。彼は北京の城壁内の都心の文化的「趣味」の保存を主張しただけでなく、(一八六〇年の英仏侵攻で消失した)円明園を、現存する中国式の構造と風景を保存した公園へと変容させることによって、完全に修復するという計画を盛り込んだ[59]。西郊新市街(以降、「新市街」と略記)は「北京都城の古典的特性を有するに対し東亜新建設を象徴すべき特性を」備えると、塩原は一九三九年の『東亜新報』の記事で書いている[60]。それは「調和を考慮して設計」され、「近代東洋趣味」を持った都市となるはずだったと別のところで佐藤は付言している[61]。

城壁で囲まれた都心に近接し、かつそれと幾何学的に並んでいる立地の選定をめぐる困難に直面した後、彼らは北京の都心のすぐ西側約四キロメートルにある約六〇平方キロメートルの区域を選んだ。北には西郊飛行場があり、西は八宝山、南は北京・漢口鉄道だった。区域の約半分は、野原、森林、農地、そして将来の拡大に備えた保留地のために「緑地域」として確保された。新市街の北部分は軍用に確保され、中心と南の区域は、一五万から二〇万の人口を収容するための住宅、官公署、商店、学校、病院、企業にあてられた。公園が市街に規則的に散在し、市内を縦横に走る広くて並木のある大通りの交差点、あるいはその近くに健康と防衛と都市美化のために広場が配されることになっていた。新たな中央停車場は都心から少し南側、中央卸売市場と軽工業区域の近くに建設予定で、百メートル幅の「興亜大路」は、市街中心を抜けて、北側にある百ヘクタールの興亜広場（後に大和広場に変更された）まで伸びる計画だった。その広場の中心には、「八紘一宇」というスローガンを象徴する八角形の「大和壇」が設置されることになっていた。この祭壇は、明朝の皇帝たちが好天と豊穣を祈るために紫禁城のすぐ南側に築いた有名な天壇に相当するものとなるはずだった(62)（図6参照）。

全体として新市街の設計は、中国の偉大な文化と伝統を保存しつつ、中国を近代化に導くという日本の汎アジア主義イデオロギーを具現化していた。佐藤たちは、北京の都心と郊外の東西、南北方向に街路が整然と走る格子状のレイアウトを計画した。北京は帝都として、数世紀にわたって中国の都市計画の模範となってきた。旧市街の南北の主軸線は数々の宮廷建築、広場、道路で形作られ、鐘楼から始まり、紫禁城の中心、天安門、正陽門を通って、城外へ抜け、南端の永定門で終わる。この軸線沿いの建物群は、明朝・清朝の行政拠点である官衙（官庁街）を形成した。長安街は東西に走る主要幹線道路で、天安門で南北の主軸線と交差した。新市街の街路パターンは、北京市街と郊外の格子状のレイアウトを踏襲しながらも、同時に都市計画の最新の傾向を組み込むことが決定された(63)。長安街は東方向へも西方向へも城壁の外まで延伸され、東では新しい工業地区と、西では新市街と接続されることになった。新市街内に入ると、長安街は拡幅され、南北に走る興亜大路と交差するようになっていた。北京城内の南北の主軸線を意図的に模倣し、この興亜大路が大動脈となり、その通りに面して政府関係の建物や会社が立ち並ぶ格好になっていた。この道路が作る南北の主軸は、清朝の支配者・西太后が多額の費用を投じて再建・拡大した北の頤和園の中心に建つ仏香閣とぴったりぶつかるようになっていた(64)。天壇、五塔寺、頤和園、国子監、故宮博物館、北京の城壁など多数の場所の修復・保存事業では、中国人の職人たちも働かせられた(65)。要するに日本人計画家たちは、帝都北京の旧来のレイアウトを都市計画の現代的発

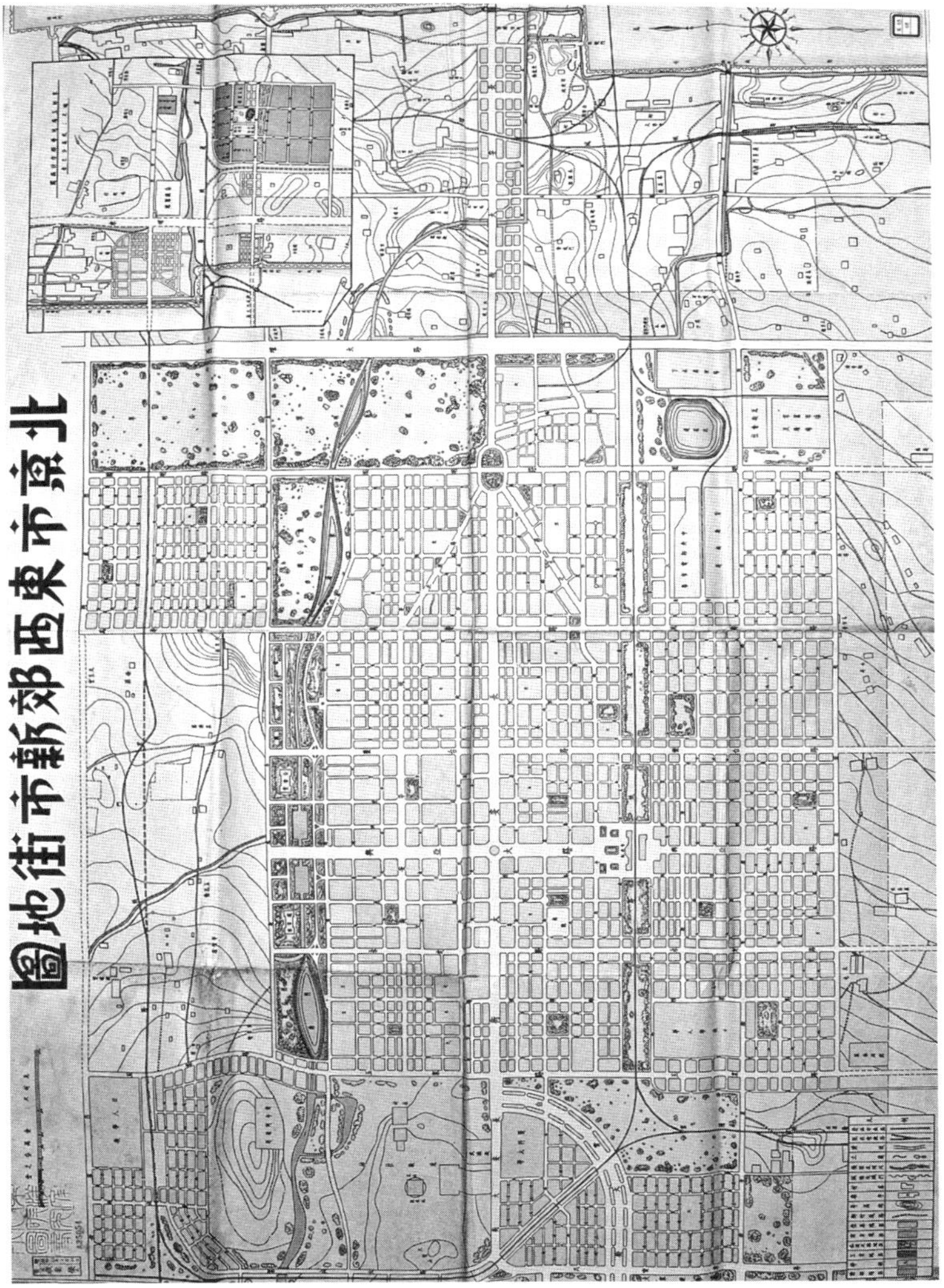

図６　北京市東西の郊外における新市街計画の青写真。この地図は新市街が大まかには正確な方形の区画をもっていたことをしめしており、また旧市街の西側の城壁に隣接した者として構想されていたことが、この地図の右の端から見て取れる。上部右の区分された地図の中では、旧市街の東側の東部工業地帯の計画も描かれている。長安路はこの地図の中心を東西に通り抜ける大通りで、それは旧市街と新市街を結びつけるものでもあった。長安路を横切るのは新市街の南北の通りで、興亜大路は北側の公園を抜けて興亜広場に抜け、他の道路の結節点になっている。鉄道の駅は新市街の中心であり、これらの大通りが交差する場に位置している。緑地帯や講演が新市街のほとんどを囲んでおり、広場やロータリーも多くある。出典：建設総署北京市建設工程局『北京市東西郊新市街地図』（1940）

想に組み入れ、「伝統的」な城内と頤和園と正確に連結させ、北京を中国遺産の観光中心地に指定することで、旧態依然の中国を救いながらも同時に、日本が主導した近代化と進歩の路線に中国を結びつけるという、華北暫定政府の汎アジア主義者の「新民」イデオロギーを強化した。

新市街は、旧来の中国都市のデザインと、国際的な都市計画における田園都市運動や都市美化運動から借用し、満州国ですでに実行に移されていた諸概念を混ぜ合わせていた。新市街と城内は両方とも、北京の城壁を越えた拡張を制限するとともに、未来の郊外の「衛生都市」のための空間をつくる緑地帯で囲まれることになっていた。新市街が北京の居住、軍事、統治の中心となり、城内の旧市街のすぐ東側の一・五から三キロメートル区画は軽工業と新しい停車場の用地となる。今ひとつの軽工業区域が、南方の通州に計画された。概要の全体は、満州国ですでに活用されていた、居住と商業と工業の区域の均衡を取るという田園都市運動の発想に準拠していた。各区域は、専用住居、住居、商業、混合、工業というかたちで指定され、さらに緑、風景、美観という層が加えられ、建築物、区画面積、間口、高さに関する厳格な規則が設けられた。新市街自体が、一種の田園都市型の自己充足した共同体を表していた。そこでは居住区域の近くに人びとの健康に資する数多くの公園や運動場があり、学校、銀行、郵便局といった基本的な公共サービスがあり、停車場と居住区域の近くには買物と遊興のための区域があり、南の町外れには野菜を育てる耕地が広がり、鉄道沿いには小さな工場区域があり、北西の八宝山公園にはゴルフ場まであり、北の万寿山と北京西山には別荘が点在した(66)。

都市美化運動の発想の線に沿って民衆のあいだに一種の市民道徳を鼓舞するため、モニュメント性が美化と結合された。都市計画区域全体の約四五パーセントが、道路と公園に用いられたが、満州国首都の新京では三五パーセントだったことに比すれば、このことで北京は世界の大都市と肩を並べるとみなされた。北側では一〇〇ヘクタールの、多くの樹木が植えられた大和広場が新市街に面し、「八紘の基柱」が、公的な祝祭や、軍事パレードや催事に使われる競技場の中央に建っていた。政府関係や商業関係の建築物が向かい合うのは南北に走る大通りの興亜大路沿いで、その道路は景観と美観の区域に指定され、速かで快適な交通を促進する。大通りの後方には居住区域が広がっていた。新市街の東側の官公署地域は公園、広場、運動場を伴った緑地帯の内側、広く並木のある大通りの近くに配置された。このように北京における都市計画は、中国帝都の正確な幾何学と壮大さを取り込んだことに加え、空間と生活の体系化、経済的な自給自足の促進、強靭で健康な市民の生産、人民の心を捉えられるような合理化された都市のレイアウトの創出に関するさまざまな構想を反映していた(67)。

北支那方面軍は、都市計画の工程に対し、かなりの程度の統制力を発揮した。それは満州国での場合に比べ、はるかに大きな度合いだった。満州国では関東軍の内部で専門知識と経験が不足していたために、建築家や都市計画家により大きな発言権があった(68)。それゆえ概要の大部分が、例えば、新市街と北京の城内と城外、それから計画された工業区域を接続する東西と南北の大動脈の建設などの道路の改修と建設に当てられた(69)。陸軍省副大臣から北支那方面軍参謀長に送られた一九三九年二月一三日付けの最高機密電報は、軍事パレードと高速交通に必要となる道路幅、記念門、ロータリーに関する詳細な指示を与え、防空のために一街区(一平方キロメートル)ごとに公園とプールを造るよう命令している(70)。鉄道は新市街と工業区域へ支線が引かれ、より多くの貯蔵場とスイッチバックが造られ、天津や漢口への長距離鉄道との円滑な接続が促進される予定だった(71)。新たに二つの飛行場建設と、ゆくゆくは五百トンを超える船舶が北京・天津間を航行できるようにするための運河建設事業も計画された。このように北京の都市計画は、広範囲に拡大する戦争の要求に応えるため、物資と兵隊を迅速に輸送するという軍部の戦略上の優先事項を組み込んだ。かくして北京の都市計画は建設総署の技師たちのあいだで新たに生まれつつあった地域計画・国土計画という新たな構想を反映した。彼らは一九四一年から華北での地域研究に着手するとともに、国防のための地域的な自己充足性を確立するために、都市計画と、人口分布、交通の効率性、河川管理とを最適に統合させた総合的な地域を計画した(72)。軍部、都市計画家、保護主義者が、複数の機能のバランスをどう取るかを思案するなかで、「総合性」の意味は移り変わった。

開戦の余波として諸都市で高まった人口圧力も、華北の都市計画を形作った。貧しい中国人難民と地方の地主階級がより安全な都市へと移動し、日本人官吏や会社員が流れ込むにつれ、関係機関には過密人口や増大する傷病者数に応じる十分な住宅と健康施設の不足といった問題が突きつけられた。[73] 一九三七年から一九四〇年までに北京の中国人人口は約二四万人増加し、他方で、日本人人口は一九三七年の四〇〇〇人から一九四一年の八万五千人と急増した。[74] 日本の関係機関は、華北の諸都市への日本人の急激な流入に面食らっていたが、戦争難民と仕事を求める人びとが流れ込むにつれ、住空間の需要と住宅価格が高騰した。北京の場合、人口過密問題は特に城壁内の都心部で深刻だった。北支那方面軍が兵舎にするため住宅を接収したことが、問題を悪化させる結果となっていた。[75] 軍事当局が最も懸念したのは、多くの日本人が中国人のあいだで、往々にして急普請の共同住宅の狭小な部屋で生活している事実で、こうしたことがさまざまな文化的差異や、新しい日本人住民の無神経さが原因となった多くの「難渋」と「誤解」を引き起こしていた。[76] 日本人たちは質の高い住宅を求めて互いに激しく競争し、このことが犯罪者と土地ブローカーの流入と、大家と店子のあいだでの論争の激増を招いていた。[77] 佐藤によれば、彼らは、中国の「非日本化」と「日本」の「非支那化」という厳格な原理を順守して「日支親善」を維持するため、新市街を建設することを決定した。[78] また彼らは、城壁内の市街地を大々的に改造することを望まなかった。それは北京を観光中心に変える努力の妨げとなるからである。このように人口圧力と「支那趣味を保存」するという汎アジア主義イデオロギーによってもたらされた政治的意図が、新市街は主として日本人住民のために建設するという決定に大きな役割を果たしていた。しかし完全な分離には多少の抵抗もあった。伝統的な城内と郊外のすぐ周りを囲む緑地帯は、将来の中国人の拡大に備える用地とされた。[79] ある記事は、日本の特殊会社と企業は近隣の中国人従業員に大いに依存していたため、性急な分離政策で困難に直面するだろうと書いている。[80] 結局、関係機関は、日本人と密接に関係している富裕層の官僚、従業員、商人たちが、新市街での居住を申請することができるよう決定した[81]。満州国首都の新京と同様、新市街は東亜の協和の典型として提示され、一〇万の日本人と、それに密接に関係した一〇万の中国人を住まわせるという目標を有した[82]。しかし結局のところ、日本人住民のための「近代的」な設備を建設することこそ、計画の主要な優先事項であり推進力であった。

隔離されているが、相互に繋がっている中国人と日本人の居住区を設計することは、満鉄の技師たちが、日本の植民地の見本として関東州の大連の都市計画を立てた一九〇六年にまで遡れる[83]。東清鉄道の主任技師ウラディミール・サハロフによる以前の計画に基づき、大連は、機能が定まった各地区が相互に連結した、風通しのよい「田園都市」として設計された。しかしその計画は、中国人居住区と日雇い労働者は満州を周期的に襲う病気と疫病の源泉であるとする衛生学の植民地的発想を反映しており、そのため厳格な隔離・隔絶政策をとるという結果を生んだ。そうした発想は、他の植民地的文脈でのように公式的な防疫線は設けられなかったが[84]、後の満州国と北京における都市計画にも反映された。しばしば華北の都市計画家たちは、占領した中国都市の、多くの都市施設を欠き、人びとが密集する城壁内の地区と対照させて、新市街のような都市事業を「衛生市街」あるいは「近代的文化市街」と呼んだ[85]。主として日本人住民用のこうした新市街は、職場の近くに設けられ、住居は神社、寺院、官公署、学校、病院、公民館、映画館、公園、広場、運動場を備えた都心の居住区の周囲に集められた。市場あるいは百貨店が、五〇〇メートルごとに設置された[86]。新市街は、民族隔離政策に反映されたような植民地的発想の衛生学だけでなく、日本人を中国人よりも文明的とする文化的思考にも根差していた。そのため日本人居住区は近代的な都市生活を彩るあらゆる装飾物がより必要となると考えられた[87]。

一九三八年六月から新市街の予定地で、北支建設総署は早速、測量、区画法の策定、土地の買収、そして事務所と警備所の開設を始めた。戦争のために総署は、まず新市街と東部の工業区域で、とりわけ城壁内の都心と新市街の居住区域を接続する道路と住宅建設に集中すると決定した。当初は、建設を管理するための日華合弁の特殊法人が設立され、北京市政府が土地を、日本の関係機関が資金と資材と技術を提供するとされた。しかしこの会社は、土地調達をめぐる詳細不明の困難のせいで失敗に終わった。そのために建設総署が引きつづき全事業を監督することとなり、一九四〇年に北京市建設工程局を設立した。[88]史跡保存と、道路、下水道、排水路、洪水対策用の構造物の費用は、建設総署の一般会計から支出された一方で、住宅区域、工業区域、商業区域は大部分が建設総署の「特別会計」の範疇で自前での建設となった。[89]国都建設部が開発会社としても稼働した新京での前例を踏襲した、この特別会計の背景にあった考えは、固定的な区画を造成し、二年以内に住宅、商店、工場を建設すると契約した会社あるいは個人とのあいだで、三〇年間の「土地使用」の賃貸契約を結ぶというものだった。[90]賃貸料を使用して、建設総署は元の所有者への補償を行うとともに、必要な公共施設を建設した。[91]将来の賃貸歳入は、中国連合準備銀行からの最初のローンを返済するのに使われることになっていた。交通の便と都心の立地といったビジネス上の利点を激賞する広告とパンフレットが頒布され、借り手を惹き付ける巡業が行われた。[92]一九四二年に建設総署は『楽園西郊』と題された映画まで制作し、北京の映画館で放映した。これは賃貸契約にサインする中国人の激増を導いたようである。[93]賃貸料は立地、さまざまなサービスや主要幹線道路への近さ、使用目的に応じて決められた。

技師と官僚は総署がどのように北京で実際に中国人の地主から土地を買収し、住民を立ち退かせるのかについてほとんど議論することなく、全体的な計画を描き、それを実施することに集中した。中国人の市職員が買収交渉を行い、地主は十分に協力的だったことから、一九四〇年に建設を開始することができた、とある技師の報告は記している。[94]日本による都市計画事業で使用されている手続きに関して満鉄経済調査協会が一九四三年に行った調査によれば、計画区域での土地売却の禁止令を出した後、建築総署と市政府は調査を行い、異なる土地カテゴリーに応じた補償額を決定し、これは新たに創設された監督機関である済南都市計画委員会によって承認された。同委員会は北支那方面軍特務部長が議長を務め、委員の多くは日本人の士官、官僚、技師だった。[95] 軍と建設総署は、建設総署が開発した土地を、市が個人や会社に賃借し、この歳入をもって地主から土地を「賃貸」するために用いる、という「貸上げ」と呼ばれる巧妙な手順を創り出した。これは、満州国の都市計画で一般的に用いられていた、「払い下げ」あるいは土地の強制的買収の手順とは全く異なっていた。建設総署経理局で働いたある職員によれば、元来の地権者から土地を「賃貸」(によって土地の権利を彼らに返す) するこの制度へ切り換えたのは、暮らしを失うことに対する強い抵抗と、反日感情を煽るのに共産党がこの問題を利用したせいだったという。[96] 土地は市によって公的に買収あるいは「借上げ」され、中国人官吏が実際の通告と実施を行った。個人や会社のほうは市に賃貸を申請し、申請料、返還されない保証金、都市計画区域のそれぞれの区画に見合った年間賃料を支払った。華北の都市計画のために土地流用の過程は、明らかに、北京の中国人住民のあいだに大きな不満を引き起こしたので、軍と建設総署は土地買収を正当化するため、大部分が中国人職員に担われる市公署に集約させた綿密な法手続きを大急ぎで案出せねばならなかった。そうした手続きは、最終的には軍が支配する計画委員会によって執行されるものだった。[97] 法的手段、中国人の仲介者からの圧力、独裁的な植民地権力が、華北の諸都市で技師たちの技術的想像力を実行に移す可能性を作り出したのだった。

都市計画を中国のいわゆる「混沌とした」都市を近代化する過程とみなした彼らの表象とは全く反対に、その建設自体は行き当たりばったりで、対立と困難にまみれていた。必要な労働力を集めるのに、建設総署は中国人の親方(把頭)を使い、彼らが監督する一団の働き手への報酬の総額を受け取った。[98] 中国人の親方と労働者への賃金は極めて低く、急速な戦時インフレの時期に、とてつもない苦難を彼らにもたらした。[99] 北支那方面軍特務部は、興亜院華北連絡部と協力しながら、一九四一年七月まで労働者動員を担当した。以降、華北労工協会が設立され、当該地域内外のあらゆる労働者募集と調達が集約された。華北建設総署督弁の殷同が副会長を務めていた新民会が、それぞれの都市で特務部と連携し、興亜院が作成した割当数に沿った労働者の募集と動員を行った[100]。建設は一九四一年に始まったが、さほど円滑には進まなかった。というのもパルチザンが支配する地域への労働者の逃亡や、満州国への労働者派遣に起因する慢性的な労働力不足、激しいインフレと輸送の遅延に起因する資材不足、コミュニケーション上の諸問題、工法慣習の差異、予算不足に起因する低い生産性に、当局が苦しめられたからである[101]。興亜院が戦況の悪化を理由に都市計画事業の延期を勧めた際、北支那方面軍の参謀長は日本の陸軍省に向けて、延期は中国人と日本人の住民に否定的な帰結をもたらすと主張する電報を打たねばならず、中国の各都市における住宅不足の緩和が、絶対的に必要であると強調したのだった[102]。北京市公署建設局のある日本人技師は、道路の舗装に必要だった機械的粉砕機と製図用の楕円コンパスを使用するために、彼らが中国人の職人を雇った経緯を述懐している。その際彼は軍の将校と官僚への個人的なコネを使って、低品質だが必要な材料を確保したこと、建設のために労働時間の分配制を導入したこと、そして反乱軍にしばしば狙われた現地の石切り場を使用したことを述べている[103]。このように都市計画の物語は、その専門知識でもって中国都市の風景を一方的に変容させる先見の明ある技師たちという単純な物語ではなく、彼らのコントロールを越え、事業全体と彼らの大きなヴィジョンを形作りつづけた、さまざまな入り組んだ行為者や力関係との交渉に、彼らを巻き込むものだった。

一九四二年二月までに、新市街に約二一〇〇人の住民のための八〇〇戸の住宅が建設された。住民のほとんどは、華北交通、北支那開発、華北電業といった特殊会社の日本人社員だった（多少の中国人社員もそこに住んだ）。城壁内の都心との主要な連絡道路は部分的に舗装され、基礎的な上下水設備が築かれた。小学校、居留民会の事務所、診療所、市場、その他の公共施設はすべて、この時期までに稼働した。旧市街東側に計画された工業区域では、道路、工業用水設備、工場敷地が整備された。八棟の軽工業工場の賃貸契約がかわされ、一九四二年までに四棟が稼働した。しかし一九四三年になると、戦況が悪化し、すべての建設が中断したために、北京居留民会は一〇万坪（三〇万平方メートル強）の計画区域の土地を借り入れ、食料供給のための公営農場として活用した(104)。

経験豊かな建設総署の技師たちは、中国の都市の伝統的形式を保存しつつ、空間を総合的に合理化、体系化するという大きな物語の中で自分たち仕事を提示したが、都市計画の実際の過程は、技術力に基礎を置いた彼らのヴィジョンの一貫性や体系性とは全く対照的だった。佐藤が満州国での経験に基づき、北京のために作った壮大で近代主義的な設計は、戦時の華北という文脈に特有だった再開発、治安、基本的なインフラに関するより切迫した必要性と衝突した。汎アジア主義と都市開発を制限する文化財保護を意図した圧力は、輸送、工業、そして都市インフラを拡大する計画とぎこちなく混じり合い、結果として新市街対旧市街（老北京）いう図式を生み出した。軍の切迫した防衛上の必要性は、道路の設計、公園やロータリーの設置、輸送ルート、工業区域、警備地区を、住民にとっての長期的な必要性や快適性より優先させた。人口圧力と中国人と日本人の「雑居」についての懸念は、市街と居住区の分離という発想になったが、付近にいる中国人の従業員とサービスに依存していた日本人の企業の実際上の要求と衝突した。体系性、均衡、市民道徳、そしてモニュメント性を強調する近代主義的デザインは、一部は新市街に住むことを許された中国人に訴えかけるように設計されたが、計画自体は中国人を不衛生で無秩序とみなし、結果として「衛生都市」を「伝統的」な城内地域から分離する計画を生み出した。実際の建設過程では、気乗りしていない地主に圧力をかけること、土地収用と賃貸のための巧妙な法手続きを迅速に考案すること、欠乏した資材と資金を手に入れること、労働者ブローカーを通じて安価な中国人労働者を雇うこと、そして心情的に旧市街に愛着を感じている中国や日本の居住者や会社に向けて広告を打つことが必要となった。こうした困難が結びつき、日本人住民のために基本的な住宅とインフラの必要性を満たすことだけに、元来の計画の規模が縮小された。要するに都市計画は、「混沌とした」中国の都市を「総合技術」の導入を通して体系化する日本の専門家による事業というよりむしろ、相互に対立し、不均等な複数の課題を調整する持続的な試みであった。戦争に由来する火急のインフラ需要を満州国の壮大な都市計画構想と、北京の既存の古典的なデザインを近代的「衛生都市」が求めている軍事的防衛と輸送と、中国人と日本人を分離する政策を相互依存と相互作用の現実とを調和させることが必要だった。こうした構造的な緊張関係や対立を埒外においた都市計画という日本の技術（より一般的には言えば技術的想像力）の分析は、知らず知らずのうちに、技師たちの近代主義的な視座を再生産し、自らをアジアの英雄的な開発者で文化財保護者であるとする彼らの自己解釈を追認することになりかねない。

ダムと総合的地域計画の進展

一九三〇年代に日本人技師が、多目的ダムに関わる諸々の技術を学んでいくに従い、植民地で開発されたさまざまな形態の総合技術のなかでも、大規模ダムの建設に集約された技術が、最も魅力的であることが分かってきた。当時世界で二番目に大きなダムであった満州国と朝鮮のあいだを流れる鴨緑江の水豊ダムは、一九四〇年代の戦争の最中に（そして日本の戦後高度成長期に及んでも）、「国土計画」として知られるようになるものの最初の事例を提供した。[105] 満州の東辺道と朝鮮の平安北道を取り囲む水豊ダムと鴨緑江沿いに構想された他の六基のダムのまわりの国境地帯は、「総合工業地帯」へと変容されることになっていた。国土計画とは、一九二〇年代以来の都市の過密化の緩和を目指す地域計画におけるグローバルな傾向のなかでも、特に工業地域の均等な配分と田園地域の保存を国防上の目標に沿って行うことで都市成長の抑制を強調した一九三〇年代ドイツの「Raumordnung（空間の秩序付け、のちに国土計画という訳語も当てはめられる）」概念に対する日本の反応だった。[106] 日本の内務省の技師は総力戦動員に向けた継続的な努力の傍ら、一九三五年から将来の計画に向けた調査を海外で開始し、一九四〇年には国土計画のための行政的・法的装置を迅速に策定し、同年九月に「国土計画設定要綱」が通過という運びになった。[107] しかし国家が総合開発を促進するために、工業、農業、人口、社会文化的制度、インフラを効率的に配置するという発想は、西洋の最先端の計画技法を学んだ東京の専門家の頭の中で策定されただけではなく、一九三〇年代なかば以降、河川管理や都市地域計画、多目的ダム建設事業といった形態を取りながら、技師や官僚がさまざまな「総合性」の概念を考えだしていた日本帝国における特定の事業から出現したものでもあった。

京城帝国大学の経済学教授で、朝鮮総督府の最高顧問の一人だった鈴木武雄は、『朝鮮』一九四〇年二月号に寄稿した論考で、地域・国土計画の植民地的起源について議論している。日本は一九一九年に近代的都市計画に関わる基本的な制度と法律を確立し、一九二三年の関東大震災後の都市再開発と、満州などでの近代主義的都市の設計で意義深い経験を得たとはいえ、次のような理由から、都市計画は一九三〇年代に発展する必要があったと鈴木は論じている。第一に、石炭から水力電力への移行により、計画家は都市部から離れた場所に工業地域を設定することができるようになった。第二に、交通の急速な発展は、地域的・国家的規模での計画を可能にした。第三に、日本が自由主義的資本主義経済から統制経済に移行しつつあり、そこでは自由市場ではなく国家がエネルギー、天然資源、労働力、交通との関係を見ながら、工業の地域的な配置を計画するようになったこと。最後に、国防上の懸念は、工業の分散と大都市への食糧供給の地域的計画を必要としたこと。国際的にはアメリカにおけるテネシー川流域開発公社、ソヴィエト連邦におけるスターリンの五カ年計画、ナチス・ドイツにおける「ライヒスプラヌング」（Reichsplanung 帝国計画）が、工業の配置、生産の増大、都市と地方の生産的なつながりの確立、自己充足性の改善に向けた国家努力を結合する地域・国土計画の新しい傾向を代表している。鈴木によれば一九三〇年代には、一つの都市地域に限定された慣習的な計画が時代遅れなものとなっていったという[108]。

鈴木は日本にいる内務省の技師が一九三八年になってやっと国土計画の制度化を始めたのに対して、朝鮮における都市計画は、すでに一九三四年の朝鮮市街地計画令の当初から、総合的土地開発というヴイジョンに向けて移行していたとしている。一九三二年の満州国建国と、総力戦工業化を目指す関東軍の努力に伴い、朝鮮はアジア大陸の「兵站基地」へと自身を変容させながら、「農工並進」を追求しはじめた。一九三〇年代における水力発電の急速な発展によって、総督府の技師たちは個々の都市だけに焦点を当てるのではなく、地域的な経済ブロックの確立を計画できるようになった。このように日本本土の場合とは異なり、一九三〇年代の朝鮮の都市化は植民地的工業化と総力戦体制の形成という文脈の中で生じた。このことが、このようなアプローチが明確に形をなし、日本の国策に公式に取り込まれる以前に、朝鮮における都市計画に独自の「国土計画的性格」を付与することになったと鈴木は論じている(109)。

一九三〇年代なかば以降の地域・国土計画の国際的な傾向に関する内務省の継続的な調査と軌を一にして、植民地の技師は彼らが学んだものを、都市計画事業に組み込みはじめた。例えば北京では、自己完結した単位としての都市に焦点を当てるだけではなく、首都をより大きな地域、それから国土全体の防衛上の目標と統合しようと計画家は試みた。一九三七年の産業開発五カ年計画と、それに続く大規模ダム建設事業の促進(第四章)と満州国の「水主火従」政策により、総合的地域計画は、国防上の経済的要請を満たすため、ダム、港湾、天然資源の近くに重工業地域を布置することが示された。これは大東港地域を臨海工業地帯化する事業や、国土計画に関する新たな言説が、現場でどのように見えていたかを示す好例である。実際これらは、日本の戦後高度成長期に推進された総合開発事業の予兆を示すものでもあった。植民地のさまざまな事業で働く植民地官吏や技師が、自分たちの技術と専門知識は進歩と開発という必然的な波であると、自然化するために絶えず尽力していた。それと同様に、鈴木のような植民地官吏は(戦後日本の官僚と同じく)、このような総合的地域・国土計画を不可避なものとして提示しようと努めていた。しかし最新の計画技術の導入を通じて、工業と農業の成長の均衡を図り、都市と地方の経済的結びつきを合理化し、工業と都市の拡大を管理し、都市の健康衛生を改善しようという彼らの立派な主張は、植民地におけるさまざまな行為者、制度、勢力のあいだでの特定の実践や対立や交渉、そして彼らの総合的計画を作り出した権力のダイナミクスの一部を隠蔽していた。日本人の計画家や官吏はイデオロギーのレベルで、日本の技術や専門知識の導入を通じて自分たちがもたらした一貫性や合理性、体系性の増大を強調していたが、その一方で、水豊ダムをめぐる総合的な地域計画を分析してみるなら、彼らの計画や設計図が実際には、専門家の頭の中ではなく、植民地の事業現場での困難な交渉を通じて生み出されていたものだったことが明らかになるのである。

大規模な地域計画は、植民地の省公署で働く下級の日本人技師には特に自然なものとはみなされず、彼らは当初、満州国の技官や革新官僚が一九三七年の産業開発五カ年計画の一環として発展させた「総合性」という新たな構想を疑問視していた。一九三四年に安東が満州国の省として成立して以来、地元の技師は省都安東市［現在の安東県丹東市・東港市周辺］で、満州国の他の主要都市での類似の活動と同じ線に沿った、より限定的な都市計画事業を実施していた。そうした事業が一般的に目指していたのは、地場産業の促進、治水と交通の改善、厳格な区画法の導入、都市の保健衛生のために十分な緑地帯と公園を設置することだった。古くからの貿易港で製材の街である安東市は、近隣での豊富な鉄鉱石と石炭の発見、東辺道鉄道建設の決定、鴨緑江の水力発電開発計画の結果として、一九三五年には重工業を発展させる潜在性が注目を集めはじめたが、その港湾は上流での伐採業による森林破壊が引き起こした沈泥の増加のために、だんだんと機能不全に陥り、工業開発を阻害する要因となっていた。安東省民政庁土木庁長の黒田重治は、関東軍の計画将校が一九三七年に訪問し、近隣の水豊ダム建設の着工と安東の工業化の「黄金時代」を称賛しはじめたと書いている。安東の技師は、巨大な工業港の立地を調査するよう命じられた際、当地域は小さな漁港に相応しいと結論づけ、河川改修事業を通じて安東港を改修する限定的な計画を提案した。安東の技師は、翌一九三八年に国家の承認を得るために新京を訪問し、満州国産業部次長の岸信介と面談したところ、岸は彼らに、当該地域の豊富な資源を開発する重工業の工場群を設置する国家計画の観点で、大規模な工業地帯に相応しい広い土地と隣接した大規模港湾の適地を探すために広範囲に及ぶ調査を実施するよう促した。革新官僚や政府の技師とのさらなる議論の末、黒田と彼のチームは次第により大きなヴィジョンに鞍替えし、彼ら自身の当初の計画を狭隘であると批判しはじめさえした。当該地域における天然資源、工業、港湾、水力発電、都市開発のあいだでの総合的な結びつきという観点で考え直しはじめ彼らの調査を拡大するとすぐに、安東市の南西約三〇キロメートルで一本の支流が鴨緑江に流れ込む合流点にある平原が、大規模港湾と工業地帯に相応しい有望な立地であることを発見した。[110] このように総合的土地計画は、地元の開発を考える省官吏と、重工業化した総力戦経済の国家的構想に鴨緑江ダムを組み込む道を探る革新官僚とのあいだでの衝突や交渉の中から出現した。事業が実際の形を成していく途中でも、そういった省と国とのあいだでの対立は、満州国と朝鮮とのあいだでの対立と同様に、継続していた。

高位の革新官僚や有力な技監と緊密に協議しながら、安東省の技師は、満州国企画委員会が大東港と改称し、後には国の関係当局が後に「世紀の港」と形容した、既存の小さな街を取り巻く大規模な計画を策定した。[111]

「総合性」という新しい枠組みの下、彼らは都市計画（直近の都市建設のために指定された五〇平方キロメートル）のための港湾の周囲に二一五平方キロメートルの「総合的臨海工業地帯」の図面を描き、豊富な天然資源との理想的な近接性や、便利な交通連繫、安価な土地と労働力、十分な水力電力と工業用水が、ビジネス・コストを一〇パーセント削減するのに役立ち、それゆえに国家としての生産性と繁栄を増進させるとした。[112] 新港は、四〇〇〇トン級の船舶を収容し、年間二〇〇〇万トンの物資を収容する施設を備え、近代的都市は四〇万人の住民に家屋を提供し、工業区域には一日あたり二〇万トンの水が供給され、新しい鉄道と道路のネットワークが港湾を安東の街に接続することになる。[113]

彼らの構想の体系性とは裏腹に、彼らの設計図が一九三八年に満州国の関係当局に提出された際、それは確かな専門データによって何ら基礎づけられたものではなかった。例えば港湾の予定地は、満州の他の場所がしばしばそうであるように、冬の数カ月間に凍結するのかを見極めるため、一九三九年二月、満州国の技師の二巨頭である直木倫太郎と原口忠次郎に率いられた、満州国と満鉄と安東の専門家の共同調査が行われた。直木と彼のチームは、予定地は一年中不凍港として使用できると確信をもって結論づけたが、実際の調査は二週間の気温と気象の測定、発見された数枚の過去の写真、潮の干満が上流から流氷を押し流し粉砕することの目視確認に依るものだけだった。このことは、その専門的調査の裏側に多分の曖昧さと当て推量があったことを露見させている。[114]結局、後の研究が彼らの結論は正しかったことが証明したのだが、それは当時は考えられていなかった幸運な理由によるものだった。というのは、上流での水豊ダム建設が河の水温を予想以上に上昇させ、そのために全体の流氷量を減少させていたからである。[115]彼らの報告書と継続調査も、当該事業が後に直面する困難のいくつかを明らかにしていた。例えば提案された河川航路には浅瀬が多かったため、大型船舶に十分な水深を維持するためには大規模な浚渫と導流堤の建設が必要となった。また、沖合の気まぐれな風と気象パターンは、船舶交通に深刻な影響を与えかねなかった。それから軟弱な土壌の質のせいで、技師たちはどのような種類の建物や設備を建設するにせよ、先に盛土をせねばならなかった。[116]ダムやその他のインフラ事業と同じく、自然は専門家の構想に多少の抵抗を示していたのだ。

日本の重工業の利害関係者は大東港計画にいくつかの変更を迫り、一九三八年に満州国政府、関東軍、朝鮮総督府、満鉄、安東省政府のあいだの数回にわたる調整会議の末、翌年四月に計画は採択された。[117]日本産業財閥を満州に移転させ、満州重工業開発株式会社（以下、「満業」と略記）を設立したばかりだった鮎川義介は、安東事業に多大なる期待を寄せていた。一九三八年の同地訪問の折、彼は「安東は種々の意味で世界第一である。自分が渡満の目的を達成する地は安東である。そして自分の事業を将来に残す地は安東である。自分は安東に於て永久に生きるのである」と語った。[118]満業傘下の満州軽金属と満州自動車製造の二社が、港湾と安価な水力電力を利用し、やはり満業傘下の他の地域企業から提供される鉄鉱石と石炭を加工するため、同地で大工場建設に着手することになった。この事業は、一九三九年六月の大東港建設局設立をもって本格化した。満州国民政部土木司都邑前科長で、都市計画の基本法と技術標準の確立に尽力した近藤謙三郎が、同局の副局長(すぐに局長)に就任し、日常業務を取り仕切った。[119] 日本の都市計画界の大物で同局顧問の山田博愛は、事業が持つ地域計画の基本哲学を、都市と地域の有機的関係を生み出すため、土地と、交通、経済、国防、人びとの生活などの要因の関係を調整するものと定義した。[120] しかし満業の複数の工場からの予想外の申し込みの殺到によって、区画地の応募超過となったために工業、住宅、緑地帯、水道供給、交通といった都市計画の各種側面を再び調和させるために元来の計画が拡大された。[121] 重工業からの要求は都市計画地域を増大させ、一九四〇年には二一五平方キロメートルから三二三平方キロメートル(一二五平方キロメートルが当座の都市建設に当てられた)へ、一九四二年には三七五平方キロメートル(一四五平方キロメートルが都市建設)になった。[122] このように建設総署の技師は一定不動の計画を提案したのではなく、既存の都市計画の枠組みを「均衡の取れた」地域計画という新たな構想に常に適応させ、満州国の統制的な総力戦経済の下での重工業の発展という要求に応えなければならなかった。

日本人都市計画家は、満州国で以前に採用した田園都市運動に触発された技法に依拠し、同時により広範で体系的な地域的視野を組み入れようと試みていた。基本計画は、大東港予定地から安東市に伸びる鴨緑江河岸の、二五キロメートルに及ぶ長方形の都市計画区域に沿って、三つの都市の中心を置いた。安東市は、四番目の中心と、別個の一一六平方キロメートルの都市計画区域を形成した。新たな湾岸工業都市地帯は、一〇〇万人——もし安東市とその周辺地域を含めれば、二〇〇万人の——の住民を収容することが期待された。[123] 大工場用の区画は、河川に隣接するように造成され、独自の船渠設備、連絡道路、電源と水源が用意されることになっていた。鮎川の満業からの補助金だけでも一〇億円が、一年あたりに五億円の製品生産を見込んで投資され、一時は、フォード自動車までが調査チームを派遣し、工場用地に応募した[124]。大安東地域は、鴨緑江の七基のダムが提供する推定八〇万ワットの電力に基づき、年間一〇億円の製品を生産する重化学工業生産と輸出の一大中心に変容させられる計画だった[125]。保健衛生のため、三つの市街区のあいだに一キロメートルの緑地帯が設けられ、計画地域全体の周りを囲む二キロメートルの緑地帯が、重工業区域との均等を図るために設けられた。公園と農地に割り当てられる土地面積は、全計画区域の二五パーセント、実際の都市建設区域の一三パーセントになり、これは一人あたり二五平方メートルに相当した[126]。郊外の緑地帯は都市の無秩序な拡大を抑制し、十分な農地を確保し、管理された拡大を可能とするために設計され、さまざまな種類の遊歩道や、競技場、子供の遊び場、大規模な遊園地が、工業による大気汚染の影響を緩和し、住民に健康と余暇（それから空襲の際の避難場所）を提供するために計画に含められた[127]。ヒトラーの「アウトバーン」を模範にした長さ一七キロメートル、幅二五メートルのアジア初となる高速道路が、四つの都市区域を接続するように外周に沿い計画され、完成すれば自動車は時速一二〇キロで走ることができ、大東港から安東市まで一五分で移動できた[128]。また満鉄は四つの都市中心を結びつける三五キロメートルの鉄道を建設し、それぞれ一〇分以内の移動を可能にし、最終的には安東市で同社の国際ネットワークと連結させるつもりだった[129]（図7を参照）。

都市区域では、工業区域を通る一六〇メートル幅の中央幹線道路のまわりに格子状の道路網が形成され、四〇メートル幅を超えるすべての主要道路の両側に、居住区域と道路を分かつための緑地帯の設置が計画された[130]。主要な交差点と駅前には公共広場とロータリーが含まれ、一二メートル以上の幅のすべての道路には歩道を備えた[131]。近藤は湯池子温泉での「特殊慰楽地」開発を通じて、重工業化の影響を緩和する計画まで含めた。それは大東港の中心部から北西に六キロメートルにあり、ホテル、遊園地、競技場、サナトリウム、庭園、牧場、別荘、ショッピングセンターやレストランまで備えるものだった[132]。こうして一つの都市に焦点を当てた初期の実践から離れ、日本の都市計画家は、重工業、農業、交通、国防、公衆衛生、そして人びととの生活を体系的に統合する、総合的な地域という単位の設計を試みた。

彼らの計画は、一九三〇年代後半から一九四〇年代前半に、日本とその植民地で数多作成された、ほとんど紙の上だけの構想のなかの、国土計画の一つの実例だった。

水豊ダム建設や他の大規模インフラ建築の事例と同じく、均衡と総合性は、実際の事業現場でよりも、紙の上や公式の発言の中では非常に見栄えがするものだった。満州国の技師は、彼らの複数の目的を有する巨大な企図を「処女地」の変容と提示し、「近代技術の枠」に基づいた構想を、いかなる支障もなしに自由に計画・実施できる能力を称賛した。(133) しかしそのように技術の進歩的で改変的な本性を断言することは、アジアでの日本の戦争の最中に行われたあらゆる事業の乱雑で不確実で対立にまみれ、場当たり的だった現実を隠蔽していた。満州国と朝鮮のあいだの緊張関係も、国と省の政府のあいだの緊張関係も、建設中ずっと計画家を悩ませ、戦争は均等性と体系性の関する彼らの構想にいくつもの妥協を強いた。

大東港の用地が発見され、計画が策定される以前から、満州国の関係機関はすでに、対岸の朝鮮の多獅島にある既存の港を、東辺道の天然資源の主要な輸出基地にすると決めていた。朝鮮総督もそれに応えて、年間一〇〇万トンの輸送を促進し、三〇〇〇トン級の船舶を収容するため、六カ年の港湾改修計画を一九三八年に開始していた。(134) しかし自身の省都での港湾改修と工業発展を強く求める安東省の技師は、満州国の計画が安東を置き去りにし、豊富な工業用地や安価な労働力といった彼らの地域の魅力的な特質を無視していると批判した。ほとんど同時期に総督は、安東の港を改修するという満州国の事業は、鴨緑江の部分的な閉鎖を含んでおり、洪水に影響を与えかねないとの憂慮を、表向きの理由にして、同事業の承認を意図的に遅延させた。(135) その後、大東港計画が形を成し、朝鮮と満州国の官吏が鴨緑江両岸に大規模港湾を同時開発するとの合意に至ると、彼らは両港が不必要に競合・重複するため経済利害に悪影響を与えるという住民の懸念に対処せねばならなかった。例えば、事業の利益に関するビジネス界の憂慮に対処すべく、一九三九年に直木倫太郎が安東の住民に向けた演説を行った。彼は大阪と東京

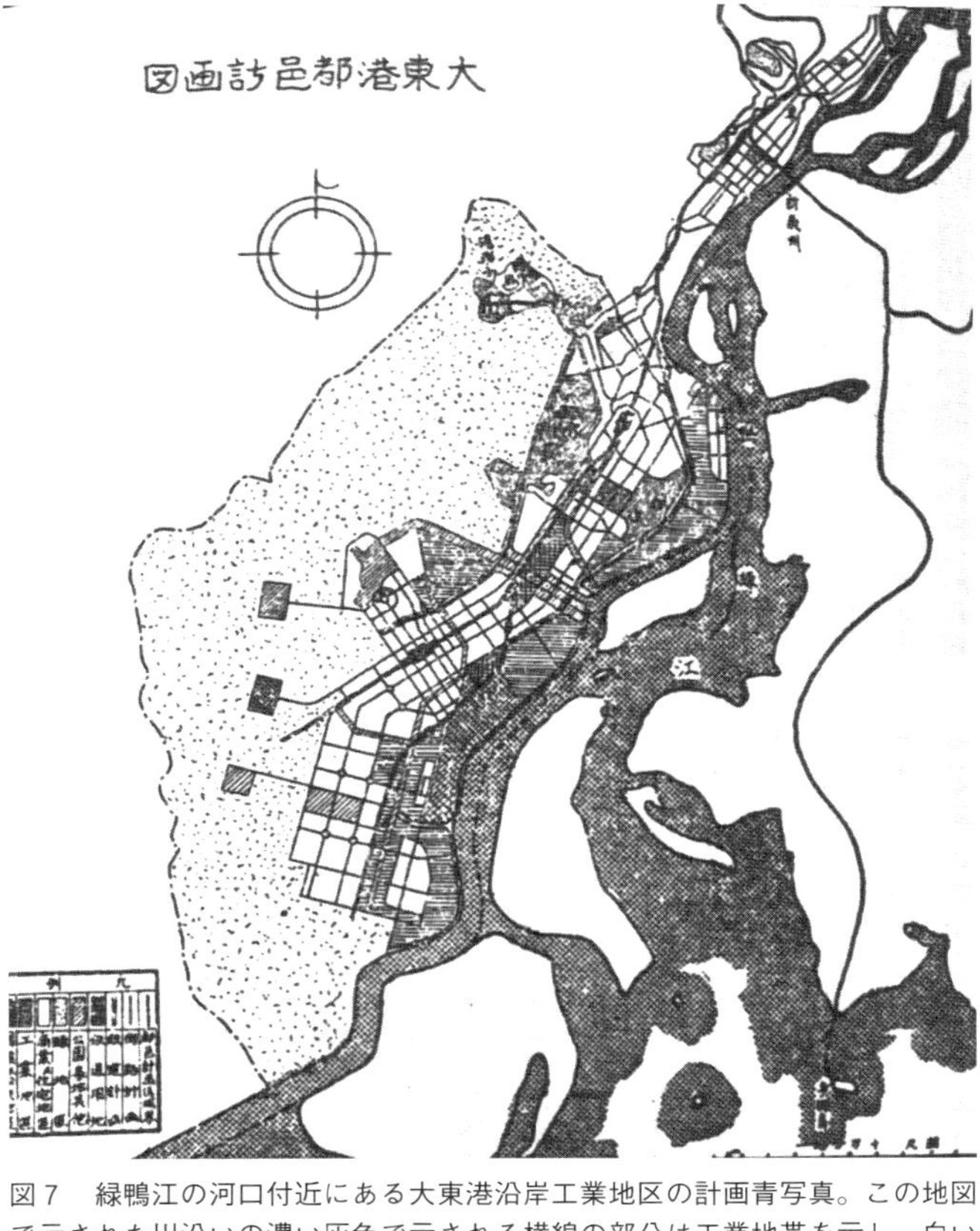

図7　緑鴨江の河口付近にある大東港沿岸工業地区の計画青写真。この地図で示された川沿いの濃い灰色で示される横線の部分は工業地帯を示し、白い部分は商業地域・居住地区を示す。太い黒線で表されている都市計画地域を貫くのが、北部の安東市を経て韓国各地にもつながる満鉄である。韓国の多獅港は地図の右の端にあり、鉄道で結ばれている。出典：横山「大東港都市建設事業と緑地」、112頁

港湾を計画した自身の過去の経験を引き合いに出し、神戸と横浜という港湾が、それぞれの近隣である大阪・東京の港湾の建設と成長によって阻害されたわけではないと指摘した。[136]「共栄」についての類似の主張は、朝鮮でも行われた。そこでは官吏が、新義州・多獅島地域が持つ重工業開発の潜在力と東辺道の膨大な天然資源は大東港よりも数年早く完成予定の多獅島港に先に着くとの事実を強調した。[137]テクノクラート的な計画家によって出された総合的地域発展という共通のヴィジョンのうちにさまざまな利害を組み入れるという自信に満ちた約束にもかかわらず、地元の官吏は、二つの事業がもたらす不確実な経済的利益に関する地元の憂慮への対処をつづけなければならなかった。

日本人の植民地官吏が自分たちの発言の中で、計画という技術にしばしば訴えかけ、そういった総合事業に大幅な資源を投入した理由の一端は、テクノクラート的な計画が、社会的、政治的、経済的な分断を越えうる利益を約束したからである。しかしテクノクラート的な計画が持つこのイデオロギー的力は、日本帝国における他の大規模インフラ事業で援用された同様の植民地的制度と技法の多くに依拠していた。そうした計画の遂行と、均衡の取れた開発と繁栄という結果のため、満州国協和会のような大衆組織が頼りにされた。安東の協和会に向けた演説の中で、直木倫太郎は、港湾や他のインフラの建設が自動的に経済利益を生み出すと考える一般通念を批判し、以前に大阪港を建設した際の自分の経験を再び引用した。大坂港は近隣の神戸の評判のために、数年間、活用されていなかったのだ。彼は聴衆に対して、技術的なインフラが自動的に船会社や他の企業を惹き付けると想定するのではなく、イギリス人が「港を売る」と呼ぶことに取り組むよう、住民を動員して商店を開き、サービスを提供し、遊興施設を創り、港の利点を日本やもっと広い世界に積極的に売り込むよう促した。[138]手短に言えば、技術は社会政治的な真空の中にただ存在するのではなく、協調を促すイデオロギー的なキャンペーン運動と、共同的な社会的動員を必要とすると直木は主張したのだ。一九三五年に東辺道横断鉄道建設キャンペーンのために住民が委員会を設立し、利用可能だった土地よりも多くの工場や会社を惹きつけたのに成功した。このような努力があったことは、地元のビジネス界のあいだで技術をめぐって一定の動員が生じたことを証明するものでもある。

他の事例と同じく、地域的都市計画と公平なテクノクラート的な管理という日本のイデオロギー全体に土地をめぐる抗争が、最大の難題を突きつけた。計画区域内の抵抗する数千の地主に土地を手放すことを納得させるための新たな戦略が必要とされた。一九三九年に大東港建設局は、さまざまな種類の土地に対する基本的な価格帯を決定し、それらの土地の円滑な買収を確実にするため、地価調査委員会を結成した。[139] しかし安東の関係機関はすべての買収を完了するはずだった一九四一年までに、投機を阻止するために彼らが一九三九年に設定した「妥当」な価格では、必要な土地の二七パーセントを買収できただけだった。個々の地主との交渉を続ける代わりに、省は残る地主に対して、市が工業、商業、住宅用に区画化した土地を賃借あるいは売却できるまで、五パーセントの利子を支払うという債権の発行を決定した。地元の反対者の取り込みを図るために講じられたこの一方的な金融上の策略を通じて、一九四三年までに八三パーセントの土地が買収された。[140] このように総合的土地計画は、都市と地域、あるいは工業と天然資源のあいだに、合理的で調和の取れた関係を創出しようとしただけでなく、広範な抵抗を前にした国家目標のために、土地を収奪する新しい技法を含んでいたのである。

結局、戦争の激化が何にもまして、計画家のテクノクラート的ヴィジョンを掘り崩し、事業の実現可能性についての疑念を生み出した。資材不足、発送の遅延、突然の予算削減が建設総署を苦しめ、八年の事業の最初の二年間に、およそ三億円の予算の一五パーセントしか費やされなかった。[141] 工場用地の申し込みの殺到を受けて一九四〇年に計画が拡大されたにもかかわらず、その年は最悪の時期とされ、事業は本当に着工するのかと疑われた。新しい戦時制限の下、技師は事業の中でも港湾設備と航路、主要道路と鉄道、工業用地の区画化を、都市計画の他の側面よりも優先し、均衡と体系性という彼らの当初のヴィジョンを裏切るようになった。彼らの目標は、戦時の生産と輸出をすぐに開始するために、重工業が必要とするものを提供することで、これによって残った都市開発を完成させるのに十分な歳入が生み出されることが期待された[142]。一九四一年八月の水豊ダムでの電力生産開始、一九四二年五月からの安東への送電開始、それから鮎川の東辺道開発会社によって盛んとなった石炭と鉄鉱石の資源開発は、電力消費と同地域の天然資源の迅速な加工を目的とした重工業の工場の設立を重視するよう計画家を促した。都市計画よりも重工業を優先したもう一つの理由は、あらゆる面積の工場用地への申込みが殺到してはいたが、そのすべてが建設総署との契約をすぐには完了しなかったことである。これは申込者の中には、戦争のために疑念を持ったものもいたことを示唆している。こうした資金不足のために、満州自動車製造、満州軽金属、満州鉱山、満州大豆化学工業、満州炭素工業といった大規模な特殊会社に敷地を用意することに関心が向けられ、そのすべてが一九四三年には生産を開始した。戦争は同地の人口成長にも影響を与え、人口は一九三九年から一九四三年までに一〇パーセント増加したにすぎず、一〇〇万人を抱える大安東という計画の妥当性に疑問が投げかけるとともに、乏しい資金をすぐに都市計画に使用することを阻む理由をもう一つ提供することになった。事業の不可欠な歳入源だった契約は、工業、商業、住宅、混合区域で、半分を少し下回る程度しか合意に至らなかったことを統計は示している[143]。

契約が締結した工場用地に加え、建設総署は一九四五年八月の終戦までに、未舗装の無料高速道路と一三キロメートルの鉄道建設を成し遂げ、緑地帯に植樹し、船渠の基礎工事を終え、船渠の一つを稼働させ、航路のために平坦でない河床の浚渫と導流堤建設を開始した[144]。大東港事業のような地域・国土計画というテクノクラート的ヴィジョンは、秩序立った専門的な設計図と最先端の計画に関する専門知識を通じて、大東亜共栄圏という日本の構想を自然化し、強固にしようとしたが、こうした計画は絶え間なく相互に衝突する政治的・経済的利害、自然環境、戦争という緊急事態によって形作られていたため、当初から安定的であるはずがなかった。区画地の需要の変動、戦時における戦略的資源の必要性の増大、水力発電ダム建設と天然資源開発との連携、資材不足と予算不足、植民地の政治体制間の競合、地主からの土地買収と、地元の経済問題への懸念を管理することの難しさ、不測の人口変化、これらすべてが総合的地域計画を形作ったのである。日本帝国を合理的で効率的なシステムとして表象する専門的な設計図は、西洋由来の最新の専門的知識を備えた日本人技師の頭のなかだけでなく、こうした対立と偶発性の結びつきの中で形成されたのだった。

結論——総合技術という亡霊

技術は、「東亜建設」という日本の汎アジア主義者の戦時言説の本質的構成要素だった。宮本武之輔のような国家技師は、単なる機構や専門知識以上のものとして技術を定義した。彼らの見解では、技術には計画、管理、創造的構想といった社会的性質が付随していた。社会工学者としての自分たちの役割への固い信念に根ざし自分たちの地位向上に奮闘するなか、満州国と中国は、彼らが技術の真髄と考えていたものをアジアの開発と近代という野心的な構図の中で実現させるための「メッカ」に、「新境地」になっていた。ミズノ（Mizuno）、ミムラ（Mimura）、大淀が論じたように、技師にとって帝国は、社会工学というテクノクラート的な夢を実現する空間だった。彼らは戦争と帝国を支持する軍部の精神主義、天皇中心主義的イデオロギーから技術へと焦点を移すことに多大な貢献をしたとはいえ、植民地的文脈自体がテクノクラート的イデオロギーをどのように形作ったかについては、彼らの物語にはほとんど見られない。

技術的想像力は、日本にいる技師や閣僚のあいだで形成された、あるいは彼らによって植民地で全面的に適用されたといった単純な話ではなく、植民地化の過程そのものの中で形を成していったものでもあった。洪水対策を電力生産、灌漑、交通改良と連携させるという総合的な構想は、単に紙の上に存在したのではなく、満州においてほとんど未知の地形や気候に遭遇し、中国の技術者との意見交換を通じて新たな知識や専門知識を獲得し、工業化、農業定住、洪水管理、中国人の抵抗や戦争の推移への対応といった、日本が抱えた競合する課題を調和させる過程の中で策定されていった。近代主義的都市の建設は単に、自身の専門知識と最先端の西洋の設計理論を中国に持ち込んでいった先見の明ある日本人計画者の物語ではなく、伝統を保存したいという欲望を、都市インフラを近代化せねばならないという要請と調整する緊張関係に満ちた過程だった。また田園都市運動の影響を受けた都市計画を、帝国的な中国都市のレイアウトと調和させた。さらに国防に対する軍の切迫した要求と、経済的、文化的、社会的目標を統合して、有機的で自己充足した都市を建設するという長期計画との均衡を図った。急速で制御されていない人口成長を抑制する取り組みを、相互依存という日常的リアリティと衝突する民族隔離政策を通して行った。総合的地域計画は、計画に関する西洋由来の既存の専門知識が、植民地的文脈に単に適用されたものではなく、地方と中央の技師の対立と、複数の植民地政府間の対立を通じて形作られたものだった。それは均衡の取れた地域・都市計画の構想を、戦時重工業の実質的な要請に適応させ、事業の経済利益を懐疑的な地元民に売り込み、戦争が緊急的に求めるものに変化させた。同時代に語られていた技術的想像力を相対化して見てゆくと、技師は総合技術について自分たちの合理的な構想を実施する能動的な主体ではなかったことが分かる。そうではなくて、植民地における錯綜し、相互に対立する勢力、利害、制度の産物あるいは効果がより重要なものだった。合理的かつ体系的に「東亜を建設する」という日本の専門知識にとって、イデオロギー効果こそが技術的想像力に不可欠の部分だった。

第四章では、このような効果を生み出すために援用された、多岐にわたる植民地的な制度や権力の技法に焦点を絞っていく。また続く章では、日本帝国において最も傑出した総合技術の事例のうちの二つ、すなわち豊満ダムと水豊ダムを検証することによって、大規模な技術事業がもたらしたいくつかの社会経済的影響の分析も行う。

注

(1) 赤枝「『熱砂の誓ひ』の思い出」、一四三頁。本作と、戦中の中国での日本の運河建設事業を描いたもう一つの「建設映画」(『緑の大地』)に関するより詳細な読解については、次を参照。Baskett, *Attractive Empire*, 33-40.

(2) 赤枝「『熱砂の誓ひ』の思い出」、一四二 - 一四三頁。建設総署職員の坂場信夫が、脚本執筆に協力している。北村「孤独の天才」、三二七頁。

(3) 上野「石津運河の回想」。http://www.shin-nihon.net/main/forum/unga.htm(二〇〇八年一〇月二七日閲覧)

(4) 「建設の歌」、一三七頁。

(5) 小林「植民地経営の特質」、三 - 二六頁。

(6) 例えば、次を参照。Mizuno, *Science for the Empire*, Mimura, *Planning for Empire*.

(7) Young, *Japan's Total Empire*, 241-303.〔ヤング『総動員帝国』、一三九 - 一八八頁〕

(8) 例えば、バランスの取れた経済開発を最も急速かつ効率的に促進させる手法としての、治水、電力生産、農業開発、都市計画、交通改善事業を緊密に連携させる計画。

(9) Schmid, "Colonialism and the 'Korea Problem in the Historiography of Modern Japan'," 958.

(10) 日本の内務省技師や革新官僚の計画立案者も、「総合開発」という同じ言葉を用いて、東北振興計画を後押しした。一九三六年に議会で承認された東北地方振興計画は植物油の圧搾事業からアルミニウム精錬まで監督指導を行い、この地域の一一の水力発電所の運営も管理するというものだった。この計画が目的としていたのは、東北の産業と交通インフラの整備であった。Dinmore, "Small Island Nation Poor in Resources," 167-70. しかし日本の国家技師と政策立案者は官僚制度内での制度的な内輪もめやビジネス界との軋轢に直面しており、それらのせいで、国内では「総合技術」の発展は阻害されていた。そのために彼らは「新たな前線」としての帝国により目を向けるようになったのである。一九三〇年代から四〇年代に国内での「総合性」の形成を妨げた官僚間の争いに関するより詳細な報告については、次を参照。御厨『政策の総合と権力』。

(11) 葛岡「新京工学院」、一四五 - 四六頁。南「学院長閣下」、一四七 - 四九頁、佐藤「新京の友人たち」、一三六頁。

(12) 満州国通信社「治国の大本・治水事業」、三四頁。

(13) 一九三二年の松花江北部沿岸地域の大きな洪水は満州国創建の当初より、関東軍に洪水管理の重要性を認識させるものとなっていた。

(14) 「治水を兼ねて発電適地を踏査」『満州日報』一九三五年二月五日。遼河は枢要な交通の動脈で、営口の重要港へ流れ込む河川である。度重なる洪水は、交通と通信と経済活動を頻繁に中断させた。

(15) 原口「遼河の改修に就て（一）」、原口「遼河の改修に就て（二）」、原口「遼河の改修に就て（完）」、「治国の大本」、三三－三四頁。

(16) 『遼河治水計画審議会議事録』、六頁。

(17) 「治国の大本」、三三頁。大淀昇一も、遼河計画は治水と水利を統合し、日本人土木技師にとっての貴重な経験となった日本最初の「総合的」治水事業だったと述べている。大淀『宮本武之輔と科学技術行政』、一九四頁。

(18) 『遼河治水計画審議会議事録』、一九頁。

(19) 日本による最初の満州河川の研究は、満鉄と中国が以前に行ったものに依拠していた。たとえば、次を参照。原口「満州の河川に就いて（その一）」、四一六－二三頁、満州国史編纂刊行会『満州国史』、一九七、九六三頁、南満州鉄道経済調査会『満州治水方策』。ロシア人技師の講演はウイニアコウスキー「満州国の開発と治水問題」、二〇五－一五頁を参照。

(20) 「治国の大本」、三三頁。

(21) 秋草「河川」、六九頁。同時代の中国国民党による総合的治水の試みについては、次を参照。Pietz, *Engineering the State.*

(22) 中国の技法と知識の組み込みについては、次を参照。安芸「中国の河川に学ぶ」、九九－一〇二頁、平尾「思い出北京」、二六五－六七頁。

(23) 宮本「興亜建設の水利問題」、一〇三－一〇四頁、五十嵐「遼河治水工事に就て」、五頁。

(24) 『遼河治水計画審議会議事録』、一七頁。

(25) 満州国史編纂刊行会『満州国史』、九六三頁。

(26) 南満州鉄道経済調査会『満州治水方策』、四〇－八八頁。

(27) 『遼河治水計画審議会議事録』、二五頁。

(28) 同上、四九、五七、五九頁。

(29) 同上、二八、三〇、八六頁。地元住民と省官吏のあいだの緊張関係を示す証拠もある。村人たちは幅広い堤防建設を求め、省の方は土地補償額についての支出上昇を懸念した。
(30) 同上、三四‐三六、三七‐三九、七七、八一‐八二、八五‐八九、九一‐九二頁。
(31) 交通部柳河治水工程処編『柳河治水資料』。満州国史編纂刊行会『満州国史』、九六七‐六九頁も参照。
(32) 交通部彰武治水工程処「柳河治水大要」。
(33) 五十嵐「柳河治水工事に就いて」。
(34) 同上、九頁。柳河治水調査処「柳河水利試験の近況」、一二四‐一二九頁、満州国史編纂刊行会『満州国史』、九七九頁。
(35) 満州国史編纂刊行会『満州国史』、九七九‐八七頁。この労働統計は労働者の総数ではなく、必要人員の総数を反映しているように思われる。
(36) 宮本「南満及び北支雑感」。
(37) 越沢「日本占領下の北京都市計画」、二六六頁。
(38) 「北支建設総署に赴任した三浦七郎博士一行」、一二三頁。
(39) 編集委員小川「組織の変遷と日赤職員のポスト」、七‐八頁。一九五八年三月の建設総署の全職員数は五二八人、一九四一年四月には一二七〇人。同上、八頁。
(40) 堀井「新民会と華北占領政策（中）」、三頁。
(41) 谷口『大陸の曲線』。
(42) 中国農村地域で働いた「宣撫官」の回想については、興晋会在華業績記録編集委員会『黄土の群像』を参照。新民会のイデオロギーと活動の紹介としては、Iriye, "Toward a Cultural Order".
(43) 佐藤・山崎ほか「道路」、五五頁、三浦「北支における建設事業の梗概」、九頁。
(44) KA生「三浦七郎を迎えて」、一四四頁。
(45) 黄河の洪水災害については、Lary, "Drowned Earth," 191-207. ここで明らかなのは主な被災地域は北支派遣軍による妨害のために完全な復興を遂げることはなかった。北支派遣軍は黄河の流れが南に移動したことで、日本の中支派遣軍の占領地域の代償に、自らの実効支配地域を広げることになった。田淵『或る土木技師の半自叙伝』、一四九頁。

(46) 三浦「北支に於ける土木事業の梗概」、一三八五頁、秋草「河川」、六八頁。

(47) この部局のプロジェクトについては、興亜院『独流入海減河処理方策』(一九四一年九月)、『黄河処理要綱(案):極密』。これらのプロジェクトについての一連のアネクドートや中国でこのようなアイディアがどのように生まれてきたかについては、工友会『孤蓬万里——華北建設小史』、六七‐一〇六頁を参照。

(48) 三浦「北支に於ける土木事業の梗概」、一三八七頁。

(49) 塩原「都市計画華北の点線」、五頁、越沢「日中戦争における占領地都市計画について」、三八六頁。佐藤の経歴については、越沢『哈爾浜の都市計画』を参照。満州における日本の都市計画活動の概観については、Tucker, "Building 'Our' Manchukuo" を参照。本章後半で、戦中における都市計画と、後に「国土計画」と知られるものとの関係について議論する。

(50) 田園都市運動と都市美化運動の概説は、Hall, *Cities of Tomorrow*, 87–141, 188–217 を参照。

(51) 満州の都市計画家は、彼らが「王道」と「五族協和」という土着の理想とみなしたものを取り入れようと試みた。たとえば満州国首都の計画には、その執政・皇帝だった溥儀の宮廷が含まれた。しかしその立地を巡って国都建設局は、満鉄の計画者と衝突した。建設局は北京の紫禁城に倣った南向きの皇居にこだわったのに対して、満鉄は近代都市と円滑に統合された宮廷を強く求めた。最終的に両者は宮廷の用地は都市西部とすることで合意し、中心部に暫定的な宮廷を建設することを決定した。この中心部の敷地がすぐに恒久的なものとなり、一九三八年に建設が開始されたが、一九四三年に戦時の物資制限のために中断された。この間ずっと、溥儀は都市計画区域の外の、鉄道近くの工業地区にあった小さく狭苦しい住居で暮らした。一九三三年の彼の即位に際して、国都建設局は宮廷が建つ予定の更地に北京にある天壇を模して野外の天壇を築いた。結局、「文明」と「進歩」を強調する近代主義的な諸側面が優先され、皇居建設計画は二の次とされたのだった。また満州国首都の計画家は、日本の戦争遂行努力と国家神道と緊密に結びついた記念碑や神社の建設によって、タッカーが「空間の儀礼的日本化」と称したものを実施した。Tucker, "Building 'Our' Manchukuo," 361-63, 394–409.

(52) 北京日本商工会議所『北京日本商工名鑑』、一一九頁。

(53) Tucker, "Building 'Our' Manchukuo," 211, 376.

(54) 塩原「都市計画事業の点線」、五、八三頁。
(55) 塩原「都市」、一〇九頁。
(56) 塩原「都市計画事業の点線」、六、八三、八六‐八七頁。
(57) 同上、三九頁。一九四一年における北京地域の人口は約一五〇万だった。より詳細な人口統計とエスニシティごとの分析結果については、興亜院『北京都市計画概要』、七‐一〇頁を参照。
(58) 興亜院『北京都市計画概要』、一八‐一九頁。
(59) 越沢「日本占領下の北京都市計画」二六八頁。日本人の住民や会社は、中国人の家屋を買収あるいは賃借し、それらを日中混交の住居へと不格好に改修し、中国人の地主や住人と問題を引き起こした。十代田「北支満蒙における日本人の住居建築構造調査報告」、三三‐三八頁。
(60) 塩原「都市計画事業の点線」、八頁。
(61) 越沢「日本占領下の北京都市計画」、二六八頁。
(62) 興亜院『北京都市計画概要』、二、一九、二八頁。塩原「都市計画事業の点線」、七、九‐一〇頁、北京日本商工会議所『北京日本商工名鑑』、一二四頁。
(63) 興亜院『北京都市計画概要』、一九頁。
(64) 越沢「日本占領下の北京都市計画」、二七〇頁、建設総署都市局『北京市都市計画要図』。
(65) 塩原「都市」、一一三頁。
(66) 興亜院『北京都市計画概要』、一六、二七‐三七頁。
(67) 北京日本商工会議所『北京日本商工名鑑』、一二四‐一二五頁。塩原「都市計画事業の点線」、一〇‐一一頁。興亜院『北京都市計画概要』、三七頁、中国と満州における戦時の都市計画は、日本での都市計画、とくに一九二三年の関東大震災後の都市計画の歴史経験とも密接に結びついていた。日本自体の都市計画の歴史については、Hanes, *City as Subject*〔ヘインズ『主体としての都市』〕を参照。
(68) Tucker, "Building 'Our' Manchukuo," 227.
(69) 塩原「都市計画事業の点線」、四二頁。
(70) 北支那方面軍参謀長「北京西郊新市街建設計画ニ関スル件」アジア歴史資料センター。https://www.jacar.

go.jp（二〇〇九年七月二三日閲覧）
（71）興亜院『北京都市計画概要』、一二四－一二五頁、塩原「都市計画事業の点線」、四三－四四頁。
（72）北京は計画のなかでは北京天津で合同の地域に入るとされ、そこには唐山や滄州も含まれていた。そのなかで北京は政治と文化の中心に、唐山は豊富な地下資源に囲まれた工業の中心に、天津は主要な海上貿易の都市に、滄州はこの地域の農業の中心になるとされていた。塩原「都市計画事業の点線」、一〇九－一一五頁。
（73）塩原「北支都市建設概論（一）」、九－一〇頁。
（74）塩原「都市計画事業の点線」、八四－八五頁。
（75）佐藤「北支に於ける邦人住宅問題の瞥見」、七三一頁。
（76）同上、七二九頁。塩原「北支都市建設概論（二）」、三頁。天津では一部屋あたり五人から六人の日本人がいることがそれほど珍しいことではなかった。北京における日本人の一軒あたりの平均は三・四人だった。ここで「一軒」というのは、家族というより単身男性で構成されていることがほとんどで、そのことが社会的問題となっていた。大村「在大陸邦人の住宅問題について」、七六二頁、佐藤「北支における邦人住宅問題」、七三二頁。
（77）大村「在大陸邦人の住宅問題について」、七六二頁。日本人の無神経さと教育の必要性については大村、七六三頁。
（78）越沢「日本占領下の北京都市計画」、二六八頁。
（79）興亜院『北京都市計画概要』、一一七－一一八頁。
（80）塩原「北支都市建設概論（二）」、一二三頁。
（81）興亜院『北京都市計画概要』、一一八頁。
（82）北京日本商工会議所『北京日本商工名鑑』、一二四頁。
（83）満州における民族的分離については、Perrins, "Doctors, Diseases, and Development," 108-109 を参照。ロシア人も哈爾浜と大連での都市計画において民族的に分離された居住区を作った。越沢『植民地満州の都市計画』、六一頁。
（84）Tucker, "Building 'Our' Manchukuo," 380.
（85）「衛生都市」という概念については、塩原「都市計画事業の点線」、八、一一頁を参照。ある研究によれば、北京城壁内の日本人住民の六五パーセントが水を街路で購入せねばならず、七二パーセントが中国式の汲み取り式便所を使用していた。大村「在大陸邦人」、七六二頁。

(86) 塩原「北支都市建設概論(二)」、二四頁。

(87) 新市街での居住を申請した中国人は住居費がほとんどのものよりもとびぬけて高いので、ある程度裕福でなくてはならなかった。衛生的分離の言説は明らかに階級的な側面もあり、中国人の日雇い労働者や下層階級を標的にしたものであった。

(88) 猪瀬「北京東西郊」、一一六-一一七頁。

(89) 塩原「北支都市建設概論(一)」、三三二-三三三頁。

(90) 猪瀬「北京東西郊」、一一六頁。

(91) 山崎「一九三八年の華北都市計画の思い出」、一九八頁。

(92) 見本広告については、塩原「都市計画事業の点線」、一〇三-八を参照。

(93) 猪瀬「北京東西郊」、一一七頁。

(94) 同上、一一六頁。

(95) 彼らが都市計画を行った別の都市蘇州では、担当部局が陸軍と協力しており、そこでの住居の価格は恣意的に上・中・下の段階に分けられており、住民の移動や補償にあてることになっていた。梅沢「蘇州の思い出」、一六七頁。

(96) 中村「華北の思い出の記」、二四七頁。

(97) 南満州鉄道株式会社調査部『支那都市不動産刊行調査資料』、一-三六、七〇-七二頁。この報告書は、さまざまな賃料の問題や、いつどのように、元の地主から借り主に物件の渡すのを調整するかといったことなど、全体のプロセスにおける多くの「不確定性」があったことにも触れている。同上、二一頁。塘沽で官吏は、不明確な不動産記録や土地登記、そして日本人が過去に中国人の仲介者を使って土地を獲得した事例に直面した。南満州鉄道株式会社調査部『塘沽に関する報告書』、九七-九八頁。

(98) 建設総署の事業の中で、中国人労働者がどのように使われたかについては、以下を参照。岩宮「済南の思い出」、一五五頁。小広善男「保定施工所、事務官所当時の思い出」、一九四頁。

(99) 折坂「北京市公署工務局」、四〇頁。
(100) 北支建設総署長の殷同は、北支労働連盟の初代会長でもあった。しかしその設立直後の一九四二年に彼は死去した。華北における労働者募集については、Ju, "Northern Chinese Laborers and Manchukuo," 61-80を参照。
(101) 建設の諸問題については、佐藤「北支に於ける邦人住宅問題の瞥見」、七三一頁を参照。インフレについて消費者物価指数は一九三九年一二月の二六一・八五から一九四〇年五月には三五四・一一になっている。
(102) 「陸士密電第五五号」日本アジア。
(103) 折坂「北京市公署工務局」、三八-四〇。
(104) 猪瀬寧夫「北京東西郊」、一一七-一一八頁。越沢「日中戦争における占領地都市計画について」、三八八頁。北支房産株式会社は、一九四一年五月までに、北支建設総署の職員・社員のために三住宅地を建設した。一二・二坪から四五・五坪までの八種類の異なる住宅が建設され、二二坪の洋室の居間を備えるものもあった。冨井ほか「北京における旧日本人住宅地に関する研究」、五-八頁。
(105) 第四章では、水豊ダムについてより詳細に分析する。
(106) 孫『日本統治下朝鮮都市計画史研究』、一七五-七六頁。Yang, "Japanese Colonial Infrastructure in Northeast Asia," 99-100.
(107) 西水『国土計画の経過と課題』、一二頁。
(108) 鈴木「朝鮮に於ける都市計画と国土計画」、五-七頁。
(109) 同上、八-九頁。
(110) 黒田「不凍港「大東港」が問題になるまで」、一一-一二頁。
(111) 交通部大臣官房資料課『交通要覧新京』、二二三頁。
(112) 黒田「不凍港「大東港」が問題になるまで」、一二-一三頁、横山「大東港都市建設事業と緑地」、一一一-一一三頁。
(113) 同上。満州国史編纂刊行会『満州国史』、九九五頁。
(114) 黒田「不凍港「大東港」が問題になるまで」、一五頁。
(115) 交通部大臣官房資料課『交通要覧新京』、二四一頁。

(116) 直木「大東港不凍状況視察講演」、一二頁、満州事情案内所『大東港と宝庫東辺道』、三四頁。
(117) 黒田「不凍港「大東港」が問題になるまで」、一四頁。交通部大臣官房資料課『交通要覧新京』、二二二頁。
(118) 「鴨緑江口における鮮満の築港と都市計画」、五九頁。
(119) 越沢「大東港の計画と建設」、二二七頁。
(120) 山田「地方計画に就いて」、三頁。
(121) 交通部大臣官房資料課『交通要覧新京』、二二四頁。
(122) 同上。横山「大東港都市建設事業と緑地」、一一一－一一三頁。
(123) 米田「大東港建設事業に就いて」、四九－五〇頁。
(124) 満州事情案内所『大東港と宝庫東辺道』、四五頁。フォードの申し込みは、大東港建設局に承認されたが、関東軍に却下された。越沢「大東港の計画と建設」、二三二頁。
(125) 満州事情案内所『大東港と宝庫東辺道』、四五頁。
(126) 交通部大臣官房資料課『交通要覧新京』、二二五頁。横山「大東港都市建設事業と緑地」一一四頁。
(127) 土地科計画股「大東港都邑計画の内容」、八〇頁－一六頁。交通部大臣官房資料課『交通要覧新京』二二八頁。
(128) 交通部大臣官房資料課『交通要覧新京』、二三六頁。土地科計画股「大東港都市計画の内容」、八〇頁。
(129) 満州事情案内所『大東港と宝庫東辺道』、四四頁。
(130) 交通部大臣官房資料課『交通要覧新京』、二二八頁。
(131) 土地科計画股「大東港都市計画の内容」、八二頁。
(132) 横山「大東港都市建設事業と緑地」、一一六頁。
(133) 交通部大臣官房資料課『交通要覧新京』、二二三頁。
(134) 「鴨緑江口に於ける鮮満の築港と都市計画」、四二頁。
(135) 黒田「不凍港「大東港」が問題になるまで」、九－一一頁。
(136) 直木「大東港不凍状況視察講演」、六頁。満州事情案内所『大東港と宝庫東辺道』、四八頁。
(137) 「鴨緑江口に於ける鮮満の築港と都市計画」、六七頁。
(138) 直木「大東港不凍状況視察講演」、四頁。

(139) 安東市公署『躍進安東』、六一頁。

(140) 交通部大臣官房資料課『交通要覧新京』、二二六、二三三頁。

(141) 土地科計画股「大東港都邑計画の内容」、五三頁、交通部大臣官房資料課『交通要覧新京』二三〇頁。

(142) 交通部大臣官房資料課『交通要覧新京』、二三〇－三一頁。

(143) 越沢「大東港の計画と建設」、二三一－三五頁。賃貸と売却の収益で、建設のために発行された債権の支払に使われることになっていた。満州事情案内所『大東港と宝庫東辺道』、三六－三八頁。

(144) 治水、基本的な水道提供、公園設置といった他のさまざまな事業も開始された。交通部大臣官房資料課『交通要覧新京』、二三〇－四一頁。

第四章　帝国をダム化する

水力発電と総合技術

一九三七年以降、満州国および中国北部での大規模河川管理事業と都市・地域計画の推進という形で「総合性」のヴィジョンが固まってくると、革新官僚（第五章参照）はエンジニアとともに豊満ダムの計画・建設に加わった。このダムは八四九キロメートルにおよぶ第二松花江の上流、吉林より二四キロメートル川上に位置し、満州国総務庁の長官星野直樹は「満州国の偉大なモニュメント」と呼んだ。[1] 高さ九一メートル、幅一一〇〇メートル、容量二二万二〇〇〇平方メートルをほこるこの重力式コンクリートダムは、アメリカのボウルダーダム（現在のフーバーダム）およびグランドクーリーダムのような世界最大級のダムに匹敵する規模であった。貯水池そのものは面積六一〇平方キロメートル、長さ一七〇キロメートルで、これは日本最大の湖、琵琶湖の大きさの約八〇パーセントである。[2] 建設には約二〇〇万立法メートルのコンクリートが必要とされ、これは幅一五メートルの東海道（東京－京都間の伝統的な街道）を舗装するのに十分な量であり、満州国におけるコンクリートの年間生産量の半分に相当する。[3] 豊満ダムは重化学工業促進のために七〇万キロワットを発電すると同時に、流域の一七万ヘクタール分を入植者の米作田地に転換し、三〇〇万石の米の増産が見込まれていた。また春と秋に松花江の水位を高く保つことで川下の水運を可能にし、成長を遂げつつある満州国の都市に飲用水と産業用水を確保、川上の漁業の発展も期待された。さらに巨大貯水池周辺の観光の促進さえ見込まれていた。[4] したがって豊満ダムはエンジニアの追い求める「総合技術」の主要な点を表象するものであった。豊満ダムはアジア初の多目的ダムであったため、日本はそれを「東アジア建設」の理想的な表象とし、満州国傀儡皇帝の溥儀、秩父宮や高松宮ら皇族、さらにはタイのプレーク・ピブーンソンクラームやビルマのバー・モウ、フィリピンのホセ・ラウレルといった協力関係にあるアジアの国々の首相らを招待した。[5] また、産業界や新聞記者、大学生や地元政府、満州・朝鮮・日本の商工会議所からも常に訪問者があった。[6]

同様に一九四一年八月、政府官僚と満州朝鮮鴨緑江水力発電会社のエンジニアは、彼らが「世紀の事業」、「科学日本の勝利」と呼んでいた水豊ダムからの電力供給開始を祝った。[7] 水豊ダムは、鴨緑江にダムを七つ建設し、満州と朝鮮の間にある河口の国境地域を臨海都市工業地帯に転換する計画の一部であった。一帯は、「アジア開発の鴨緑江時代」を喧伝し、一年を通して使える港と天然資源にリンクする改良された運送システム、巨大工場と居住区域を備えた近代都市群を装備するという構想であった。[8] 七〇万キロワットの発電が可能で、高さ一〇六・四メートル、幅八九九・五メートル、容積三一一万立方メートルをほこるこの重力式コンクリートダムは、ワシントンのグランドクーリーダムに次ぐ世界二番目の規模であった。一九三七－四五年の間に建設され、完成までに八五万トンのセメントと二五〇〇万人の労働力を費やした。[9] 世界規模の豊満と水豊の二つのダムは、安価な大量の電気を戦時工業化のために供給しただけでなく、中国や満州国における他の戦時インフラ事業と歩調を合わせながら、大規模で総合的な開発のために、科学技術の専門性の体制化の形成とその確立に寄与した。この体制は日本の帝国権力の重要な柱として機能し、終戦を経ても生き残り、「開発主義」という別の形でアジア全般に再登場してくる。

最近になって研究者は、アジアにおける大日本帝国の統治を計画し正当化するうえで科学技術が果たした役割を検討しはじめた。そしてそれらの研究によって、戦争と帝国が精神主義的なファナティズムと軍部の暴走の産物であったとする従来の見解に異議を唱えてきた[10]。彼らは日本の帝国主義、特に満州におけるそれがモダニストによるユートピア主義と実験の精神が吹き込まれており、計画化された都市と進んだ重化学工業、数千キロに及ぶ道路網と鉄道網、巨大な電気通信ネットワークの建設として結実したことを明らかにしてきた。しかし彼らのほとんどは、そのような建設計画が帝国権力と動員の形式でどのように機能してきたかは検証していない。彼らはそれらの計画が、例えば外国の独裁的な暴力に拠っていたことや、あるいは一方でユートピア主義思想や帝国の思惑と関係があったことには言及している[11]。しかしそれぞれの建設に関わる権力のテクニックを適切に位置づけていない。特にその事業を可能にし合法化した、技術的な専門性の形成の過程が見落とされている。

日本の技術的想像力は自らを正当化するために、しばしば物質性、合理性、巨大技術システムと物理的構造の壮大さにそれぞれ結びつく安定性、秩序、進歩というオーラを呼び起こした。しかし、専門家による技術的計画と物質的インフラはもともと日本の立案者の頭の中に全体像があったのでも、エンジニアによって一枚岩の実体として植民地に持ち込まれたのでもない。そうではなく、むしろ多くの主体・機関・権力を巻き込んだ複雑な交渉と実践の幅のなかで乱雑にとりちらかされた現実の結果できあがったものであり、しばしば対立へと発展した。植民地における技術的専門性が形成される背後にある抗争の歴史を分析することは、日本の技術的想像力を被植民者たちの間で自らを正統化し自然なものとしていかにして受け入れさせたのかということと、安定性・合理性・進歩という外部的なイメージを創造するために利用された権力はどのような型式を持ったものだったのかを明らかにする。戦中日本の最も顕著な土木事業である豊満ダムと水豊ダムの建設という二つの事例は、日本の帝国統治を正当化し確立するために使われた植民地開発のための専門性の強力な体制を構成するのに役立った。前章につづき本章では、プロジェクトの現場において技術的専門性が形成される際にみられる、様々な過程や交渉に含まれる対立を検証することで、日本の技術的想像力を脱自然化する。しかし本章では、大規模インフラ事業の建設過程で援用された権力のテクニックと、植民地の人々の間で実際に効果を発揮した日本の技術的想像力に焦点を当て、テクノクラートの楽園とモダニストの実験空間としての植民地に対する理解を多層化し深化させる。

ダム建設はほとんど完遂されたため、それらを分析することで技術と植民地権力の関係を理解することができる。発電や交通機関の改善、農地の埋め立てや工業計画といった多様な目的に効果的に寄与する大規模ダム事業は、植民地エンジニアの間で人気を得つつあった「総合技術」の概念を最もよく体現していた。そのようなことから、植民地の官僚とエンジニアはかなりの量の資源を事業の完遂のために投入し、その過程で彼らの技術的専門性を確立し日本の帝国統治を正当化する権力のテクニックを形成した。二つの事業にみられる事例は、植民地ダム建設をとりまく権力のダイナミクスの見取り図を明らかにしてくれる。

日窒帝国と朝鮮工業化の基礎としてのダム

日本のダム建設は朝鮮において最も大きな広がりに達し、野口遵の日本窒素肥料株式会社（日窒）の歴史と密接に関連したものであった。一九四五年までに日窒は、計四〇〇万キロワットの発電能力（主に水力）を構築し、これは日本本土の総発電量である四五〇万キロワットに迫るものであった[12]。ダム建設や他の植民地技術事業に関する歴史的言説は、エンジニアやビジネスマン個人を中心に据え、その先見性と専門性を称賛することが一般的である。朝鮮の事例でいうと、水豊ダムや他のダムの記録はしばしば野口の「大胆な決断」やリーダーシップを、また彼の下でダムに関する主任技師であった久保田豊の計画能力や技術的手腕を強調している。あるいは単純に、会社の役員や専門家が、成功に満ちた完遂までに直面した様々な困難や障害のなかどのようにダムを設計し実行に移したかに焦点が当てられている[13]。だがここで重要なのは、語りの枠組みを個々の資本家や専門家の外まで広げることである。なぜなら野口や久保田のような人物は、朝鮮において日本の資本が同時代に拡大し循環するというより大きな歴史的過程を体現した人物であるからである。

朝鮮総督府の経済政策は、日窒が工業コングロマリットとしての頭角を現すための基盤として不可欠であった。一九一〇年の併合以後、総督府は朝鮮を日本への食糧供給地と位置づけ、また日本の製造業にとっての市場へと転換し始めた。彼らは土地所有権を両班階級に譲渡して地代を上げさせることで余剰労働者を大量に生み出した。一九二〇年から「朝鮮産米増殖計画」を始動し、水田開発のために土地を埋め立て、灌漑を改善し、肥料に順応した品種稲を使用するよう農民に奨励した。これにより朝鮮は、一九一八年の米騒動以降日本への安価な米の供給源としての地位を固めた。一九二〇年代の野口による日窒の肥料ビジネスの朝鮮における拡大は、朝鮮の増大する需要だけでなく、第一次世界大戦後のヨーロッパにおける合成アンモニアの商業化成功にも呼応したものだった。それは安価な西洋の肥料や日本の他のコングロマリットと競合するために、安価で豊富な電力を必要とする硫酸アンモニウムを大量生産するということであった。(14)

朝鮮が日本による中国侵略の「兵站基地」へと転換したことで、一九三二年の満州国建国とともに工業化が本格的に始まった。一九三〇年までに日本の「飢餓輸出」政策の効果が表れ始め、世界恐慌により悪化したことも加わり朝鮮では増加する余剰労働人口が生み出された。このような背景のもとで、総督府は社会的な危機を散逸させる手段として、より積極的な工業化促進政策を採用した。朝鮮会社令が一九二〇年に初めて自由化されたのだが、一九三一年から一九三六年の間、朝鮮の門戸は日本の産業資本に開かれていた。それには土地価格調整、補助金、そしてこれが最も重要なのだが、安価で豊富な電力を保障する政策がともなっていた。総督府は電力の一般利用の割合を指定することと引き換えに、水力発電の利権を授与し始めた。その結果日窒と、三菱や三井といったその他の財閥との間で朝鮮の河川の水利用権をめぐる激しい競争が起きた。一九二九年に完成し、世界で三番目の規模を持つ興南の化学コンビナートへ二〇万キロワットの安価な電力を供給した赴戦江ダムに始まり、日窒は水力発電所と化学工場を並行して建設する「シーソーゲーム」を続行した。一九三三年に三菱から水利用権を勝ち取った長津江ダムが一九三八年に完成し、三三万キロワットの電力を興南の拡大・多様化する化学製品製造のために供給するとともに、平壌と京城（ソウル）の産業成長を強化した。一九三六年に開始した虚川河ダムの建設計画では、三三万五〇〇〇キロワットを追加で発電し、そのうち三分の二を朝鮮半島全域における一般利用に充てる予定であった。したがって七〇万キロワット規模という前例のない水豊ダム事業は、国内外の財閥との競合において急速な拡大を目指す日窒の長期的な戦略の一部というだけでなく、総督府が朝鮮の工業化を促進し、日本の東アジア戦時経済体制に組み込むうえで重要であった。日窒は総督府による資本投資の積極的な奨励により相当の利益を受けており、一九四二年の奨励策までに、子会社が朝鮮の産業固定資産の三六パーセントを所有し、東アジア全体に工場を設立していた[15]。

したがって野口と彼のもとの専門家集団の先見性と決断力が、植民地ダム建設の語りにおいては主要部分を占めているが、資本や法、制度、そして技術的プロセスが交互に補完し合う循環的な力の存在や、その循環を作り出し、野口らの展望を可能にしたものにも注目しなくてはならない。それは米の増産を目的とした土地の合理化と農業改革の構想であり、大量の電力を必要とする合成硫酸アンモニウム肥料の発明と国際規模での拡散であり、あるいは日本・欧米の化学企業との激しい競合であり、投資を促す植民地の法体系であり、低賃金の工業労働力の創出である。これらすべての資本の実践と強制力は野口というひとりの資本家にだけ起因するのではなく、これらの間に複雑な回路を形成することで、最終的に野口と彼のエンジニアは世界で二番目に大きいダムの提案や建設を可能にした。水豊ダムに関しては、通常は野口と彼のエンジニアが発案した野心的な計画であり、帝国における基礎を築き上げる上で彼らの成功が続いたと語られている。だがそのような視点から見た歴史記述では彼らの主体性（agency）を特権化してしまうことになり、彼らにそれを可能にさせたより広範な植民地権力の配置と力は何だったのかを探求できなくなる。実際、そのようなアプローチでは、野口の崇拝者による次のような一九四三年の発言の背後にある立場を再生産することに近くなってしまうだろう。「アメリカ大陸はコロンブスが生まれる前から存在していたのではあるが、コロンブスの発見によって今日のアメリカは出来上がった。朝鮮は野口氏の発見によって今日の朝鮮となったのである[16]」。

河川を合理化する

ダム建設はエンジニアによる計画と青写真を実地に移すだけで成り立っていたのではない。河川の自然な流れを制御して水力発電システムに転換することが必要とされ、それは環境を理解し、環境と折衝し、さらには環境を形作る完全に新しい方法が求められる。しかし一九三〇年代後半の大日本帝国において大規模ダム建設を最終的に可能にした新しい知識の獲得は、未知の環境について新たな専門性と科学的データを入手する単なる発展的な過程ではなかった。河川調査を行うなかでエンジニアは計算可能性を持つ新たな対象としての動的な構造体に取り組むことにもなった。それは総合的に管理され大量の発電を行う河川という形として立ち現れてくるものでもあった。だが実際のところ、朝鮮と満州の河川は公的な統計においては、エンジニアにとって定量的で制御可能であるのだが、この手法による「河川の合理化」の全体の過程は、実際には非常に不安定かつ不正確なものであり、科学だけでは扱いきれない多様な実践を内包していた[17]。朝鮮の第二次水力調査（一九二二–二九）を検討してみると、これまで馴染みのなかった環境を、水力発電開発のためのグラフや地図のかたちで可視化し、制御可能なものに見せようとする新たな計算可能性の体制をつくるために現場で使われた、技術的な実践の形式の実態がわかる。

総督府のエンジニアは、朝鮮の工業化と都市化のために必要な電力を供給する巨大ダムを建設するのに十分であるか確定するために、主要河川の最大流量と標準流量のデータをとりはじめた第二回調査の際に、朝鮮の水力発電の潜在力を初めて認識した[18]。まず総督府のエンジニアはそれ以前からあった水力発電と洪水制御の調査と、さらに陸軍調査師団の地形学的な地図をもとに、有望なダム建設地点を決定した。決定に際して天候条件や地形・地質、建設費と送電費の見積もりなど様々な要素が考慮された。エンジニアは新たな場所を発見するたびにそれらのなかでもっとも有望だと考えられる地域において降水量と河川流量の計測を行い、それぞれの候補地での推定発電出力を算出した後、気象学的・水文学的な調査を実施した。しかし、予算の都合により、彼らが必要とするだけの観測所の設置と調査の実施は行えなかった。例えば、一六〇〇平方キロメートルあたりにたった一つの水位計測所しかないために、エンジニアたちは広大な流域面積（集水地域）に関して、わずかなデータに基づいた無理な一般化をしなければならなかった。最後に公表された調査結果は、組織的な統計チャートに見せかけてそのような一般化を隠蔽し、専門家の操作と制御のもとにある比較的統一された環境を対象にしているという印象を与えるものとなっていた[19]。

測定結果を得ることは、多くの異なる機関や人々との折衝が求められたため難しかった。調査を監督する逓信局は、他の政府機関と観測所を共有するという公的な合意を結ばなければならなかった。それを日本語の読み書きがほとんどできない朝鮮人（比較的文筆言語の不自由なる鮮人）に嘱託しなければならなかったので、彼らが日降水量や水位計測をおこなったり、月間報告を提出したりするために訓練を与えなければならなかった（図8を見よ）。地元の郵便局と交番はこれらの朝鮮人観測者を監督することになっていた。悪天候が頻繁に問題となり、洪水で水位計が流されたり、調査チームが僻地にある観測地に近づけないこともあった。朝鮮の河川は幅が広く、夏の雨季にはさらに二倍三倍になることもあった。したがって国家技師はしばしば間に合わせの流量計算を行うか、最高水位の計算のために地元での聞き取りに頼らなければならなかった。多様な水流の速度基準を測定するための統一的な流量係数を決定する必要性があったため、最終的には一九二四年に急場しのぎの流量基準調査施設を作ることになる。

図８　1921-29年の第二朝鮮水力調査の際、降水量を観測する朝鮮人男性を監督する警察官。

彼らは速流計を搭載した特殊なレールカー用に、四八・六メートルの線路を建設し、それが京城郊外の京城水道の水源地にある沈降タンクにつながるように設置した。車両を異なるスピードで動かしその速度を計測することで、朝鮮において統一的な流量計測ができるような作業係数を得た。このようにして、環境を正確に計測するために設計された科学的に見える装置は、まさにその構造に不確実性や曖昧さを隠蔽したものであった[20]。

環境は決して正確なデータに変換されたり、日本の技術的専門性によって形づくられたりするために、実践の外側にただ存在しているというわけではなかった。それは計測をするための訓練を朝鮮人に施し、不安定な河川を新しい知識や装置に順応させることを試み、データの一般化と現地での聞き取りに依拠し、新しい測定形式を確定するためにその場しのぎの施設を建設するなど、多くの不安定で非科学的なプロセスによって積極的に構成されたのである。ダム建設の間、河川が完全に合理化されたことなどなく、頻発する激しい洪水は科学的想定に逆らい続けた。それは総督府の二つの統計で示されたような管理の可能性や透明性のイメージを裏切るものであった。

ダムを計画し設計する

ダム建設は、未知の環境を枠づけ理解しようとするエンジニアの苦闘だけを内包していたわけではなかった。必要な専門性を得る困難さや、多くの人々の間で発せられていたこのような前例のない事業を完遂するための彼らの能力に対する疑義、そして慢性的な制度的対立が、統一された「科学日本」が力強く「大東亜建設」という公的な宣言の根幹を掘り崩そうとしていた。豊満ダムと水豊ダムに関する極めて理想主義的な公的宣言とまったく対照的に、一九三二年の満州国建国当時、国家技師は満州の河川の水力発電利用に対して、先に論じた朝鮮におけるものと同様の理由からとても消極的だった。日本で支配的であった建設技術である流域変更や水路式ダムは満州の気候と地理に適さないように思えた[21]。水路式ダムとは、より標高の低いところにある発電所まで長距離のパイプを通して水流を持ってゆき、標高差を利用して水を落とす（水の重力エネルギーを利用する）ものである。満州の年間降雨量は少ないが、夏に集中的な雨季があり、遅くなだらかな傾斜の河川は一年の多くで凍っている。また広大な平野はダム開発には不都合に見えた[22]。しかし一九三二年と三三年の壊滅的な洪水への対応として満州国国道局の技師が満州の河川の基礎調査を実施し、新たな包括的洪水調整戦略を考案しようとしたことで、大規模重力式ダムの技術についても理解が深まり始めた。これにより河川を制御することが可能となり、徐々にその実現可能性が認められるようになった。満州国の革新官僚のトップである星野直樹は、満州に到着後すぐの一九三三年に、シェレコフスキーという三〇年にわたり松花江の水位を計測してきたロシアの老齢のエンジニアから、頻繁に起こる洪水を制御するだけでなく、大量の水力発電をおこない灌漑の役にも立つ二つのダムを建設する野心的な計画を持ち掛けられたことを記録している。好奇心をそそられた星野はその計画を買収し、関東軍と関連する政府機関に国による河川調査を承認するよう働きかけた。その結果、第一回満州国国道局水力調査が実現した。一九三四年に日本電力の副社長である内藤熊喜は星野を訪れ、満州には豊富な水力資源が存在することを論じ、より包括的な国営調査を行うよう促すと同時にシェレコフスキーの計画と合致する地点の開発の認可を要請した[23]。一九三四年一二月には革新官僚の椎名悦三郎率いる臨時産業調査局が設立され、満州国の将来的な工業開発を計画するより大規模な調査の一環として、松花江、遼河、太子河、鴨緑江における水力発電に関する独自の調査を開始した[24]。水力発電開発に対する技師と革新官僚の熱意が膨らんでいくにもかかわらず、満州における土木工学の経験がもっとも豊富な機関であり革新官僚の権力拡大を危惧する満鉄は、計画に対して懐疑的であり続けた。また関東軍も、建国間もない状況で不確実な包括的インフラ事業に資源を費やすことに乗り気ではなかった[25]。

朝鮮総督府が歴史的に、より資本主義的な政策を採用していたのに対して、関東軍の急進的な将校と革新官僚は、一九三二年の満州国建国当時から統制的な経済を構想していた。水力発電開発は、一般に経済建設の第二期と呼ばれる一九三六年から正式に国家政策に組み込まれた[26]（一九三六年は産業開発五カ年計画、満州農業移民百万戸移住計画、北部辺境地域の開発という三つの主要な政策が開始された年である）。ヨシフ・スターリンのもと第二次五カ年計画を推し進め、満州国との国境沿いの軍隊を増強していたソビエトとの将来的な戦争を視野に入れ、関東軍作戦部長の石原莞爾と足並みをそろえた急進的将校と革新官僚は、満州国を重化学工業を基調とした総力戦経済に急速に転換するための計画を開始した。陸軍将校と満鉄の経済調査会と協働した満州国産業部が産業開発五カ年計画を立案したのと並行して、満州国国道局の技師と満州国における電力生産を統括すべく一九三四年に設立された半民間特殊企業である満州電業株式会社（これ以降、満電と表記）の社員は、水力発電事業をそれぞれの管轄で推し進めた。一九三六年より、直木倫太郎や原口忠次郎、本間徳雄（利水課の代表）のような国道局の技師は、多目的ダムの建設を含む遼河治水計画に代表される関東軍の河川管理の事例を示すのに十分なデータを得ていた。同様の包括的計画が、鴨緑江と並んで水力発電開発の潜在力を持つ満州北部の松花江においても練られた[27]。一九三六年一月、満州国政府は松花江におけるダム建設計画を承認し、国道局は直ちに実地調査を実施、最終的には豊満ダムとして実現する計画の立案を開始した[28]。満電の技師は、最終的にダム建設の主導権を握ることを期待して終始協力したが、一九三六年八月に関東軍は、民間企業では費用管理を行えないという懸念から水力発電開発は国営とすることを決定した[29]。その後一九三七年一月に、満州国上層部における技師の影響力増大を示すかたちで、直木主導のもと水力発電建設局が設立された。一九三八年の記事で直木が述べているように、水力発電建設局は「綜合的な河川利用計画」の理念のもとに設立された。以前にもそれは同様の目的で行われたが、行き当たりばったりで協調性のないやり方のため無駄になった。それらの事業とは対照的に、国営化によって洪水制御や交通改善、水力発電という多様な目的を充分効果的に満たしうるとされた[30]。民間のエンジニアがダム建設を主導した朝鮮と違い、満州国においては国家主義の革新官僚および軍人と組んだ理想主義的国家技師が、大規模インフラ事業の権限を主張し、満電や満鉄のような民間の権益に優先した。

一九三七年一月に、五年間で総発電量を一四〇万五〇〇〇キロワットまで、九四万六〇〇〇キロワット分増加させることを目標とした二五億八〇〇〇万円の満州産業開発五カ年計画が通過した。うち五九万キロワットは水力発電でまかない、石炭の消費を抑え軍の野心的な工業目標を満たす安価でより大量の電力を供給することが見込まれた[31]。一九三七年七月に中国との本格的な戦争が勃発した結果、一九三八年二月には総発電量目標が二五七万五五〇キロワットまで上昇し、そのうち約半分の一二四万キロワットが水力発電でまかなわれることが期待されていた[32]。満州南部においては大連、鞍山、奉天、安東の各工業地区をまかなう水豊、満州北部においては、新京、ハルピン、吉林の大都市をまかなう豊満、満州東部においては鏡泊湖という三つの巨大水力発電事業が最初の計画として優先されていた[33]。「水主火従」すなわち水力発電を第一とし、火力発電を第二とするという国家方針の転換に具現化され、建設局は満州国の水力発電に関して四年にわたる包括的な調査を開始した。調査は継続的な安全保障の問題により大部分が上空から行われ、有望なダム建設地として四六カ所を選定した。これらのダムは年間七五〇万キロワットの発電だけでなく、地域を頻繁に襲う洪水の緩和も見込まれた(34)。一九三七年初めのボーリング調査で豊満地点が第二松花江の中で最も有望であることが判明すると、建設局の技師はすぐにその地点に全精力を注ぎ、その他五つのダム建設計画と同時に事業を進めた(35)。しかし、国と民間の技師が「理論的」には大規模重力式コンクリートダムの建設能力に自信を持っていた一方で満鉄・満電もこのような野心的事業のための十分な技術的経験が不足していたため、政府に事業を野口遵の朝鮮日窒株式会社に引き渡すよう進言するに至った。すでに日窒は長津江と赴戦江で巨大水力発電ダムの建設能力を証明しており、満州国当局は鴨緑江のダム事業の開始にあたり日窒と朝鮮総督府と協力し始めていた(36)。しかし建設局は事業を自らの手で行うことを主張し、一九三七年一一月には豊満ダム建設のトップであり日本で最も経験豊かなダム建設者である空閑徳平をダムと建設機械技術の研究のために三カ月間北米に派遣することを決定した。下請けの公開入札は、応募した少数の建設会社が極めて高い額を提示したことで一九三七年一〇月に失敗に終わっていたが、そこから当時の民間の技師がこのような巨大で危険な事業を実行するのに自信を欠いていたことがわかる(37)。結局星野は、一億円規模の事業に対する最終的な承認を関東軍と日本政府から勝ち取るにあたり、実績のあるいかなる技術的な専門性・経験よりも国家技師の能力に対しての信頼に依拠したのである。

三カ月の弾丸北米ツアーの間に、空閑は当時世界最先端とされていたグランドクーリーダムやボウルダーダム、さらにTVAダムのいくつかを訪れ、最新の先端ダム技術を直に学ぶために評判の高い機械工場にも足を運んだ。日本のダム建設能力は、主にアメリカの専門的知識が日本の土木技師に伝わった一九二〇、三〇年代に発展したものである(38)。空閑自身も一九三三年にヨーロッパと、ボウルダーダムを含むアメリカの主要ダムをめぐる調査旅行を行っており、その結果一九三七年の完成当時日本で最も高いダムであった塚原ダムの主任エンジニアとなった。このダムはボウルダーダムやＴＶＡダム事業で使われた最新の建設技術を使用していた[39]。空閑の一九三七年の北米旅行記は、当時の日本のダム建設産業の状況と豊満に多目的ダムを完遂するために乗り越えなくてはならない課題を知るうえで有益である。

空閑はまずアメリカのダム建設の手法は、異なる環境に応じてコンクリートミキサーを使う方法やコンクリートの硬さを決定する手法といった基礎的な技術の点で、日本と変わらないことに言及している。彼はアメリカのエンジニアと討論して、二国間の技術的格差がわずかであることに安堵していた。それでも、彼が訪れた事業での機械化とその正確性に感嘆し、撮った写真のほとんどはクレーン、ミキサー、バッチプランツ、バケツ（リレー）そしてベルトコンベアーによる流れ作業についてである。完成直後のボウルダーダムにおいて空閑は、このダムの建築者が二四〇万立法メートルものコンクリートをわずか二年で大きな漏れもない状態に凝結させたことに驚嘆した。これは特殊低温セメントと、高価なため日本ではまだ模倣することができなかったコンクリート内の凝固熱を取り除く特別な冷却パイプ方式（pipe cooling method）が使われていたことによる。調査旅行の主たる目的であったグランドクーリーダムにおいては、障害を正確かつ難なく除去していくハンマーヘッドクレーン、掘削機、ブルドーザー、トラクターの熟練された扱いに感嘆した。コンクリートの設置は驚くほどの速さで進み、一日二四時間、一カ月三〇日休みなく行われ、ごく少量の水と混ぜ合わされたセメントは空閑が目にした中で最も耐久性のあるコンクリートとなった。彼はまた、現場における科学的管理と労働者の効率的な分業にも感銘を受けた。そこではクレーン操縦者、レール車両操縦者、信号手、掘削機制御者は「全く一体となって」働き、それぞれの労働者は与えられた特定の仕事をこなしていた。空閑は、日本では支配人は事務所にこもり、現場監督が労働者を「牛か馬のように」扱っているような日本の労働文化を批判した。他方アメリカでは、良い給料と少ない労働時間のもと、労働者はより生産的に働いており、経営幹部との間で自由に意見を述べることもできる労働環境にあると述べている。このように満州国のエンジニアは、日本の技術が人々の福祉のために満州の環境を形作りコントロールすることを高らかに宣言していたが、同時にアメリカの最新のダム建設技術に追いつくための技術的・組織的限界を強く意識してもいた。[40]

一九三〇年代初頭から特に一九三七年以降、西洋諸国からいくつもの戦時禁輸政策が課せられてから、日本のエンジニアと官僚は、外国の技術への依存を非難し、「技術的自律」を強調し始めた。この風潮は一九四一年五月の科学技術新体制確立要綱の通過で頂点をむかえた。[41]豊満ダムや水豊ダムのような土木事業は、日本の技術的優位性の事例として推奨された。例えば技師は一日七〇〇〇平方メートルのコンクリートを生産する豊満ダムの「世界規模」のコンクリート混合施設、完全に機械化された輸送・分類・分配システム、巨大な人工貯水池など、建設のために採用された独自の建設技術を誇りとしていた。[42]空閑は事業全体を、日本の包括的河川管理が満州の人々に与える恩恵を実証するものだとしていたし、プロジェクト代表の本間徳雄はこの事業が「満州国の実力」を世界に示す好例であるとみなしていた。[43]実際、日立、富士電機、王子製鉄、石川島造船所、大同コンクリートのような日本の機械重工業の企業は機械、設備、原料の供給に深く携わっていた。[44]しかし同時に、水力発電建設局はいまだ外国の技術に非常に多くを依存していた。日本の製造業は、短期間のうちに一〇台の型破りに大型の発電機（六万五〇〇〇キロワット）と水力タービン（八万五〇〇〇キロワット）を作る能力を持ち合わせておらず、一九三七年に建設局はそのほとんどを外国から輸入することを決定した。発電機五台（内部動力用の小さいもの二台を含む）をアメリカのウエスチングハウスに、発電機とタービン三台をドイツのＡＥＧに、発電機とタービン五台（内部動力用の小さいもの二台を含む）をスイスのエッシャーワイスに受注した。[45]本間によると、ＡＥＧとウエスチングハウスの両社はそのような超大型の発電機やタービンを生産したことがなかったので、この注文とダムの総合的な規模に驚いたという。ＡＥＧにいたっては、受注にあたり工場の施設を拡充しなければならなかった。[46]建設局はさらに追加で二台の発電機とタービンを日立に注文し、新しく届いた外国モデルを模倣したそれらは一九四二年までに完成した[47]。建設機械も、空閑が一九三七年の調査旅行でグランドクーリーダムとボウルダーダムにおいて感嘆した技術と同じものに完全に依存しており、ビュサイラス・エリーの電動シャベル、フラー・キニョンのポンプ、キャタピラ・ハノマッグのブルドーザー、インガソル・ランドの大型掘削機を日本の貿易会社を通じて入手した[48]。したがって豊満ダムは、日本の技術発展が世界の舞台にあがることを示すものとして公的に称賛され、国際的にも専門家から注目を得たが、その現実は外国の製品や専門性に深く依拠していた[49]。そして最終的に、計画実行のために必要な制度を作ることや、民間と公共管理部門での相反する要求の間での折衝、さらに国産技術と外国技術の間のせめぎ合いの折衝は、馴染みのない河川環境を管理することと同程度に困難であることが明らかになってきた[50]。

大自然との相撲――ダム建設と河川管理

豊満ダム事業の監督は本間徳雄で、一九三七年八月から水力電気建設局局長と工務所長を務めた人物である。それ以前は一八年間朝鮮で働いており、京城土木出張所の所長にのぼりつめた。そこで彼は様々な河川管理や架橋工事を行い、一九三三年に直木に誘われ満州国国道局に赴任した。朝鮮の国家技師の序列のなかで昇進の機会に恵まれないことに苛立っていたうえに、新たに建国された満州国での機会に胸を高鳴らせた彼は、水利課を引き継ぐ前に道路課を率いることになった[51]。一九三九年に日本の主要な工業技術関連の諸組織に対して行った講演の中で、本間は国土の総合開発と総合技術による河川の総合利用が満州の最高政策のひとつであると説明した[52]。一九三一年一月には早速、吉林からの補給鉄道、建設用の道路、住宅、事務施設の予備建設が始まり、できる限り早急に着工するために技師は急遽多目的ダムの設計を始めた。多目的ダムのデザイン、諸規格、材料の決定は、多くの要因に依るものだった。それらの要因には、夏の雨季の間にある毎年の洪水によって生み出される最大の予測水量と流率、降雨量が非常に少ない初春と秋の間の最小水量と流率、計画レベルの発電を維持するために必要な水量の計算、建築物にかけるコストの最小化、建設の速度と容易さを保つこと、そして冬期の河川の凍結を考慮に入れることなどがあった。またダムの多様な目的はお互いに継ぎ目なく連続したものではなく、異なるダムの使用方法に応じた対応が必要で、そのすべてが設計と計画に作用する性質のものであった。例えば洪水管理においては増水した水を収容するためにダムはほぼ空の状態を維持しなくてはならないが、継続的な水力発電のためには貯水池は比較的満水状態でなければならない。また、水上交通のために航行可能な深さを維持するためには水をせき止めなければならないが、同時に灌漑や水の供給、発電のニーズを満たすには水を放出しなければならなかった。

一九二三年の大洪水以降に初期の張作霖体制のもとで作られた吉林の水位記録と、一九二三年以降のロシア東清鉄道による河川の流量データ、満鉄による長春から南の主要地点の降水量の記録、鴨緑江国境上の中江鎮で一九一五年から測定された朝鮮総督府の記録をつぎはぎに組み合わせることで、エンジニアたちは松花江の基礎的な水文学的資料を作成することができた[53]。国道局と後に水力建設局も、一九三三年より川沿いに八つの河川観測所を設置し、河川流量・水位・降水量・沈殿物に関する情報を独自に収集し、季節によって不規則な水文学的パターン（水位や流量の変異）を把握するためのグラフをまとめるに至った[54]。これらの多様な資料に基づき、技師は年間の平均流量を一秒当たり五二五平方メートルと見積もり、毎年の夏の洪水期に耐えられるように、一秒当たり一万五〇〇〇平方メートルの流量に対応が可能なダムを設計した。下流の流量が一秒当たり三〇〇〇立法メートルを上回らないように、貯水池の水位が低いときは三〇〇〇立法メートル、高いときは七七〇〇立法メートルを放出可能な排水路を設計した[55]。また彼らの不完全な水文学的データに基づいて、水力発電所が最小で二七万キロワットを発電すると算定し、その発電量を維持するために一年を通じて最低で二四八・五メートル、最高で二六三・五メートルの水位を保つ貯水池の設計を決定した[56]。したがって、包括的な河川管理が事業の最高目的であったにもかかわらず、ダムの設計はむしろ非包括的なデータにそもそもの基礎をおく形になっており、いくつかの比較的大雑把な推定をその全体像に反映したものとなっていた。

一九三七年一一月、ダム建設は川の右半分の一時的な封鎖によって始まった(図9)。水力発電建設局は、かなりの流量と流速のために、河を完全には封鎖しないことを決定した。その代わり、彼らはまず片側に一時的な土製の止水堰を建設して河を部分的に封鎖し、そしてその背後でコンクリートの設置プロセスを開始した。コンクリートダムが河の水面を超える十分な高さになり、ダムの内部排水路が準備できると、それを除去した。このプロセスがダムの両側が接続されるまでもう片側でも繰り返され、河は永久封鎖と貯水池が満水になることに備え水路を通じて流された。発電所は右岸に建設され、最終的に計七〇万キロワットが発電可能な一〇台の発電機を収容するよう設置された。建設の進行の中で、建設局は遅延や設計の変更を引き起こす河の力を過小評価し続けた。コンクリートの設置は、春と夏に雪解け水と雨季の始まりによって急激に水量が増える前の季節に大部分が行われた。毎年、技師は過去の水位統計に基づいてダム構造のために十分な目標高度を推定し、ダム構造と建設地域が増加した水量に耐えられるようにした。一九四〇年春、前年の冬から左岸のコッファーダム(囲い堰)を建設し始めた後、川の流れは部分的に完成していた右岸のダム構造のほうに迂回させられていたのだが、大洪水が右岸の出土した部分に大きなダメージを引き起こし、発電所への流入は辛うじて避けられたが一年の工期の延長の原因となった[57]。続く一九四一年の春には、水位が予測より二メートル上昇し、またも発電所へダメージを与えるところだったし、水位が下がるまで予想よりも長く待たなくてはならなかったため、工事は再び遅れた。一九四一年一〇月に再び予期せぬ洪水が起きたため、技師は次の夏の洪水期に備えて、発電所の取水のために臨時の弁を設計し、計画以上の高さの臨時排水溝をダム構造に設けさせた[58]。

決定の時期は定かではないが、ダムを二メートル高く建設するよう計画をある時点で変更したと本間は述べている。規模を大きくしたために費用は一〇〇〇万円増加し、水没領域の拡大によって土地補償

図９　建設中の豊満ダム。

額も増え、より川上におけるさらなる洪水管理の強化の必要も生じた[59]。一九四二年一〇月には翌春の発電に備えてダムの堰が閉じられ、エンジニアたちは一九四三年夏にダムの洪水調整能力の最初の実地テストを実施した。その年の上流地域における洪水は二〜三〇年で最も大きく、八月には流量が一秒当たり九〇〇〇立法メートルに達した。だが年の初めの平均以下の水量によって洪水の前は貯水池の水位がただでさえ異常に低かったにもかかわらず、計画の六〇パーセントの高さと最大容量の約二〇パーセントの貯水量しかなかったので、ダムはこの夏の洪水を非常によく制御し、川下の流量を一秒当たり二五〇〇立法メートルに保った。このように偶然が幸した状況にもかかわらず、技師はなおも完成後のダムの将来的な洪水の制御能力に対して自信を表明していた[60]。しかし戦後に中国国民党政府が資源委員会テクニカルアドバイザーであるジョン・コットンというアメリカ人に、日本の一九四五年八月の降伏時に八九パーセントが完成していたダムを調査するよう依頼したところ、排水容量を改善し構造にかかる水圧を減らすために洪水放水路を七・五メートル撤去し、同時にコンクリートをより多くより強力に設置し直すことを提案した。このことはアドバイザーとして留任するよう強制され、水力発電における影響を懸念する日本の技師の怒りを買うのに充分であった。一九五〇年春、毛沢東と中国共産党によって中華人民共和国が建国された後、ソ連のダム専門家は入手できる限りの水利資料を分析し、その夏は大洪水の可能性が高いと結論付けた。したがって彼らはさらに四万立法メートルのコンクリートを早急に設置することを提案し、中国の技師は夏までに五万七三六〇立法メートルのコンクリートを設置することで敏速に対応した。一九五〇年以降中国の技師は水力発電と洪水管理能力を改善し、ダム構造と放水路を強化し、発電所の施設を自動化するために再開発プランを考案していたモスクワのロシア人水力発電技師のアドバイスに従った[61]。日本の技師が彼らの仕事を、自然を克服するテクノロジーの大きな物語の中で、地表を変容させる専門性として、あるいは彼らの「男性的な意気」の究極の表現としてさえ表象し、後に回顧しているのに対して、現実には、本間が一九四四年のインタビューの中で述べているように、それはより予測不可能な「大自然との相撲」であり、計画と建設の過程全体は、未知のものや偶発性、さらに当て推量の複合体が根本的な部分に含まれたものであった[62]。自然の予測不能な力と技師の満州の環境に関する知識の全般的な不足は、植民地の景観を合理化し体系化するという日本のイデオロギーの脆弱な基盤を一貫してあばくものだった。

学術誌の記事や職能団体へのプレゼンテーション、メディアへの説明において、最高位の技師はしばしば、日本の科学技術は様々な問題に対する大胆な解決策を示すことができるという進歩的な語りの枠内において困難にたち向かったことを表明していた。しかし彼らの記事や説明は、彼らの優れた専門知識や既存の知性は、彼らの仕事にも、また事業自体の実際の実現にも、指針を示すものとはならなかったことも暴露している。これまで見てきたように、予期せぬ問題に対する解決策は、現場において無理やり考えだされたもので、科学的専門性は、環境との困難で予測不可能な交渉を通じて具体化されてきた。植民地土木技師の専門性は、常に帝国メトロポリスにおける科学の学習と植民地で得られたノウハウがハイブリッド化した集合体であり、土木工学が公的・職業専門的に表象し、永続させ、正当化していたような、確信を持って環境に適用され、よく定義された実体的知識ではなかった[63]。

「東亜建設」への異論――ダム建設の社会経済的な効果

日本の専門性の評判を落とそうとしたり異議を申し立てたりしたのは、自然環境だけでなかった。利害関係者や土地所有者、ダムによって暮らしが脅かされた住民も日本の持ちこんだ専門性に抵抗していた。企業の経営陣や官僚は、各ダムの建設当初から地域の産業開発に対しダムが利益をもたらすということを地域住民や企業に売り込んだ。一九三六年に豊満プロジェクトの開始が宣言されたとき、吉林市政府、満州国共和会、商工公会は市の開発のためダムが利益を生むものであることをかなり熱心に主張し始めた。吉林市は、満州北部の松花江沿いに位置するのだが、それまでに人口一四万人程度までに減少しており、西の新京や北のハルピンのような都市が繁栄したことで衰退していた。吉林の産業は、満州国最大のセメント工場があるだけだった。そして吉林全体の経済は省外への輸出より輸入が上回っていて、収入は主に木材産業に依存していた。吉林の商工公会は、ダムの安価で豊富な電力は、洪水をなくし米の生産高をあげる手助けになるだけでなく、吉林を南満州の奉天に匹敵する「化学工業都市」に変容させることで、「一大産業革命」の端緒となるだろうと主張した。(64) 商工公会は、化学産業構築のために理想的な状態を精力的に整えた。例えば、もしダムができたら、安くて豊富な電力や土地、労働力、石炭、工業用水などへのアクセスがあることや、満州中心部にあるという地の利、鉄道による交通の便の良いことなどを強調した。(65) 一九三八年一〇月、「電気化学工業の綜合経営に任ずる」ために満州電気化学工業株式会社（資本金三〇〇〇万円）が設立され、吉林の南部で総合的電気化学コングロマリットの建設が開始された。その目標は、「有機的経営組織」によるカーバイド肥料生産を中心にした樹状経営構造を作ることであった。それによって、合成物質や染料、燃料、その他化学製品などの合成物質を生産する関連の工場は主要な会社から成長してゆき、全般的な投資の増加と技術革新を導くものとなった。(66) 野口による朝鮮の株式会社日窒は、一九三九年一〇月に吉林人造石油株式会社（資本金一億円）を立ち上げ、さらに燃料生産のために石炭を液化するもう一つの化学コングロマリットの建設に援助をしていた。また東洋紡績は一九四〇年の八月までにこの都市に大規模な紡績工場の建設を完了する計画を持っていた。この投資の波に応じて、吉林市政府は一九三七年に一四〇平方キロメートルであった都市計画を、一九三九年に約四〇〇平方キロメートルに拡張し、三〇年で人口を一二〇万人にすることも構想していた。(67) 電化された高速鉄道は、豊満ダム経由で新京まで運行する予定で、吉林・新京間の移動時間を一時間半に縮め、のちのこれら二都市間の工業地帯の基盤を敷いたのである。(68) さらに一九三九年七月に、吉林市長と吉林観光協会は政府に対してダムの貯水池を国立公園として指定するよう請願書を提出した。この請願書は、彼らが、この地域に一〇年間で二八〇〇万円の投資を行うことで、新設の貯水池によってできた湖や入り江、島々を観光用の道路やスキーリゾート、ゴルフコース、舟小屋、釣り場、夏の別荘、ホテル、再設置・修復された史跡、ダム観光センターなどを含む国際的に公認された観光地に作り変える計画を示していた。要するに日本企業の利害関係者と吉林市の官僚は、自分たちの希望と地域的な開発を伴うダムの将来性とを結びつけ、「満州国のサナトリウム」や「東亜第一の観光事業」も含んだ化学産業の中心として自らの壮大な都市の理想像を融合させていたのである。(69)

吉林商工公会は地域へのダムの利益を強調しこの事業に対する批判を軽く扱っていたのだが、豊満ダム建設が地域経済へ相当な悪影響を及ぼすものであったことは明らかである。実際のところ満州国政府は総合的経済開発の輝かしいまでの未来への約束から少しずつ手を引いてしまい、ダムによる灌漑や田地増加のための開発計画を放棄してしまった。なぜなら、日本の農林局の官僚の反対があったためである。彼らは、本間や他の技師の仕事が満州での米の増産をすることは日本の農家にとって不利に働くと主張した。そのため本間らを「国賊」として扱うに至った。(70) ダム完成後の経済的損失の正確な規模は不明確であったのだが、漁業や林業、鉱業、商業に大きな影響を与えるという確証があった。そのため権力側はそれに対して、新しく建設された養漁場や陸上輸送施設、そして改良された水路が、住民や企業に対するいかなる悪影響をも緩和することになるだろうという約束をした。(71) 吉林で重要であった木材産業は、妨げるもののない河川交通に依拠していたのだが、ダムがそれに与える影響は特に重要なものであると考えられていた。一九三八年に吉林は満州の約二〇パーセントの木材を生産し、戦争で需要が伸びるにつれて木材産業への期待は高まっていた。(72) 政府の出版物でも、ダムによる川の閉鎖が引き起こす悪影響について触れられており、ダムの水位の上昇によって多くの川で水上輸送が可能になったのと同様に、新規の陸上交通の発達や鉄道路線の延長など、運送手段の発達は最終的にその問題を緩和するだろうとされている。(73) 商工公会は、吉林市の急速な「化学工業都市」への変化は、究極的にはその悪影響を受けた住民にも雇用をもたらすであろうと主張している。(74) 政府との妥協案を探るために組織化されていた木材業者や、土地接収や再配置に協力していた住民が残した記述を除くと、ダム建設における条件交渉や抵抗に関する書類は乏しい[75]。だが満州の公的な出版物に記録されている比較的円滑な過程ではなく、おそらくもっと多くの事件や抵抗があったと推測できる[76]。なぜなら地域の経済的利害関係者と地域住民の対立は、日本と朝鮮のダム建設では問題の種となっており、日本の木材輸送者が満州や朝鮮へ移住するという現象も早期から引き起こしていたからである。朝鮮当局がどのように水豊ダム周辺の鴨緑江木材産業を扱ったのか、朝鮮人住民がどのようにダム建設を捉えていたかについてのより実質的な文書記録を分析することは、地域の利害関係者や植民地支配された人々が、植民地政府や専門家が提唱した技術的想像力にどのように対応しようとしたかをよく示すことになる。その分析はまた、植民地ダム建設の実際の社会経済的効果の側面を明らかにするだろう。

鴨緑江地域の有力な木材業者は、水豊ダムが自社の利益に不利に働くであろうと分かるとすぐさま、国家の話法に対抗するために、開発の言説を援用し始めた。冬になるたびに人々は木々を切り倒し、春になると鴨緑江河口の安東や新義州などの下流にいかだにして流した。朝鮮だけで三万人の人々が木材の切りだしや運搬に従事しており、何千人もの中国人と日本人が貿易に依存していた。夏のピーク時になると、九六万立方メートルの木材を主に新義州に向けて下流に流した。そしてそこでは三井王子製紙や総督府農林局などが主にそれらを加工したのである。当初から、企業側は遮るもののない河川運搬が保証されることを要求しており、それはそもそも、鴨緑江水力発電会社が得たダムの建設許可にも含まれているものであった。産業開発の利益となるという発電会社の主張に反抗して、木材業者は日本の戦争にとっての木材の戦略的な重要性を主張した。彼らは発電会社や総督府に人々の生活を守るよう要求もした[77]。

それに対して、鴨緑江水力発電会社は自社の技術的専門性に自信を持っており、六つの木材搬出専用の水路を設計し始めた。しかしこれらは、変化が激しく予測不可能な川の流れを調整するための適切な勾配を計算する能力に関して内部でも大きな疑念が持たれるものであった[78]。会社側が提示した計画では、ダムに到達する前にいかだを解体して小さなサイズに組みなおし、ダムの水門までタグボートで運び、専用の水路を通過させて、逆の側でいかだ同士を再び結束させるというものであった[79]。会社側と国家技師は一九三八年の一一月に木材製造所で、水門を通して異なる大きさのいかだを移動させる平均時間と、一〇〇メートル移動するのにかかる平均時間を測定するテストを、八人の労働者にいかだを繰らせて行った。しかし、技師にとって、実際の水路での適切な川下りの効果を検証することは困難であった[80]。それに加えて、四キロメートルの川の一部にそって、二艘のタグボートを使用し平均移動時間とピーク時の運搬を処理するのに必要なボートの数と大きさを測定した[81]。木材業者の圧力の真っただ中で、発電会社や総督府、企業や国家の技師は自らの願望に従って、環境を整えることに性急であったのだ。

しかし鴨緑江水力発電所はこれらの木材運搬専用の水路の建設を遅らせ、川が一九三九年一一月にせき止められ、翌春の木材搬出のシーズンが始まるまでにたった二つの臨時木材搬出用水路しかできていなかった。そのうえ技師は、水路内で水位を調節し、変化する川の流れに対応した適切な勾配を決定するということに関する課題を解決できていなかった。それゆえ、いかだが到着する際にいかだを繋いでいた結束は壊れてしまい、丸太は水路の中で水圧によって損傷してしまうことになった。この失敗に応じて技師は、緩やかなスロープと水路に沿って水位調節のしやすいメカニズムを提案した[82]。しかし鴨緑水力発電所は翌年の木材搬出シーズンにも対応することができなかった。ダム建設関連の遅延によって技師は三つの木材搬出水路を計画よりも低レベルで作ることを強いられていたからである[83]。発電会社はさまざまな課題を解決する技術的能力があり、人々の生活水準を維持することができると主張していたにも関わらず、大量の木材や不確実な技術、建設の遅れ、予測不可能な河川という難しい要因を扱うことは、最終的に専門家の手にはおえないものだったのだ。

技術的な失敗は地域の木材産業を破壊し、関連していたグループとの緊迫した関係をさらに悪化させ

図10　夏の洪水期の水豊ダム（1941）。

た。安東は木材の総量で五三パーセントも取り扱いが減少し、主要な製材所は一九四一年に倒産した。[84]新義州の企業の代表者は鴨緑水力発電所が設置許可の当初の条件に対して説明責任があると継続して主張していた。木材運搬業の経営者は、会社の一九三九年四月の会議で提示された最初の木材搬出用の水路計画に大きな注意を払って対応し、水路が失敗した場合には道路や鉄道に投資するように会社側に要請していた。[85]一九三九年一一月になり、技術的な問題が明らかになり、鴨緑江は航行が不可能になったというわさが広まると、日本や韓国の木材業者と市の議員はただちに対策会議を設置した。彼らは京城を訪れ、総督府の高級官僚や将軍に、六万人の生活が懸かっている木材やその他の物資の上流からの円滑な輸送を保障するという会社の約束を守らせるための、圧力をかけてもらいたいという陳情を行った[86]。その後、一九四〇年の四月に鴨緑水力発電所と鴨緑江木材工業組合との間に木材運搬を円滑にするために協働するというより融和的な合意がなされた[87]。しかし続いて木材搬出シーズンがピークを迎え、安東や新義州に運ばれる木材の量が例年の五、七パーセントにしかすぎないものになった際に、新義州の商工公会と朝鮮の地方議員は大規模なデモンストレーションをさけて、代わりに鴨緑水力発電の常務であった久保田豊に、彼らの苦情を直接伝えることにした[88]。久保田との怒りに満ちた会合で、企業の代表者は、一日に四〇のいかだを運搬させるという会社の約束とたった四つしか運搬できていない現実との開きや、いかだを解体したり結束しなおしたりするには不十分な設備、さらに工場の閉鎖と失業の経済的影響を指摘した。久保田は、彼の技師はそれらの問題に対してすでに解決策の検討を進めていると主張する一方で、謝罪を行い技術的課題に取り組むと約束した[89]。しかし、木材産業側の主張を完全に受け入れるのは困難であることが明確になるにつれ、企業側は水力発電が国策に採用された後では木材産業が犠牲になることは不可避だと主張し、さらにより不遜にももし犠牲がでたとしても、将来的な産業と都市開発にとって利益があるのだという点を強く押し出すまでに至った[90]。

新義州木材組合の経営者によると、会社が取引増加の努力をしているにもかかわらず、一九四〇年の取引は、以前ダム周辺で輸送されていた木材の量の七〇パーセントにしか届かず悲惨な形で終わったという。大規模な工場用の丸太が優先されるので、小規模経営者は苦境に立たされ、その結果、製材所は閉鎖し、生産は衰え、小規模工場は注文に対応することができなくなり、経済は破綻した。一九四二年二月に平壌北道の知事が最終的に介入して、鴨緑水力発電所は満浦に土地を購入することになった。そこは鉄道による運送の便がいい場所であり、いくつかの木材運搬会社には鴨緑水力発電会社が移転のための費用を出すことになった[91]。加えて鴨緑水力発電所は、移転した工場に補助金付きの電力を提供することを承諾した。その年の終わりまでに、鴨緑水力発電所は新義州に残った大規模な工場を購入し、木材産業は戦時統制下での統合された連合体として自らを再編したのである。要するに、鴨緑水力発電所と国家官僚は重工業の促進のためダムの利点を強調する一方で、地域の木材産業の利益関心は、その言説をバランスのとれた開発と生活の権利を含んだ議論にまで拡大したのである。鴨緑水力発電所は常に技術の力に信頼を置くことで対応しており、そのことは専門の水路を設計するという手法によってプロジェクトに内包されていたにもかかわらず、その努力は失敗に終わり、性急な撤収と無理強いに近い解決策を導くに至った。日本の官僚はこれらの課題を、技術や将来の産業の開発では克服できない困難として提示していた。しかし彼らの専門性や開発の言説は、木材産業と地域の関係者から終始一貫して異議を唱えられる対象でもあった。

どの様にして地域の住民が「科学日本」や「東亜建設」の言説に異議を唱えたのかについては一九四〇年に満朝日報の拉古哨支局長であった姜益善によって書かれた五編の水豊ダムへの旅行記の中で瞥見することができる。このシリーズは権力側がダムの浸水地域から七万人の住民を移動させる最後の準備をしていた際に書かれたものである。著者として姜は昌城邑で警官に護衛され、報告には注意を払うよう役人から警告され、その省の中では写真を撮ることを禁止されるなど、明確に制限をされた中でこの記事を書いている。そこは浸水が決まっている中でも最も豊かな農地であった[92]。彼はダム建設プロジェクトを鼓舞していたにもかかわらず、シリーズ全体は、その場所の消滅と故郷と生活の喪失についての悲しみの色で染まっていた。例えば姜はある地域の補償の程度について記録しており、明確に記述された土地所有者の不満も描いている。その不満とは、土地の価格が市場価格を反映しておらず、家屋や収穫高の価値を含むこともせず、彼らの暮らしの維持もできないことである。彼はこう書いている。「私は、新しい大東亜の建設のために輝かしい基盤としての発電所を作っている国家の市民……彼ら全員がさらなる不満を感じるべきではないと信じている」[93]。しかし記事には以下のようなむしろ詩的な見出しがつけられている。「鋭い山々に峰々、農家の家々の前に広がる絹のように滑らかな緑の農場、刹那に水の中へ――しかしすべてはつかの間の夢……ああ、科学はなんと強大なのだろう！」[94] このように、日本のメディアは東アジアを近代化するための科学と技術の力を勝ち誇ったように称賛したが、姜はその意味を覆し、破壊とはかなさを示したのである。

彼はこの記事を書く直前の記事で、満州共和会が行った努力が成功したことを書いている。この組織は、異民族を汎アジア的な協力に動員することを任務にしていた組織である。その努力とは「東亜の繁栄」にとっての水力発電の重要性を映画や講義ツアー、公共の話し合いを通して高らかに謳い揚げることで、「無関心な住民」を説得し移住させる努力である。しかし、このことや、喜んで補償と移住を受け入れた住民についての以前の記述とは対照的に、姜は以下の考察で締めくくっている。

愛する家や暮らしを捨て、移動集団に入り新たな家や生活を探さなければならない村人にとって、繁栄に満ちたアジアを築くという国の政策を理解することはできないだろう。彼らにとっては、自分たちの生活の不運だけが問題なのである。無人の家は破壊された！　村全体が完全に空っぽだ！　本当に悲しい光景だ！

凍り付くような寒空の下、風が私に向かって吹いてくる。私の目は、移動先へ向かうさすらいの村人のイメージでいっぱいだ。この光景を夢想することで、私の体は即座に奇妙な熱を発し始めた[95]。

このようにして、植民地政府は日本の技術をアジアの開発の基盤であるかのように唱導していたが、姜の記述は、被植民者がその言説を流用する試みを暴くものとなっている。企業的な利益関心と地域住民は、技術的想像力を不安定で不確実なものに変えたのである。それは避けられない発展への道の上にある障害物以外に、植民地的開発の語りの中では見つけることのほぼできない不安定で不確定なものである。

土地の買収と住民の移動における植民地権力

ダム建設地における日本の土木技術の専門性の形成と実践は、植民地権力の多様な形式すなわち法・警察・行政・経済・イデオロギーなどを土台として成り立っていた。それは巨大建造物の建設のために住民を移動させ、労働者を動員するためのものであった。技師の報告や公的な記録にはおいて住民と労働者は、東アジアの大義のためにすすんで土地を手放した愛国者や大陸に「世紀のピラミッド」を建設した英雄として以外はほとんど登場しない[96]。しかし「科学日本」の専門性の背後では、そのような大規模事業の完遂を確かなものにするために、植民地事業の中核をなす機関の配列はすべて非常に協調的でなければならなかった。水豊ダムに関するより多くの資料を精査することで、植民地において日本の専門性の実践を可能にすることに寄与した数多くの機関や権力のテクニックを明らかにすることができる。

ダムによって朝鮮では一〇六平方キロメートルが、満州では九九平方キロメートルが水中に沈み、それぞれ三万二七八〇人と約四万人の人々が移動を余儀なくされた[97]。これらの移動が余儀なくされている住民との交渉において、たとえ当局が協力の精神と配慮を強調していたとしても、実際の補償や移動の過程ではより広範囲のアクターが関わっていた。小林英夫や広瀬貞三が言うように、植民地的圧政や警察権力は土地を買収し住民を移動させる上でカギとなる要素であった[98]。しかしこれらの側面を強調しすぎると、このプロセスに貫徹していた他の多くの法的・官僚的・規律的な権力のかたちを見落としてしまう。満州国と朝鮮はその建国や併合の当初から事業を承認するための法律と手続きを確立し、それらの手続きは当事者との交渉や補償を義務付けられていた。しかしそれらは日本の法律に比べて簡素化されており、抑制と均衡を欠いていた。朝鮮ではよく知られている土地収用法には、本当の意味での第三者による仲介はなく、政府当局に訴える以上に紛争の解決を議論する機構もなく、公正な価値や異なる補償基準を求めるための訴訟への言及もなかった。[99]補償と住民移動の過程で、植民地当局は強制的な土地買収を合法化するための手段として法を適用し、官僚的手続きを通して住民の抵抗を発散させたのである。

住民とその代表、省政府や鴨緑江水力発電会社、総督府といった様々なアクターは、それぞれの利益に従う形で官僚的な手続きと法律とを呼び出そうとしていた。住民が水豊ダム事業を知ると土地価格は急上昇した。これに対し警察署長は、あらかじめ決められた補償額での建設同意書を三三五人の地主に発行することで、一つの地域にある先例を作った。鴨緑江水力発電会社はその額に反対し、納税記録と土地登記簿に基づいた独自の土地価格を設定したが、それは市場価格よりも一五〜二〇パーセント低いものだった。[100]時には最も質の低い土地がその価格決定のための基準に選ばれ、そのことが多くの住民を怒らせた。[101]一九三七年のある買収では、企業は交渉における説得手段として酒食の接待を利用し、市場価格の二分の一から三分の一しか支払わなかった。[102]登記簿は市場価格を反映していなかったので、土地の価格は大抵高すぎるか低すぎる設定がなされ、相次ぐ投機とブローカーの参入を招き、鴨緑江水力発電会社に対するより多くの懸念と反感を生み出した。[103]住民は傲慢な会社の方針に対して当局に異議を申し立てた。会社の幹部は地域をあたかも彼らの飛び地のように扱い、地主と敵対的な交渉を行い、個人的な土地投機を持ち込み、住民が家と生活を失うことに対して無神経であった。[104]州政府も会社の価値設定と「裏面工作」を批判し、一九三七年一一月に会社と総督府で委員会を結成するよう働きかけた。事業に対する住民の意見に配慮した交渉を行わせるためである。[105]このように当初から公平な補償と生活への権利を求める住民、ダムや将来的な事業のために人々の支援を獲得しようとしている州政府、住民に移住するよう圧力をかける警察、費用を最小限に抑えようとする企業、すべての過程を仲介しようとしている総督府の間で緊張が発生していたのである。

平安北道知事は、主に道議員、道と地方の官僚、警察署長からなる新しい補償委員会を統括することとなった[106]。一九三九年二月に結果を告知するまで五回の会合が開かれた。この会合は激しい議論を引き起こし、鴨緑江水力発電会社は土地をより低い満州国の基準価格で評価するようメンバーに圧力をかけ、政府はより高い価格を後押しし、県会議員は直接の住民の代表を委員会に召集することを求め、総督府はそれぞれの主張の板挟みとなった[107]。その間にも鴨緑江水力発電会社は会社の代わりに朝鮮人社員に交渉させて低価格で土地を買収するという戦術を続け、その後の人々の面倒の種を増大させていた。県も講演会ツアーや話し合いを通じて住民をなだめようと試みてはいたが、抗議行動や集会は厳しく禁止していた[108]。人々の感情を鑑みて、委員会の設定した価格は緑鴨江水力発電会社が以前に出したよりも特に水田、田畑、森林、住居に関して具体的かつ高価格であった[109]。

最終的に合計補償金額は公表された基準よりも低く、より簡素化された分類方法が採用されており、低いコストを求めた会社の圧力や増大する警察の脅迫が功を奏したものと思われる[110]。この官僚的な手続きの過程が事業の土地収用を合法化するためのものであったが、住民や企業そして県は目標を達成するために市民の利益と開発という言葉をそれぞれの使い方で適応させ、そのプロセスの作り出す条件や性質を競い合っていた。

同時に住民に対する「公平」や「誠意」、「同情」を示すといった見せかけの言葉で県と警察、企業は彼らの権力の下で現存する植民地不平等や市民保護の欠乏を濫用し、法的なプロセスが破綻した際に彼らが提示した条件を受け入れるよう住民に圧力をかけた[111]。一方で当の住民側は、より有利な条件を勝ち取り開発の論理と争うために、官僚的な手段（公式な会合、当局や報道陣、県議員、同情的な官僚などへの嘆願）はなんでも使った。技術的想像力と日本の専門性の優位性という語りは、これらすべての事柄全般を、繁栄に満ちた重工業社会を築くためのより大きな構想の中のわずかな障害として無視し、周縁化した。しかし実際に日本の専門性の実践とさらなる開発、そして開発の約束を可能にしたのは、警察と官僚的・法的権力であった。

住民の移動にも他の植民地権力の制度が関わっていた。ダムの社会経済的効果の運営を取り仕切る満州国・朝鮮開発委員会は、住民を進行中の移民プログラムに組み込むことを決定した。このプログラムは朝鮮人を植民地の「開拓者」として、つまり自立した農民として満州国に再移住させるというものだった。このための最初の試みは一九三九年と一九四〇年に行われ、約二〇〇〇世帯を鮮満拓殖株式会社が管理する満州北部の「集団部落」に移住させ、友人や親戚がいる近くの土地で働きたいという他の住民に「分散移民」許可証を発行することが決められた。また住民は、関東軍のキャンペーンの一環として満州と中国北部の「安全農村」にも移住させられた。一九三二年に、両国政府はこのような巨大な軍事的移植地を付設する農地とともに設置し、前年の満州事変後に戦火を逃れてきた朝鮮人を再移民させた。満州国政府にとっては、朝鮮人移住者は植民地化の有益な手段であった。例えば、朝鮮人移住者の多くは満州北部の集団部落において堤防の建設や沼沢地の埋め立てに携わっていた[112]。

パク・ヒュンオクが示したように、植民企業は貧しい朝鮮人小作人に対して、土地の所有を約束したり、協同組合に組み込んだり、融資を行うなどして彼らの希望にアピールした[113]。これらはすべて権力のテクニックとして作用し、小作人を官僚化された借金のシステムに巻き込み、労働規律とコミュニティーの価値を称揚する共済組合に動員した。これらの多くの移住地、特に「安全農村」は、高度に軍事化されていた。空間は警察や自警団による絶え間ない監視が可能なよう設計され、集団活動や軍事演習のための中央広場が設けられた。土地を買収するにあたり、鴨緑江水力発電会社は標的として貧しい土地なし農民から順に、反抗的な彼らの地主に対しても移住の圧力をかけ説得した[114]。移住に対する不安と同様、家と先祖代々の墓を明け渡す悲しみがあったとはいえ、大地主に比べ失うものが少なかったために多くの貧しい小作人は容易に土地を離れた。旅行記において姜は、朔州群の村民の一団が喜んで鴨緑江水力発電会社に土地を売ったことを記している。彼らにしてみれば土地の質は低く、おそらくどこか別のところでより良い見込みが持てることに惹かれたことが分かる。[115]しかし個人的には農業経験がほとんどなく、土地や天候に不慣れな多くの裕福な地主は、満州でうまくやっていくことができなかった。[116]要するに技師や官僚はダム建設事業を日本の専門性と技術の功績として提示していたが、実のところその完成は、貧しい小作人の希望を資本主義体制へ従属的に組み込む集団移民計画、満州の地方における日本の支配力を強化する農業開発、「集団農村」を動員構造として規律訓練化するという暴動鎮圧作戦に依るものであった。

労働者を動員し規律化する

技術的なエンジニアの記録において、労働者はせいぜい専門家の計画を実行した見えない力としてしか出現しない。あるいは「東亜建設」のため律儀に働き、命さえ犠牲にした「産業戦士」という形で登場するのが大半である。[117]二つのダムはダム技術の最先端を表すものと宣伝され、日本の技師は自身の専門性を語りの中心に据えていたが、多くの中国・朝鮮の未熟練労働者を斡旋することなしに事業を実行することはできなかった。豊満ダムでは一九三七年一一月から一九三八年六月の間、松花江のほとんどを遮断した止水堰の建設のために、月当たり三〇万人近くの労働者を必要とした。建設のピークである一九四二年には、翌年の電力供給に備えてダム構造の大部分を早く終わらせるために、一日当たり一万五〇〇〇人の労働者が使われた。[118]事業の開始時から、労働者の継続的で安定した供給は非常に困難なことであることが分かっていた。満州国政府と私企業は、大規模建設事業に必要な労働力を徴用するために、主に中国人の労働者ブローカーを使っていた。それは「把頭制」と呼ばれ、ブローカーに対してまとまったお金を支払い彼らから労働者に給料・ローン・交通費を分配するもので、一五〜九〇人からなるグループを維持するものだった。[119]

満州国では全体において、多くの野心的な建設事業に必要な労働力の不足に常に直面していた。なぜなら関東軍と労働統制委員会が当初、潜在的に国家転覆の恐れがあること、満州の中国化を抑えて日本からの移民を増やすことを望んでいたこと、通貨流出を懸念していたことなどから、中国北部からの伝統的な移民を抑制する政策をとっていたためである。関東軍は一九三二年、これまで建設会社自体が中国のブローカーを通じて行っていた労働者の採用と供給のプロセスを定形化し管理するため大東公司を設立した。[120]一方で労働者政策の形成において影響力をもっていた建設会社の私的企業グループである満州土木建築業協会は、中国の伝統的労働資源の供給を増やし徴用のためのコストと労賃を抑えるためのシステムを作るべきだと常々提唱していた。豊満ダムの建設と同年に始まった五カ年計画は、戦争によって引き起こされるさまざまな困難の結果として資源の供給が厳しくなり、コストが急増したのに対して、労働需要を増やしただけだった。その結果一九三八年二月に国家総動員法が通過し、強制労働が合法化され移民制限も急速に緩和された。満州土木建築業協会は、一九三八年に満州労工協会を、一九四一年にその中国のカウンターパートとなる北支労工協会を設立することを通して、その過程のコントロールを強化しようとした。しかし中国での新規事業による労働需要創出と賃金上昇は、中国人が満州へ移住する動機を減らし、すでにあった労働供給問題をより悪化させる結果となった。それにより強制労働や受刑者、若者や高齢者といったより経験のない生産性の低い労働者に頼ることが増えた。企業同士が希少な労働者や劣悪な労働環境から逃げ出した労働者をめぐって争ったため、離職率はほとんどの建設現場において高かった。一九四一年に太平洋戦争が勃発した後は、国は労務興国会や中国北部の新民会といった組織を通じて強制労働や大規模動員へとますます舵を切っていった。[121]

満州国の労働力斡旋システム全体における多くの問題とさまざまな緊張は、豊満ダムにおいて現実的な問題として展開した。労働者が日常的に逃亡したので、彼ら「逃亡した工人」を狩るための「保安隊」が作られたと技師は報告している。慢性的な労働供給問題を緩和するために、大東公司は戦争犯罪人の強制徴収に頼り、一九三七年七月に北京近くで起きた通州事件の捕虜約一四〇〇人を砂利の収集のために確保した。彼らは中国南部の上海から北部のロシアとの国境上の黒河市に至る地域から労働者を探し求めたが、ほとんどは山東省や河北省といった伝統的な供給源からやってきた。戦中の労働者の質の低下のしるしとして、吉林の大東公司の事務所長は上海から来たある労働者の集団を、えさを与えられた時にだけ働く「与太者」の落ちぶれ集団だと述べている[122]。一九三八年の新聞報道では、一七、一八歳の若者と高齢者が並んで働いていると言及されている[123]。一九三九年までに彼らは吉林周辺からの受刑者を使い始め、一九四三年には国民勤労奉公隊からの徴収労働者を動員した[124]。豊満ダムは国の五カ年計画の一部として最優先の位置づけであったため、事業のスケジュールを保つため労働者は猛烈に働かされた。例えば冬の短い期間に、川の大部分を閉鎖させるために労働者は摂氏マイナス四〇度のなか昼夜働かされた[125]。彼らは砂利、砂、石を得るために凍った地面を一メートルから二メートル掘り、それを凍った川の上に移送し、そこで一メートルの氷を破砕し、その下を徐々に埋め立てていった。この作業のために一日当たり一万人の労働者が必要とされた[126]。技師は、この方法が安価で材料を節約すると主張していたが、三日におよそひとりの割合で死者が出ていたことを報告している[127]。土木工学部門の長であった内田弘四は回想録の中で、事業の国家的重要性と早期完成への強烈な国による圧力のために、労働効率を維持する環境を作ることに多くの注意が払われていたことを強調している。一九三九年までに、大部分が日本人街からなる地域の対岸に、一万人の労働者のための住宅が建設され、ひとつの建物ごとに五〇人を収容していた。内田によると地域の食料は豊富で栄養価が高く、一〇〇人のロシア人従業員も家族を連れて彼らの村に移住していたという[128]。水力電気建設局は主に中国人や朝鮮人によって経営されるレストランやバーからなるエンターテイメント区域を設置した。ある新聞記事は、「妓女を繞《めぐ》って苦力の醜き暗闘」に対処するために、交番を警察署へと格上げしなければならなかったと報じていた[129]。

労働者は一時間のランチタイムを含む一二時間シフトで、年に五日の休みがあった。監督の場合は月に二日が休みであった。給料は、中国人労働者には日当九〇銭、朝鮮人と日本人にはそれより多く、受

図11　豊満ダム建設現場で仕事に向かう準備をしている中国人人夫（苦力《クーリー》）。1939年。出典は満州国水力電気建設局「松花江第一発電工事写真帳」。

刑者にはそれより少ない額が支払われた[130]。雇用された労働者の平均して約七〇パーセントが毎日現場に姿を現した。大東公司は報酬の支払いで労働時間を少なく見積もったり、通勤・写真・労働管理の費用や手数料を賃金から差し引いたりすることで評判が悪かった。多くの労働者は借金とモルヒネ中毒の重荷を背負うことになった。なぜなら夜間労働者は冬の建設の間モルヒネ一錠を受け取っていたのである。ほとんどの犠牲者はチフスのような伝染病によるものだった。内田は、推定一〇〇〇人の死者のうち九四パーセントが劣悪な衛生状況による伝染病によって死亡したと記しており、そのことに深い悔恨の念を抱いていた。地滑りやクレーンの暴走といった労働災害が残りの死因であった[131]。奉天実業学校の卒業生で、豊満ダムの電気技術者であった中国人の王廣良も、病気が一番死者を出したと述べている。衛生施設の不足とずさんな管理によって病気は瞬く間に広がり、一万人の労働者に対してひとりの医者と看護師しかいなかった。診療所もまったく十分な数ではなく、医者はほとんどの症状に対して大抵はモルヒネを処方していた[132]。死者はまた、逃亡を図った受刑者への発砲や受刑者の反乱の鎮圧、朝鮮人警護人と中国人受刑者の間の暴力によっても出た[133]。最終的に「工人慰電塔」が建てられ、背面には満州工労協会の理事である飯島満治による献辞が「厖大な規模の工事が、酷寒など悪条件で推し進められるなか、労働者が直面した困難は創造を絶した。工事現場で死亡した労働者は無名英雄と称するべし」と刻まれた[134]。だが本間は一九四四年のインタビューで「殉教者だけで三百人です」と述べているが、この事業の圧倒的な規模に比べたら大した数ではないと述べている[135]。政府が劣悪な労働環境に関する詳細を隠蔽したため、名もなき中国人労働者は満州国建設の崇高な大義のための犠牲という日本の語りに最終的に組み込まれたのである。

　警察や監視、動員などの規律化のテクニックも、事業の期限を守るために、大量のダム労働者を効率よく管理し、彼らの生産性をあげるうえで必要とされた。水豊ダムでは朝鮮の水豊道の「一寒村」は一九三八年に九〇世帯（四八〇人）から九五〇世帯（八七八二人）に成長し、全ての建設地域を含めると一万三〇〇〇人であった[136]。一九四〇年六月までには、地域の住人は約二万八〇〇〇人にまで増えた[137]。建設の開始にあたり、臨時雇用の労働者用の掘立小屋は指数関数的に増え、「一攫千金」をねらう中国人、朝鮮人、日本人の波が押し寄せレストラン・バーや宿屋を開業した。国家事業において労働者の間に「遊惰蕩々の気風」が蔓延《はびこ》る恐れから、地域警察は衛生状態や資本、業務の継続性などの条件をもとに、企業数を制限する厳格な許認可制を開始した[138]。売春・ギャンブル・窃盗は重大な懸念事項で、警察は建設会社に対して部外者を区域内に居住させないようにし、週に二回から三回身元確認を実施するよう要請した[139]。民族間の対立を防止し、さもなくば「頗る移動性多」い、流浪の労働者となるはずだった者たちにたいして、「日満支共存共栄」の精神を推進するために、「醇風美俗」が町内会や労働者会議で教示された[140]。

進行中の戦争により、ダム建設現場は高度に軍事化されていた。水豊ダムでは、抗日ゲリラから一般住民を切り離す関東軍の暴動鎮圧作戦の一環として近隣住民は集団部落に組み込まれた。生活を奪われていた彼らの多くに選択肢はなかった。国境付近の朝鮮共産党反乱軍との闘いで総督府の初期の戦略から教訓を得ていた関東軍は一九三四年から一九三九年までに満州全域にこれらの集団部落を精力的に設置し、彼らのうち一万三四五一人がそこに住んでいた。既存の村はしばしば焼き払われ、住人は不衛生で農業的な生活手段を充分に持たない平原に急遽建設され軍事化された場所に移住させられた[141]。水豊ダムも、揚靖宇の東北抗日連合軍とその金日成の部隊が付近で活動していたことから厳重に守られ、関東軍による三年かかった軍事展開による掃討作戦を促進した。一九三七年の軍の調査では、二万の「山賊」が満州国で活動していると推測しており、彼らに協力的な農民に溶け込む彼らの能力を考慮すればその数はもっと多くなるだろうとしている[142]。満州国と中国からの労働者の数が増えるにつれ、朝鮮当局は労働者や難民を装って共産主義者を組織しリクルートする、あるいは共産主義者のためにスパイを行う「不純分子」を懸念するようになった[143]。建設会社である間組の長の中村椿二郎は、一九三八年には警察が労働者を毎日検挙し、会社の役員は武装して仕事に行っていたと述べている[144]。同年、三一人の警官がダムの朝鮮側に、三四人が満州国側に駐在していた[145]。二、三人の私服警官あるいは制服警官が朝鮮の建設地、宿泊小屋、周辺の村落をパトロールし、二人の警官が侵入者についての情報を交換するために毎日満州国側へ行っていた[146]。警官は労働者登録を集計し月に三回身元確認を実施し、怪しい人物の経歴についてより詳細な調査をおこなった。宿泊小屋には居住者の名前が記され、監督者はすべての出入りと変更を報告する必要があった[147]。

政府と建設下請け業者は、ほぼ農業労働者であった集団を訓練された産業労働力へ転換しようとした。例えば、彼らは資本家・行政職と労働者の調和を創造するためのキャンペーンを開始し、良いマナーと労働への専心、倹約を奨励した[148]。水豊ダムにおける一九三九年のコンクリートの注入と設置の開始時には、建設会社の従業員は日雇い労働者（人夫）に機械の扱い方を教えようと「南京鼠」のように走り回り、ベルトコンベア、鉄製バケツ、クレーン、レールカー（軌道車）、混合・粉砕機などの機械化システムと労働力を連動させるために奮闘した[149]。一九四一年の建設の最盛期において労働者の意欲をかきたてるために、二つの建設下請け会社は、毎日誰が一番コンクリートを設置できるかを労働者が競い合うコンテストを始めた[150]。

土地の補償や移住プロセスと同様に、ダム建設にも植民地権力の多様な形の動員が必要だった。すなわち把頭制と日本の労働管理組織を通じた植民地余剰労働力の移動と組織化が必要とされた。さらに重労働のために集住村落に移住させられた強制労働者・受刑者・小作農民を囲い込んだ軍事キャンペーンも行われた。労働者ブローカーから現場監督、警官にいたる監視の多様な層が求められ、規律・生産性・民族調和を促進する政府と企業のキャンペーンなども行われた。したがって、「科学日本」とそのテクノクラート的専門性は、多くの異なる植民組織による暴力・監視・管理・動員の多様なテクニックに依存していたのである。

結論——技術の力を自然化する

植民地ダム建設に関わったのと同じ技師、官僚、ビジネスマンの多くが、彼らの専門性を、日本の高度経済成長期に「国土総合開発計画」の形で、そして影響力の大きい海外開発援助プログラムの一環として、広範囲に及ぶ多目的ダム事業に利用した。日本の企業と政府のリーダーは様々な方法で、技術的専門性を自然化し合法化する、植民地期に発展したテクニックのいくつかを使いながら、開発と繁栄の名において技術の力を想起させ続けた。何人かの研究者が戦中と戦後のテクノクラート的な言説の連続性に言及してきたにもかかわらず、それがコロニアルとポストコロニアルな文脈のなかで権力の体系としてどのように形成され運用されたかを分析した者はほとんどいない。技術の力は合理性・効率・体系性へのイデオロギー的な訴えかけや、開発を通じて社会政治的な区分を超えるという約束だけではなく、現場における技術の意味を自然化する試みによっても生じたのである。この技術と専門性を植民地に根付かせる過程は明らかに無計画で、乱雑で、無理を通そうとするものであり、したがって技術が安定・進歩・秩序をもたらすという日本のイデオロギー的主張の脆弱でしかない基盤を明るみに出すものでもあった。日本の植民地に対する技術と計画の導入は、不慣れで非協力的な背景を根本から転換することを必要としていた。それは現場における知識の新しい形式を発展させ、対立する展望と利害を調停し、抵抗する住人と交渉し、労働者を動員・管理し、協力を確保し期日に沿った完遂を確かにするための法律と制度を必要としていたということでもある。技術と専門性は、主として象徴的で言説のレベルにおいて作用するというより、これらの特定の実践と制度を通して植民地権力のシステムを形成したのである。

注

（1）星野「本間徳雄と豊満ダム」、五五頁。
（2）満州電業史編集委員会『満州電業史』、五七八－八〇頁、満州事情案内所「吉林事情」、一九九頁、内田ほか「豊満ダム」、三、一三頁。
（3）満州事情案内所「吉林事情」、一四五頁。
（4）内田ほか「豊満ダム」、七、一一、四二－四四頁、本間「満州国水力電気事業について」、三五頁、米一石は二七八・三リットルで、人ひとりが一年間に食べるのに十分な量と考えられていた。
（5）満州電業史編集委員会『満州電業史』、五七五頁、山本唯人「本間元水電局長を偲ぶ」、一四六頁、内田ほか「豊満ダム」、三頁。
（6）ダム建設地への多くの異なる訪問者の記録については、吉林商工公会『吉林商工公会事業報告書』、八二－八八、九六‐一〇四頁を見よ。

(7) 「水豊ダム処女発送電」京城日報、一九四一年八月二六日、原田『水豊発電所工事体験』、一五頁。

(8) 小平「新義州商工要覧昭和十七年版」一三〇頁、これらの事業ついてより詳しくは、越沢「大東公の計画の建設」、二二三‐二四頁、孫『日本統治下朝鮮都市計画史研究』、一七五‐二一二頁を見よ。

(9) 朝鮮電気事業史編集委員会編「朝鮮電気事業史」四一五、五三五頁、間組百年史編纂委員会「間組百年史」、六三六頁。二五〇〇万人という数字は建設過程において使われた総人員の統計値であり、労働者の合計ではない。

(10) Mimura, *Planning for Empire*; Mizuno, *Science for the Empire*.

(11) Young, *Japan's Total Empire*, 303.

(12) 深井『水俣病の政治経済学』、七九‐八〇頁。

(13) 原田『水豊発電所工事体験』、二二、六三‐六四、八四、一二〇、一二三、一二五‐六頁、久保田「私の履歴書」、二四一‐二二二頁、Molony, *Technology and Investment*でも、野口や久保田、その他の経営者について、朝鮮における日窒の話が中心に据えられている。豊満ダムについての同様の説明に関しては、内田ほか「豊満ダム」を見よ。

(14) 朝鮮における日窒の開発の概観については、姜『朝鮮における日窒コンツェルン』、八一‐一〇七頁を見よ。

(15) 同上、二三、九六、一〇〇、一四五、一五七、一六二頁。

(16) Molony, *Technology and Investment* p. 156 より引用。

(17) White, *Organic Machine*, 76. 環境がどのように「合理化」されたかに焦点を当てた他の仕事についてはMitchell, *Rule of Experts*, 19-53.

(18) 朝鮮の第一次水力調査は、水路式のための継続的で安定した発電を確保するために最低流量しか計測しなかった。水路式は、巨大貯水池と高位ダムを通じて水を溜めて管理するのではなく、巨大なパイプを通じて河の流れを急斜面に迂回させる方法である。第二次調査は、環境の読み取り方における「パラダイムシフト」であり、その結果もたらされた豊富で安価な電力は、一九三〇年代の朝鮮における高位ダム建設の波と重工業の活性化に拍車をかけた。一九三〇年代末までに、日本の電力の五六パーセントが水力であったのに対して朝鮮では八二パーセントを占めていた。河合「第二次水力調査と朝鮮総督府官僚の水力認識」、三〇四頁。調査の価値は、単純にデータを提供するだけでなく、日本の技師がどのように環境を計測し交渉したかを記述しているところにもある。鴨緑江のより詳細な調査を扱い、水豊ダムにより直接関連した第三次水力調査（一九三六‐四一）の結果は消失したままである。

(19) 朝鮮総督府逓信局『朝鮮水力調査書』、一五、二二、一七一頁。この透明性の効果を示した豊満ダム建設地の同様の調査は水力電気建設局『満州国水力電源調査年報』に見られる。

(20) 朝鮮総督府逓信局『朝鮮水力調査書』、一二、七五、一六一、一八三、一九四‐九六頁、河合「第二次水力調査と朝鮮総督府官僚の水力認識」、三二四‐一五頁。

(21) 水豊ダム以前に朝鮮に建設されたダムは、日本に建設されたものよりも格段に大きかったにもかかわらず、水路式であった。

(22) 「本間さん水電を語る」、一四頁、満鉄と満州国交通部の松花江に関する以前の調査は、継続的な水力発電によるダムの発電力は三〜五万キロワットしかないことを示唆している。

(23) 星野「本間徳雄と豊満ダム」、四六‐四九頁。

(24) 満州国史編纂刊行会『満州国史』、一〇六二頁。

(25) 満州電業史編集委員会『満州電業史』、一五一‐五二頁、星野「本間徳雄と豊満ダム」、四九頁。

(26) 第一期は基礎的な政治・経済的機関を創設し、独立した経済を作り出すことが目的とされた。第二期は日本に従属した国防経済の形成が目的とされた。Mimura, *Planning for Empire*, 94-95.

(27) 満州国史編纂刊行会『満州国史』、九七一‐七四頁。

(28) 南「「満州国」における日本の植民地統治と戦後東北地域の再建」、一一三頁。

(29) 満州電業史編集委員会『満州電業史』、三六二頁。

(30) 直木「満州の水力電気事業」、四頁。

(31) 堀「「満州国」における電力業と統制政策」、一八頁、満州国工業化五カ年計画は鉱業生産と金属生産の増加にかなり焦点が当てられていたが、農業生産と交通インフラの改善と移民増加の計画も含まれていた。五カ年計画と経済政策の他の側面についてより詳しくはNakagane, "Manchukuo and Economic Development"を見よ。

(32) 満州電業史編集委員会『満州電業史』、二五二‐五七頁。

(33) 須永「満州における電力事業」、九七‐九八頁。
(34) 満州国史編纂刊行会『満州国史』、一〇六三‐六六頁。
(35) 満州事情案内所「吉林事情」、一五四‐五五頁。
(36) 「本間さん水電を語る」、一四‐一五頁。
(37) 星野「本間徳雄と豊満ダム」、五二頁、満州国史編纂刊行会『満州国史』、一〇六八頁。
(38) 一九二一年、世界的に有名なアローロックダム(Arrowrock Dam)を建設したアメリカの技師は小牧ダムの建設に際して日本の技師にアドバイスをした。日本の技師は世界ダム会議(World Dam Congres)の一九三三年ストックホルム大会と一九三六年ワシントンDC大会にも参加し、一九二〇、三〇年代においてヨーロッパとアメリカのほとんどの主要ダムの定期的な訪問者だった。アメリカとの関わりにおける日本のダム建設の専門性の発展については、広瀬「軍需景気と電力建設工事」を見よ。
(39) 同上、一四二‐一四三頁、松浦「コンクリートダムにみる戦前の施工技術」、五七〇‐七一頁。
(40) 空閑『米国における高堰堤視察報告書』、三、一一、一四‐一五、二三‐二六、三四‐三六頁、松浦「コンクリートダムにみる戦前の施工技術」、五七五頁。
(41) 科学技術新体制について詳しくはMizuno, *Science for the Empire*, 60-68を見よ。技術的自律性のための戦中の日本の様々な努力について詳しくはMorris-Suzuki, *Technological Transformation of Japan*, 143-60; Yang, *Technology of Empire*; Grunden, *Secret Weapons and World War II.* を見よ。
(42) 「吉林事情」、一四四‐四六頁、満州電業史編集委員会『満州電業史』、二七頁、山本唯人「本間元水電局長を偲ぶ」、一四七頁。
(43) 満州国通信社会社「松花江発電所建設の苦心を聞く座談会」、三七頁、「本間さん水電を語る」、一五頁。
(44) 満州電気協会「松花江水力発電計画概要」、三五‐三六頁、内田ほか「豊満ダム」、五八‐六〇頁。
(45) 戦争の結果、発電機とタービンの海外からの納入も遅延し、ブロックされた。スイスの注文は一九四〇年ニューヨークに到着したが、日本船のパナマ運河通過禁止をうけて送り返された。巨大タービン一つと内部タービン二つだけがシベリア鉄道で配送された。アメリカとドイツに注文した三つの発電機はそれぞれ別の船便で届けられた。ドイツの発電機一つとタービンは一九三九年にシベリア経由で移送され、一九四一年にカモフラージュを施した駆逐艦がもう一対を秘密裏に配送した。一九四二年の駆逐艦による最後の一対の配送は、途中アフリカ沖でのイギリスの空襲を生き延びた。南「満州国における日本の植民地統治と戦後東北地域の再建」、一三〇頁、満州電業史編集委員会『満州電業史』、五八一頁。

(46) 「本間さん水電を語る」、一五頁。

(47) 南「満州国における日本の植民地統治と戦後東北地域の再建」、一三〇頁。

(48) 満州国水力電気建設局『松花江第一発電所工事写真帳』、五八‐五九頁。

(49) 「本間さん水電を語る」、一五頁。

(50) 事業の実現可能性や私的管理と公的管理をめぐる対立、産業政策や電気料金、電気サイクルのような問題に関して満州国政府、朝鮮総督府、日窒が合意に至らなかったため、水豊ダムも激しい制度的抗争に直面した。Moore, The Yalu River Era of Developing Asia を見よ。

(51) 広瀬「朝鮮総督府の土木官僚」、一八四頁。

(52) 本間「満州国水力電気事業について」、一八‐三八頁、「本間徳雄に対する当日の質疑応答速記録」、四二頁。本間のことばでは以下のとおりである。「綜合技術を以って河水の完全利用、国土の完全開発を築するもので、之を吾々は河川総合開発案と称し、満州国主要国策のひとつとしておるのである。」

(53) 満州電業史編集委員会『満州電業史』、五七七頁。

(54) 豊満ダム建設地周辺の水力調査については水力電気建設局「満州国水力電源調査年報」。

(55) 記録された流量でもっとも高いものは一秒当たり一万立方メートルであった。満州電業史編集委員会『満州電業史』、五七八頁。

(56) 南「満州国における日本の植民地統治と戦後東北地域の再建」、一二四頁。

(57) 山本唯人「本間元水電局長を偲ぶ」、一三八頁。

(58) 満州電業史編集委員会『満州電業史』、五八九‐九一頁。

(59) 本間徳雄「本間さん水電を語る」、一五頁。

(60) 山本将雄「豊満貯水池による康徳一〇年度降水調節成果報告」、一六‐一七頁。

(61) 南「満州国における豊満水力発電所の建設と戦後の再建」、一一、一四‐一五頁。

(62)「本間さん水電を語る」、一六 - 一七頁。
(63)「混合した専門性(Hybrid Expertise)」に関してさらに詳しくは Mitchell, Rule of Experts, 37.
(64)中山『躍進吉林の大工業と観光事業に就て』、八頁。
(65)吉林商工公会『水力発電に伴い科学工業都市化する吉林』、八 - 一八頁。
(66)同上、五一、一六〇 - 六一頁。
(67)満州事情案内所「吉林事情」、一三四 - 三五、一六七 - 七七、一七九 - 八〇頁。
(68)Ibid., 一三八 ; 中山、躍進吉林、二九 - 三〇頁。
(69)中山『躍進吉林の大工業と観光事業に就て』、三四、三九 - 四三頁。
(70)「本間さん水電を語る」、一八頁。
(71)満州事情案内所「吉林事情」、一八六 - 九二頁、松本「吉林林業史」、二六六頁。一九四〇年に吉林商工会議所は、吉林省や吉林市の政府、樺甸郡、交河郡などの郡政府、水力発電建設官僚、北満州輸送会社、ハルピンの船輸送官僚、満州国森林省、満州開発会社と協同して、輸送、漁業、商業へのダムの影響について「総合的研究」に着手した。彼らは研究に関する限定版のパンフレットを刊行する計画をしていたが、その計画は果たされなかった。吉林商工公会の『吉林商工公会事業報告書』一九四〇年の八三 - 八四頁を参照せよ。
(72)中山『躍進吉林の大工業と観光事業に就て』、一一頁。
(73)満州事情案内所「吉林事情」、一九二頁。
(74)吉林商工公会『水力発電に伴い科学工業都市化する吉林』、三頁。
(75)松本『吉林林業史』、二五八頁、満州事情案内所「吉林事情」、一五二頁。本間は中国人住民の「単純」な迷信的行為について簡潔に述べている。彼らは、土地を売ることを承諾した。なぜなら日本人が計画を完遂できないと信じており、補償金を事前に払ってもらえる上に、自分たちの土地を保持することができるだろうと考えていたためである。さらに住民は、地域の水の神々が建造物を粉々に砕いてくれるだろうと考えていた。「本間さん水電を語る」、一五頁、満州国通信社会社「松花江発電所建設の苦心を聞く座談会」、三四 - 三五頁。
(76)深井『水俣病の政治経済学』、八九 - 九二頁。
(77)朝鮮電気事業史編集員会編「朝鮮電気事業史」、二八〇、二八二、三〇五 - 六頁、広瀬「植民地域朝鮮における水豊発電所建設と流筏問題」、四二頁。

(78) 農林局委員「流筏対策」(ca. 一九三八年)、鴨緑江開発委員会関係、二四七 - 四八頁。これらの文書は今後OKIKと表記。

(79) 中央日韓協会『朝鮮電気事業史』、二九七頁。

(80) 農林局委員「流筏対策」(ca. 一九三八年)、OKIK、二四七 - 四八頁。

(81) 農林局委員「流筏対策」(ca. 一九三九年)、OKIK、一四二 - 四三頁。

(82) 農林局委員「流筏対策」(ca. 一九四一年)、OKIK、二五 - 二六頁。

(83) 広瀬「植民地域朝鮮における水豊発電所建設と流筏問題」、四七頁。

(84) 同上、四八頁。

(85) 「水豊ダム築造と通筏施設問題」、一一頁。

(86) 「水豊ダム築造と鴨緑江流筏問題」、二八頁。

(87) 広瀬「植民地域朝鮮における水豊発電所建設と流筏問題」、五〇頁。

(88) 「流筏問題ますます重大化」、一〇 - 一一頁。

(89) 同上、一一頁。

(90) 広瀬「植民地域朝鮮における水豊発電所建設」、五〇 - 五一頁。

(91) 表谷「鴨緑江木財界の展望」、一七 - 一八頁、広瀬「植民地域朝鮮における水豊発電所建設と流筏問題」、五二頁。

(92) 姜益善、〝바라보노니 深山幽谷 田倉重石鑛地帯―常俄山城에 回憶도새로워라〟、満鮮日報、1940.1.29.

(93) 姜益善、〝嶮山峻嶺門前沃沓、一朝에 水國化라니한바탕꿈이로다―오오 偉大할손 科學의 힘이여〟、満鮮日報、1940.1.28.

(94) 同上。

(95) 姜益善、〝水沒地를 떠나는 同胞여 기리 福祿을 누리라 낫선 고장도 情들면 내故鄉 되는 것을〟、満鮮日報、1940.2.1.

(96) 原田『水豊発電所工事体験』、一〇五頁。

(97) 中央日刊協会「朝鮮電気事業史」二九八‐九九頁、広瀬「「満州国」における水豊ダムの建設」、八頁。
(98) 広瀬「水豊発電所建設による水没地問題」、一九‐二〇頁、小林『大東亜共栄圏の形成と崩壊』、三四七‐五二頁。小林と違い、広瀬はダム建設の間に採用された様々な法的・行政的戦略について議論している。
(99) 広瀬「朝鮮における土地収用例」、二一‐九頁。
(100) 平安北道委員「土地回収対策」(ca. 一九三八年)、OKIK、二一七‐一八頁。
(101) 田中「鴨緑江水電会社の用地開発などの事業遂行に対する地元民の意向」、三九一頁。
(102) 平安北道委員「土地回収対策」(ca. 一九三八年)、OKIK、二一九頁。
(103) 田中「鴨緑江水電会社の用地開発などの事業遂行に対する地元民の意向」、三九三頁、平安北道委員「土地回収対策」(ca. 一九三八)、OKIK、二二一、二二三頁。
(104) 田中「鴨緑江水電会社の用地開発などの事業遂行に対する地元民の意向」、三九四‐九五頁。
(105) 平安北道委員「土地回収対策」(ca. 一九三八年)、OKIK、二一九頁。
(106) 同上、二二一頁。
(107) 広瀬「水豊発電所建設による水没地問題」、一〇‐一二頁。
(108) 平安北道委員「土地回収対策」(ca. 一九三八年)、OKIK、二一九‐二〇、二二二頁。
(109) 広瀬「水豊発電所建設による水没地問題」、一七頁、折坂「鴨緑江水電水没地発表さる」、九二‐九四頁。
(110) 広瀬「水豊発電所建設による水没地問題」、一八頁。
(111) 折坂「鴨緑江水電水没地発表さる」、九一頁。
(112) 広瀬「水豊発電所建設による水没地問題」、二三、二五頁、外務部委員「水没地住民のしおり」(一九三八年?)、OKIK、二二八頁、内務局委員「土地回収対策」(ca. 一九四一)、OKIK、三二一頁。
(113) Park, *Two Dreams in One Bed*, 162-97.
(114) 広瀬「水豊発電所建設による水没地問題」、一九頁。
(115) 姜益善、〝白雪을 거더차고 排水嶺 넘어서니 荒北엔 五頭馬車 방울 소리 요란하고 저기 지게꾼의 愁心歌 흥겹다〟、満鮮日報、1940.1.27.
(116) 内務局委員「土地回収対策」(ca. 一九四一年)、OKIK、三二一頁。

(117) 原田「水豊発電所工事体験」、五九頁。
(118) 吉林工程局「松花江堰堤発電工事概況」、二一〇頁、満州国史編纂刊行会『満州国史』、五八四頁。
(119) 江田、解、松村『満鉄労働史の研究』、二一九‐二〇頁。
(120) Tucker, *Building 'Our' Manchukuo*, 306-10. 一九〇七年に満鉄が建設事業のために労働者と契約を開始したときから、彼らは柔軟な把頭制を採用し、それによって中国人現場監督は短期間の仕事のために労働者を移送し、賃金を支払い、維持するための一括金を支払われていた。この制度は満州国の時代まで続けられたが、大同会社によってより集中的に管理された。Tucker, *Building 'Our' Manchukuo* を見よ。満州国の労働者斡旋制度についてより詳しくは Tucker, *Labor Policy and the Construction Industry in Manchukuo* を見よ。
(121) Tucker, *Building 'Our' Manchukuo*, 319, 330, 334-35.
(122) 満州国通信社会社「松花江発電所建設の苦心を聞く座談会」、三二一‐三二二頁。
(123) 田上「二大水電工事をみる（二）」、満州日日新聞、一九三八年九月二二日。
(124) 南「満州国における豊満水力発電所の建設と戦後の再建」、六頁。
(125) 吉林工程局「松花江堰堤発電工事概況」、二一〇頁。
(126) 内田ほか「豊満ダム」、四七‐四八頁。
(127) 満州国通信社会社「松花江発電所建設の苦心を聞く座談会」、三四頁。
(128) 内田ほか「豊満ダム」、六二一‐六四頁。
(129) 田上「二大水電工事をみる（二）」。
(130) 百銭は百円に等しい。満州国通信社会社「松花江発電所建設の苦心を聞く座談会」、三三頁。一九三九年の労働賃金の統計は「豊満ダム」、六八頁を見よ。
(131) 内田ほか「豊満ダム」、四、六五、六七頁。
(132) 南「満州国における豊満水力発電所建設と戦後の再建」、六頁。
(133) 満州国通信社会社「松花江発電所建設の苦心を聞く座談会」、三四頁。
(134) 南「満州国における日本の植民地統治と戦後東北地域の再建」、一三八頁。
(135) 本間は落下事故やダイナマイトの事故による死者しか言及しておらず、洪水や山賊の襲撃による死者がいなかったという事実を称賛している。「本間さん水電を語る」、一五－一六頁。しかし一九七〇年には、約百人の死体が入った墓穴が発見され、そのいくつかはワイヤーや手錠で互いに繋げられ、あるいは胸に銃による傷があった。閻「現場での証言」、五一－五二頁。同じような穴は豊満ダムでも発見されている。豊満ダムの一万人の体で埋め尽くされた地中の穴については「豊満ダム万人坑」を見よ。http://www.ac.auone-net.jp/~miyosi/db3.htm（二〇一二年一月二七日閲覧）

(136) 平安北道委員「警備及び保安取締対策」（ca. 一九三八年）、OKIK、一三五頁。
(137) 朝鮮電気事業史編集委員会編『朝鮮電気事業史』、四一八頁。
(138) 平安北道委員「警備及び保安取締対策」（ca. 一九三八年）、OKIK、一三五－一三六頁。
(139) 刑務局委員「警備及び保安取締対策」（ca. 一九三八年）、OKIK、一三三頁。
(140) 平安北道委員「警備及び保安取締対策」（ca. 一九三八年）、OKIK、一三六頁、刑務局委員「警備及び保安取締対策」（ca. 一九三九年）、OKIK、一三五頁。
(141) 老田「資料「集団部落」について」、八六－八八頁。
(142) 梶村「一九三〇年代満州における抗日闘争に対する日本帝国主義の諸方策」、一三五頁。
(143) 平安北道委員「警備及び保安取締対策」（ca. 一九三八頁）、OKIK、一三九頁。
(144) 原田「水豊発電所工事体験」、八九頁。
(145) 刑務局委員「警備及び保安取締対策」（ca. 一九三九年）、OKIK、一三一頁。
(146) 平安北道委員「警備及び保安取締対策」（ca. 一九三八年）、OKIK、一三三頁。
(147) 刑務局委員「警備及び保安取締対策」（ca. 一九三九年）、OKIK、一三二頁。
(148) 平安北道委員「警備及び保安取締対策」（ca. 一九三八年）、OKIK、一三九－四〇頁。
(149) 原田『水豊発電所工事体験』、九〇頁。
(150) 間組百年史編纂委員会『間組百年史』、六三八頁。朝鮮人や中国人は労働者あるいは日雇い労働者だけではなかった。朝鮮鴨緑江水力発電会社の電気部部長であった玉置正治によると、水豊ダムで熟練労働の地位で働いていたほとんどの朝鮮人は技師というよりは技術者であり、指導的な地位には就いていなかった。玉置「朝鮮の水力利用について」、一一四頁。水豊ダム事業に関わった建設会社のいくつかの主要なメンバーのリストを見ると、朝鮮人（と何人かの中国人）が主として供給、建設、機械、エンジニア労働、修理、コンクリートミキサーの部門に就いていたことがわかる。原田『水豊発電所工事大観』、九二－九九頁。朝鮮総督府が被植民地者の間での科学技術的な知識を制限するという長期的な政策を持ち、それによって彼らを未熟な低賃金労働者に仕立て上げようとしたにもかかわらず、朝鮮人は次第に朝鮮と満州の下級専門学校を巧みに利用するようになった。これらの学校は、一九二〇年代より朝鮮が急速な工業化を追い求めたことによって日本の熟練労働者への需要を満たすために設立されものである。したがって、朝鮮総督府の科学技術的知識を取り締まるという政策にもかかわらず、朝鮮人は彼ら自身の社会のためにある程度の科学技術的知識を使用し始めていた。日本統治下の朝鮮人技師・技術者と、彼らの教育的経歴について詳しくは、広瀬「朝鮮総督府の土木官僚」、二六〇－三三二頁を見よ。

第五章　社会機構を設計する

革新官僚の技術的なヴィジョン

戦時中、技術の意義を形成するのに大きな役割を果たした有力なグループは、革新官僚であった。彼らは一九三一年から一九四五年の間に日本国内、また帝国（特に満州）の経済政策や計画行政の中心にいた官僚の結束力のあるグループである。[1] 革新官僚のイデオロギー的な計画の中心になっていたのは、自由放任主義的な資本主義に起因する不平等を排除し、自給自足的な総力戦体制の建設を目的とした統制経済の形成である。彼らのアジェンダは、大衆協調主義的な政党や諸組織、（労働）組合などの形成を通じて政治、文化、社会を統合しようとするファシズム的なヴィジョンを具現化しようとする、テクノクラートによる上からの計画を超えたものであった。革新官僚の多くは一九二〇年代に東京帝国大学を卒業していた。そこで彼らはマルクス主義の社会科学に強く影響を受けたうえ、大正デモクラシーの社会運動によって政治的にかなり急進的になっていた。一九二〇年代の頻発する経済危機、特に一九二九年以後の大恐慌は、多様な政治的・知的立場の人々に自由市場の資本主義について疑問を抱かせ、多くの人々を強力な判断枠組みを提示していたマルクス主義に傾倒させた。しかし当時のマルクス主義者とは異なって、右翼的な官僚である彼らは国家を階級や個人のまとまりであるとは見ていなかった。彼らにとって国家とは究極的に、政治的忠誠と経済分析の基本的な単位であった。[2] 大学を卒業した後、革新官僚は一九三〇年代半ばの満州国や中国において経済計画の実践経験を積み、大蔵省、商工省、鉄道省、農林省、内務省、逓信省で課長や局長になっていた。このような強い影響力をもった官僚のなかには、岸信介、椎名悦三郎、美濃部洋次、奥村喜和男などがいた。

技術官僚や技師の場合と同じように、革新官僚のイデオロギーの源泉となったのは技術それ自体についての概念というより、当時流布していた計画経済についての考え方である。実際、総力戦への科学と技術の動員は、統制経済を構築しようとするより大きな計画の一部でしかなかった。しかし同時に、革新官僚は当時現れつつあった社会を統合された社会機構だとみなす技術の概念に根ざした枠組みを技師と共有していた。一九二〇年代において技師は、技術が創造的で生産的な力であるという見方を発展させた。この考えは生活のすべてに浸透しているものであって、技師自身を社会を計画し合理化して結合していく「社会工学者」とみなす考え方に並行したものだった（第二章を参照のこと）。この考え方は彼らの立場を上げようとする大きな運動の一部であって、技師や技術の専門家が、法律を担当する官僚より経験や能力に関係なく下位に置かれていた政府に向けられていた。

社会を技術や専門性で組織しようとする技師の考え方は、一九三〇年代に力を伸ばした影響力のあるグループである統制派将校と革新官僚に合流していった。第一次世界大戦のときに発展したドイツの総力戦の理論から学んだ統制派将校は、戦争が社会の包括的な動員を必要とすると考えていた。この軍の将校は一九二〇年代を通して、帝国主義国間での戦争（彼らはそれを不可避であると考えていた）を自力で行える日本に必要な計画や制度の確立に取り組んでいた。軍出身者の多くは貧しい地方の出身であり、昭和初期の幾度も繰り返された経済危機の影響を受けていたため、強烈な反資本主義者でもあった。彼らは平等な富の分配を確立するための政府の干渉によって資本主義を刷新するというアイディアを強く信じていた。関東軍による満州への侵略である一九三一年の満州事変の後に力をもった彼らは、「高度国防国家」という概念を発展させた。これは、国家によって動員された総力戦の経済であり、これによって政治・経済・文化は戦争のためだけでなく利益第一の資本家の利益を越えた公共の利益のためにも最適化され組織されることが構想された[3]。

軍の支援によって、革新官僚は戦時中の統制経済として知られるようになったシステムを確立するための制度や政策を策定する専門家になった。彼らのイデオロギーのうちで鍵となるのは計画経済についての以下のような考え方である。すなわち経済は統合されたシステムであり、政策決定は経済のすべての分野（例えば、産業組織、競争、金融、分配、利益創造、貿易、労使関係、消費、労働・生活環境や社会福祉）への総合的な政府の干渉として理解する。革新官僚は反資本主義的ではあったが、彼らのつくる政策は資本主義的な制度を完全に排除しようとするものではなかった。むしろ生産性の最大化や効率的な組織化を保証し、過度な競争や利潤の追求を管理するためにも、それぞれの産業において事業者間の「自発的な」カルテルや連携に頼っていた。統制経済は、資本主義の行き過ぎを抑制するための直接的な国家のコントロールを行使していたというよりも、資本家や経営者、労働者の間で強靱なる国家主義的「責任感の倫理」を高めることに解決策を見出していた[4]。革新官僚は社会を、総力戦と資本主義の再構成にむけて最適な、統合された社会経済システムに作り変えようとした。しかし結局このシステムを自発的に責任感をもって運用したのは、特定の社会経済的役割をもっていた人々だけであった。

一九三〇年代を通して、「国家技師」と革新官僚の考え方は密接に絡み合っていった。様々な技術協会は一九三一年以降の日本の拡大を強力に支援し、満州国を重工業による国防国家にするために現地に技師を送るキャンペーンを精力的に行った（第二章を参照のこと）。事実、一九三五年に満州国国務院に総務庁のような機関を作り、一九三七年の満州産業開発五カ年計画のような法律をつくったのは満州国の革新官僚であった。この法律は、洪水管理、多目的ダム、都市計画、交通システム整備のプロジェクトなどの形で技師が「総合的技術」という考え方を発展・実現させることを可能にした。公共事業が相互に強化しあうことによる経済発展という技師のヴィジョンは、満州国を急速に産業化し、戦時生産を指数関数的に伸ばそうとする革新官僚の計画の中で核心的な構成要素になっていた。

一方で、技術官僚や技師は、植民地運営や戦時動員には日本のより大きな政治経済的目標に個別の計画を統合させることができる熟練した専門家が必要であると主張して、統制経済の概念を彼ら自身の技術的想像力に合体させた。一九三七年に中国と全面戦争になったことをきっかけに、彼らは革新官僚と合流し、企画院、興亜院、技術院のような「総合国策機関」を設立し人材を配置した。(5) これらの省の枠を越えた機関は、影響力のあった満州国総務庁を手本として、調査・計画・政策立案・予算決定権を集約させ、戦時動員や植民地運営に取り組んだ。革新官僚は、体系的かつ総合的に政治・経済・文化政策を策定する機関を創設し、既存の省庁間での派閥主義や専門化によるセクショナリズムを乗り越えようとした。一九四〇年に近衛文麿内閣総理大臣は、産業、政治、労使関係、財務、科学技術において国の干渉を再組織し強化することで戦時動員体制を強固なものにする革新官僚の急進的な試みであった新体制運動を打ち出した。技術官僚はこの運動を強く支持しており、実際、彼らは率先して科学技術新体制を設計した。それは、技術的専門家がアジアにおける日本の植民地の天然資源に基づく自立した日本の「科学技術」発展の計画・管理をするという長年の目標を実現するための試みであった。(6)

革新官僚が人々の間のコーポラティズム的な組織化に基づいた統制経済のプランを実施しようとしたとき、彼らは技術官僚や技師、知識人によって発せられた技術に関するイデオロギー的な枠組みや言説とも同化した。一九三〇年代を通じて技術は政治・経済・文化的生活のすべての側面における生産的なメカニズムを象徴するものであると考えられるようになっていた。社会を動的で統合されたシステムだとみなすこのイメージは、総力戦体制を構築するために速やかに政策を立案しようとする革新官僚にとって魅力的なものであった。この技術についての新しい言説が革新官僚の政策においてどのように機能していたのかは、彼らを代表するイデオローグの一人であった毛里英於菟《ひでおと》(一九〇二―四七)の思想とキャリアから理解することができる。(7) 多くの革新官僚とは違い、毛里は一九三八年から一九四五年にかけて、革新官僚のイデオロギーを現実に行われているプロセスに明確に関連づけて意見を公にした。人々の生産的なエネルギーに基づく計画経済というファシスト的なヴィジョンを示して、毛里は当時流行していた技術についての言説を直截に用いていた。技術を単に生産の手段としてではなく生活の生産的なメカニズムとして考えることは、資本主義社会を再構成するというファシズム的計画に容易に連結することになったのである。

ジャニス・ミムラは、日本の戦時中の革新官僚について検討した *Planning for Empire: Reform Bureaucrats and the Japanese Wartime State* のなかで、彼らのイデオロギーが「テクノ・ファシズム」であったことを的確に描いている。「テクノ・ファシズム」とは、技術的な合理性と総合的計画、生産性や効率性についての近代的な価値観が民族的ナショナリズムと右翼的な有機体論のイデオロギーと融合したものである。様々な側面からミムラは、テクノ・ファシズムがいかに伝統的な日本の政治的分断を越えることを目的とし、それらをテクノクラシーによる計画と管理というより大きな政治（彼女はそれを簡潔に新しい「権力の様式」と呼ぶ）に合体させていこうとしたかを示している。[8] 現実に、革新官僚の言説は、単なるテクノクラシーによる計画や管理主義の政治を超えたものを表現していた。彼らのテクノ・ファシズム的なイデオロギーに我々はある確実な別の権力の様式を見てとることができる。その根幹にあるのは単なるトップダウン式の管理や強制というよりはむしろ創造や生産という概念であった。革新官僚の構想や政策において、権力は上から社会を組織する何かではなく、一連の制度や人々の生産的な実践によって社会を内側からダイナミックに形作っていくものであった。革新官僚の究極的なゴールは、突き詰めていくと上からの強制を何も求めない創造的で責任感のある市民によって運営される、総動員された生産的なシステムの構築であった。つまり「技術」はテクノクラシーの理念を正当化するだけでなく、革新官僚に強力なイデオロギー的メタファーを与えるものであった。このメタファーは革新官僚が抽象的で停滞しており個人主義的で非人間的だとみなしていた自由資本主義的社会と反対に、社会をダイナミックで創造的、具体的で精神性さえも示すメカニズムだと表現した。毛里はこのような体系化された社会を、その様々な側面を表現するために、いろいろな方法で呼んだ。「生産経済」、「国民経済」、「国民生活組織」、さらに「大東亜共生体」などである。毛里の技術についての概念と彼が関わったいくつかの鍵となる革新官僚の政策をみていくことによって、革新官僚の技術的想像力がどのようにテクノ・ファシズム権力の新しい様式を構成したのかを示すことができるだろう。

創造的エンジニアと経済技術

毛里は著作のなかで二つのタイプの技術について論じている。それは、経済技術と生産技術である。これらは二つとも、本質的には人々の創造的エネルギーと想像力につながっており、単に物理的な機械や生産の技法を表しているわけではなかった。第一に、毛里は常に彼自身や他の革新官僚を「経済技術者」や「クリエティブエンヂニャ」と呼んでいた。(9) 一九四一年の「革新官僚新秩序を論ずる」と題された、美濃部洋次や迫水久常、そして柏原兵太郎などの同僚との円卓会議において、毛里は、「当然いままでの法制的な官僚から、いわゆる創造的《クリエチブ》な官僚でなければならぬ。これは変な言葉ですけれども、技術部面においても同じことで、われわれはいままで法律案運用解釈のコンサヴアティヴエンヂニャであった。しかし今からはクリエティブエンヂニャにならねばならぬ(10)」と述べた。毛里にとって経済技術というのは、日本と中国と満州国において「東亜共同体」を建設して組織するために必要であった特定の政策、制度、法律、そしてキャンペーンのことであった。「計画性、綜合性、科学性」に基づいて、経済技術は日本とその帝国を、自由主義と自由貿易の資本主義的秩序から、合理的に計画されて自立した「国民経済」に作り変えることを追求していた。(11) しかし毛里が主張したように、「経済技術」は単なる道具的な手段や技法などではなく、大胆な「クリエティブ官僚」を必要としていた。彼らは、典型的な難解で緻密な法典の立案者、執行者、解釈者とは異なる。毛里はまた、以下のように付け加えている。理想的な「指導者」は「一つの国全体から要請するところの演繹的な目的、それから国民生活の中に動いて行く、或は将来のポーテンシャリティをもつ動的な事実、これを把握して、この両方の要件といふものを如何に調整して行くか」、その上でその両方を他方の邪魔をしないように仲介し、統合していくかを決めなくてはならない[12]。官僚は一般的な国家の目標から「演繹的」に考えることを少し控えて、人々の個別の状況や利益を考慮に入れなければならない。官僚を批判する人々、特に実業家は彼らの個人的関心から「帰納的」に考えることを少し控えて、全体の利益というものを考慮にいれるべきだ。よって経済技術者の役割は、非自由主義的な新しい経済秩序の構築という総体的な国家の目標と私的な経済的もしくは政治的利得の間で仲介役になることであった[13]。

毛里によれば、創造的官僚による経済技術の標的は、日本人やアジアの人々の経済生活に浸透した「自由主義経済的観点」であった。自由主義は以下の五つの原理に基づいていた。

1　一切の経済現象の基礎は、経済人、ホモエコノミクスである。その物質的営利欲がすべての経済現象の推進力である。
2　資本と資本利益が経済生活の枢軸である。
3　経済生活は本質に於いて交換である。需要供給から市場を形成し、価格が構成され、支配する。
4　国家と国家から生ずるもの租税及一切の秩序方策は、経済の自然的進行の攪乱である。
5　全経済現象の調節者は、個々の人間の利益である。この利益は、即時か自然に一切の利益の調和をもたらす[14]。

毛里によれば、日本の社会関係には資本主義のこの五つの原理が完全に染み渡っていた。よって私的な利害や利益追求は公共善をしのいでおり、相互的協力や国家の発展よりも絶え間ない紛争が社会の本質となっていた[15]。

第一次世界対戦まで、大英帝国の豊富な資本と資源によって支配された自由市場の世界経済において日本は劣位にあった。それ自体が世界的な「自然法則」であるとする一九世紀のシステムに日本の国家経済は従属していたのである[16]。毛里は述べる。

この仕組こそ又イギリスの国家経済であったのだ。その一環に繋がったところの日本経済は断じて日本民族生活全体のために永遠の発展を約束された経済秩序ではなかった。換言すれば日本の経済は世界の自由貿易の仕組の中に於て、世界の一番安い場所から原料を買って来て、そうして安い工賃を加へて之を外国に輸出して輸入したところの原料を決算して、その余裕を以て国民の必需品を買った[17]。

自由主義の下では、このように日本は自給自足で独立した「国民経済」を発展させるというよりはむしろ、大英帝国のグローバルな覇権の下で存在感を増していくことしかしていなかった。それは、すでに存在している「世界経済の分業」の中で、日本が「従属的地位」として存在するということでしかなかった[18]。

自由資本主義秩序を打ち倒すために、新たな経済技術が必要であった。それは、「国民は経済の対象としてでなく、その主体としての地位を獲得したのであ」ることに加えて、「具体的なる経済の形成者」である国民を「抽象普遍人としての経済人」や「自立経済観」ではなく経済の指導者や創造者に為さしめようとするものであった[19]。市場の力の代わりに、新たな「クリエティブエンヂユニーア」に導かれた国家の「政治的な力」が、全ての人々の利益のために経済を監督する。これは「全体経済の計画性に従って為さるる資源、産業、金融、通貨全般的関連に於ける運営[20]」によって遂行される。

毛里は「経済技術」の一例として、偶然的に変動する市場価格の問題に商品の「適正価格」を定めることで対応した日本の官僚を引き合いにだした。理想的には、より高い価格は過剰生産の結果として価格が再び下がる時点まで生産を刺激する。しかし毛里はこのような経済技術をいまだ自由資本主義経済の利益原則（利益の追求は自然に価格高騰の問題を解決するだろうという想定）に基づくものであると批判した。このような、全ての経済活動を広範囲でただ監督している夜警的資本主義国の精神に基づく対処療法的な短期間の方策では慢性的な価格変動を正すことはできない。自由主義経済を管理された生産経済に変貌させることによってのみこの問題は解決される。市場経済の中で単に需要を増やそうとする「可変資本」の拡大よりも、「拡大再生産」のためのより強固な基盤をつくる産業的な「固定資本」の拡大に経済技術はむしろ焦点を当てるべきである。一時的な市場の均衡のようなものを維持するよりも、長期的な「拡大再生産」を国家的な経済技術の目標とすべきであると毛里は主張した。[21] 国家的な経済技術は、企業収益よりも人々の生活に直接的な関心を払うべきであった。例えば義務的な国民健康保険制度を立ち上げるべきであるし、診療所や職業支援センターの設置、住宅の建設なども、これらの目的のための特定の税を課すことによって進められるべきである。これは飛躍的に人々と経済の生産性を向上させるだろう。[22] 要するに、資本主義の抽象的な原理ではなく、生活そのものが経済技術の焦点になると考えられていた。「経済技術」は、専門的な官僚による経済のテクノクラシー的再構成以上のものであった。それらは、管理や規制の技法を通じて生活の全ての領域で創造と生産を刺激することを目的とした権力の様式を提示していたのである。

新たな経済技術は日本国民の活発な協働だけでなく、植民地の人々を東アジア全体の自給経済体制を構築する計画に参加させることを推進するのに必要不可欠であった。さもなければ、毛里の手稿によると、大日本帝国は「砂上の楼閣」のようになってしまっただろう。[23]「満州支那に参りまして或る意味で一人の満州の農民、或は支那の農民に敗北した参った者であります」と自分は認めた上で、現地の社会経済関係や条件に調和した総合的なアプローチをとらずに、平均的な中国人の生活を産業、農業、経済という抽象的な分類に大雑把に分けていく他の官僚を批判した[24]。満州国と中国の経済は、封建的なものから資本主義的なもの、さらに両者が混合したものまで、生産における様々な条件や関係性を内包していた。別の機会に、毛里は中国と満州に対する経済技術の包括的な哲学を述べている[25]。

　社会条件から規定される生産条件によって、経済活動の型がさらに多様性を加へ、例へばＡからＸ・Ｙ・Ｚに至るバラエティを有するであらう。かくの如き場合、日本の商業資本主義的な活動の下に於いて発生し、成熟した経済技術Ａのみを以って、満州中国の生活空間に適用する場合は、Ｂ'からＸ'Ｙ'Ｚ'の経済活動をとり逃し、日本経済と、これらの空間の経済活動との全部的な協同的関係を結合し得えず、満州中国に対する部分的な支配関係を成立せしめ、結局に於いて大部分の生活空間を協同的関係から離脱せしめることになる。

画一的な方法で日本の政策をあらゆる点において傲慢に適応する代わりに、官僚は中国や満州国の複雑で特殊な条件にその政策を統合する努力をしなければならない。そのときはじめて本当の意味で日本は「東亜共同体」を建設することができる。毛里は東アジアにおける統制経済の設計にとっては日本の経済技術者が様々な民族の「生活技術」を理解して自分たち自身の経済技術に統合しなくてはならないと力説した。経済技術者は「一つの方程式」だけでなく「第三」、「第四」の経済的方程式も考えなくてはならない。さもなければ、人々の「生活意識」と独創的な官僚による「統合意識」は決して一つにならないであろう[26]。

　毛里は、「経済の技術であらうが、生産技術であらうが、思ひ切って幅の広い性格を有ったものでなければならない」としているが[27]、植民地に向けた「より幅広い経済技術」が意味するところについて、エピソードをいくつか紹介している。例えば、毛里は最初に植民地についた日本の「農業技術者」のやり方について言及していた。日本の農業技術者は、単純に彼らが日本でしていたのと同じ型の研究施設を立ち上げ、近隣の小作農に実験用の種子を栽培することを強制した。しかしそのやり方への抗議を受けて、彼らは別の方法をとることを決めた。毛里は中国北部での事例を詳述している。そこで農業技術者は二三〇〇の村々から小学校の教師を集め、数日にわたってその地方・地域で綿花の購買、耕作、収穫、販売についてレクチャーを行った。技術者は教師に無料で綿花の種子を渡した。そうすると、教師は村に戻って自分の生徒にその種子を植えるように言った。このようにして収穫が高まると、村中に綿花栽培が広まり、現地において綿花の加工工場設立への土台になった。このようにして、綿の生産量はさらに増加した[28]。一九四一年の「東亜経済建設について」と題された社会政策研究所での講演では、毛里はもうひとつ別の例を挙げている。それは、日本人技師が日本の技術を使って満州国首都である新京への主要道路を作る援助を行ったが、猛烈に低い気温のせいで道が崩れていくのを見ているしかなかったというものであった。しかしながらその後ある地方の行政官が地元の中国人小作人と協働して、より安価で耐久性のある道路を建設することに成功したという[29]。

同じ講演のなかで、毛里は内務省の技師が満州の深刻な洪水をコントロールするために河床や堤防を頑丈にする日本の技術をどのように用いたかについて話している。内務省技師のこの試みは失敗に終わった。それは比較的小さな洪水が頻発する日本の場合と異なって、満州では一〇〜四〇年に一度甚大な洪水が発生するためである。河川の堤防の強化はこのような洪水を制御するのに十分ではなかった。これを受けて三年後、日本人技師は現地の条件について考慮することにした。そして、先で議論したような「総合技術」という新しく現れた考え方に則って、洪水で溢れた水を迂回させるための人工貯水池やダムのシステムを建設した。加えて毛里は、中国人坑夫に暴力をふるう日本人の熟練技術者を何度も解雇した日本の石炭採鉱企業についても言及している。なぜなら、彼らの坑夫への振る舞いが必然的に生産性を下げることになっていたからである[30]。このように経済技術者は、毛里が必ず日本経済を制限することになると主張していた「単一なる技術」とは異なった、より柔軟な技術を様々な方法で導入した。この技術は、協力と生産性を確かなものにするために、現地の知識を用いることを試み、現地の条件に調和したものであった[31]。国内の経済技術が国家のために生活の全ての側面を動員して再構成するよう設計された権力の様式であるのと同じように、植民地の経済技術は現地の知識と技能から使えるものを選別して、それらの利用先が東アジアにおける新秩序の建設に向くよう設計されるものだとされていた。

日本の官僚や技師が植民地の様々な状況や、従順さに欠ける性質に適応できていないことに不満を感じていた毛里は、戦争の真っ只中に、勤務地となる「生活文化」の中で彼らを訓練することを提案した。「大東亜戦争を通じて」という演説の中で、毛里は北にある北海道大学がシベリアと満州の「生活文化」におけるリーダーを養成する中心になり、南にある台北帝国大学（台湾）が南太平洋と東南アジアの「熱帯生活文化」の研究と訓練の中心になることを提案している。細かい点を専門化したり、文化や経済を人為的に専門分野に分割したりする官僚ではなくて、東アジアの特殊な文化を全般的また統合的に把握したリーダーだけが、異なる民族から成る多様で繁栄した「大東亜共栄圏」にそれらの文化を組み込むことができるというのが毛里の主張である[32]。

一九三九年の国策研究会で植民地官僚の間で行われた「日満支を通ずる計画経済の再吟味座談」では、毛里は「徴発経済」という見方と革新官僚の「統制経済」というアプローチをはっきりと区別した。徴発経済は日本が中国や満州国の天然資源を戦時経済のために搾取するものであるのに対して、「計画経済」は自由主義的資本主義を制限し、中国、満州国、そして日本の経済は人民の利益のために統合されるというものであった。「その利用と云うことと支那或は支那の民衆に与えへる所謂幸福というものとは相当開きがある」と毛里は述べた。加えて「中国の今日の政治的性格は日本と対立的」であるとき、「徴発経済対統制経済」の問題は特に重要であると言う[33]。毛里は、多くの官僚が東アジアの統制経済における「経済技術者」としての新しい役割を全く受け入れておらず、目前の戦争における日本の需要を満たすだけの一時的な「徴発経済」を推し進めていることに失望していた。それでは中国の危機が過ぎた後には再び古い自由資本主義秩序にもどることになる。官僚は、「自立」した「自動」的な経済（そこでは彼らは計画された国家的な経済の指導的理想と一致した政策を現場で考案して実施するために現地の人々と協働すると想定されていた）を構築しようとする確固たる「国としての方向」も理念も持っていなかった。[34]

毛里は究極的には、統制経済が上からの管理がほとんどない中で個々の部分が独立して働く、十分に油のさされた自動化した機械のように動作するべきであると論じた。しかし、中国との戦争という緊急の文脈においては、行政官は「クリエティブエンヂュニーア」というよりも専門化した「立法官僚」であるという古い慣習に後退したままだった。毛里曰く、植民地からの官僚は日々興亜院の事務所にやってきて、立法の瑣末な点や重要でない問題について助言を求めてくるという。接収的な戦時経済が形成されるのを避けるために、官僚は植民地経済の全ての詳細について監視して管理するという態度を変え、その代わりに中国の様々な経済状況を踏まえた大胆で新しい経済技術を策定しなくてはならない。「百あるもの一つしか物にしきらないといふ線の細い技術」は中国の人々との紛争を悪化させ、東亜共同体の形成を妨げることで日本に災厄をもたらす結果にしかならないだろう。日本がもし抑圧的で同質化を求めるコントロールの技術を発展させ続ければ、帝国は間違いなく崩れ去るだろう、と毛里は結論づけている。[35]

東アジアの新秩序を設計する

革新官僚を東アジアの統制経済を設計する「クリエティブエンヂュニーア」とする毛里の考え方は、日本やその植民地で最も力のあった経済機関における計画立案の実践経験からきていた。先に述べたように、革新官僚の多くは東京帝国大学に在籍していて、そこで日本が資本主義的に発展したことによって大きく開いた経済的格差や慢性的な貧困を扱う社会科学としてマルクス主義に接した。また中には大正デモクラシーの進歩的な雰囲気に取り込まれる者もいた。例えば毛里は、東京の比較的貧しい郊外における貧困と戦う社会福祉事業であった谷中島集落で労働者の後見人をしていた。学生たちは集落の家に住み、家や学校、デイケアセンターをつくった(36)。自身を国の事業に捧げるというこの活動家的な傾向から、毛里は一九二五年に大学を卒業した際に、遠戚の外交官、のちに社会大衆党から出馬して議員になる亀井貫一郎の推薦で大蔵省の専売局に入った。地方の税務署の署長や大蔵省の主税局での数年を経た後、一九三三年に再び亀井の仲介によって満州国に統制経済を構築するために送られる第二次の官僚グループに参加することになった(37)。彼はグループにおいて満州国で仕事をすることに対して唯一自発的であった。他の多くの者は、暴力や厳しい環境、さらに関東軍の暴虐的な評判に恐れおののいていた(38)。

関東軍の第三師団と共に満州国の実質的権力を掌握した国務院総務庁において、毛里は特別会計課長、さらに満州国に財務・税制度を制定することを担う国税課の課長になった(39)。古海忠之によれば、毛里は最終的に満州国の経済政策に関する中心的な計画部署になる影響力の強い企画院を創設することに尽力した。亀井は国務院総務庁長官であった星野直樹に毛里を企画院の長に任命するよう依頼したが失敗に終わった(40)。毛里が戦後も私文書として保管していた数多くの報告書や、国家機密政策の草稿、手紙、指示書から判断すれば、彼は満州国や中国の重要な問題の多くに関与していた。すなわち、中国における様々な通貨の円ブロックへの統一、中国聯合準備銀行のような銀行の設立、道路・港湾・電信・鉄道の計画、重工業・労働生産性・天然資源生産の振興である。亀井が記しているように、毛里は「プランニングで一生を潰した」人物だったのである(41)。

一九三二年二月初めには関東軍は満州全土をほぼ占領し、急進的な軍の将校と革新官僚たちは満州国の傀儡政権を操った。一九三三年三月には、関東軍の特務工作隊とそのブレーンであった満鉄経済調査会は「満州国経済建設要綱」を起草した。この文書によって満州国は自由市場の資本主義に基づいた産業開発は進めないとされた。彼らは自由市場の資本主義を、日本の国防のための需要を満たすのに貢献するものでも、経済不況から人々を救うものでもないとみなしていた。その代わりに、統制経済と「日満経済ブロック」の創設を通して産業開発は進めていくことを目標にしていた[42]。毛里のような革新官僚が急進的な関東軍の将校から満州国の行政機構のコントロールを奪っていくにつれて、彼らは政策立案、決定手続き、その執行機能を国務院総務庁、特に産業部に集中させた。岸信介や椎名悦三郎のような革新官僚は、一九三七年、満州国を東アジアの重化学工業基地にする産業開発五カ年計画の起草と実施を指揮した。より反資本主義的な関東軍を押さえ込んで、この計画は実質的に日産・鮎川義介の財閥資本と専門性を国家計画に組み込んだものであり、その後日本の企画院で彼らが立案する国家総動員体制のプロトタイプになった[43]。時を同じくして満州国協和会が様々な民族を計画経済体制に動員するため「国民党」として振る舞ったが、これも日本での同様の試みと並行していた。岸や毛里といった革新官僚は、日本に戻るにあたり、総合的な国家政策機関の設立や国家計画と私企業のイニシアチヴの間の調整、大衆国民政党の形成などのプログラムは、彼らが強く求めたことによって成功し、そのように満州国では国家的統制経済が実現していたことを自信に満ち溢れた態度で公表していた[44]。

また毛里は中国で、天津にあった支那駐屯軍司令部、その後北京の北支那方面軍の特務工作隊で経済顧問として経験を積んだ。そこで彼は秋永月三や鈴木貞一のような将校と親しくなっており、満州国の関東軍と良い関係であることを公然と自慢していた[45]。一九三五年、毛里は関東軍と支那駐屯軍による初の中国北部への総合的経済調査の派遣団の一つに参加することになった。これは中国北部に協力的な体制を構築し、それらを満州国産業開発五カ年計画に統合するという戦略に焦点を当てた産業開発を企図したものであった。二カ月間の調査によって、以後の政策のための基本的なデータとなる財政、貿易、政治、産業、交通について現在の状況が研究された[46]。この初期の調査は、満鉄によって行われた別の調査と合わせて、中国北部における経済、産業、天然資源、交通、港湾の状況に関するより大規模な調査の土台となった[47]。このように毛里は、満州国の統制経済の枠組みを中国へと拡大していった。そしてこれは、日本の東アジアにおける戦時体制のために中国の天然資源を産業化することを基礎にするものであった。

満州国や中国における財政官僚としての毛里の仕事の多くは、現地に銀行システムを立ち上げ、それを統一するための政策を考案することに関連していた。一九三七年に支那派遣軍と蔣介石の関係が悪化すると、毛里は北支金融対策要項の起草やその後の中国連合準備銀行の設立に重要な役割を果たした。[48] 一九三〇年代、中国北部では数種類の地方通貨が流通しており、支那派遣軍は軍の必需品や資源を調達するために（植民地）朝鮮の朝鮮銀行が発行する通貨を使用していた。しかし蔣介石の国民政府は中国北部の将軍への支配を強めることを模索しており、一九三五年に独自の円通貨（法幣）を発行した。一九三七年までに、国民政府の円は商業取引における主要な通貨となっており、流通する貨幣の七八パーセントを占めていた。[49] 一九三七年七月に日中両国が全面戦争に突入すると、蔣介石は中国の銀行からの引き出しを一時停止することを発表したが、これによって国民政府の円の流通は制限され、中国北部でのインフレーションを引き起こし、日本軍にとっては物価が高騰するという結果になった。「人身の不安を惹起することとなからしめる」ものにし、中国北部の「自主性」を可能にし、「わが国の経済力と北支経済力との結合による日満支経済の緊密化」を構築するという名目で、毛里たちは河北省の現地通貨を交換の主要な通貨として下支えし、日本円と直接関連づけることに決めた。[50] 北支那方面軍は一九三七年一二月に北京に中華民国臨時政府を成立させたとき、中国連合準備銀行についても計画し、その直後の一九三八年三月に銀行は発足した。八つの地方銀行が銀を連合準備銀行の新しい銀行券に交換し、連合準備銀行はその一部が日本銀行のローンと保証によって資本化されていた。このような広大な地域で新しい円銀行券を成立させるのは、地方銀行の反発や国民政府通貨の継続的な強さ、また領域内での人々の認知度の不足によって簡単なことではなかった。[51] しかし地方の既存の金融機関から中央銀行を形成したり、交換レートや利率を設定したり、関税を規制したり、戦時中の不安定な情勢や複雑な財政の情況の中で通貨を発行したり買ったりした毛里の経験は、まさに彼がのちに日本で表現した通りの、「クリエティブ」革新官僚によって立案された「経済技術」として捉えることができるだろう。

一九三八年に日本へ帰国し、大蔵省預金部で少しの期間仕事をした後、毛里は新しく組織された興亜院の経済部第一課長に着任した。興亜院は文民統制の下で中国に対する政策を統一し一元化するために作られた組織であった（第二章を参照のこと）。内閣総理大臣が長を務め、政治部、経済部、文化部、技術部の四部門に分けられていた。[52] この興亜院の設立は、軍による中国前線に対するより安定した研究と計画の要求や革新官僚による中国に対する国の総合的政策機関設立の願望だけでなく、日本技術協会のような技師の団体による熱心な運動の結果であった。日本技術協会の前身である工人クラブは、「技術の立場」を国家政策に組み入れることを常に要求しており、一九三一年の日本の満州への進出（満州事変）を積極的に支援していた。彼らにとって満州国というのは、統制経済を計画する革新官僚と協力し、日本人技師が技術プロジェクトを通じて総合開発というヴィジョンを発展させ、実践することのできる約束の地であった。一九三八年以降中国との戦争が進行していくと、日本技術協会は「対支経済根本対策を樹立せしむる為、産業の専門的中央機関を設け日満支一体の観点に立脚したる総合的産業計画を確立する」ための中央機関の設立と、「日本、満州国、中国の団結という立場に基づく総合的産業計画の立案」を後押しした。[53] 総合的な研究調査を実施することと中国における産業開発のための技術的な基礎を構築することを担う技術部を興亜院に組み込むことができたという事実は、政治的な力を獲得しようとする技師の運動の大きな勝利を意味していたのである。

日本技術協会のイデオロギー的なリーダーであった宮本武之輔は技術部の部長になってすぐ、技術参謀としての機能を果すことを意図した興亜技術委員会を設立した（第二章を参照のこと）。毛里はこの委員会の顧問を務めていた。[54] 委員会の使命は中国の発展のために「我国現代技術の精髄を総動員」をすることであり、興亜院総裁に直結していた。久保亨が記しているように、この興亜院は中国経済のあらゆる側面について調査を行っていた技師や専門家たちの天国になっていた。[55] 興亜院はこのようにして革新官僚の東アジア統制経済というヴィジョンと、技術的な専門性を国家の政策や計画のあらゆる分野に組み込むという技術官僚の目的とを合体させたものであった。毛里は部長として宮本に近づき、「新科学技術体制確立要綱」の立案において彼と協力した。毛里の記述戦時統制経済と日本という国における先進技術の重要性を訴えることや、彼が日本社会や帝国を描くために技術的メタファーやイメージを使うことが増えたことは、興亜院で宮本のような技術官僚と交流したことに起因する部分があるとも言えるだろう。

経済部は企画院において立案者であった革新官僚の意図を明白に反映していた。経済部は、天然資源開発の計画、中国の協力的体制に対する経済的援助、北支那開発株式会社と中支那振興株式会社の管理、中国の私企業の活動規制、定住促進、日本と中国をつなぐ交通と電信の敷設、財政・租税問題、国際貿易などを監督していた。[56] その主となる部局の長として、毛里は経済計画、新体制との開発計画の実践、他の三部門との調整を担っていた。政務部長であり、のちに企画院の総裁になった鈴木貞一は、毛里は興亜院のスターであり、最も信頼する助言者であったと述べている。[57]

古川隆久は、革新官僚が学者、軍の将校、実業家、政治家、他の省からの官僚を一つの場に集めていたことから、シンクタンクと私企業の集まりも改革官僚のイデオロギーと政策の発展において重要な契機を与えるものであったという。[58] 興亜院に着任してから毛里は矢次一夫の国策研究会に積極的に参加した。国策研究会は国策への影響力において昭和研究会と並ぶ、影響力のある学者、官僚、将校によるシンクタンクであった。そこで毛里は、「東洋共同体への発展」と題したものを含む講演を何回か行なっており、近衛内閣総理大臣の新体制運動のための法律立案過程の一部として一九四〇年に経済機構再編成に関する試案を編集した国防経済委員会にも顔をだしていた。[59] この頃、毛里は同時に、政策を立案・調整する火曜日の閣議の準備のために毎週月曜日に集まっていた革新官僚や将校の私的な会合である

「月曜会」のメンバーでもあった[60]。

一九三七年一〇月に第一次近衛内閣によって設立された企画院は、人々のコーポラティズム的組織化に基盤を置いた統制経済を設計する革新官僚の取り組みの中心にあった。その目的は、日本の国家総力戦体制の構築を担当する「経済参謀」になることであった。企画院はすぐに戦時下の基本的な法律の作成に取り掛かった。例えば、資源を軍、省、民セクターに計画して分配する一九三七年一〇月の物資動員計画や、戦時下の物資や消費財に価格統制を課したり、戦時産業のカルテルや連合の形成、仕事の割り当て、雇用と労働環境の監視、さらに融資や利益の管理など幅広い権力を企画院に与える一九三八年四月の国家総動員法などがあった[61]。これは一九三八年八月に始まる国民精神総動員運動と並行するものであった。国民精神総動員運動では、多くの政治的あるいは民間の組織を中央集権化した管理のもとに置き、生産を増やして資源を節約しようとする政府のキャンペーンに協力するよう人々を動員するための組織が地域レベルで設立された。

一九四〇年七月から一九四一年一〇月まで続いた第二次近衛内閣は革新官僚の統制経済のヴィジョンを進めるためにさらに強引になっていた。このヴィジョンは、「国防経済」を建設し、複数の政党政治を協調主義的国民政党に置き換え、「東亜新秩序」を建設し、重工業と科学技術を発展させるという名目で資本主義を制限しようとしていた。この頃、毛里や他省からの革新官僚は、近衛新体制運動の政策を起草、調整するために自分たちが審議室を創設した企画院と本省とを兼任していた。毛里は一九四一年五月に企画院に異動になり、そこで総務室第一課長に着任した。毛里、迫水久常、美濃部洋次は企画院の「三羽烏」と新聞に書かれた。迫水によれば、「だからテーマを考えるのは毛里で、それを何とかうまくコンポーズするのが私。美濃部はそれをちゃんとジャズにアレンジして聞かせる」人であった[62]。審議室の政策草案一覧は彼らの革新主義的なヴィジョンの幅広さを示すものである。そこにはつまり、戦時下の生産を向上させるための「国民道徳」、統制経済のための制度、中小企業のための政策、労使関係と

「国民生活」のための制度、農業や地方の生活を安定させる法律や組織、重化学工業を発展させる計画をつくることが含まれていた。毛里は、「国民道徳」と「新科学体制」を確立する計画を監督していた。これらは国民政党の形成と技術官僚が心に抱き続けてきた「科学技術新体制」を推進するためのものだった。[63]毛里と対をなすように興亜院の技術部にいた宮本は、一九四一年に鈴木貞一の次長に着任した。彼は科学技術政策を中央に集め、日本の技術水準を向上させ、生活の全ての分野において科学技術を発展させるための新体制法を仕上げた。

近衛内閣の時代、革新官僚は企画院の権力と戦時総動員体制の法的制度を大きく拡大しようとしたが、実業家団体、個々の省、国会から強い抵抗を引き起こした。例えば、一九四〇年の「経済新体制確立要綱」はもともと単なるマクロレベルの政府の規制ではなく、企業というミクロレベルで生産を上げるために利益配当や収益を制限し、経営と所有を分離して経営者に公的な地位を与えるものであった。しかしながら、企業家団体からの社会主義的訴えによって、「要綱」のヴィジョンは骨抜きにされた。つまり、収益の制限と資本からの経営の分離に関して明文化されていた部分は、資本・経営・労働の間の「有機的な」協力と経営者の国家的責任感という言葉に置き換えられた。[64]このような敗北にもかかわらず、革新官僚は産業連合の形成、生産・分配・消費に関するコントロールの拡大、労働と経営の間の協働の度合いを高めるという基本的な目標を達成した。一九四三年、太平洋戦争での敗北が避けられないと思われたとき、毛里や他の革新官僚、軍の将校は企画院と商工省の大部分を軍需省に併合する計画を立てた。結局これは政策策定と実施の機能を強大な機関に一元化して、それによって彼らの統制経済のアジェンダに対する省の障壁を乗り越えるという目的を成し遂げた。[65]革新官僚こそが日本や東アジアでの統制経済を積極的に設計して管理する「クリエティブエンヂニャ」の献身的な核であるという毛里の考えは、日本とその帝国を自由資本主義から生産主義的な「国民経済」へとシフトさせた強力な総合的国家政策機関と立法制度の確立という形で実を結んだと考えられる。技師や技術官僚とある程度同様に、毛里のような革新官僚は社会が社会技術の対象であり、先見のある専門家によって効率的に導かれるダイナミックなメカニズムであると考えていた。

国民生活組織と日本国民の創造的エネルギー

毛里にとって、経済技術は単なるトップダウン式に官僚がもたらすものではなかった。むしろ日本と植民地の両方における集団的動員という大衆政治に基づく必要があるものであった。要するに経済技術は生活や「国民精神」と一緒にならなくてはならなかった。毛里は、官僚が経済現象を出現してきたままにただ監視・監督する「行政統制経済」と呼ぶものを批判して、「国民生活の多元的なる生活機能」と合わさった積極的な経済技術を訴えた。[66] 彼は「国民生活組織」の設立について熱心な信者であった。毛里はこの組織を、国家的目標に向けた様々な職業(すなわち生活の機能)の「有機的な生活体系」だと想定していた。「日本の権力をあづかる者は、国民生活の機能の複雑なる多元化のために、国民の営む機能を画一的なものに圧しつぶし、国民の生活行動の意欲と創意を衰滅せしめることがあってはならないのである」[67] と彼は書き残している。一人一人が毎日の経済活動を追求する中で、各個人は同時に戦時下の工場や産業の強化、先進技術による生産的経済の発展、農業生産の向上といった国民経済の目標にも気づくべきだとされていた。[68]

天皇や国家への完全な自己犠牲を強調していた急進的な将校とは異なって、革新官僚は国民集団における個人の役割の重要性を主張し続けていた。革新的な技術の促進や新しい管理技術・製品をつくる際の私的な経済イニシアチヴの重要性を認識して、政府の国民生活組織は利益主義的な動機を完全に拒否しようとはせず、配当への課税と利益の生産への再投資を奨励することによって行き過ぎた投機に歯止めをかけようとした。資本家は「企業技術者」として労働者、技師、小作人、官僚たちとともに職業化された国民生活組織の中に位置付けられた。[69] 各人がこのようにして自由主義経済秩序のなかの抽象的・

経済的な個人として所有していなかった具体性を得ただけでなく、社会政策や「行政技術」の単なる対象物になることに代わって積極的に国民経済に参加していくことになった[70]。このように、創造的官僚によって用いられた経済技術は国民生活組織の「政治力」に根ざすことになった[71]。権力はもはやトップダウン式の独裁的なものではなく、人々の様々な生活機能の中で生産的にかつ多様に表れるものであった。毛里はこれを日本人の理念や民族の表現力だと形容した。

革新官僚を技術に関する公的な言説を形作った他のグループと明確に区別するものは、日本の国民精神が技術の創造的源泉であると強調するところであった。国民生活組織の本質は、「日本民族の生命力」とされた[72]。職能による社会の組織化は国民の生活力と具体的に連結されたものでもあった。毛里は次のように書いている。

日本民族の発展は、その本質の中に生きる民族の太古的なもの、全く本来的なものを固有しつつ、永久に新しい生命に生き続ける行動の発展である。それは、かの太古的な様相と、永久に若い様相を有つ両面のイエーヌスの生命力を想起せしめる。しかし、日本民族の生命力は、二つの生命力を別々に有つイエーヌスのそれでなく、固有する本来的なものを、永遠に若く新しい生命へ行動せしめる一元的な生命力である[73]。

毛里は、エッセイやスピーチの中で頻繁にこの国民の「生命力」について言及していた。古代から明治維新を経て昨今の満州事変と支那事変までの日本の歴史は、この根元にある生活力が表現されたものであり、新しいものを創造しようとする根本的な順応力、多元性、活発さとしてこの力が表れたものでもあった。毛里によれば、一九三七年の支那事件は自由資本主義世界の秩序を打ち倒し、国民生活組織を通じて動員され、自立した生産経済の形成を意味するものであった。したがって日本国民の創造的生活力の表現における一番新しい段階を表していた。革新官僚は日本を職業と先進的な産業に基づいた効率的で生産的な社会機構に変えていくことに取り組んだ近代主義者であったが、同時に彼らはこの社会の変化を永続する日本の精神がもう一つの形で表れたものであると見ていた。このように彼らは自分たちの技術的想像力と、国粋主義であった右翼的将校の精神主義的な言説とを融和させたのである。よって日本国民は国民生活組織によって組織・表現される動的な「生活機能」の「全体的なる有機的な生活体系」を形成すべきであった。毛里は、

しかして、民族の文化は、高度になればなる程、機能的には複雑化し多元的になるのであるが、それが如何に複雑化し、多元的になっても完成されたる日本民族秩序の下に於いては、夫々の機能を有機的なる生活体系に職分化せし得ることを確信せねばならない(74)

と書いている。実際、国民生活組織における職業的な複雑さや多様性は国力の単なる指標にすぎず、さらに「拡大され、発展される」必要があると論じている。重化学工業のような高度な技術産業における職業は国民生活組織の中で第一に置かれるものであり、それが社会の中で広がる時にさらに国力を誇示することができる。しかし統制経済をまさに管理していた官僚は、「国民の生活機能の多元的なものを否定し、これが画一化を招来せしめつつあり、国民の生活行動意欲を去勢し去る方向にのみ進行しつつある」。人々のエネルギーを削ぐことによって官僚は彼らが究極的に自身の職業に「確信」を得て、より新しく進歩したものを発展・拡大させるのを阻害していた(75)。このような官僚の「反動的な」政策は、官僚の「経済技術者」、資本家の「企業技術者」、そして高度な「生活機能」と有機的国民生活組織によって組織される労働者で構成される有機的な統制経済の誕生を妨げていた(76)。官僚は、有機的な生活システムの中で人々をエンパワメントするよりも上から独裁的に権力を行使するという古い思考様式にとらわ

れていると、毛里は批判している。

一九四一年、毛里は日本技術者センターの技師にむけて、「経済新体制講座」と題した講演を行った。その中で毛里は、中国との争いを通して、日本民族は「市民」から「国民」に変わったと述べている。しかし、この変化を完遂するためには「生活意識」のさらなる革命がいまだ必要である。「経済新体制」の本質的な側面は、生活の全ての側面における「国防意識」の形成であった。この意識は単に戦争に勝つという強い信条ではなく、自由主義を統制して東アジアに近代的で独立・自立した経済を創造する決意である。人々が「国防意識」を受容するということは、自由主義の利己的な個人主義を捨て、国家の宿命の中でより高度な個人の自由を達成することである。個人主義的な「市民」にとっては、各々の自由の限界は制限として感じられる。けれども生活の全てにおいて国家の宿命を感じる「国民」にとっては、より高位にある根拠によって惜しみなく困難を忍ぶだろう。本当の自由は、「身震い、動揺、争い」のなかで見つけられると毛里は書き残している。彼は技師の聴衆に、昨今の技術的進歩の基礎になっている量子力学のより全体的で統合的な世界観を選択して、古典的な科学の原子論的で機械的な世界観を捨てることを強く訴えた。技師は、「国家の宿命」をただ頭で理解すべきではなく、まさに自分たちの存在においてそれを積極的に感じ取り、「嵐の中の建設者」にならねばならぬ。例えば建築家はただ労働者の寮を設計して建てるのではなく、軍の総合型宿舎（バラック）に変えることもできるものにする。技師は労働者の個別的な要求と国家の総合的な要求どちらも満足させる必要があるというのだ[77]。

したがって、毛里は技術的な側面で専門的テクノクラートによって上から設計され管理される生産的な社会機構として社会を見ているだけではなかった。社会機構それ自体も、生産性・効率性・開発の戦時体制の目標に合致した形で人々の意識の中で完全な刷新を必要とするものであった。官僚は無駄な細部まで管理する傾向をやめて、その代わりに国家の目的と人々の特定の状況の両方を勘案した「経済技術」を大胆に創造する必要があった。技師は（原子論で象徴される）自身の狭量な専門化した世界観を乗り越え、(量子力学で象徴される)総合的な世界観を受け入れなければならない。この総合的な世界観によって、技師の技術的な仕事は個別と全体のどちらの目的も同時に満たすことができる。最終的に資本家と労働者はそれぞれの個人主義的なやり方を修正し、国民経済における「生活機能」あるいは職業を全うする必要がある。「国民生活組織」はこれらの「生活機能」の集団的発露であり、東亜新秩序を構築する有機的技術システムとして機能するものであった。新体制では技術は国民の様々な生活のエネルギー、より厳密に言うならば豊かな創造性、効率的な組織化、総合的な管理という国家の本質にしっかりと結びつけられていた。こうして、技術は総力戦経済のための単なる発展した機械装置や社会基盤だけではなく、社会の組織や生活それ自体と密接不可分であると考えられていた[78]。

社会機構を「人間らしく」する

「創造的官僚」が「国民生活組織」と固く結びついた経済を管理する者であるという毛里の考え方にはいくつかその由来があるが、彼が定期的に引用していたドイツ歴史学派の経済学者ヴェルナー・ゾンバルト、フリードリヒ・ゴットル゠オットリリエンフェルト、オトマール・シュパンの思想に端を発している部分がある[79]。これら三人の著作は、一九三〇、一九四〇年代を通して数多く日本語に翻訳された。国家的な生産主義経済を構築することを提唱した彼らの反マルクス主義・反資本主義的な考えは、戦時中に管理経済を打ち立てようとした革新官僚の取り組みの基盤となった[80]。オーストリアの経済哲学者で、第一次世界大戦後すぐに協調主義の支持者を指導していたオトマール・シュパンが毛里の思想に強い影響を与えていたと古川は記している。シュパンの有名な著作である *Der wahre Staat* (1921)(原題の直訳は『真の国家』。邦訳は見出されていない)は、職業による地位がヒエラルキー的に組織された有機的な社会を提示した。シュパンによると国家はドイツという国を特徴づける「全体的精神性」に基づくことで、自由民主主義と資本主義の個人主義的で物質主義的な倫理観の代替を提示しうると考えられる。精神的に自覚的で独創的なリーダーが社会とそれぞれの地位を指導し、それらはより高位の道徳規範によって共同体の中で（例えば、手工業労働者、技能労働者、経営者、政治的指導者のような）特定の機能を果たす。[81]このようなシュパンの考え方に古川は、機能によって組織されて専門家官僚によって指導される社会という毛里の考え方との類似点を見出している。だが、シュパンの協調主義は、「純粋な」ゲルマン国家と産業化以前の創造的職人による経済という、協調主義的だと考えられていた過去への回帰願望を意味していた。[82]毛里はそれに代わって、技術的に高度な重化学工業の発展に基づく機能的に組織された社会を強く求めたのである。

ゾンバルトの『資本主義の将来』（一九三二）もまた同様に、その「後期資本主義」という、分析から日本のマルクス主義的ではない経済学者や官僚に高く評価され、彼らの戦時中の統制経済の概念に大きく影響を与えた。[83]ゾンバルトは、資本主義が抑制のない競争という純粋な市場システムから離れて、市場を規制するためにカルテルやトラストによって合理化が進む段階に入ったとみていた。国際的にみれば、各国が保護主義、産業政策、経済ブロックの形成を通じた経済の構築に焦点を当てるにつれて、自由貿易のメカニズムは崩壊していた。この後期資本主義の時代に対して、ゾンバルトは国が経済を積極的に計画して体系化する、彼の言う「革新的革命家的」対応を提案した。このような国は画一的な計画を課すのではなく、地域・人口・文化・社会構造などで異なる経済生活の複雑性や多様性に基づいた政策を行う。そうしてそれらの諸国は、競争の規制や国家的な課題を優先させる政策と私的な個人の経済活動を奨励する政策を調和させる。ゾンバルトの考え方は、この章の初めの「創造的エンジニアと経済技術」の部分で概説した毛里の「経済技術」という概念に類似しており、計画経済を通じて共産主義と資本主義の間に実践的な第三の道を見つけようとした革新官僚の試みに明確に影響を与えている。[84]

ゾンバルトとゴットルは単なる経済学者というだけではなく、有力な技術論者でもあった。ゾンバルトは、技術は経済・政治・文化を通じて展開される諸手段のシステムであり、複合体であり、総合体であるとした。さらに彼は、自然に束縛されずにむしろ合成天然資源や燃料、生産手段のような止まることのない新製品の開発に自然科学を組み入れる「合理的技術」のようなものを成熟した資本主義が育てることに気づいていた。[85] 毛里はゾンバルトのいう技術の合理性の側面を共有していた。しかし、技術や自身が文化的生活の道具化だと感じていたものを「飼いならそう」としたゾンバルトとは異なって、毛里は重化学工業の形で先進技術が拡散していくこととそれに付随する社会の複雑さを肯定的にとらえ、さらにそれは日本人の本質的な創造的エネルギーに結びついていると考えていた。[86]

ゴットルはオーストリアの有名な経済学者であって、のちに熱心なナチ党の支持者になった。革新官僚や知識人は抽象的なルールや冷たい統計よりむしろ国民生活や具体的な経験の中に経済を根付かせようとするゴットルの試みに魅了された。一九一四年に出版され、一九三一年に日本語に翻訳されたという *Wirtschaft und Wissenschaft*〔原題の直訳は『経済と科学』だが、この訳書は見出されてはいない〕では技術を生産の手段だけではなく、それに付随する技能や知識も含めたものであると定義した。そしてそれは人々の要求や生活に密接しているものであるとされた。[87] 一九二〇年代にはドイツ語に Fordismus という単語を紹介し、資本主義の矛盾を解消する鍵であるとしてフォーディズムを無批判に賞賛した。彼にとってはフォードによる大量生産のための技術の使い方は、公益のために「奉仕する」精神を表現したものであった。それはなぜなら、大衆は安い品物の提供を受け、労働者の賃金は高い水準に維持され、労働時間は短縮され、昇進の機会が平等に提供されるからである。テイラー主義が利益の最大化と労働者の機械化という資本主義の精神を表したものであった一方、ハイテクなフォーディズムの工場は人々に安価な必需品を供給し、労働者が充実した生活を送ることによる密接な協働関係が生まれ、それは社会奉仕という精神の染み込んだ創造的な社会の力を象徴するとされていた。[88] ゴットルの技術への熱狂は、ナチ経済を国民生活や精神の中に根付かせるような取り組みを支持したので幾分か和らげられたものの、ナチの時代にも続いていた。ゴットルは国民生活と精神が、資本主義的経済とそれが抽象的な個人に焦点を当てることに対峙する最も具体的な存在様式だと考えていた[89]。ゴットルのように毛里もまた、何か外的で抽象的な力ではなく、日々の日本人の生活と国民精神の即時的な結果として社会の複雑性と合理化が現れたという確信と、技術的な進歩への信条とを合体させたのであった。

職業に基づいたダイナミックな「国民生活組織」と、国民の創造的エネルギーに根付いた技術的に洗練された経済についての毛里の精巧な概念は、国内にもその由来があって、戦時中三次あった近衛内閣による新体制運動の政策にも表れていた。彼の計画の上で重要な刺激になっていたのは、毛里ととても近い仲であった、外務省の外交官でのちに社会大衆党の衆議院議員となる亀井貫一郎だった[90]。社会大衆党は労働農民党の保守的なメンバーによって一九二八年に設立された。基幹産業の国有化、農地改革、社会福祉に関する法律制定を通じて資本主義を改革することを求めた。亀井は党の国家社会主義派の有力なメンバーであった。国家社会主義派は、戦間期の経済危機の深刻化と一九三一年の満州事変以降のナショナリズム高揚の波とともに、より影響力をもっていた。彼は日本の満州への拡大を強く支持しており、日本国内では党をプロレタリア階級や「生産」階級だけに専念した政党ではなく大衆「消費者」政党に変えていくとを論じていた[91]。また亀井は一九三〇年に内閣を転覆させて昭和天皇を「復古」させようと画策していた桜会の右翼的な将校との議論にも参加していた[92]。一九三〇年代を通して亀井は大衆や軍から堕落していて利己的だと見なされるようになっていた政党の統一を要求していた。例えば彼は戦時総力戦体制を成立させる国家計画を指揮していた将校の永田鉄山と近い関係にあった。永田から「広義国防思想」に関する大衆向けのパンフレットの要望を受けて、亀井は陸軍省による一九三四年のパンフレット『国防の本義と其強化の提唱』を執筆した。このパンフレットは資本主義を、貧富の格差をさらに拡大させ、大量失業を生み、小企業や農家を不安定にするものとして激しく非難した[93]。また革新官僚の計画と同様に、富の集中を抑制し、農村部の貧困を軽減して、経済への政府の干渉を強め、天然資源と労働力の開発と「国防国家」建設のための精神的動員を進めていくことを訴えていた。国家と市民社会の間で国家的団結という戦時体制を創設するために、亀井は主要政党の幹部、国会議員、軍、労働組合と議論を続けた。

一九三七年と一九三八年のドイツ視察のあと、亀井はナチ党とその労働者動員体制の熱心な信奉者になった。日本に帰るとすぐ、近衛内閣総理大臣を党首とした単一政党を設立しようと麻生久、秋山定輔、秋田清ら国会議員と合流した。[94] 中国との戦いは長引き、慢性的な失業のような国内の経済問題は未だ解決していなかったことから、近衛はそのような党の設立に興味を示した。強力な青年団、労働組合、愛国団体、消費者団体、農業組合、各階層の地方自治体ともつながって一元化した大日本愛国党のための綱領や指針が作成された。右翼団体はさらに、国会議員達に自身の所属政党を放棄してこの国民政党に加入する圧力をかけるために団結した。軍と政府のトップの間での合意にも関わらず、近衛は党の主導権を得ようとする様々なグループ間の対立を理由に一九三八年の終わりにこの計画を放棄した。けれども国民政党という考え方は近衛の新体制運動と大政翼賛会の成立によって一九四〇年に復活することになった。[95] 大政翼賛会は一九四〇年一〇月に諸政党に代わるものとして設立された。その際、政党や内務省の抵抗によって労働組合と歩調を合わせて社会を急進的に組織化しようとする革新派の考えは取り除かれ、大政翼賛会は主として精神的動員運動を管理する団体になった。亀井は政党を解散して新しい組織に入るよう説得するのに大きな役割を果たし、大政翼賛会・東亜部の部長になった。

亀井は毛里のことを最も信頼できる私的秘書、一九三八年以降は「ブレーン」として考えていた。亀井は国家的大衆政党設立という自身の計画に毛里を深く関わらせた。毛里は、日本のものと同じようなコーポラティズム的国民政党に立脚する「東亜共同体」の形成を通じて日中間の深まっていく争いの「打結」に取り組もうとした知識人・官僚・将校で構成された亀井の私的調査グループの重要人物であった。亀井によれば、このグループは全民党の形成を企図して軍と直接やり取りをしたり、中国とも接触したりしていた。全民党は満州国の政党である満州国協和会と日本の統一された国民政党とともに東亜共同体を構成し、その中で中国人を動員して代表することが構想されたものであった。毛里は党の綱領を書き上げ、陸軍省に提出までしていた。このように、亀井に鼓舞されて毛里は戦争中に革新官僚のイデオロギーの一部として汎アジア主義のファシズム的ヴィジョンを理論化し広めていた[96]。

革新官僚はコーポラティズム的国民政党に基づいた統制経済のヴィジョンを実現するために、公職のつながりだけに頼っていなかった。一九四〇年六月、毛里、迫水、奥村、美濃部やその他の月曜会のメンバーを含む様々な省の部局長は官僚と人々の直接的なパイプとして戦時生活相談所を設立した。この相談所の公の目的は戦時の制限下での生活に関する人々からの質問や意見に耳を傾け、適切な担当部署を教えたり、生活における国策や制度の影響を把握したり、既存の生産条件についての調査を実施したり、経済生活において技術の質を向上させたりすることであった[97]。古川はこの相談所が、官僚を「監督取締的なもの」から人々の生活状況を正確に把握してそれに応じた政策を形成する積極的で「経営的なもの」に変えていこうとする毛里の考え方を直接反映したものであったと記している[98]。実際、週のうち二日、夕方に毛里と省の部局長は疑問や不平を聞いたり特定の問題に関する会議に出席したりしていた。彼らにとってこの相談所は、対立の続く堕落した議会政治を排除し、国防国家建設と東アジアの発展という目標の下に人々をまとめる「新しい政治」をつくる第一歩を意味していた[99]。

官報における相談所についての政府の紹介では、「職分化」が戦時下の生活の主な方針であり、勤労生活を利己主義や利益の追求ではなく国家の目標に「かういう国情を自覚して」適合させる必要があると強調された。これは国に対して自己を無力化するという意味ではなく、「国民自然の要求を適当に充し、且つ個性を充分に伸ばしつつ、日本国民の叡智を自由存分に発揮せしめる機構を創り上げなければ」ならないことを意味していた[100]。相談所は目前の戦争に対する努力と、長期的なその後のために生活を向上させるための自発的な制度に向けた小さな一歩であった。戦時下の生活を向上させるもう一つの鍵は、日本の技術的遅れを乗り越えるために国民の間で高度な科学技術の使用を増加させることである。毛里が書き残しているように、科学と技術は「国民のエネルギー」に基づいた国家の生産性を上昇させるための本質的な要素である。そして人々の現在の生活や労働状況を高度な科学技術のために必要な条件と「統合する」ことこそが、官僚あるいは「クリエティブエンヂュニーア」の仕事であった[101]。実際の相談所の仕事は主に国家方針の結果として廃業しかかっているもしくは戦時下生産に転換させられている中小企業に助言することであった。また相談所の報告書は、食糧不足や生活費の上昇、余剰資源の配給やカルテルの組織といった問題も扱っていた[102]。これらの報告書や会議がどのように実際の政策に影響したのかははっきりとしないが、毛里や革新官僚にとってこの相談所は日本人の生活の全ての分野をファシズム的な社会機構に刷新する重要な一歩を意味していた。

一九四四年一〇月、毛里は大日本産業報国会(以下、産報)を指揮するために、その直前に解体された企画院のメンバーや鈴木貞一と合流した。一九四〇年一一月に半官半民であった産業報国連盟を母体にして、産報は「勤労」イデオロギーの下で産業関係の管理を一元化した。このイデオロギーは、一九四〇年一一月の第二次近衛内閣による勤労新体制確立要綱でまず発展し、労働と職業が国家を組織化する中心的原理であるという革新官僚のヴィジョンを制度化した。ブルーカラーとホワイトカラーは、自分自身の特定の職業に積極的目的をもって従事する市民として、国家の中で真の所属意識を得るために階級意識に打ち克たなければいけなかった。職業はそのとき公共の意味をもつ。勤労のイデオロギーでは、職業は各人の個性を完全に表現するものであり、「苦役な」ものというよりむしろ「創造的」で「自発的」なものとして理解されていた。佐口和郎によると、工場においては協働、開発、生産性を向上させるために五人組の産報のグループが形成され、このような勤労観を労働者に訴えることによって一九四〇年代には最低生活賃金の原則が制度化された[103]。

官僚的で非効率的だと批判され、単なる労働者向けの「啓発運動」でしかないとみられていた産報を活性化するために、鈴木、毛里そして他の元企画院の官僚が集められた。毛里は産報の理事に任命され、一九四五年一月から企画室の室長になった。日本の敗戦の直前になると主導権争いをしていた地方局、産業管理組合、内務省、厚生省、軍需省の分裂によって、産報はほぼ力をもたない機関になっていた。[104]それにもかかわらず、戦況が悪化する中、革新官僚は広範囲に及ぶ計画の経験をもとに労使関係を合理化できると考えられていた。一九四四年一〇月には毛里は産報の労働者に向けて「産業報国運動の新方針」を立案し、新聞でも広く取り上げられた。「新方針」はまず生産に携わる者が「経営者・技術者・労務者」に分別されるのではなく、単に身体的労働をする以上に「全生産能力」を示すという目的のもとで、生産設備・資源・輸送などを使う全ての能力を用いる「皇国勤労者」になったとしている。そしてこの方針は、資本主義的な利益中心の生産を排除し、生産が完全に中心にある経済を求めていた。高度な科学技術は特に造船や飛行機の建造とそれに関連する様々な産業でこの「国防生産体制」の中核を形成すべきであるとされた。労働者、経営者、官僚間の縦横のコミュニケーション手段が国家の生産性、工夫、道徳を高めるために改善されなければならなかった。生産を管理する者は急増する朝鮮人と女性と学生の労働力を産業的愛国運動に合体させる必要があった。[105]ますます絶望的になる戦況にもかかわらず革新官僚は、国家に奉仕する創造的で責任感のある労働者による高度な生産メカニズムとして社会を組織するというファシズム的なヴィジョンが勝利への唯一の道であると強調し続けていたのである。

汎アジアナショナリズム

革新官僚にとって戦時動員は戦地での勝利以上のものであった。それは、彼らのファシズム的なヴィジョンに沿った日本の政治、経済、文化の完璧な刷新を意味していた。国内で経済を再組織して人々を動員することは、東アジアの拡大する大日本帝国における同様の試みと密接につながっていた。その試みとは例えば、「日満支経済ブロック」の形成や、自立・繁栄した東亜新秩序の建設という日本の目標の下で様々な民族の協力を得るための中国北部の「新民会」のようなポピュリスト政党を奨励することであった。革新官僚は汎アジア主義を単なる空虚なスローガン運動や日本の帝国統治を皮肉的に正当化するものだと考えていなかった。そうではなくて汎アジア主義は日本と東アジアを統一するための根本的な変容の計画を伴うものであった。

毛里や革新官僚にとって、国民経済を成立させようとする国民生活組織は東アジアに同様の政治秩序を建設することと不可分であった。毛里は中国での抵抗勢力を取り込むためにより実用主義的な経済技術を奨励することに加えて、「東亜民族」として様々な民族をまとめあげる新しい政治体制における経済技術の基礎知識についても論じている。中国のナショナリズムを慢性的な軍閥主義の新しい反応だとみなしていて、ヨーロッパ勢力に対する民衆の蜂起や一九一一年の清王朝転覆にさかのぼるナショナリズムの長い歴史を認めない者や、中国の小作人が政治的に無関心で国家的あるいは民族的な意識がないと考える者を毛里は批判した。[106]もし日本人が中国のナショナリズムを心狭くも切り捨て続けるのであれば、我々は歴史に思い知らされるだろうと毛里は警告している。[107]その代わりに日本人は「吾には中国の国民統一の完成に関する中国国民の民族的追及が、その政治力の原動力であることをそのまま肯定する[108]」と述べている。

日本と中国のナショナリズムは、「素朴な民族の感情」のレベルにとどまらず、東アジアに非資本主義の自立した秩序を協力的に建設しようとする、より高いレベルの東アジア多民族ナショナリズムという旗印の下に相互に発展するべきであると考えられていた。[109]実際、毛里はこのような東アジアナショナリズムは彼が言うような「多数民族国家」としての日本に重要であると主張していた。[110]日本の多民族ナショナリズムは中国の国民的本能を豊かにし、「東洋民族のより大なる、そしてより早かなる建設を可能にする」。つまり東アジアナショナリズムは「支那」を支配する国際資本主義及び共産主義秩序からの解放、国民生活組織に沿って日本と満州国と中国に全体的生活秩序を建設する政治的なイデオロギーあるいは政治的「意志」を形成すると考えられた。[111]

毛里は世界史を、ベルサイユ条約体制によって制度化された個別のナショナリズムから脱却して「弱小民族」国家を組み込んだ大きな多民族国家の形成に向かうとみており、日本、スラヴ、ゲルマン、中国、インドという五つの多元国家こそが世界の歴史の流れを形作るとしていた[112]。民族・文化・生活様式・経済活動という観点からの多元性は脆弱さを示すものではなく、国力や優越性を示すものであると毛里は一九三九年の社会政策研究所での講演で語っている[113]。多元性の肯定と、官僚がその差異を同質化するのではなく理解して統合していく必要性は毛里の全体主義的哲学において何度も現れる。世界の「多数民族」国家の先駆者として日本は弱い中国を肯定し、統合して、再活性していき、その過程においてより高位の東アジア国家に変えていくのである。中国人と日本人も自由資本主義体制の「私的な市民」から協調主義的「全体的生活秩序」の中の「国民」に変わっていく。この新しい東アジア国家は、近代の一九世紀世界に端を発するが二〇世紀は解決できなかった少数民族や階級闘争についての問題を解決することができるだろう。それこそが日本の「世界史的課題」であるとされた[114]。毛里にとって、東アジア国家の「政治的権力」はアジアの文化や経済を同質化するものではなく、アジアの多元的なエネルギーや能力を生産的に統合したものやその表現としてあらわれるべきものであった。

「東アジアの経済構築」に向けて

毛里の汎アジア主義イデオロギーは東アジアだけではなくその範囲を越えて統制経済を構築しようとする革新官僚の試みと連携して発展していった。中国全土に戦いが広がったことによって、一九三八年一一月に近衛内閣総理大臣は政治・経済・文化における「相互扶助」と反共産主義の理念に基づいて日本、満州国、中国に「東亜新秩序」を形成することが日本の使命であると発表した。一九四〇年一〇月、第二次近衛内閣はより詳細な「日満支経済建設要綱」を承認し、企画院の革新官僚はその実現に向けてすぐに政策の立案に取り掛かった。この要綱は三国の政治・文化・経済を「総合的結合」する「有機的一体タル自存圏」の建設を求めていた。政策は各地方や民族に固有の「生活段階」に根ざしたものが目指された。日本は大東亜新秩序の中心となるべきで、国内で科学技術と高度な産業を振興することと、「国民の気魄を昇揚し国内体制を革新し国力の拡充に力め以て満支の経済建設を指導育成す」ることを重視すべきとされた。満州国は鉱業や発電、重化学工業の基地だと想定され、中国は天然資源を他の二国の重工業のために提供し、軽工業や農業を発展させることになっていた[115]。

日本と満州国と中国をまとめてアジアにおける産業の中心に変えることを目的にしていたので、技術はその主要な部分において重要な役割を果たした。日本は産業発展を進めるためにより多くの技師を育て、熟練技術者を教育し、新秩序における各国の与えられた役割に沿って労働者を動員する「労働技術」を導入するとした。三国間での交通インフラや通信網の機能向上への投資もまた優先された。革新官僚は日本を人々に根ざした高度な統制経済に作り変えていくという革新主義的な考え方と、満州国と中国を同じ秩序に組み入れようとする同時並行の取り組みとを密接に結びつけた。これは、第三章と第四章で論じたような革新官僚たちも計画と実施に深く関わった大規模プロジェクトで実を結んだ。

企画院の「三羽烏」、秋永と美濃部と毛里は、要綱のコンセプトを実現する主な計画機関である日満支経済協議会の設立にも関わっていた。この協議会は一九四一年に企画院の官僚による緊密な管理の下で活動を始めた。企画院、興亜院、対満事務局のような関連政府機関からの中堅官僚と、実業界、学術界、メディアからの有力な代表者によって構成されていた。産業、鉱業、農業、畜産、林業における五カ年と十カ年の生産目標を作成するための部局と、生産の拡大、資源の調達、十分な資本の保証、貿易の促進、労働力の動員、そしてなくてはならない交通網と電力網の建設に必要な制度やインフラを確立するための計画を立てる部局が作られた。特筆すべきは満州国の重工業、特に鉱業と発電を拡大する強引かつ楽観的な計画が立てられたことであった。日本の重工業生産の一部を中国の豊富な天然資源に近い満州国に移転しようという革新官僚のこの計画は議論を呼び、協議会の生まれ変わりである大東亜建設審議会に持ち越された[116]。

一九四一年一二月にアメリカとの戦争が始まり遠方の東南アジアに拡大すると、東条英機内閣総理大臣は「大東亜共栄圏」の建設を宣言した。これによってすでに行われていた「南進」と欧米の封鎖の対象になっていた戦時の資源確保という軍の計画が正式なものになった。企画院は資源分配と物資動員計画の主たる機関として、この計画実現のための政策決定において再び指揮をとることになった。企画院は、経済政策、農業・水産、教育、民族政策の部局を追加した先の協議会の拡大版として大東亜建設審議会を一九四二年二月に設立して運営した。毛里と企画院の他三人は審議会の運営に任命され、毛里は指針を示す初の文章「大東亜経済建設基本方針」の起草に深く関与した[117]。軍の支援を受けて革新官僚はより広い経済圏の発展のために日本、満州国、中国北部を重工業の中核にする計画に取り組んだ。この地域が「共栄圏」の残りの地域を方向づけながら、この地域を土地の条件にあった産業の合理的な分配、天然資源・電力・労働の総合計画、利益ではなく生産性を土台とした企業の再構成という植民地管理経済の原理にしっかりと基づかせようとした。しかしながら日本に経済管理を集中させて国内の産業を優先しようとした商工省と、東南アジアの開発にもっと投資をしたがった海軍のヴィジョンとの競合の結果、革新官僚のこのような考え方は後に妥協せざるをえないものとなった[118]。

古川によれば、一九四二年一月の国会での東条による施政方針演説における「大東亜共栄圏」に関する文言を作成するのに毛里と企画院の革新官僚の影響があった。日本が「各民族をして各々其の所を得しめ（中略）共存共栄の秩序を確立」する核心になるという東条の発言は、毛里がそのほとんどを書いた企画院の「大東亜共栄圏建設」についての基本方針からそのまま来ていた。一九三八年以降、東アジアに「共生体」を建設する積極的支持者として、毛里はコーポラティズム的国民組織の拡大を心に描いていた。それによって各国や民族がより高位の「東アジア」ナショナリズムの下に結集し、それぞれに特有の経済・社会・文化状況に適合した強く繁栄した共同体の建設において各自が自分自身の「処」あるいは役割をみつけることができると考えられていた。基本方針には、西洋の「個人功利」的で「唯物的世界観」を排除するための動員、「地政学的」判断を基盤とした東アジアにおける統制され入念に調整された国防経済の発展を牽引する「使命」を日本が全うすることなど、毛里の他の汎アジア主義的ヴィジョンも含まれていた。他の省や海軍、実業界からの反対にもかかわらず、革新官僚の反資本主義やテクノ・ファシズム的な言説の多くは企画院の最終的な政策文書に取り入れられた。戦時下ゆえにこの計画の大部分は一度も実現されなかったものの、革新官僚の「共生的」で高度に統合された東アジア共同体という構想は内閣の政策決定過程のかなり高いレベルまで入り込んでおり、汎アジア主義的な技術的想像力は空虚な美辞麗句以上のものであったことが示されている[119]。

結論――技術、ファシズム、そして権力

技術と帝国主義そしてファシズムは、毛里の考え方や革新官僚のイデオロギー・政策の中に現れていた。一九三〇年代の知識人の言説において、社会が完全なる生産メカニズムであることや生産性・効率性・体系性という主体的価値を意味するところまで技術の重要性を拡大したことは、国民のエネルギーと結びついた統制経済を目指した革新官僚のヴィジョンに合体していた。毛里の技術や社会についての思想はジェフリー・ハーフが「反動的近代主義（reactionary modernism）」と言及したもの、すなわち「ドイツのナショナリズムにみられた反近代化、非現実的、非合理主義的な考え方と手段・目的合理性の最もはっきりとした現れともいえる近代技術」の間の融和という考え方に非常に近いものであった[120]。ドイツの思想家と同様のやり方で毛里は近代技術を、自由資本主義に打ち勝つ運命にあって「大東亜共栄圏」の発展を牽引していく日本国民の本質的エネルギーという概念のなかに定着させた。しかしハーフは反動的近代主義は技術を自由主義的啓蒙思想の伝統に基づく「手段・目的合理性」とする定義を前提としていたので、ナチスの「技術と不合理」の合成は「逆説的」だと結論付けた[121]。このようにハーフ

は技術をあらかじめ定義したので、この言葉の歴史性や様々なグループがどのように考えてきたのかを無視する結果になってしまった。それだけではなく、技術と合理性が権力と動員のシステムとしてどのように作用したのかについても疑問に付さなかった。

毛里や革新官僚のアイディアと政策は、ファシズムを技術に連結することによる新しい権力の様式の登場を意味していた。最大限の潜在能力と生産性を目的とし、生活の全ての側面が合理的に計画・動員された統制経済を成立させるために、彼らは当時現れつつあった新しい技術の考え方を採用した。日本国民やその精神に関する「非合理的」な概念ですら、国家のために責任感、勤労、創造力の倫理観をもった「国家的市民」によって構成される合理的に組織されたコーポラティズムな集団の中に存在しているとされた。革新官僚のアイディアや政策においては、権力は単に国家制度によって社会生活を上から構築するだけではなく、社会関係の多元性の全てに自覚とその全体性を浸透させるものであった。権力とは根本的に抑圧的でありながら生産的であったのである。

例えば、経済技術は植民地の人々の「エネルギー」を完全に動員するために現地の知識と社会経済関係を利用しようとした。経済技術を使用する「クリエティブエンジニーア」としての官僚によるこの概念は、満州産業開発五カ年計画のような政策やそのために必要な政治・財政・経済・技術的基盤を作り上げる取り組みを通じて生まれたものであった。さらに企画院のような総合国家政策機関は、産業組織の組織化から植民地運営、社会福祉、科学技術そして「国民道徳」に至るまでの一連の広い政策によって、複雑で相関関係のある社会機構を管理する「経済参謀」という構想も制度化した。アジア全域のレベルではこれは、日本と満州国と中国北部を「大東亜共栄圏」の中心となる技術的に高度な統合された産業地帯に作り変えていく計画の中でたちあらわれてきた。他の省や実業界、軍の一部や国会からの抵抗にもかかわらず、一九三八年の国家総動員法のような総合法案や一九四〇年の経済、勤労、科学技術に関する新体制のための要綱、一九四一年の日満支経済協議会の設立、そして一九四二年の大東亜建設審議会などはすべて国家の最上層で、革新官僚のテクノ・ファシズム的な構想を実現してきたのである。

毛里と革新官僚は技術的に高度な職業に基づいて効率的に組織された複合的「国民生活組織」の形成を提案することによって、彼ら自身の技術的創造力を日々の生活レベルに結びつけた。植民地ではこれらの努力は大衆政党を通じて中国のナショナリズムを汎アジア主義に合体させていく試みに反映されていた。近衛内閣が労働組合的な国民政党の設立運動に失敗したにもかかわらず、革新官僚は労働の点からは一九三八年に産業報国会（のちの大日本産業報国会）、政党の点からは一九四〇年に大政翼賛会、そして同じく一九四〇年に戦時生活相談所を設立することに成功した。国民を統制経済に積極的に参加させるためにこれらの組織は創造性の精神や責任感という倫理観を育成しようと試みていた。中国や満州国では新民会（一九三八年設立）、協和会（一九三二年設立）が社会福祉と「啓蒙」を組織的に強調して同じように機能していた。

技術はまた、革新官僚が自由資本主義を国家的統制経済に変えようとするイデオロギー的なアジェンダの中で重要な役割を果たした。統制経済は技術の創造的本質を奨励し、それによって技術は利益を得るための道具的手段であるという資本主義下の物質主義的意義から解放されるとされた。革新官僚は第二次産業革命で技術は自然の限界を越え、例えば物理や化学、エネルギー生産分野においてイノベーションを利用し、現在では天然産物や資源を再生産することができるようになったと論じた。[122] さらに資本主義の再構成の過程において、技術の創造的本質には戦時下で必須の産業発展や重工業・電力・化学に基づいて進んだ経済発展が伴うとされていた。一九四一年の新科学技術体制確立要綱のような法律は、科学的・技術的研究を促進し、その結果をすぐさま産業化し、一般大衆の間に「科学的精神」を育むために施行された。企画院や国策研究会は植民地資源の開発と産業的・技術的なインフラストラクチャーの改善のために詳細な計画と調査を練り上げた。例えば、国策研究会は「大東亜共栄圏技術体制論」という報告書を発行したが、これは非日本人に対する技術的訓練を進め、技術学校への投資を増やし、植民地での若年層に対する科学教育を奨励し、疫病を排除するために公衆衛生計画を拡大する政策を提言していた[123]。このような青写真は革新官僚の統制経済が具体的な「生存圏（Lebensraum）」を構成するという技術的な空間の見方に基づいていた。天然資源の資本主義的な開発の背後にある抽象的な空間の見方は、大東亜共栄圏のために新しい資源や生産的な産業を発展させる技術的意識に取って替わるものであると考えられた[124]。要するに「技術」は革新官僚によって、日本を戦争に即刻動員して植民地の天然資源開発を拡大する方法としてだけではなく、資本主義の刷新に積極的に参加する動員された主体による統制された社会体制に社会を再構想して再編成するというイデオロギー的な語句として使われたのである。

結局、毛里や革新官僚が心に描いたテクノ・ファシズム的ユートピアは、個人性、自主性、創造性を保証するのではなく、日本の戦時国家と実業界の利益を確保しながら、戦争中に何百万のアジアの人々の生活と労働力を利用したディストピア的な社会機構を構築するのに大きく貢献した。彼らの技術的想像力は主体性や生活のレベルで機能する新様式の権力を成立させようと努めたことによって、日本の戦争犯罪（しばしば非合理主義で右翼的だった将校やイデオロギーのせいにされる）を非常にうまく正当化した。したがって毛里や革新官僚の言説を中身のない巧言や妄想として片付けるのではなく、それらに真剣に向き合うことが重要である。なぜならそれこそが技術や近代化についての強力な言説を訴え続けた一連の制度、政策、計画を生み出したからである。このような戦略は戦後も続き、日本や他のアジアの国々の体制は技術の可能性に訴えることを通じて高速成長のために全てのエネルギーを使うよう国民を動員した[125]。戦時中や植民地時代と地続きで創造性、責任感、独立性は、強くて繁栄した国民国家を建設するために市民を動員するという戦後社会の目標と接続して、技術の名の下で再び奨励された。戦時下の日本において技術とファシズムの連結（すなわちテクノ・ファシズム）は、有機的な「国民生活組織」において日本や東アジアの主体の多元性を組織することを企図した新しい権力の様式を意味していた。この

「国民生活組織」では政治的な対立は完全に排除され、そうすることで従属的な社会関係を民主主義的に変化させるいかなる機会もないものであった。戦争の時代は絶対的な精神性と愚かな非合理性の闇の谷間であって、一九四五年以降建前として日本は敗戦から出発したという戦後の通俗的な神話の下に隠されて、日本の降伏の後もこの新しい権力の様式は比較的無傷で生き延びたのである。

注

（1）毛里や革新官僚の歴史的プロフィールは以下の文献に拠っている。伊藤「毛里英於菟論覚書」、二三五－三九頁。Mimura, "Technocratic Visions of Empire," Mimura, *Planning for Empire*：秦『官僚の研究』、古川『昭和戦中期の総合国策機関』、二二一－二五頁。革新官僚についてより詳しくは、Spaulding, "Japans New Bureaucrats," Spaulding, "Bureaucracy as a Political Force, 1920-1945;" Weiner, "Bureacracy and Politics in the 1930s."

（2）Gao, *Economic Ideology and Japanese Industrial Policy*, 70.

（3）Barnhart, *Japan Prepares for Total War*：古川『昭和戦中期の総合国策機関』、一六頁：Mimura, *Planning for Empire*, 15-21, 26-27. 国防国家の概念については、たとえば以下の文献を見よ。陸軍省新聞班『国防の本義と其強化の提唱』。

（4）Koschmann, "The Spirit of Capitalism as Disciplinary Regime," 97-116; Gao, *Economic Ideology and Japanese Industrial Policy*, 97.

（5）古川『昭和戦中期の総合国策機関』、一八－一九頁。

（6）ミズノが詳しく明らかにしたように、技術官僚が、科学技術新体制のための運動や立案において産業化と実戦的応用の目的にあわせて計画され体系化された科学という意味で、「科学技術」という言葉を作った。Mizuno, *Science for the Empire*, 60-68.

（7）古川『昭和戦中期の総合国策機関』一八、九一頁。革新官僚の中の多様性については以下を参照。Mimura, *Planning for Empire*.

(8) Mimura, *Planning for Empire*, 3.
(9) 毛里「支那の産業開発」、七三頁：三木、毛里「明日の科学日本の創造」、一九六頁。
(10) 毛里、迫水ほか「革新官僚」、五四頁。
(11) 鎌倉「事件第四期は政治を展開す」、七九頁：毛里「対支経済技術の創造」、一〇〇頁。鎌倉一郎は毛里のペンネーム。
(12) 毛里、迫水ほか「革新官僚」、五四頁。
(13) 同上、五五－五六頁。
(14) 鎌倉「日本国民経済の形成と政治」、二七頁。
(15) 毛里は、権威主義的な法人国家の設立を提唱したオーストリアの経済学者オトマール・シュパン、シュパンの追随者でありナチスの全体主義経済の指導的提唱者であったオーストリアの経済学者フリードリヒ・ゴットル＝オットリリエンフェルト、そして自由貿易による古典的経済に反対し、国民経済の建設に賛成していた一九世紀ドイツの経済学者フリードリヒ・リストを彼の反資本主義的「国民経済」に影響を与えたものとして引用した。『洋々乎――美濃部洋次追悼録』、一七六頁。この三人の著作の一部は日本語に翻訳されている。毛里はリストの *The National System of Political Economy* を、鎌倉「日本国民経済の形成と政治」、三一頁から引用を行っている〔この引用や原本については、確認できなかった〕。革新官僚への知的影響と背景については以下を参照。古川「革新官僚の思想と行動」。
(16) 鎌倉「東亜共同体と技術の革命」、六－七頁。
(17) 毛里「支那の産業開発」、七六頁。
(18) 鎌倉「東亜共同体と技術の革命」、五－六頁。
(19) 鎌倉「日本国民経済の形成と政治」、二六頁。
(20) 鎌倉「「東亜一体」としての政治力」、一一頁。
(21) 鎌倉「抽象的物価と具体的物価」、五－六、八頁。
(22) 毛里「生産経済の根本理念」、二六－二七頁。
(23) 鎌倉「東亜共同体と技術の革命」、一二頁。毛里は複数の方法で「民族」という言葉を使用しており、「日本国民」は台湾人、朝鮮人、日本列島の人々で構成されるとしていた。毛里は自身の著作において決して「純血ナショナリズム」論を使ったことはなく、むしろ、より多元的でありながら縫合的な民族ナショナリズム論を使っていた。日本が世界に冠たる、優秀な多民族国家であるという毛里のアイディアについては以下を参照。毛里「大東亜戦争を通じて」。鈴木哲司は武藤昭とは対照的に、毛利を汎アジア主義者としている。武藤は満州と中国での高級官僚であり、ナチズムへの無批判な信奉者であった。後に武藤はより反動的で精神主義的な活動を通じて、一九四〇年代の体制翼賛会の活動を指導する。これについては以下を参照。Mimura, "Technocratic Visions of Empire," 229-30. 毛里が民族というとき何を意味していたかについては、後で詳しく論じる。

(24) 毛里「大東亜戦争を通じて」、ページナンバーなし。

(25) 毛里「対支経済技術の創造」、一〇〇、一〇五頁。

(26) 毛里「大東亜戦争を通じて」、ページナンバーなし。相川春喜も一九四二年の『技術論入門』でこの「生活技術」という言葉を使用していた。第二章、「生活の中の技術」『技術論入門』、二六-五〇頁。

(27) 毛里「廃品回収録」、一六四頁。

(28) 毛里「支那の産業開発」、七九頁。

(29) 毛里「東亜経済建設について 第一項」。

(30) 毛里「支那の産業開発」、七九頁。

(31) 鎌倉「東亜共同体と技術の革命」、一一頁。

(32) 毛里「大東亜戦争を通じて」、ページナンバーなし。

(33) 石本ほか「日満支を綴る計画経済の再吟味座談会」、二一-二三頁。

(34) 同上、三頁。

(35) 同上、三-四頁。

(36) 現代の学生運動については以下を見よ。Smith, *Japan's First Student Radicals.*

(37) Mimura, "Technocratic Visions of Empire," 223.

(38) Ibid., 136. 秦『官僚の研究』、一三〇頁。

(39) 「満州国経済の現地座談会」、三六頁。

(40) 古海忠之『忘れ得ぬ満州国』、一〇一－二頁：亀井「亀井貫一郎氏談話速記録」、一九六頁。古海は満州国総務庁で星野直樹の右腕として知られた人物である。
(41) 亀井「亀井貫一郎氏談話速記録」、三七頁。
(42) 古川『昭和戦中期の総合国策機関』、四〇頁。
(43) Mimura, "Technocratic Visions of Empire," 65.
(44) 古川『昭和戦中期の総合国策機関』、四三－四四頁。
(45) 秦『官僚の研究』、一三一頁。
(46) 中村『戦時日本の華北経済支配』、二八－二九頁。
(47) 小林「華北占領政策の展開過程」。
(48) 毛里は既に、満州国の通貨統一、一九三二年の銀本位制の新通貨の発行、それに続く一九三五年の満州国の金本位制への移行を経験していた。小林「植民地経営の特質」、一二一頁。
(49) 中村『戦時日本の華北経済支配』、一四七頁。
(50) 桑野『戦時通貨交錯史論』、一四－一八頁。
(51) 通貨の安定化に関する前述の情報は、中村『戦時日本の華北経済支配』、一四八－五四頁を参照した。当初は新通貨を受け入れてもらうために銀行の高官が綿花の生産者を訪れなければならなかったようだ。もちろん綿花は必要不可欠な軍用品であり中国北部の経済の大部分を占めていた。『中国連合準備銀行五年史』。
(52) 井村『十五年戦争重要文献シリーズ　第一七集』、三頁。
(53) 久保「興亜院による中国調査」、七九頁。
(54) 大淀『宮本武之輔と科学技術行政』、二六三頁。
(55) 久保「興亜院による中国調査」、七三－一〇三頁。当初満鉄のために働いていたマルクス主義者の元調査員とは違って、興亜院の技師は、「半封建的」状況に向き合って、産業化や開発につながる要素を強調していた。
(56) 編者「初めに」、一〇頁。
(57) Mimura, "Technocratic Visions of Empire," 242.
(58) 古川『昭和戦中期の総合国策機関』、一九頁。

(59) 矢次『昭和動乱私史』、上巻四九一頁、下巻二一〇－一一頁。どちらのシンクタンクも一九三六年の右翼クーデター未遂の余波と一九三八年の第一次近衛内閣の成立の中で重要性を増した。国策研究会は、実業界、政府、学術界、軍からのしっかりした中堅もしくはより高位の人々で構成されていた。彼らは陸軍と強い関係があった。一方で、昭和研究会は各方面から比較的若い参加者で構成され、海軍と強い関係があった。両者も、「革新主義」でテクノクラート的であった。古川『昭和戦中期の総合国策機関』、三四－三五頁。昭和研究会については以下を見よ。Fletcher, *Search for a New Order*.

(60) 古川『昭和戦中期の総合国策機関』、一一三－一四頁。

(61) 戦時中の経済と主要な法制については以下を参照。Nakamura, "Japanese Wartime Economy as a 'Planned Economy'."

(62) 伊藤「毛里英於菟論覚書」、二三五頁；『洋々乎――美濃部洋次追悼録』、一二九頁。

(63) 古川『昭和戦中期の総合国策機関』、一七五－七六頁。企画院は、その「国民道徳」を作るという試みにおいて、大政翼賛会と衝突した。大政翼賛会は、「精神的動員」を任された主な組織であり、革新官僚が科学と技術の重要性を主張することによってコントロールすることを試みた非合理主義的イデオロギーの典型的な砦であった。

(64) Gao, *Economuc Ideology*, 115–116.

(65) 古川『昭和戦中期の総合国策機関』、三〇二頁：Gao, *Economic Ideology*, 77.

(66) 鎌倉「統制経済の貧困の原因」、一六－一八頁。

(67) 鎌倉「国民生活組織の起点」、六頁。

(68) 鎌倉「国民経済と私益」、八八頁。

(69) 同上、八六－八八頁；鎌倉「国民組織と東亜共同体の不可分性」、二四頁。

(70) 鎌倉「統制経済の貧困の原因」、一六－一七頁。

(71) 鎌倉「「東亜一体」としての政治力」、一一頁。

(72) 鎌倉「国民組織と東亜共同体の不可分性」、二二頁。

(73) 同上。

(74) 鎌倉「国民生活組織の起点」、六頁。

(75) 同上、六-七頁、一〇-一一頁。

(76) 鎌倉「反動を克服する政治」、一〇頁。

(77) 毛里「経済新体制講座」、ページナンバーなし。この講演において、毛里は短期的「戦時経済」と永続的な「国防経済」を区別していた。これは以前の彼の植民地における「徴発経済」と「統制経済」の区別と重なるものであった。彼はまた、ナチスドイツの親たちが小さな子供を困難に慣れさせるために動く電車の中で立たせていたことについても論じている。

(78) 毛里は、量子力学を強い国防意識と職業によって組織化された社会のメタファーとしてさえ用いていた。彼によると量子力学は個別の粒子をさらに大きくてより複雑な統合体の観点から見ることによって古典的原子論をしのぐものであった。「それは、全体主義、計画経済と云ふやうなものであり、かうものは、結局、画一的な、一元的なものに論理的に統一するといふことではない」「これは、画一的で同質的な何かへの論理的な統一ではない全体主義や統制経済と似ている。あるがままの多元性を肯定しながらより高い見地への統合である」と京都学派の哲学者、三木清との対話で毛里は語っている。毛里はこの量子論のメタファーを「大東亜共栄圏の多様な民族性」とその「極めて多様な生活機能」にまで拡大した。三木、毛里「明日の科学日本の創造」、一九九頁。また毛里は生産の技術が日本国民に結ばれているとも論じた。彼にとって、技術とは「文化的」で人々の創造的エネルギーであり、もし統制経済と国民生活組織の中に統合されるのであれば、日本を外国資源から脱却させ合成素材の開発などの戦略的領域のような技術的イノベーションが発展のための多くの余地を与えてくれるものであると考えられていた。生産技術と国家精神の関係については以下を参照。鎌倉「技術の解放と政治」。

(79) 亀井「亀井貫一郎氏談話速記録」、三七頁；古川『昭和戦中期の総合国策機関』、一一九-一二一頁。

(80) 柳澤「戦前日本の統制経済論とドイツ経済思想」。柳沢はゾンバルトとヴァルター・ランテナウ（両者とも自由市場、自由資本主義は終焉を迎えており、資本主義の病を軽減するためにある程度の国家の干渉が必要だと信じていた）の影響について焦点を当てている。

(81) Haag, "Othmar Spann and the Quest for a 'True State,'" 237; Haag, "Othmar Spann and the Politics of 'Totality,'" 36.〔シュパンについて、本書で示された *Der wahre Staat* の邦訳は見出せていない。シュパンの邦訳として知られているのは秋沢修二による『全体主義の原理』（一九三八）と『社会哲学』（一九四三）である。〕

(82) 古川『昭和戦中期の総合国策機関』、一二〇頁：Haag, "Othmar Spann and the Politics of 'Totality,'" 30, 37.
(83) Sombart, *Future of Capitalism.*〔ゾンバルト『資本主義の将来』〕
(84) Mimura, *Planning for Empire,* 115.
(85) Härd, "German Regulation," 59, 62.
(86) Hanel, "Technology and Sciences Under Modern Capitalism," 95-96.
(87) 相川『産業技術』、三二九頁。
(88) Gassert, "'Without Concessions to Marxist or Communist Thought,'" 224-226; Göttl-Ottlilienfeld, "Fordism," 400-402.
(89) 金子「全体主義経済学の二傾向」。
(90) 毛里は亀井の遠戚であり、後に亀井の娘と結婚した。亀井「亀井貫一郎氏談話速記録」、四－五、三八、四五－四六頁。
(91) Oikawa, "Relations Between National Socialism and Social Democracy," 198-199.
(92) 亀井「亀井貫一郎氏談話速記録」、一九三頁。
(93) 伊藤「近衛新党問題」、一四四頁。
(94) 亀井がナチに影響を受けていたことを示す仕事は以下を参照。亀井『ナチス国防経済圏』。
(95) 伊藤「昭和十三年近衛新党問題研究覚書」、一三五頁。
(96) 亀井「亀井貫一郎氏談話速記録」、四－五、三八、四五－四六頁。
(97) 「戦時生活相談所とは」、一一頁。
(98) 古川『昭和戦中期の総合国策機関』、一三七頁。
(99) 小林「戦時生活所の政治的意義」、一七頁。
(100) 「戦時生活相談所とは」、一〇頁。
(101) 毛里「一つの答えとしての生活相談所」、二〇一頁。
(102) 古川『昭和戦中期の総合国策機関』、一三八頁。
(103) Saguchi, "Historical Significance of the Industrial Patriotic Association," 271-272.

（104）古川『昭和戦中期の総合国策機関』、三一四頁：Saguchi, "Historical Significance of the Industrial Patriotic Association," 281-282.

（105）柏原「産業報告運動の新方針」、五〇〇-五〇二頁。古川は毛里がこの草案を執筆したと記述しているが、それは刊行されず、柏原の名前で出版されている。古川『昭和戦中期の総合国策機関』、三二五頁。

（106）毛里「東亜経済建設について 第一項」、ページナンバーなし：鎌倉「中国の「抗戦建国」を批判す」、七頁。

（107）毛里「東亜経済建設について 第一項」、ページナンバーなし。原文では「仮りに現代人の聡明さが間違って現代の過程に於て支那の民族意識が途切れると云ふ斯う云ふ原理を把握して断ち切った、其事が若しも間違いであるとすれば必ず歴史は吾々の子孫に再び其の問題に対する深刻な問題を投げ付けるだらうと思ひます」と述べている。

（108）鎌倉「中国の「抗戦建国」を批判す」、七頁。毛里は亀井の研究グループの一員として明らかに「支那全民党の綱領と組織」について研究をしている。古川「革新官僚の思想と行動」、一九頁。

（109）鎌倉「「東亜一体」としての政治力」、一〇頁。

（110）毛里「大東亜文化の意義」、ページナンバーなし。

（111）鎌倉「東亜共同体建設の諸条件」、二八-二九頁。毛里の東アジアナショナリズムは酒井直樹が「帝国主義的ナショナリズム」と呼んだものに若干似ていた。近年のアメリカの帝国主義やいわゆる「アジア研究」という学問領域の形成において、帝国主義的ナショナリズムやその現在までの継続性がみられることについては、以下を参照。Sakai, "Subject and Substratum."

（112）毛里「大東亜文化の意義」、ページナンバーなし。

（113）毛里「東亜経済建設について 第一項」、ページナンバーなし。

（114）鎌倉「東亜における防共の意義」、七頁。毛里によると、世界史的使命という概念は、ドイツからも影響を受けているという。

（115）「日満支経済建設要綱」（一九四〇年一〇月三日）国立国会図書館所蔵。http://rnavi.ndl.go.jp/politics/entry/bib00277.php.（二〇〇九年一〇月一三日閲覧）

（116）松本「第二次大戦期の戦時体制構想立案の動き」。

(117) 古川『昭和戦中期の総合国策機関』、二七一頁。

(118) 安達「大東亜建設審議会と「経済建設」構想」。

(119) 古川『昭和戦中期の総合国策機関』、二七二－七三頁。

(120) Herf, *Reactionary Modernism*, 1.

(121) Ibid., 2, 3, 8.

(122) 鎌倉「技術の解放と政治」。

(123) 「大東亜共栄圏民族工作と技術体制」国策研究会編『大東亜共栄圏技術体制論』、三〇－四〇頁。

(124) 三木、毛里「明日の科学日本の創造」、一八六－八七頁。毛里は当時の他の右翼官僚や知識人と同じように、ナチスの地理学者で「生活空間」「生存権（Lebensraum）」という単語を作った、カール・ハウスホーファーの影響を受けていた。鎌倉「太平洋空間の性格革命」、三六頁。

(125) これらが現在にどのような連続性をもつかについては、山之内ほかのエッセイを参照。Yamanouchi et al., *Total War and 'Modernization.*〔山之内ほか『総力戦と現代化』〕

終章　戦後日本におけるテクノ・ファシズムおよびテクノ帝国主義

一九四五年八月一五日、天皇裕仁がラジオによって連合国に対する日本の降伏を宣言した。その数時間後、鈴木貫太郎首相は放送を通じて声明を発表した。鈴木は敵がどのように科学と技術を組み合わせ、原子爆弾という形の破滅的な効果を日本にもたらしたかについて言及し、同時に戦時期日本の弱点は科学技術であったことを指摘し、全ての日本人に対して連合国の下に再建される戦後世界のためには、特に科学技術についてあらゆる努力を惜しまないことを要求した。

　国民が自治、創造、勤労の生活、新精神を涵養して新日本建設に発足し、特に今回戦争に於ける最大欠陥であつた科学技術の振興に努める外ないのであります。(1)

皮肉なことに戦時期の技術は、鈴木が敗戦後の日本国民に対して科学と技術を振興するために涵養すべきであると訴えた「自治、創造、勤労」を動員するために構想されていたシステムの重要な一部であった。テッサ・モリス－スズキが論じたように、「大東亜共栄圏の基礎であった技術観は新しい日本の基礎を構成した技術観念に転じた」(2)。ジャニス・ミムラは、岸信介や椎名悦三郎が自らの官僚主義的な「管理経済」というアプローチを戦後日本が目指した中間層を中心とする消費社会の建設に適合させたように、いかにして「戦時テクノ・ファシズム」が「戦後の経営主義」に素早く転じたかに注目する。[3]この「テクノ・ファシスト」のシステムは、「テクノ帝国主義」と、とりわけ帝国を戦時日本経済に組み込み、植民地の人民を動員するために策定された総合的な技術計画と密接に関わっていた。技術的想像力を構成するこれら二つの要素（テクノ・ファシズムおよびテクノ帝国主義）は本土における国家繁栄の構築という戦後日本の文脈へと接木され、海外での開発援助を通じたソフトパワーの行使に繋がったのである。平和経済と武力を用いない外交へと移行した一九四五年以後の日本においても、技術は権力と動員を基調としたシステムを支え続けたのである。

日本の新しいリーダーは、戦時初期の技術的想像力を戦後の復興と高度成長という文脈に適用した。『宮本武之輔と科学技術行政』の結語において大淀昇一は、戦前の技術者および官僚であり、一九五〇年代には経済企画庁の上級職員であった大来佐武郎の履歴について論じている。この機関は日本の高度経済成長のための鍵となった一九六〇年における国民所得倍増計画や一九六二年の全国総合開発計画といった法制度や政策の起草をしている。大来は一九四六年に戦後日本の経済計画の方向性を示した「日本経済再建の基本問題」の草案を作成した有沢広巳によって主導された影響力のあるエコノミスト集団の一人であった。その文章は日本の生活水準と経済的状況を改善する上で不可欠な要素である科学と技術に特別な位置を与えている。戦時期において日常の中での合理性と生産性といった技術観が広められたように、その計画は、過酷な労働をして天職に献身する（金と地位にのみ関心がある資本主義的あるいは個人主義的な経済人ではない）「経済人」の発展に繋がる科学と技術教育を追求した。[4]企業と国家に献身する高度な能力を備えた労働者というイメージは、日本が国際社会における経済大国へと急速に発展する上で重要な柱となった。

企画院と技術院など、戦時期の組織で官僚だった者たちは、戦時中に自分たちが技術的発展を促進し管理した組織に類似した制度を再設置することを直ちに試た。彼らは「科学の力が日本は健全で文化的な国家として再建する上で効果的に用いられるべきである」と主張した。[5] すなわち、強固な国策の下に科学者と技術者を組織化することが不可欠であり、それによって最終的には科学的価値観が行政や産業、そして国民生活に反映されるとした。彼らはこのような価値観の普及と科学および技術の宣伝が日本の再建に絶対的に重要となると考えていた。大来や安芸皎一（内務省技官）や都留重人（経済学者・政策顧問）、平貞蔵（満鉄調査部）といった戦前の官僚や知識人、技術者は一九四八年に資源調査会を設立し、戦後日本の深刻な経済状況を念頭に置いた「科学技術に基づいた資源の総合的使用」という政策を形成した。

この総合資源計画と地域開発という新しい考えによって構成された行政組織横断的かつ専門を超えた組織は、テネシー川流域開発公社（ＴＶＡ）の総裁であったデイビッド・リリエンソールの哲学から影響を受けたものであった。そして彼の著作を翻訳した技術者和田小六は、戦時期の日本の失敗は総合計画と技術の統合であったと指摘している。[6] 一九五〇年代、戦前の官僚は経済界のリーダーや政治家と共に国家の発展に資する調査を促進し、異なる省庁間で科学と技術政策を調整することを目的とした活動を始め、一九五六年には科学技術庁を設立するためのロビー活動を政府に対して行っている。この運動は、日本の高度経済成長を促進する上で主要な官僚的機能を果たしていた通産省と、その管轄下にあった産業技術総合研究所の設立と緊密な関係性を持っていた。[7] 相川春喜のような知識人や宮本武之輔のような技術官僚によってなされた戦時中の提案がことごとく失敗に終わってしまった一方で、これらの提案は戦後にも広範囲にわたって継承されたのである。

技術的想像力は工場における労働者の生活水準の問題を扱うことにまで自らをもう一度拡大した。ウィリアム・ツツイは一九四五年以後も、戦時中の産業経営技術が継承されていることを実証した。たとえば、アメリカと日本政府の援助によって中堅の経営者そして経営専門家が日本生産性本部を設立した。日本生産性本部は最新の経営技術を「合理的」な運動として大衆化し、「労使協調」や素直な労働階級、そして経営的かつ技術的な秩序を正当化する世論に基づく「生産のイデオロギー」を促進した。[8] 彼らは人間関係のマネージメントと品質管理を促進したが、この双方は戦時期に根差すものであった。人間関係というアプローチは、生産性を増加させる過酷な手法に訴えるよりも、「職場の調和」や社会と労働者の精神的な充足を重視する。[9] ＱＣサークルは労働者の小集団に対し、自己実現や創造性を従業員に付与することで品質や効率性、生産性を向上させるための責任感を与えた。

管理によって労働者の関心を秩序化する試みは、戦時期に官僚や知識人が生産性を向上させるために労働者のイノベーションを奮起させるための提案に起源を持つものであり、それらは戦時期の政策の中に見て取ることができる。たとえば勤労のための新秩序（一九四〇年）は勤労というイデオロギーを重視することで「創造性と自発性」をもつ労働者の「全人格」の存在を確認し、そうすることで労働者が自らの職業に全面的に没頭することが意図されていた。[10] 賃金の代わりに国家的目標で労働者を動機付けようとした。このような手段あるいは別の手段において、戦後の経営技術では、戦時中の動員体制のために使用された手法のいくつかが継続した。

戦後日本の大衆消費経済への転換は、戦前や戦時期からはっきりと区別されることがたびたび指摘される。サイモン・パートナーは戦後、日本がいかにして民生用電機メーカーの巨人としてのし上がったかを研究することで、この転換を実証してきた。多くの日本人が自らの生活費をようやく満たすだけの稼ぎしか得られなかった終戦直後に需要の不足に直面した電機メーカーは、高価なテレビや洗濯機、冷蔵庫といったものを日本人に購入させる試みの一環として、科学と技術の合理性という言説を駆使した。パートナーは、エレクトロニクスのサムライともいうべき日本のエンジニアたちがいかにして現実のアメリカの技術を輸入し改良したかといったありふれた物語を避けた。そうではなく彼はエンジニアと経営者が広範かつ厖大な製品と高価な製品を消費する巨大な国内市場を確立したこと、すなわち技術がいかに市場化されてきたかを検討した。

たとえば、電機メーカーは「輝かしい生活」といったイメージを日本の消費者に対して売り出した。このイメージは冷蔵庫や洗濯機が主婦の家事仕事を合理化し、家族と過ごす余暇を与えるものであることを、そして日本の家庭により多くの文化をもたらしたテレビを持つ核家族を映し出していた。すなわちパートナーが示したように、戦後日本が大衆消費社会あるいはハイテク社会へ転換したという物語は、職場や家庭、経営あるいは技術の市場化の採用を通じた消費行動の合理化などの多岐にわたる技術の定義にかかわっている[11]。本書で示したように技術的原則に沿った形で社会を構成するというこのような観点は、戦後になってアメリカから直接輸入されたものではなく、戦時中からの遺産であった。

技術的想像力は人々の日常の価値観を形成し、戦争そして帝国への協力を意図する強力なイデオロギーを構成した。シェルドン・ギャロンが示したように、人々に（倹約と勤勉のような）価値観の領域を内面化させるよう設計された「倫理的説得」という広義の技術は、戦時中に強化されたのであり、あらゆる社会機構がこのような価値観を戦後を通じて増幅させ続けた[12]。「消費優先主義的」戦後と、「生産至上主義的」戦時という明確な区別でさえいくぶん誇張されたものであり、体制側の知識人、たとえば大河内一男は消費を奨励する事の重要性を提起し、官僚は戦時期の動員のために個人の動機を利用する事に心を砕いていた[13]。同様のやり方に基づき、戦後の日本人を動員するべく設計された基本政策の多くは戦時期における技術的想像力と新しい権力の様式の出現に起源を持つものである。

「総合的技術」というイデオロギー概念は日本の復興と高度経済成長のための「全国総合開発計画」という形をとって戦後も継続した。経済安定本部の大来佐武郎をはじめとする官僚の手によって作成された一九五〇年の国土総合開発法の制定とともに、日本はアメリカの援助の下に指定された特定地域において多目的ダムの建設を始めた。この法律の目的は今日にまで影響を残しており、その内容は次のとおりである。

国土の自然的状況に鑑み、経済、社会そして文化的政治という総合的な観点から国土を完全に利用し、発展させ、維持し、産業立地の適切な選択を試み、同時に社会福祉を向上させること。[14]

植民地期そして戦時期同様、「自然資源の効率化と災害予防、河川管理、都市と農村関係産業区域の場所、さらには文化の問題」といった幅広い問題が全国総合開発計画の下に位置づけられている。[15]しかし戦時期とは異なり、一九五〇年の計画はTVAの草の根運動の哲学に触発されており、それは当時の日本の官僚や知識人によって熱狂的に受け入れられた。[16]この文脈に沿い、多くの植民地ダムのエンジニアが電源開発株式会社（電発）という水力発電開発のための日本の公的企業や間組などの巨大建築会社で活躍し、専門技術を駆使して天竜川水系の佐久間ダム（一九五六年）を三年で完成させた。佐久間ダムは「東洋最大」のダムとして開発され、戦後日本最初の巨大開発であった。

水豊ダムや豊満ダムと同様、佐久間ダムは、洪水の調節や灌漑そして電力供給を通じて地域の生活を改善する日本の科学技術力の実例として、政府と企業が提案したものである。戦後民主主義と平和的な経済成長の旗の下にこのインフラ開発は装いを新たにされたが、それにもかかわらずダムの社会的効果は戦時期に作られた他のダムが持っていたものと酷似していた。日本が破壊された産業基盤を復興するため電力が切実に必要とされていたことから、このダム建設の影響を蒙った地元民の犠牲は不可欠だと認識されていた。ダムが建設されている間、佐久間は地域的に発展したものの、その数年後には農林水産業の衰退で都市へ移動する住民が急速に増加し税収も枯渇した。最終的に、佐久間ダムの電力は佐久間地域よりもむしろ東京や名古屋といった発展中の産業都市の成長に恩恵をもたらした。[17]

最初の全国総合開発計画が一九六二年に策定されたとき、特定の地域の発展から「国土の均衡ある発展」へと政策の重点がシフトしていった。[18]計画の目的は池田首相が一九六〇年に掲げた所得倍増計画で、目標とされた高い成長率に見合った適切なインフラの調整と発展であり、日本の太平洋ベルトへの過剰な産業集中を抑制するための政策シフトであった。この計画では地域の「新産業都市」建設を成功させ、都市の産業発展を念頭に置いた計画に主要な関心が置かれていた。この計画では農民のためのインフラ建設や高収益を生み出す産業の再配置、さらには農村発展に貢献する工場の促進よりもむしろ、臨海都市へ製品を輸出する利益が少ない産業部品工場を対象としていた。この時期、空気と水の汚染が主要な問題となり、日本の高度経済成長の大きな方向性や生活に対する影響に疑問を投げかける市民運動が高まった[19]。

すなわち、戦時期同様、総合発展計画は決してバランスがとれていたものではなく、人々に対してよりもむしろ政府の経済成長目標と巨大企業の利害に向かうゆがんだ性格を有していた。後藤邦夫が示したように、「計画の淵源は戦時期における過剰な集中化であり、それは日本の戦後の復興期を通じて一貫するパターンを確立した」[20]。このような計画にもかかわらず、日本政府は増加しつつある批判的な大衆を動員するための手段として総合発展のイデオロギーを発動させた。たとえば、田中角栄が一九七三年に手がけた「列島改造論」と題された総合計画は大規模な産業複合体をもたらし、高速道路や高速鉄道網を拡大し、地域における洗練された連絡網が整備された総合的で重要な産業・文化・行政都市を建設することになった[21]。しかし結局、ガヴァン・マコーマックが示したように、これらのプロジェクトは経済・社会的問題を解決した技術的権力を再び発動し、「土建国家」の台頭に貢献したに過ぎなかった。それは大企業の利益を優先し、環境破壊や農村‐都市間の格差を拡大をさせた。さらに持続不可能な国債発行を伴う大規模な工事や、公共事業に対する政府の継続的で巨額の投資は政官財の汚職の増加を招いたのである[22]。

市民運動が、一九六〇年代後半から一九七〇年代の重工業の高度成長に社会および環境が支払ったコストに関心を向けたように、梅棹忠夫や香山健一、林雄二郎、増田米二といった日本の研究者は「ポスト産業化社会」のための「情報化社会」というコンセプトの普及にいそしんだ。アメリカの未来学者であるダニエル・ベルによって前面に押し出された理論と同様に、情報化社会の理論家はコンピューターを、オートメーションや職場、工場、消費者の統合（たとえばジャストインタイム生産）によって製造業を革新する存在であると見なしていた[23]。生産は物質的な財の製造から離れ、情報集約的なものが構想され、かつ「革新、計画、デザイン、そして市場化は、財とサービスといった価値の領域において統合的かつ増加する共有を象徴する」。増田は増加する情報の有用性と娯楽が精神的なルネッサンスに帰着し、平等主義的な市民の徳が形成され、階級闘争が根絶される「コンピュートピア」さえも夢想した[24]。一九七三年のオイルショックの結果、日本政府は戦前と戦時期の「技術立国」というスローガンを再び用いて国家を動員したが、そのスローガンは日本を重工業への依存が少ない高度情報化社会へ移行させることを狙っていた[25]。バブル後でさえ、高速交通の形成やインテリジェントビル、管理センター、光通信、巨大娯楽施設といった、巨額の費用が投下された都市計画が日本中で実行された[26]。戦時期と同様、技術は次第に人々の希望や夢を動員し、社会経済的不満を発散させるために役立つ権力の地平で動員される概念となった。

技術史の領域において、マルクス主義的観点は一九四五年以後再び登場し、主流派を形成した。総合的な社会システムとしての技術を強調する相川らによる理論は、アメリカによる占領期と戦後直後の新しい民主主義的環境ではファシストとして退けられた。講座派のマルクス主義者は日本が半封建経済であり、一九四五年以後も社会構造が科学と技術の進歩を遠ざけ続けていると信じており、彼らは戦後の技術論を形成した[27]。第一章で指摘したように、一九四〇年代後半には物理学者である武谷三男は、職場を民主化するべく運動した当時の科学者とエンジニアにも影響を与えた新しい技術論――「技術とは人間（生産的）実践における自然法則の意識的適用である」――を前面に押し出した。このような形で武谷は技術の主観的な要素、特に人間の福利を改善する科学的合理性といった重要な役割を強調したが、それは戦時期に彼がその発展は失敗に帰すであろうと信じたものであった。

武谷は、自由な科学的探究の精神は日本の生産性を持続的に向上させ、その後は遅れた資本主義的生産様式との闘争段階へと突入し、究極的には日本はプロレタリアートの生活と科学及び技術が結びつい た、より合理的な社会主義へと日本を前進させるとしていた。[28] 武谷は技術の発展的本質において自信をもっていた。だからこそ原子力の平和的利用の主導的な支持者となった。著名な女性雑誌のために書かれた一九五二年の記事では、原子力エネルギーは日本の電力不足を解消するのみならず、都市や自然の荒れ地の産業化、農業の拡大を通じた飢餓の根絶、医療やその他の領域における重要な発展に結び付くと述べている。[30] 人々の利益のために技術には「合理的」な採用がとれるという考えに見られる彼の信念は、彼のようなマルクス主義者のみならず、高度経済成長の制度を促進した政府における戦後の強力なイデオロギー的現状を反映している。

後藤が示したように、武谷のような戦後のマルクス主義者は「科学と合理主義におけるナイーブな自信」を持っていた。[30] 彼の影響を受けた人物である星野芳郎は自動化や合成化学、原子力といった日本の経済成長の鍵となる分野における技術革新が民主的な科学者によって主導されるべきだ提案したことで、武谷の議論をさらに拡張した。中村精二や岡邦雄といったマルクス主義者は「技術のシステム論」や単なる主観的要素に着目するよりもむしろ、資本主義が構造としてどのように技術を編成するかを理解する事の重要性を提起した。[31]

知識人の議論はむしろ技術の主観的あるいは客観的要素のうちどちらの要素を重視するかといった単純なレベルにとどまっており、一九六〇年代から一九七〇年代にかけて日本社会が急速な技術的転換を果たした事実から次第に乖離していった。マルクス主義者は技術的革新の背景を形成した「国家独占主義」という日本の新たな構造についての洗練された学術的解釈を提供したが、マルクス主義の教条性は技術的社会と政治的要素の分析を大きく妨げた。マルクス主義者は技術を労働者階級が社会主義に到達するための道具として使用できる完全に中立的な手段であるとみており、それゆえに彼らは技術が権力のシステムとしてどのように行使されているかを明らかにすることに失敗していた。
皮肉にも、相川や毛里、宮本といった戦時期の人物の多くがむしろ彼ら独自のやり方によって、技術や主体性、権力といった複雑な力学について、戦後マルクス主義者よりも広がりのある思考を獲得していた。マルクス主義者は、政治的信条が異なるのだが戦後日本の技術的合理性と進歩をめぐる主要な言説を共有していたことから、戦時期の人々によるそのような力学についての分析を締め出した。[32] 事実それは、支配的な「戦時期という非合理性と精神主義の暗い谷」といった言説に見ることができる。つまり彼らは戦時期や戦後日本の技術的想像力という植民地に起源を持つ言説に貢献した技術的進歩の枠組みを批判することに失敗したのである。
戦時イデオロギーを合法化した専門的技術に基づいた科学技術体制は、戦後にも受け継がれ発展した。日本が植民地帝国を喪失したことは、日本のエンジニアが海外のインフラの総合的発展計画へ参与することを決して終わらせはしなかった。たとえば久保田豊は一九四〇年から終戦まで鴨緑江水力電気会社の社長であり、戦後は朝鮮から帰国し、コンサルタント会社である日本工営の発足に着手した。一九五〇年代以降、同社のビジネスの中核は海外での大規模開発計画で日本の援助事業を入札し受注することに焦点を当てていた。「処女地」を開発する機会は失ったのだが、久保田は大規模インフラ計画の形で戦時賠償をすることを日本政府に提案している。それは独立を勝ち取った建国間もないアジアの国々を急速に発展させるだけでなく、日本企業に対して利益となる契約や輸出の機会を提供する事にもなった。[33]
久保田は「アジアの建設」という既存の言説を更新し、途上国の開発計画を引き受ける日本のリーダーシップはアジアの「共存共栄」を創出すると政府高官を説得した。[34] 日本が海外における開発の原動力となるにつれて、日本工営は「日本の対外産業進出の前衛」であると国内でも知られるようになり、久保田自身も後年に東南アジアのメコン河開発で果たした役割のため世界の開発援助業界では「メコンの将軍」と称された。[35] 海外契約を勝ち取るために久保田は、東南アジアのリーダーに対し、植民地期朝鮮での重化学工業に直結したダムの建設の豊富な経験をよく吹聴した。多くの朝鮮人が植民地という過去ゆえに日本人を恨んでいるけれども、朝鮮人は戦時期に彼が手がけた「偉大な事業」ゆえに自分を歓迎するであろうと久保田はさも自慢げに述べている。

たしかに韓国電力公社は久保田に対し、一九六〇年代の大韓民国の経済発展を促進する新しい計画の作成だけでなく、未完の植民地水力発電計画を完成させる手助けのために技術者を連れてくることを依頼した。[36]一九六〇年代後半、久保田はインドネシアの大統領スハルトと日本政府に対し、かつてオランダがスマトラ島北端で計画し、日本軍統治下において久保田が調査をしたアサハンダムの建設を説得した。その際日本側の設備供給企業と建設会社は、地元の精錬業者が安価なアルミニウムを日本の製造業に提供する施設を作る二億ドルのプロジェクトを受注し、そこから利益を得た。プロジェクトによって生み出された二六〇〇もの精錬業の雇用はジャワへの移住労働者に渡り、プロジェクトは地域における産業インフラの育成に失敗した。すなわち植民地期と同様、このようなプロジェクトは地域住民の利益にかなったことは一度もなかったが、技術を通じた総合開発計画の下に地域住民は包摂されていった。[37]

技術のイデオロギーが、現在も駆動する日本帝国主義に深く根差す専門技術と特殊な科学技術体制によってどのよう支えられたかについては、より詳細に分析する必要性が大いにある。なぜならそれらは戦後日本の歴史を形成する上で重要な役割を果たしたからである。植民地期における経済人や官僚、技師のネットワークは、戦時期の専門知識に基づく科学技術体制を、彼らのプロジェクトや活動を正当化するために開発主義という新しい旗の下で復活させ再発明した。[38]例えば植民地期朝鮮の興南における巨大化学複合体において獲得された専門知識を利用していた日本窒素肥料株式会社は、戦後日本政府が（プラスチックなどの産業素材が必要とされる）大衆消費社会を創出するために必要な要因に関心を持ち始めた後、日本の重化学工業やその後に国策となる石油化学製品のメーカーとして再登場した。植民地から帰国した重役や技師は新日窒の上層の経営陣に舞い戻り、一九五〇年までに日本の重化学工業における「総本山」として返り咲いた。

日本の技術的リーダーの一人として新たな地位の承認を得た天皇裕仁は一九四九年、水俣工場へ二度目の訪問をしている。最初の訪問は日窒が帝国日本に不可欠な産業を朝鮮半島に建設した一九三一年であった[39]。しかし同時に日窒は、技術的想像力の過酷な実態を想起させる日本最悪の産業汚染を引き起こし、水俣工場周辺を水銀で汚染したのみならず、数千人の住民の間に致命的な水俣病をもたらしたことに重大な責任がある。

戦時期における日窒の技師であり、水俣工場の工場長であった橋本彦七は水銀を原料とした手順を開発し、一九三〇年代から致死量の毒素を排出するアセトアルデヒドを生産しており、それは明らかに一九五一年以後の水俣病の発生につながっていた[40]。地方自治体の協力を受け（橋本は一九六〇年代に水俣市の市長でもあった）、新日窒の幹部は汚染を隠蔽し、調査を頻繁に妨害しただけでなく数十年にわたって犠牲者との話し合いを回避してきた。化学工業は高度経済成長を促進する上で政策上不可欠な要素であったことから、通産省のような官僚機構――同省は戦時統制経済という技術を復活させ、戦後にも適用した組織である――も同様に、隠蔽や妨害に関わっている。

経済学者である深井純一が指摘するように、水俣での公害を助長した企業と政府の文化は新しいものではなく、地域の汚染や補償を求める運動を隠蔽しようとすることの淵源は戦前や戦時期、そして日窒が水力ダムと重化学工業を政府の支援の下に建設した植民地期にまで遡ることができる[41]。水俣は一九六〇年代から一九七〇年代にかけて頻繁に発生した主要な産業汚染の先駆けであり、日本の「経済の奇跡」の達成に貢献した技術的システムに対する疑問を市民社会に提起した。しかし戦後の経済成長は人々の健康や人生そして共同体が代償を払って達成したものであることが明確になってもなお、植民地官僚そして技術者は政府や企業における上層の地位に留まり続け、発展をもたらす日本の技術の方向性を正当化した。例えば、豊満ダムの建設を指導し、戦後は開発コンサルタントを立ち上げた本間徳雄は

「最近、多くの人は公害を口にするが、実際にはより良い公共財が存在しているではないか。エビデンスが示すように人々の平均寿命は非常に長くなっているのではないか?」と語っている。[42]

海外における日本の開発政策を形成する上で役割を担っただけでなく、先述の日本工営は「土建国家」の重要なメンバーとなり、国土総合開発計画の実行に関わった。[43] 植民地期朝鮮において久保田の土建業界でのパートナーであった西松組と間組は彼の企業に投資を行い、戦時期の官僚や経済人は彼が資金を得られるよう取り計らい、日本が降伏した直後においても重要な工事計画を勝ち取っている。[44] 川村雅美が示すように、上級官僚と経済人、そして技師——たとえば岸信介(「満州国」の産業開発のトップであり一九五七年から一九六〇年まで首相を務めた)や小林中(戦時の銀行家であり日本開発銀行の初代総裁)、高碕達之助(満州重工業開発のトップであり電発の初代総裁)などを含む——の水豊ダムの建設を巡るネットワークは、海外で巨大ダム開発のために日本の開発援助資金を行使する上で役立つ道具となった。

国内でも河川の流域管理と水力開発計画は日本工営のビジネスとして継続した。[45] ダニエル・アルドリッチが示したように、日本に存在する二七三四個のダムと工事中の三七三のダムは、日本を世界で最もダムが発達した国家に押し上げた。[46] 国土総合開発計画という旗の下、政府と建設業界は地域発展を促進する鍵として多目的ダムを熱心に推進した。なぜならそれは洪水を調整し、新しい土地を灌漑によって創出し、廉価な水と電気を産業のために提供するからである。岩波映画が一九五四年に封切し毎日映画コンクールで受賞したドキュメンタリー映画「佐久間ダム」に映画監督たちはこぞって興味をもち、たとえば三船プロダクションは当時日本最大のダムプロジェクトを題材としつつ、劇映画として脚色を加えた『黒部の太陽』を一九六八年に制作した。これらの映画はダム工事を人間と自然の英雄的な闘争として描き、そのような大規模プロジェクトは急速に復興し、戦後の繁栄を築きつつある日本の戦いの象徴としての機能を果たした。[47]

しかし日窒や重化学工業の発展を含む同様の権力の力学と同じように、ダム工事は国家的な経済発展という名目の下に地域を窮乏化させると同時に環境破壊をもたらした。戦時期の内務省土木局の後継組織である建設省は戦前と戦時期において掲げられた環境「整備」の下に自然を開発するというアジェンダをさらに強化し、日本の環境のキャパシティに調和した計画を作成するよりむしろ、ダムや水道設備の構築を通じて河川の強化や補修を行った。マコーマックが指摘したように、計画者が山林伐採という根本的問題を放置するなど環境を軽視したことから、ダムによる洪水の調整は大失敗に終わった。

彼らは砂や泥で速やかに補強し、多額の資金を投じて修繕や破壊を行うことで膨大な公金による無用な水の供給を行った。この継続的な環境の植民地化は一〇の地域的電力企業によって日本の電力市場が独占されたことと同様、「揺るぎない、中央化された、巨大ダムや水路、トンネルの複合体である水の供給、下水処理、そして洪水調整に関する官僚的システムと洪水調整」を伴うものだった[48]。土地の収用やダム建設に反対する地方の抵抗を懐柔する技術は戦後にも継承された。アルドリッチはダム計画に対する建設省の動きを「決定、布告、防御」と説明し、同省が土地収用法の発動や法的な曖昧性の利用、地方交付金の停止や警察権力といった社会コントロールの戦術を行使するようになったことに注目した。激しい反抗といった出来事において、彼らはダム推進派によって占められた地方の審議会を組織し、報奨制度を増加あるいは積極的に行使し、公聴会を設け、メディアや地方のリーダーを利用してダムの利益を宣伝した[49]。繰り返すが、戦時期の技術的想像力の批判的評価に失敗したことは、想定を越えた環境破壊と、国家の発展という名の下に継続した動員体制、そして地方自治体の服従という結果をもたらした。

これらの出来事と動向は、植民地期を生き残り新たな形で復活をとげた技術というイデオロギーと、科学技術的事業が進められた時代を、継続的に脱自然化し批判する必要性を我々に強調するものとなっている。

戦時日本の技術のイデオロギー（そしてそれは異なる計画や政策の遺産でもある）は、特定の歴史的文脈やアクターの合流、政治経済的状況の変革との関連の中でどのように変化したかを精緻に分析されなくてはならない。一九四五年以後も続く権力システムとしての技術という概念の継続的な適用は、さらなる研究を必要とする。(50) なぜなら国家の発展のため科学と技術のイデオロギーがその基礎とされ、日本の社会経済的闘争はその下に包摂されると考えられていたからである。

戦時期に淵源を持つ技術と結びついた非民主的遺産を理解し向き合うことは日本の二一世紀の困難を乗り越える上で大きな可能性をもたらすであろう。慢性的な不景気や原子力に過度に依存した危険なエネルギー政策、継続する支配的かつ強固な官僚制度、真の意味で地域の能力を養成することに失敗した海外での開発援助などの諸問題の根源は、日本という国家とそこに連なる者たちが長期間にわたる発展途上国の貧困解決策は技術であると訴え取り組み続けたことにあるのだから。

注

（1）Morris-Suzuki, *Technological Transformation of Japan*, 161.〔この引用は、鈴木貫太郎傳記編纂委員会『鈴木貫太郎傳』凸版印刷株式会社、一九六〇年、四九四－四九五頁によった。〕
（2）Ibid.
（3）Mimura, *Planning for Empire*, 195-200.
（4）大淀『宮本武之輔と科学行政』、五一四頁。
（5）同上、五一九頁。
（6）佐藤『「持たざる国」の資源論』、一〇一－一〇五頁を参照。ＴＶＡの哲学と計画の解説は Lilienthal, *TVA: Democracy on the March*〔リリエンソール『ＴＶＡ』〕を見よ。
（7）Morris-Suzuki, *Technological Transformation of Japan*, 162, 165, 166.
（8）Tsutsui, *Manufacturing Ideology*, 136.

(9) Ibid., 116-18.

(10) 佐口「産業報国会の歴史的位置」、二六一 - 八七頁。

(11) Partner, *Assembled in Japan*, 107-92.

(12) Garon, *Molding Japanese Minds*.

(13) Yamanouchi, "Total War and System Integration," 25-26.

(14) 後藤「国土総合開発法」、三三六頁より引用。

(15) 同上。

(16) 日本におけるTVAについての詳細は、Dinmore, "Small Island Nation Poor in Natural Resources", 160-207を見よ。

(17) 河村「ダム建設という「開発パッケージ」」、七九 - 八〇頁、児玉「佐久間ダム建設という「技術の勝利」」、一六一 - 一六三頁、町村「「佐久間ダム」研究の課題と変容」、四四 - 四六頁。

(18) 後藤「国土総合開発法」、三四一頁頁。

(19) 同上、三四二 - 四四頁。

(20) 同上、三四四頁。

(21) Tanaka, "Building a New Japan". 〔田中『日本列島改造論』〕

(22) McCormack, *Emptiness of Japanese Affluence*, 25-77. 〔マコーマック『空虚な楽園』〕日本の政治と経済のリーダーによるこのような技術と公共事業に訴えるタイプの最も典型的な例としてはナショナル - パナソニックの総帥である松下幸之助が一九七七年に提案した、日本の山の二〇%を均してその土砂を海中に投げ入れ、五番目の島を造るプロジェクトであろう。この二〇〇年を要するプロジェクトは明らかに日本国民に新しい目標と(松下が戦後になって失われたと信じた)日本国民の民族的団結心をもたらすことが意図されたものだった。同上、六六頁。

(23) Dyer-Witherford, *Cyber-Marx*, 20.「ジャストインタイム」生産方式は他の単純な大量生産方式よりむしろ個々の消費者の需要と工場が必要とするものを即座に相互連関させることで消費者を生産過程に組み込み、それによって個々の商品を生産し、それをすぐに市場に流通させた。これによって在庫ロスを劇的に減少させたことで利益を増大させた。

(24) 同上。Morris-Suzuki, *Beyond Computopia* そして Masuda, *Information Society as Post-Industrial Society* も見よ。

(25) Morris-Suzuki, *Technological Transformation* of Japan, 210-11.

(26) McCormack は神戸のハイテク構造が一九九五年の阪神淡路大震災に対応する上で完全に裏目に出たことを実証している。指揮通信センターが麻痺したことで市民は長い間閉じ込められて孤立し、救援隊は遅れただけでなく未組織の状態であった。そして建築物の耐震強度は標準以下であったことが暴露された。McCormack, *Emptiness of Japanese Affluence*, 7-17.〔マコーマック『空虚な楽園』〕

(27) 後藤「技術論・技術革新論・国家独占資本主義論」、三四五-五七頁。

(28) Koschmann, *Revolution and Subjectivity in Postwar Japan*, 146.〔コシュマン『戦後日本の民主主義革命と主体性』〕

(29) 武谷「原子力の平和的利用」、一三五頁。

(30) 後藤「技術論・技術革新論・国家独占資本主義論」、三四七頁。

(31) 同上、三五〇-五一頁。

(32) しかし一九八〇年代以来、科学技術論のディシプリンが日本において確立し、技術の社会的政治的側面について数多くの研究がなされてきた。近年の成果としては村田『技術の哲学』を見よ。大衆文化のレベルでは主観や技術の間のダイナミクスについてより洗練された分析が行われており、それらは人間と非人間、アニメと非アニメ、生と死の間の境界について共通した仮定を投げかけている。それらは技術を非人間的な単語として扱うよりもむしろ混成された主観における多様な可能性の模索や人種、性、ジェンダーにおける従来の概念を再構成する手法を採っている。より詳細については Brown, *Tokyo CyberPunk* を見よ。

(33) 河村「ダム建設という「開発パッケージ」」、八三頁。

(34) 長塚『久保田豊』、三三七頁。

(35) 日本工営『日本工営三十五年史』、七三頁。

(36) 長塚『久保田豊』、三〇六-七頁、三六九-三七〇頁。

(37) 同上、三一六-七頁、Shoenberger, Japan Aid.
(38) 河村「ダム建設という「開発パッケージ」」、七五-七六頁。
(39) 日窒創業者・野口遵は一九四四年死去。George, *Minamata*, 24-25, 32-35.
(40) Walker, *Toxic Archipelago*, 159; Molony, *Technology and Investment*, 138.
(41) 深井『水俣病の政治経済学』、第一-四章。日窒は水俣の社会と経済を明治末期以来独占していたことから、公害の下地となった企業と住民との間の不平等を表すために「国内植民地」という語を使う論者もいる。George, *Minamata*, 40.
(42) 町田「本間さんの思い出」、七六頁。
(43) 「土建国家」とその成果については、Kerr, *Dogs and Demons* そして Wood all, Japan *Under Construction* を見よ。
(44) 長塚『久保田豊』、二七〇-七六頁。
(45) 日本工営『日本工営三十五年史』、三二一-二三、三二六-二七頁。
(46) Aldrich, *Site Fights*, 96〔アルドリッチ『誰が負を引きうけるのか』〕; McCormack, Modernity, Water and the Environment in Japan, 447.
(47) 日本企業は政府と企業の間の交渉に佐久間ダムのドキュメンタリーを使用して国際開発プロジェクトの契約を得ようとしていた（河村「ダム建設という「開発パッケージ」」、七五-七六頁）。『黒部の太陽』の著者である木本正次は一九六六年に毎日新聞社にて『香港の水』と題したノンフィクション小説を出版している。この小説は香港の水問題を巨大なダムと貯水池を通じて解決すべく契約した日本の技師に焦点が置かれている。これは（第三章にて議論した）一九四〇年に人気を博した植民地映画である『熱砂の誓い』と酷似しており、日本人技師の藤沢功と日本との戦争で父親を亡くした中国人女性・何麗芬との間の恋愛関係を描いた作品である。藤沢は建設中に命を落とし、その後何麗芬が藤沢の墓を訪れて墓石に香港の水を注いだ（木本『香港の水』）。その後本作品は一九九一年にNHKドラマとなり、『黒部の太陽』も二〇〇九年にフジテレビ系列のドラマとしてリメイクされた事実は大衆文化におけるダムを中心とした技術的想像力の余響が未だ続いていることの証左であると思われる。

(48) McCormack, Modernity, Water and the Environment in Japan, 445. 今日、公共事業へのコントロールは七万人の職員を有する国土交通省の管轄の下、一層強まった。

(49) Aldrich, *Site Fights*, 95-105.〔アルドリッチ『誰が負を引きうけるのか』〕

(50) たとえば「第五次全国総合開発計画」(一九九七年)では「自然との調和」や「美しい国土」の創造を目標として前に押し出しているが、それは単に大規模開発への投資という従来と同じ開発課題の継続であり、それ以前の国策がもたらした環境破壊を隠蔽する政策に他ならなかった。McCormack, Modernity, Water and the Environment in Japan, 453. 戦後の技術的想像力の研究もまた、知識人や政府委員や市民社会がそれを単に拒否したのではなく、いかにしてこれに立ち向かい、変えていったかを説明する必要があるであろう(水俣や反公害運動については George, *Minamata* を見よ)。佐藤仁は持続的な資源政策を手掛ける政策決定者や知識人の間におけるオルタナティブなビジョンを分析している(佐藤『「持たざる国」の資源論』)。国土交通省の幹部である川上征雄は、国土計画の歴史を計画担当者間の「効率」を重視するビジョンと「公平」を優先するビジョンの継続的な対立という観点から捉えている(川上『国土計画の変遷』)。福島の原子力災害を契機として市民社会における様々な団体が持続可能なエネルギーと電源の分散、医療と環境データの開示、電力産業と政府の民主的な説明責任を求めて立ち上がっている。

解説

塚原東吾・藤原辰史

1　本書の概観

本書の原著者・原題は Aaron S. Moore, *Constructing East Asia: Technology, Ideology, and Empire in Japan's Wartime Era 1931-1945* (Stanford Univesity Press, 2013) である。著者アーロン・モーアの略歴は奥付にあるように、アメリカの日本学、なかでも日本科学技術史の中堅の研究者であり、現在はアリゾナ州立大学に職を得ている。

本書は、タイトルが示すように、日本の植民地や戦間期に、「技術」という言説によって、権力と動員体制がどのように構成されていたのかを検証したものである。その際、本書は様々なグループにおいて「技術」がどのように扱われたのかを、イデオロギーや政策、そして具体的な大規模土木事業の現場など、多様な観点から見ている。動員用語としての「総合技術」という概念が提起され、そのために、経済学者、政策決定者や技師、哲学者、技術官僚たちはどのようにこの語を定義し、実践的に使っていたのだろう。また彼らは日本の近代化、戦時動員体制、そして植民地統治を理解するために「技術」という言葉をどう使っていたのか。さらにこのように喧伝された「総合技術」が適応される「現場」では、どのような現実があったのか。

本書が剔抉したのは、この時代に喧伝された「（総合）技術」とは単に物質的なシステムや生産の技法、もしくは何かをなすためのテクニックというだけではなく、むしろより広範な社会的、文化的、政治的、イデオロギー的意味が含まれたもの、そしてある種の戦時動員にむけたキャンペーン概念であったということである。そのために本書では、「技術的想像力」（テクノロジカル・イマジナリー Technological Imaginary）という概念を提起して、そのイデオロギー的な構想と具体的な植民地での政策、そして大規模公共事業の実施過程を論じている。なかでも本書は、ダムの工事現場や、戦時期の植民地開発政策の立案過程なども分析しており、特に満州におけるインフラ事業などについては、非常にきめ細かい検証をしている。

そのような分析と検証を通じて本書は、日本の戦時期・植民地研究をグローバルな潮流に位置付け直し、一九三一年から四五年までの日本の特殊性を強調する研究を批判している。とりわけ欧米では、国粋主義、血統主義、超国家主義、天皇制、非合理的な軍人の言説が当時を象徴するものとして検討されやすいが、モーアは、戦時動員と植民地統治というグローバルな傾向に焦点を当て、その日本的な現れは「技術」という概念でより特徴づけられることを検討したのである。

そこで本書の核心的な議論として見逃してはならないのは、日本の「ファシズム」を「テクノ・ファシズム」として再考したことである。ファシズムとは単に人種主義的あるいは民族至上主義的なナショナリズムでもなく、抑圧、暴力を強調するイデオロギーだけでもない。科学技術を奨励し、社会と経済を合理化して、創造性と生産性を促進するイデオロギーでもある。このようなファシズムの様相を精査することで初めて、ファシズムとリベラル民主主義の境界を問うことができるとモーアは考えている。換言すれば、近現代日本史を帝国主義とテクノクラシーの結合の歴史として示した本だと言えよう。

2　本書の全体像

ここで、本書の全体像を見直しておきたい。

序章では、この時代の技術についてのさまざまな概念を、「技術的想像力」として定義する。それは単に空想的な思想の産物ではなく、植民地における日本帝国のいわゆる巨大植民地エンジニアリング事業であった、例えば、ダム、河川管理事業、工業地帯の造成、都市計画事業、道路や鉄道の敷設、電力・電信網の建設事業等との具体的な関係によって形成されたものである。この概念を通じて、「東亜建設」の先端事業であったさまざまな建設事業の推進に潜む多様な葛藤、不測の事態、不確実性と交渉を検証するという本書の目的を明らかにしている。

第一章では、戦時中転向した講座派マルクス主義者・相川春樹の理論、なかでも技術論を検討している。相川が構想していた擬似社会主義的技術社会は、生のあらゆる面を変革・動員し、技術の主体、制度、機関が複雑に関連づけられた社会的メカニズムであった。本章は、この理論を一つの準拠枠として、技術についての想像力の多様でダイナミックな主体性とエネルギーが、日本ファシズムの展開に、結果的にはどのように動員されていったのかを示す。

第二章では、当時の重要な技術官僚である宮本武之輔と、技術者運動の言説である「興亜技術」という概念を主に検討している。宮本は「技術の立場」、「総合技術」、「興亜技術」という概念を通して、技術官僚は、社会を組織化し複雑な問題を解決する「社会管理者」になるべきだと主張した。宮本はこのような主張を通じてさまざまな政策を起草し、専門分野の細分化を克服することができる興亜院や企画院のような総合国策機関の創設を促している。また宮本は多くの技術者を植民地に送り込んで技術研究とプロジェクトの実施を推奨するのみならず、電源開発や灌漑といった単一の目的（技術をひとつの用途に限ること）にとどまらない、「総合開発」事業（例えば多目的ダム、国土計画などさまざまな技術を連関させ、「総合」的な開発を進めること）を推進していたのである。

第三章では、大陸で行われた具体的な三つの「総合技術」あるいは「総合開発」事業を分析する。すなわち、満州国の遼河治水計画、北支那の北京東西郊新市街地計画、そして満州‐朝鮮国境沿いの大東港総合臨海地帯の開発計画である。これら各事業は、植民地技術者による総合開発計画のさまざまな側面を示している。各事業においてはまた、様々な権力の関与、環境の差異、技術的な限界、予期できない事件が見られるばかりではない。さまざま形の抵抗が起こり、それらとの密接な関係のなかで、開発が進められ実現されることになった。それは、日本の優れた科学技術によって一方的に推し進めることができるという自信に満ちたかたちの、技術者主導のプロセスではない。よりよい現地での知識を持つ中国の現場技術者や、異なる目標を持つ対立しているグループと技術者が未知の環境のなかでダイナミックな交渉を行うプロセスであり、さらに偶発事象への対応といった過程において、知識と概念を獲得しながら、技術的な事業を推進させてゆくプロセスだった。そのため実際の現場においては、あらかじめ想定していた技術的想像力は弱く、脆く、不均等なものでしかなく、多くのあいまいさや葛藤があったことを示してゆく。

第四章では、満州国の豊満ダムと朝鮮と満州国の国境に跨る水豊ダムの事例を分析する。ここではダムを「権力の集積体」（assemblage of power）として理解する。つまりダムは帝国日本の「技術的想像力」が最も顕著に表わされたものであり、単なる耐久性のある構造物ではなく、政治的、法的、軍事的、経済的、社会文化的な権力形態すべてが集積したものであると考える。ダムや発電所を建設するための経済的および法的条件や、大規模なダム建設に適した環境を理解する新しい方法は、新しい政府機関、新しく発明された科学機器、そして新しく訓練された技術者との交渉において新たな知識を創造することで形成されなければならなかった。そのため、帝国日本は、日本と外国の技術を組み合わし、土地収用と住民を移住させる法律制度を確立したうえに、警察や地元の政治家は住民との仲介役を務めなければならなかった。満拓のような拓殖会社や大東公司のような労働者動員機構も利用されたし、ダムの防衛のために関東軍と憲兵隊も配置された。さらに企業や居住者などの他のアクターが、技術をめぐる言説が持つ進歩と近代化のナラティブに挑むような対抗言説（たとえば、木材業者は、生業と戦時経済とバランスのとれた権利を主張し、居住者は科学技術の破壊的な力に警戒をした）も生まれてきたことを指摘する。

第五章では、毛利英於菟という人物を通じて、満州国での「革新官僚」たちの持った技術的想像力のひとつの典型例である、「社会機構を設計する」という発想について分析する。多くの革新官僚の満州国での目的は、総力戦争と資本主義の再編のために、社会を最適かつ統合された社会経済システムに変えることであった。このシステムでは、先端技術に根ざした職能化された生活機能を通じて、様々な主体が自発的にシステムを運用することになる。その際、ファシズム的権力は、上から管理し規制するだけでなく、多様な主体の創造性と生産性を動員している。ファシズム的権力は、高度な技術、合理的な管理、コーポラティズム的組織に重点を置いて、国民生活システムを創出しようとしている。ここでは、ファシズムを、生産性、創造性、自発性を動員する方法を含めるものとして定義し、さらにテクノ・ファシズムの具体的な様相に迫ろうとしている。

結論では、本書の内容を振り返りつつ、戦後と戦時中の非連続性の歴史記述への問いかけを行い、戦後におけるテクノファシズムとテクノ帝国主義の遺産とは何なのかを考察する。ここでは、戦前戦後では技術において強い連続性が見られること、すなわち戦後日本の東南アジア・東アジアにおける広範なＯＤＡ事業、戦後日本の経営主義、開発主義の形成と総合国策機関の継続、経済発展のための科学技術政策、そして全国総合開発計画等にみられる戦中の遺産を指摘している。

3　本書をめぐる議論と評価

本書については著者の訪日の際に、二回の書評会が開催されている。ひとつは二〇一七年三月に愼蒼健（東京理科大・研究会代表）の主催による、「帝国日本の知識ネットワークに関する科学史研究会」でのもので、同研究会の塚原も参加し、訳者の金山浩二、辛島理人、そして山根伸洋（早稲田大）の各氏も、それぞれの観点からのコメントをして、活発な議論がもたれた。

また二〇一八年三月、植民史研究会の春季例会でも本書の書評会が持たれた。この場で藤原辰史は、コメンテータとして、本書のメリットを三点挙げた。

第一に、分析概念として「ファシズム」という言葉を用いていること。この概念は、最近では「全体主義」と混同して述べられがちだし、そもそも日本にはファシズムは存在しないという議論がなされてから、日本ファシズム論はしばらく低調であった。だが、「テクノ・ファシズム」というモーアの言葉はとても汎用性があり、現代的なインプリケーションもある。ナチズム研究では、たとえば技術賞賛を隠さないエルンスト・ユンガーの作品などを分析しながら「反動的モダニズム」という概念をジェフリー・ハーフが創出したが、日本に当てはめるにはいささか馴染みにくいものでもあった。「テクノ・ファシズム」という概念は、今後の十分な批判検討を得れば、重要な概念として定着する可能性もあるだろう。

第二に、本書に登場する人間が魅力的に描かれていること。とくに相川春喜や毛利英於菟などは、現代ではあまり知られることがない人物で、多くを学んだ。彼らのような人物の研究は、転向研究の一つとしても、あるいは、同時代の技師の比較研究の一つとしてももっと進めていかなければならないだろう。

第三に、本書が思想史的な記述を貫いたことである。いうまでもなく安易な思想史的な分析は、史実の現場性から浮遊しがちであるが、本書は堅調な分析によってその危険からは免れているように思える。しかも、思想史分析の特徴である分野横断的性格を発揮している。「総合」「技術」「開発」「建設」といった言葉が、本書では日本人ネイティブの研究者よりも含みや淀みを持たせて使われているが、それは、本書の特筆すべき利点の一つといってよい。

次に藤原は、本書から考えうる論点を三点ほど挙げた。

第一に、近代日本史における「総合」という概念の位置付けである。私（藤原）は、すでに「トラクター・ルイセンコ・イタイイタイ病――吉岡金市による諸科学の統一」（坂野徹・塚原東吾編『帝国日本の科学思想史』勁草書房、二〇一八年）という論文で、吉岡金市（一九〇二 - 八六年）という農業技師について論じた。彼は、京都大学農学部出身のマルクス主義者で、親ソ連派である。戦後はルイセンコを支持し、ミチューリン農法の普及にも関わった人物であるが、他方で、農村に住み込んで改良を目指す実践家であり、日本の農村の風土に合う小型トラクターの開発・普及にも携わり、しかも、イタイイタイ病の原因を突き止めた人物でもある。彼は、経済学、文学、歴史学、民俗学、医学、化学の知識を総動員して、イタイイタイ病の究明を進めていくのであるが、そのあり方はまさに「総合」と呼ぶにふさわしい。私が考えたいのは、この吉岡の「総合」と、近代日本が戦前戦後と手放さなかった「総合」の違いである。吉岡は、現場からのわずか十万円の研究費で現場で次々に亡くなっていく患者とその家族の切なる願いの前に、学問の統合を進めていった。吉岡は、歴史書を紐解き、農民たちが風習として食べる田んぼの魚たちからカドミウムを発見して、原因を絞り、従来の井戸水説を打ち砕くのだが、このあたりの学問の「統合」は、地べたから自然に生まれた「総合」のように見える。ところが、帝国日本の植民地開発から全国総合開発計画を経て、日本列島改造計画に至るまでの「総合」は、たしかに学術的な統合を進め、タコツボ化を打破しようとはしたが、根源的に違うであろう。

第二に、同時代のナチス・ドイツとの比較研究である。ドイツの文脈で見るなら、ナチスの唱えた広域経済圏（Grossraum）構想が思い浮かぶ。この構想は、主観的には英仏の植民地主義とは一線を画し、ドイツの経済力と技術指導のもとで中東欧の開発を進め、資源、技術、食糧の再配分を行い、経済のブロック化を進める、という構想である。ナチスが圏（Raum）という言葉を用いたのは、植民地という言葉を忌避したからであり、権力ではなく、官僚的な「技術」としてこの地域を統合していくことが求められた。これはたとえば、大東亜共栄圏全体の開発の場合とどのような差異や類似点が見られるだろうか。どちらも総力戦という背景が色濃いことはいうまでもないが、やはり、植民地を有していなかったドイツよりも、植民地を有していた日本の方がテクノロジーと他地域の関係性が深いように感じられる。ただ、想像の域を出ないので、今後の課題としたい。

第三に、植民地的な課題として、「技術」はどう立ち現れるのか、ということ。本書でもフランクフルト学派はたびたび参考にされているが、たとえば、ユルゲン・ハーバーマスは、『イデオロギーとしての技術と科学』で、①人間と自然の相互行為、②人間と人間の相互行為という二側面から、技術の問題を考え、どちらの関係性も二〇世紀に高度に技術化が進んでいる、と述べている。人間と自然との関係性については、本書でも論じられているし容易に想像できるが、人間が人間の精神を操作する技術についても同時に論じられる、という論点は、本書の議論を発展させるためにも検討に値するのではないだろうか。いうまでもなくハーバーマスは、テレビや新聞を通じた操作を批判し、一八世紀的な公共圏の復興を考えていたのであるが、ここに技術批判が根ざしていたことはもっと知られていいだろう。「総合」という言葉に私が拘泥するのもこうした論点を頭に置いているからだ。

また、丸山眞男も、「超国家主義の論理と心理」（『増補版　現代政治の思想と行動』未来社、一九六四年）で、一七世紀ヨーロッパを破壊した宗教戦争である三〇年戦争は、国家と精神が一体化したがゆえにここまでの悲惨な状態をもたらしたのだと述べている。その反省の元に、国家的機構と人間の内面を切り離そうと立ち現れてきたものこそが、近代国家だと述べているが、そのとき「国家は技術」である、と述べている。とすると、本書の「技術」は（すでに広く想定されているとはいえ）もっと広く捉えられるはずである。近代国家が精神を統治に持ち込むことを避ける「技術」であるとするならば、帝国日本の「技術」はなぜ精神に食い込んでいったのか。近代国家という「技術」は、紛争を避けるためのなぜ、近現代史のなかで、近代国家である日本はこれほどまでに暴力を振るうことができたのか。ここに本書で取り上げられた「技術」はどう関わっていたのか。

本書の問題設定がベーシックであるため、各問題への派生も起こりやすく、この点はやはり評価されるべきであろう。

以上のように、モーアの研究によって、われわれは議論を喚起され、さまざまな思考が励起されている。今回の翻訳のためのメンバーは、これらの書評会に参集し、検討を共にしたメンバーやその協力者たちから構成されている。それぞれ専門的な知見から、各章の内容にも詳しいそれぞれの訳者が、本書の翻訳に関わることは、本書を日本語で刊行するうえでも重要なことであると考えている。本書の訳出が、日本の科学技術の歴史やテクノクラシー的あり方、さらに日本の植民史や戦後の海外経済協力・技術援助などについて、新たな切り口をしめし、さらなる議論を巻き起こしてくれることを期待している。

4 翻訳の過程と分担

以上のように、本書は多岐にわたる内容を含み、また論争提起的でもあるため、翻訳については難航し、思いのほか時間がかかった。前述のように、本書の書評会は二回開催されたが、本書の監訳者が、その時集ったそれぞれの章と関係のある訳者を各方面から募ったことから、この翻訳に至っている（訳者の略歴は巻末を参照）。また特に第四章については山根伸洋氏からの助言を得た。また解説は一回目の書評会で司会を担当した監訳者と二回目の書評会でコメントを行った藤原が執筆することになった。

なお、本書についての重要なキーワード群については、かなりの議論を経たし、訳者それぞれで異なる訳語を出してくる場合がほとんどであったが、本書の全体性と、一冊の本として一貫性を鑑みて、監訳者が全体の用語の統一や表記の調整をおこなった。なかでもTechnological imaginaryは「技術的想像力」、technocracy（技術官僚主義）は「テクノクラシー」、national engineerは「国家技師」またTechno-という接頭語がつく場合はカタカナ表記で、techno-fascismは「テクノ・ファシズム」、Techno-Imperialismは「テクノ帝国主義」などで統一した。

5　現在のモーアの研究と現代的な意味

本書を刊行した後のモーアは、科学技術社会論の国際誌であるEASTS（*East Asian Science, Technology and Society*）誌で、ODAによるビルマでのダム建設について論じている。戦後賠償やその後のODAによる開発援助でのダム建設の関係などを詳細に検討したものである（Aaron S. Moore, "Japanese Development Consultancies and Post-Colonial Power in Southeast Asia: The Case of Balu Chaung Hydropower Project in Burma," *East Asia Science, Technology and Society* 8, no. 3 (2014): 297-322)。

これは冷戦期の技術政治にとって、なかなか目の付け所のいいトピックスといえるだろう。なぜなら当時、社会主義路線をとっていたビルマでは、アメリカを後ろ盾にした日本の技術協力は、ソ連からの技術協力との競合関係もあったものと考えられるからである。そのためモーアの研究は、戦後の技術と政治、日本が東南アジア進出についてのパワーバランスのなかで、どのようにテクノ・ポリティックスを展開していたのかについて興味深いケース・スタディを提示したものとなっている（アーロン・モーア「「大東亜」の建設から「アジアの開発」へ――日本エンジニアリングと、ポストコロニアル／冷戦期のアジア開発についての言説」塚原訳、『現代思想』二〇一五年八月号、一二八‐一四七頁も参照のこと）。

このように、モーアの最近の研究は、本書での成果を踏まえたうえで歴史の軸を現代の方向に引き寄せる形をとっており、戦前・戦後の（技術的）連続性を射程に入れてきている。つまりそこでは「戦後日本のＯＤＡ」と、「帝国日本による大東亜の建設」の連続性という、実に興味深いテーマに切り込んだものとなっている。

ここからみられるように、モーアの現在の調査・研究の対象は、本書で触れられている久保田豊らによる日本工営など、満州などで経験値を高めた日本の「総合技術」というイマジナリーが、戦後、どのようにアジアへの進出と関連したかという諸様相に検証の視点を持ってきているである。満州などで現場経験を積んだ日本の技術は、その後、それをＯＤＡのなかで、どのように「てこ」にしてきたか、そしてそれは戦前・戦後で（すなわち、「帝国日本」と「民主化された日本」）どのような連続性があったかを問うている。

これは、ある意味で、本書で詳細に検討されていた「帝国日本」から、現代史につながる部分が、すでに歴史的検討の対象となっているわけである。監訳者の私的な観点で恐縮だが、かつてその只中にいた世代としていえば、ＯＤＡはアジアへのネオ・コロニアリズムのひとつのスタイルであり、新たな形の経済侵略（の尖兵）ではないかという批判の声がアジア各地から上がっていた。日本の学究や市民・ジャーナリストたちはそのような声に呼応して、いわゆるＯＤＡ批判を展開していたし、さまざまな市民運動も盛んであった。そこでは同時代的に、ある種の責任の持ち方を問うものでもあった。戦争責任の問題などにも連続性を意識して、日本のアジア進出の展開に警戒の目を向ける強くそして太い思潮があった（村井吉敬ほか編『無責任援助ＯＤＡ大国ニッポン』ＪＩＣＣ出版局、一九八九年／村井吉敬・甲斐田万智子『誰のための援助？』岩波ブックレット、一九八七年／松井やより『市民と援助』岩波新書、一九九〇年など)。

このような視点や運動として批判してきたことが、今や、歴史研究の対象となっているとは、感慨も一入である。それだけではなく、逆にこのようなアカデミックな視点から、日本とアジアの関係についての本格的な批判が、「歴史」の観点から下されうるのだということに期待と一縷の光も見出している。そのためモーアが検証している事例は、日本の原発輸出の問題、つまり、東南アジア、東アジア各国への「原発技術」の移転のための試みや、核科学・原子炉技術をめぐる専門的な学生・研究者のJICA(独立行政法人国際協力機構)研修制度による、いわゆる「原子力ムラ」のアジア的なサブ(もしくはネオ)・コロニアルな拡大などについても参照事例になることだと考えられる。このような観点からも、本書の訳出が、この領域やその周辺に、より大きな議論を喚起してゆく契機になることを望んでやまない。

追記

本書の最終的な校正を行っていたころ、本書の著者であるアーロン・モーアが急逝したという一報が飛び込んできた。二〇一九年九月八日、自宅と勤務先のあるアリゾナで、多臓器不全のため亡くなったという連絡が、訳者の一人であり古くからの学友である三原のもとに届いたというのである。

監訳者は韓国全州市で行われた国際東アジア科学史学会での八月二二日の合同セッションで、モーアも交えて活発な議論をしてきたばかりであった。つまり、この一報が届いたのは、その日から二週間ほどしかたっていないときだった。そのためこの訃報には言葉を失い、当惑するばかりであった。享年四七である。

たしかに全州でも健康が優れない様子は見て取れた。だがモーアの発表は韓国の工業化と日本の帝国主義時代の連続性を探るもので、大変広い視野を意図したものであり、発表の声もしっかりしていた。またほかのいくつかのセッションでも積極的な発言をしていたことが多くの参加者の印象に残っている。この全州での国際学会セッションは本書の書評会を主催した愼蒼健によって組織化されたもので、解説を書いた藤原も参加していた。当地では彼らをはじめとする研究仲間と食事をともにする機会もあり、愉快かつ有意義な情報交換を行った。そこではモーアがさまざまな研究の計画を温めていること、そのために韓国に単身で早くから来て関係者に連絡を取り共同研究の計画のためにあちこちの研究機関を訪問していたこと、またかなり積極的に、たとえば市場の中の銭湯などにいっていたことなども聞かされて、彼の行動力に驚いていた。

そもそも父上がアメリカの外交関係者であり、母上は韓国人、そしてモーア自身も日本生まれということもあり、また青年時代に日本で何年か英語教師として過ごしたとのことから、同氏は日本語・韓国語に通じている。本書にも、その語学の才はふんだんに盛り込まれている。文化的にもオープンであり、社交的で快活、そしてまた多くの友人にも恵まれた人物であって、アメリカにおける日本科学史・技術史の研究者の中堅を占めていたモーアのこの急逝は、惜しまれてならない。

まだ信じられないのだが、こういうことを書く機会はすでに他にはないと考えられるので以下のことを追記しておきたい。それは本書の翻訳にいたる、やや僭越ながらも抱いていた、監訳者の本当の意図である。

この本がとても野心的な展望を持った本であることは一読して了解した。ただ残念ながら、これほど日本や韓国、そして満州の歴史に通じており、研究者として東京外大に滞在したことがあるにしては、科学史・技術史の研究者との交流や検討は極めて限られたものであった。またアメリカの日本研究にありがちな現地語(つまり日本語など)での史資料研究や最新の研究成果などには、現地語での歴史家よりは弱いという側面もなきにしもあらず(孫引きなども時に見られる)という面は否めなかった。アメリカの博士論文によくある概念先行的なスタイルも垣間見えるもので、それも日本学・東アジアの地域研究という枠のなかのものが中心で、科学史の世界レベルでの流れ、つまり「科学と帝国主義」と呼ばれる領域などにも弱いところがみられた。その意味で、僭越ながらその道の先達として、本書をアメリカの日本・東アジア研究の枠のなかから引きあげて、より広い科学史・

技術史のパラダイムや、日本での科学技術史のさまざまな研究にこれを接合してやることで、モーアの仕事は、より大きな展望を開くものになるのではないのかと考えた。

それで監訳者は畏友である東京理科大の愼蒼健に相談し、彼の研究会でモーアを招請してもらい、書評会という形で直接の議論を試みた。いうならば、まだまだ粗削りではあるし、さまざまな限界が感じられるところがあるのだが、それでもモーアの仕事には「見込んだところがある」と感じたのである。それでモーアの議論を日本語の読者層に翻訳し、これを紹介することで、より広いかたちでの相互検証を行う可能性に賭けてみた。植民史研究会でこの本の評者になった藤原からの賛同も得て、本格的な翻訳に乗り出すことになった。

このことには集団で取り組むことも意図していた。訳者の面々がそれぞれの専門をもち、さまざまな面でモーアと切磋琢磨してくれる気鋭であったこともうれしかった。ロシア思想史の金山は戦前のマルクス主義や技術論に強く、この分野についていま日本で考えられるもっとも適任な訳者である。神戸大チームの栢木は移民史や海事史に詳しく中国語・英語の練達の使い手で、すでに何冊かの訳書を世に問うているし、井上・山品はそれぞれフランスとスペインの大学院での論文執筆に取り組んでおり、最も若い小野もよく学び働いた。四章についてはモーアと個人的にも親しくしていた山根伸洋からの貴重なアドヴァイスを得た。終章を担当した内山はモーアが東京外大にいた時の研究仲間である米谷匡哉の弟子にあたり、神戸大の同僚辛島からその校訂に協力を得た。なによりも序章の翻訳を、コーネル大学大学院時代からモーアの親しい友人であった三原に引き受けてもらったことを、いまとなってはあまりにかたじけないことだと思っている。三原はモーアの妻君を含む大学院時代の仲良しグループの一員だったようで、長年の学友を亡くす辛さがこの訳業の直後にくるとは、想像だにできなかっただろうと推測するからである。

モーアをはじめとする日本学や東アジア地域研究の科学史関係者を、日本・東アジアの科学史家・技術史家とのあいだで、本腰をいれて議論させたいという意図は、韓国での国際会議の場に彼を招請することで一部実現した。いまや中山茂を失い、金森修・吉岡斉、そして中堅の要であった梶雅範までもが相次いで世を去っているように、日本の科学史の泰斗が次々にいなくなっている。そんななか愼蒼健と塚原は、英語圏で中山スクールの次代を担うモリス・ローや、韓国の俊英キム・テホの協力を得て、韓国での国際会議で連続的なセッションを企画して世界各地から若手を招請し、闊達な議論と意見交換の場を組織した。このように、監訳者はモーアを東アジアの科学史家たちに紹介し、議論を鼓舞することで、科学史・技術史に新たなページを開くことを意図していた。つまりモーアをはじめとする若手中堅を東アジア科学史の土俵の上に引っ張り上げることが自分の仕事だと自認していたわけである。その一環として、この訳書が出た後でモーアを日本に再度招請し、共同研究を立ち上げる計画もあり、愼蒼健・モーアと三人で、全州では当地の地酒を酌み交わしながら、その具体的なプランも語り合ったところであった。

その矢先である。モーアは卒然としてこの世の人ではなくなった。訳書が出たら、翻訳チームを全員招集して、きちんとしたシンポジウムをやりたいと思っていたが、それももうできない。その時には関係の研究者を呼んで、もっと大々的にやりたいし、英語環境や韓国でやるのも面白いと語りあったことが忘れられない。

どうもやっと今頃になって、モーアがすでに現世のどこにもいないことが実感されるようになってきている。訃報を受け取ったときは、悲しみというよりショックだったが、いまになってじわじわと、若い友人であり、この道の後塵のなかを走ってくる自分が見込んだ人物を失ったことに、悲しみと無念の想いが押し寄せ始めている。自分が握っているバトンは、だれに渡そう？　このボールはどこにパスを出したらいいのだろう？

だがいまは、それでも書物を信じたい。そしてモーアは、まだこの書物のなかで声を発していること、本書のなかで生きているということは、信じていいのではないのだろうかと思い直している。それはたとえ翻訳であろうとも、複数の文字や声の重なりの向こうに、モーアは確然として彼の思考や見解を述べている。我々がそれを読み、聞き取ることができれば、そのような技法によって、彼はよみがえってくるはずだ。この書物自体がバトンである。図らずも本書は、モーアのポスチュマス（没後）の刊行になってしまったが、本書を手にされている方々には、すでに風の中にいる彼の声を聴き分け、次の新たなスペースや次元へと彼のメッセージを運んでいただければ幸甚である。私たちは、すでに彼からのパスを受けているのだし、日本語という言葉にして、書物として世に問うことは、辛うじてだが、できたのだから。

それでも唯一の無念は、モーアの存命中に、この訳書を見せたかったということでもある。だがそれがかなわないとしても、いまでも草葉の陰から、本書を読むであろう読者に、彼は語り掛けているはずである。読み解きの術、そして聴き取りの技法を、静かに実践することで、まだこれからも、彼との対話を続けたい。

（塚原東吾）

柳澤治「戦前日本の統制経済論とドイツ経済思想——資本主義の転化・修正をめぐって」(『思想』921号, 2001, 120-44)
矢次一夫『昭和動乱私史』(上中下, 経済往来社, 1971-73)
矢浪さだ『相川春喜小伝』(中央公論事業出版, 1979)
横山光雄「大東港都市建設事業と緑地」(『都市公論』第23巻8号, 1940.8, 111-16)
米田正文「大東港建設事業に就いて」(『新京経済季報』第1巻4号, 1941.12, 16-19)
————「小沢久太郎内務技師となるき」(小沢久太郎委員会『小沢久太郎』, 1968, 107-8)
『洋々乎——美濃部洋次追悼録』(日本評論新社, 1954)

韓国語文献

姜益善, "嶮山峻嶺門前沃沓, 一朝에 水國化라니 한바탕 꿈이로다—오오 偉大할손 科學의 힘이여", 満鮮日報, 1940.1.28.
————, "白雪을 거더차고 排水嶺 넘어서니 荒北엔 五頭馬車 방울 소리 요란하고 저기 지게꾼의 愁心歌 흥겹다", 満鮮日報, 1940.1.27.
————, "바라보노니, 深山幽谷 田倉重石鑛地帯—常俄山城에 回憶도 새로워라", 満鮮日報, 1940.1.29.
————, "水沒地를 떠나는 同胞여 기리 福祿을 누리라 낫선 고장도 情들면 내故鄕 되는 것을", 満鮮日報, 1940.2.1.

玉置正治「朝鮮の水力利用について」(学習院大学東洋文化研究所所蔵, 1960.6.20)
田中俊介「鴨緑江水電会社の用地開発などの事業遂行に対する地元民の意向」(朝鮮総督府地方課『鴨緑江水電施設に関する水没地対策関係処理』, 1939)
谷口三郎『大陸の曲線』(全日本建設技術協会, 1950年)
「テクノクラシーに関する文献」(全日本建設技術協会『工人』134号, 1933.6, 47)
「テクノクラシー座談会」(全日本建設技術協会『工人』134号, 1933.6, 23-45)
東亜問題調査会『最新支那要人伝』(朝日新聞社, 1941)
土地科計画股「大東港都市計画の内容」(大東港建設局『大東港』第2号, 1942, 74-83)
冨井正憲法, 飯塚渉, 吉田忠史, 川野久雄「北京における旧日本人住宅地に関する研究――北支房産株式会社の3住宅地を事例として」(『日本建築学会学術講演集』, 1992.8, 5-8)
内田弘四, 中岡二郎, 石川五郎, 森郷治, 佐々木二郎『豊満ダム――松花江堰堤発電工事実録』(大豊建設, 1979.10)
内海庫一郎, 山崎俊雄, 小林端五編「在ソ民主運動の一決算――その成果を自己批判」(矢浪さだ『相川春喜小伝』中央公論事業出版, 1979)
上野光夫「石津運河の回想」(http://www.shin-nihon.net/main/forum/unga.htm 2008年10月27日閲覧)
梅沢満邦「蘇州の思い出」(『孤蓬万里――華北建設小史』工友会, 1972, 165-67)
ウイニアコウスキー「満州の開発と治水問題」(満州事情案内所編『遼河と松花江』日満実業協会, 1935, 205-15)
渡辺邦男「熱砂の誓い」ビデオカセット(東邦株式会社, 1940)
閻忠林「現場での証言」(中国人強制連行・西松建設裁判を支援する会『戦前の「水豊」から「安野」の今へ――西松建設の戦争責任』(広島安野・中国人被害者を追悼し歴史事実を継承する会, 1990, 51-52)
山田博愛「地方計画について」(大東港建設局『大東港』第2号, 1942, 2-7)
山本将雄「豊満貯水池による康徳10年度降水調節成果報告」(『土木満州』第4巻2号, 1944.4, 16-20)
山本唯人「立ち上がる戦後開発――佐久間ダム建設と流域経済圏の変容」(町村敬志編『開発の時間 開発の空間――佐久間ダムと地域社会の半世紀』東京大学出版会, 2006, 29-50)
――――「本間元水電局長を偲ぶ」本間三保子編『本間徳雄を偲んで』(本間三保子, 1977)
山崎圭一「一九三八年の華北都市計画の思い出」(『孤蓬万里――華北建設小史』工友会, 1972, 297-98)

135-37）
佐藤武雄「北支における邦人住宅問題の瞥見」（『建築雑誌』第55編678号，1941.9，728-37）
佐藤寛政，山崎博，永島国村，早川淳一，小川猛夫，星野出雲，斎藤義治「道路」（『孤蓬万里——華北建設小史』工友会，1972，53-66）
沢井実「科学技術新体制構想の展開と技術院の誕生」（『大阪大学経済学』第41巻，1991，367-95）
「世界第二の水豊ダム完工」（『写真週報』194号，1941.11）
「戦時生活相談所とは」（『写真週報』194号，1940.6.2）
柴田善雅「興亜院と中国占領地行政」（本条比佐子，内山雅夫，久保亨編『興亜院と戦時中国調査』岩波書店，2002，22-46）
篠原武司「長期建設国民再組織と「技術」の意義の拡充」（『技術日本』191号，1938）
————「科学の総合化と技術の総合化」（『工業国策』第1巻7号，1938，21-29）
塩原三郎「北支都市建設概論（一）」（『都市公論』第27巻6号，1944），8-17
————「北支都市建設概論（二）」（『都市公論』27巻8号，1944），2-7
————「都市」（『孤蓬万里——華北建設小史』工友会，1972，107-15）
————「都市計画華北の点線」（塩原都市計画コンサルタント，1971）
孫禎睦著，西垣安比古，市岡実幸，李終姫訳『日本統治下朝鮮都市計画史研究』（柏書房，2004）
十代田三郎「北支満蒙におけるに日本人の住居建築構造調査報告」（『建築雑誌』第55編676号，1941.7，32-38）
酉水孜郎『国土計画の経過と課題』（大明堂，1975）
「水豊ダム築造と鴨緑江流筏問題」（『新義州商工会議所月報』128号，1940.1，25-33）
「水豊ダム築造と通筏施設問題」（『新義州商工会議所月報』122号，1939.6，9-11）
「水豊ダム処女初送電」（『京城日報』122号，1941.8.26）
水力電気建設局『満州国水力電源調査年報』（1939）
須永徳武「満州における電力事業」（『立教経済学研究』第59巻2号，2005，67-100）
鈴木武雄「朝鮮における都市計画と国土計画」（『朝鮮』，1940.2，1-15）
田淵寿郎『或る土木技師の半自叙伝』（中部経済連合会，1962）
多田礼吉『南方科学紀行』（科学主義工業社，1943）
田上「二大水電工事をみる（二）」（『満州日日新聞』，1938.9.22）
武谷三男「原子力の平和的利用」（『武谷三男著作集』第3巻，勁草書房，1968，129-55）

49）
直木倫太郎「大東港不凍状況視察講演」（安東商工公会『大東港不凍状況視察講演』，1939，1-6）
――――『技術生活より』（東京堂，1918）
――――「満州の水力電気事業」（『水利と土木』第10巻11号，1938，2-9）
――――「創作に満州へ」（全日本建設技術協会『工人』第141号，1934.1，3）
日本工営『日本工営三十五年史』（1981）
農林局委員「流筏対策」（ca1938，朝鮮総督府『鴨緑江開発委員会関係』，246-53）
――――「流筏対策」（ca1939，朝鮮総督府『鴨緑江開発委員会関係』，141-47）
――――「流筏対策」（ca1941，朝鮮総督府『鴨緑江開発委員会関係』，24-28）
老田裕美「資料「集団部落」について」（中国人強制連行・西松建設裁判を支援する会『戦前の「水豊」から「安野」の今へ――西松建設の戦争責任』（広島安野・中国人被害者を追悼し歴史事実を継承する会，1990）
大河内正敏「北支の工業」（『科学主義工業』，1938.8）
――――『資本主義工業と科学主義工業』（科学主義工業社，1938）
大村巳代治「在大陸邦人の住宅問題について」（『建築雑誌』第56編591号，1942.10）
折坂理五郎「北京市公署工務局」（『孤蓬万里――華北建設小史』工友会，1972）
――――「鴨緑江口における鮮満の築港と都市計画」（『殖銀調査月報』，1940.2）
――――「鴨緑江水電水没地発表さる」（『殖銀調査月報』第10巻，1939.3）
大淀昇一『技術官僚の政治参画――日本の科学技術行政の幕開き』（中公新書，1997）
――――『近代日本の工業立国化と国民形成――技術者運動における工業教育問題の展開』（すずさわ書店，2009）
――――『宮本武之輔と科学技術行政』（東海大学出版会，1989）
北京日本商工会議所『北京日本商工名鑑』（北京日本商工会議所，1942）
陸軍省新聞班『国防の本義と其強化の提唱』（陸軍省新聞班，1934）
「陸支密電第五十五号」（『陸士大日記』，1939.2.13）
柳河治水調査所「柳河水利試験の近況」（『建設　四』第６巻，1939，24-29）
「柳河治水計画審議会議事録」（1938.1）
「流筏問題ますます重大化――水電側の誠意に期待」（『新義州商工会議所月報』第133号，1940.8，10-13）
三枝博音「技術の思想」（『三枝博音著作集』第７巻，中央公論社，1972，117-234）
佐藤仁『「持たざる国」の資源論――持続可能な国土をめぐるもう一つの知』（東京大学出版会，2011）
佐藤九郎「新京の友人たち」（原口忠次郎の横顔刊行会『原口忠次郎の横顔』，1966，

21）
――――――『大陸建設の課題』（岩波書店，1941）
――――――「テクノクラシーの研究」（宮本武之輔『技術と国策』岩波書店，1940，25-54）
――――――「東北振興計画批判」（宮本武之輔『技術と国策』岩波書店，1940，60-72）
毛里英於莵「大東亜文化の意義」（憲政資料室『毛利英於莵関係文書』222）
――――――「大東亜戦争を通じて」（憲政資料室『毛利英於莵関係文書』213）
――――――「廃品回収録」（『科学主義工業』1939.12，162-64）
――――――「一つの答えとしての生活相談所」（国策研究会『戦時政治経済資料』第1巻，原書房，1982，8-9）
――――――「経済新体制講座」（憲政資料室『毛利英於莵関係文書』221）
――――――「生産経済の根本理念」（『科学主義工業』1940.10，22-27）
――――――「支那の産業開発」（『東洋』1939.8，73-83）
――――――「対支経済技術の創造」（『経済情報』1939.6，97-105）
――――――「東亜経済建設について　第一項」（憲政資料室『毛利英於莵関係文書』218）
毛里英於莵，迫水久常，柏原兵太郎，美濃部洋次「革新官僚　新体制を語る座談会」（『実業の日本』1941.1，52-67）
森川覚三『ナチス独逸の解剖』（コロナ社，1940）
村田純一『技術の哲学』（岩波書店，2009）
長塚利一『久保田豊』（電気情報社，1966）
内務局委員「統治回収対策」（1941?，朝鮮総督府編『鴨緑江開発委員会関係』，29-32）
中井正一「美学入門」（『中井正一全集』第3巻，美術出版，1981〔中公文庫，2010〕）
中村愛次郎「華北の思い出の記」（『孤蓬万里――華北建設小史』工友会，1972，247）
中村精二『技術論論争史』（全2巻，青木書店，1975）
中村隆英『戦時日本の華北経済支配』（山川出版社，1983）
中山子行『躍進吉林の大工業と観光事業に就て』（吉林商工公会，1939）
南龍瑞「満州国における豊満水力発電所の建設と戦後の再建」（『アジア経済』第48巻5号，2007，2-20）
―――「「満州国」における日本の植民地統治と戦後東北地域の再建――植民地統治の二面性と歴史の連続断絶に関する研究」（筑波大学，2007，博士論文）
南相水「学院長閣下」（原口忠次郎の横顔刊行会『原口忠次郎の横顔』，1966，147-

御厨貴『政策の総合と権力——日本政治の戦前と戦後』（東京大学出版会，1970）
南満州鉄道株式会社調査部『支那都市不動産刊行調査資料』（満鉄調査部，1941）
————————『塘沽に関する報告書』（満鉄調査部，1942）
南満州鉄道経済調査会『満州治水方策』（南満州鉄道経済調査会，1935）
三浦七郎「北支における土木事業の概要」（『土木学会史』第24巻12号，1938）
————「北支に於ける建設事業」『河川』1(10)，1942-10，2-10
宮本武之輔「日本工人倶楽部の創立」『工人』81（1921.8）
————『現代技術の課題』（岩波書店，1940）
————『技術と国策』（科学主義工業社，1940）
————『技術の道』（科学主義工業社，1940）
————「序言」（『大陸建設の課題』岩波書店，1941）
————「興亜技術の基本政策」（宮本武之輔『現代技術の課題』岩波書店，1940，111-29）
————「興亜技術の根本原理」（宮本武之輔『現代技術の課題』岩波書店，1940，141-54）
————「興亜技術の三つの政策」（宮本武之輔『大陸建設の課題』岩波書店，1941，177-83）
————「興亜技術の指導精神」（宮本武之輔『技術と方策』科学主義工業社，1940，9-14）
————「興亜建設の水利問題」（宮本武之輔『大陸建設の課題』岩波書店，1941，103-14）
————「満蒙問題と技術家」（全日本建設技術協会『工人』1932.3，29-33）
————『宮本武之輔日記1937-1941』（電気通信協会東海支部，1971）
————「南満及び北支雑感」（宮本武之輔『技術者の道』科学主義工業社，1939，280-340）
————「日華親善と技術的提携」（宮本武之輔『技術と国策』岩波書店，1940，77-86）
————「汪兆銘と唐有任」（宮本武之輔『技術者の道』科学主義工業社，1939，119-22）
————「新東亜建設と技術の使命」（宮本武之輔『大陸建設の課題』岩波書店，1941，184-202）
————「支那開発と技術」（『土木学会誌』第24巻7号，1938，711-13，）
————「支那満州瞥見記」（宮本武之輔『技術者の道』科学主義工業社，1939，223-79）
————「大陸発展と技術」（宮本武之輔『技術と国策』岩波書店，1940，106-

久保健二「工場の文化映画」(『文化映画』1942.5, 34-37)
久保亨「興亜院による中国調査」(本条比佐子, 内山雅生, 久保亨『興亜院と戦時中国調査』岩波書店, 2002, 74-103)
久保田豊「私の履歴書」(『私の履歴書』第27巻, 日本経済新聞社, 1966, 241-321)
空閑徳平『米国における高堰堤視察報告書』(電気河川新報社, 1937)
黒田重治「不凍港「大東港」が問題になるまで」(安東商工公会『大東港不凍状況視察講演』, 1939, 7-19)
桑原衛「川開発の思想――ダムはなぜ作られるのか」(『オルタ』第3号, 1992, 33-45)
桑野博『戦時通貨交錯史論――日中通貨戦の分析』(法政大学出版会, 1965)
葛岡正男「新京工学院」(『原口忠次郎の横顔』, 1966, 145-46)
町田義知「本間さんの思い出」(『本間徳雄を偲んで』, 72-79)
町村敬志「「佐久間ダム」研究の課題と方法」(町村敬志編『開発の時間 開発の空間――佐久間ダムと地域社会の半世紀』東京大学出版会, 2006, 1-28)
「満州国経済の現地座談会」(『東洋経済新報』第24号, 1936)
満州国通信社編「治国の大本・治水事業」(満州国通信社『満州国現勢　康徳5年版』)
満州日報「治水を兼ねて発電適地を踏査」(『満州日報』1935.2.5)
満州電業史編集委員会『満州電業史』(満州電業会, 1976)
満州事情案内所「大東港と宝庫東辺道」(1940)
――――――「吉林事情」(1941)
満州国史編纂刊行会『満州国史』(満蒙同胞援護会, 1970)
満州国水力電気建設局『松花江第一発電所工事写真帳 第一号』(満州電気協会, 1940)
満州国通信社会社「松花江発電所建設の苦心を聞く座談会」(『満州電気協会会報』第28巻, 1943, 29-37)
松村高夫, 解学詩, 江田憲治編著『満鉄労働史の研究』(日本経済評論社, 2002)
松本俊郎「第二次大戦期の戦時体制構想立案の動き」(『岡山大学経済学会雑誌』第25巻1-2, 1993, 99-123)
松本藤太郎『吉林林業史』(吉林木材同業組合, 1940)
松浦茂樹「コンクリートダムにみる戦前の施工技術」(『土木史研究』第18巻, 1998, 569-78)
――――『戦前の国土政備政策』(日本経済評論社, 2000)
三木清「技術哲学」(『三木清全集』第19巻, 岩波書店, 1968)
三木清, 毛里英於菟「明日の科学日本の創造」(『科学主義工業』1941.1, 186-207)

———『北京都市計画概要』(1941)
小林五郎「戦時生活所の政治的意義」(『国民評論』第12巻17号, 1940.7, 16-20)
小林英夫『大東亜共栄圏の形成と崩壊』(御茶の水書房, 1975)
————「華北占領政策の展開過程——乙嘱託班の結成と活動を中心に」(『駒沢大学経済学論集』第9巻3号, 1977, 191-203)
————『満鉄——「知の集団」の誕生と死』(吉川弘文館, 1996)
————「植民地経営の特質」(大江志乃夫, 浅田喬二, 三谷太一郎, 後藤乾一, 小林英夫, 高崎宗司, 若林正丈, 川村湊『岩波講座近代日本と植民地——植民地と産業化3』岩波書店, 1993)
小平圭馬『新義州商工要覧昭和十七年間』(景仁文化社, 1989［1942］)
児玉麗音「佐久間ダム建設という「技術の勝利」」(町村敬志編『開発の時間 開発の空間——佐久間ダムと地域社会の半世紀』東京大学出版会, 2006, 153-70)
『黄河処理要綱(案)一極密』(憲政資料室『柏原兵太郎文書』)
小広善男「保定施工所, 事務官所当時の思い出」(『孤蓬万里——華北建設小史』工友会, 1972)
国立国会図書館所蔵「日満支経済建設要綱」(1940.10.3)
駒込武『植民地帝国日本の文化統合』(岩波書店, 1996)
興晋会在華業績記録編集委員会編『黄土の群像』(興晋会, 1983)
越沢明「大東港の計画と建設(1937-1945)——満州における未完の大規模開発プロジェクト」(『日本土木研究発表論文集6』, 1986, 223-34)
———『哈爾浜の都市計画』(筑摩書房, 2004)
———「日本占領下の北京都市計画1937-1945」(土木学会『第五回日本土木史研究発表論文集』, 1986, 265-76)
———「日中戦争における占領地都市計画について」(『都市計画別冊』第8巻, 1979, 385-90)
———「産業基盤の構築と都市計画——台湾, 満州, 中国の都市計画」(大江志乃夫, 浅田喬二, 三谷太一郎, 後藤乾一, 小林英夫, 高崎宗司, 若林正丈, 川村湊『岩波講座　近代日本と植民地植民地と産業化3』岩波書店, 1993, 183-242)
———『植民地満州の都市計画』(アジア経済研究所, 1978)
交通大臣官房資料課『交通要覧 新京』(交通大臣官房資料課, 1944)
交通部柳河治水工程処編「交通部柳河治水調査書」(『柳河治水資料』第3巻, 交通部柳河治水調査書, 1938-1940)
交通部彰武治水工程処編「交通部柳河治水工程書 柳河治水大要」(『柳河治水資料』第3巻, 交通部柳河治水調査書, 1939)
工友会書誌編集委員会『孤蓬万里——華北建設小史』, 1977

――――「「東亜一体」としての政治力」(『解剖時代』1938.11, 6-11)
――――「東亜共同体と技術の革命」(『解剖時代』1939.3, 4-12)
――――「東亜共同体建設の諸条件」(『解剖時代』1938.10, 23-29)
――――「東亜における防共の意義」(『解剖時代』1939.6, 4-10)
――――「統制経済の貧困の原因――自然力か組織力か」(『解剖時代』1939.12, 16-21)
亀井貫一郎「亀井貫一郎氏談話速記録」(日本近代資料研究会, 1970)
――――『ナチス国防経済圏』(東洋経済出版部, 1939)
姜在彦『朝鮮における日窒コンツェルン』(不二出版, 1985)
金子弘「全体主義経済学の二傾向――ゴットルとシュパン」(『国民経済雑誌』第65巻第2号, 1938.8)
KA 生「三浦七郎を迎えて」(『道路の改良』第21巻3号, 1939.3)
柏原兵太郎「産業報告運動の新方針」(神田文人編『資料日本現代史』第7巻, 大月書店, 1981, 500-502)
河原宏『昭和政治思想研究』(早稲田大学出版部, 1979)
河合和男「第二次水力調査と朝鮮総督府官僚の水力認識」(松田利彦, やまだあつし編『日本の朝鮮台湾支配と植民地官僚』思文閣, 2009, 303-32)
河上徹太郎・竹内好他『近代の超克』(冨山房, 1979)
川上征雄『国土計画の変遷――効率と衡平の計画思想』(鹿島出版会, 2008)
河村雅美「ダム建設という「開発パッケージ」」(町村敬志編『開発の時間 開発の空間――佐久間ダムと地域社会の半世紀』東京大学出版会, 2006, 73-92)
刑務局委員「警備及び保安取締対策」(1939?)(朝鮮総督府『鴨緑江開発委員会関係』, 130-36)
「建設の歌」(『孤蓬万里――華北建設小史』工友会, 1972, 137)
建設総署北京市建設工程局『北京市東西郊新市街地地図』(1940)
建設総署都市局『北京市都市計画要図』(1939)
国策研究会『大東亜共栄圏技術体制論(大東亜問題調査会研究報告第8巻)』(日本評論社, 1945)
木本正次『香港の水』(講談社, 1967)
北村祐弥「孤独の天才」(『孤蓬万里――華北建設小史』工友会, 1972, 326-27)
吉林工程局「松花江堰堤発電工事概況」(満州技術協会『満州の技術』第17巻143号, 1940, 208-14)
吉林商工公会『吉林商工公会事業報告書』(1940)
吉林商工公会『水力発電に伴い科学工業都市化する吉林』(1948)
興亜院『独流入海減河処理方策』(1941.9)

星野直樹「本間徳雄と豊満ダム」(『本間徳雄を偲んで』, 45-55)
表谷佐作「鴨緑江木材界の展望」(『会議所月報』138, 1941.1, 16-18)
五十嵐眞作「柳河治水工事について」(『土木満州 3 』第 1 号, 1943, 2-16)
飯塚涉, 吉田忠史, 川野久雄, 冨井正憲「北京における旧日本人住宅地に関する研究——北支房産株式会社の三住宅地を事例として」(一般社団法人日本建築学会『学術講演梗概集』, 1992)
飯田賢一『技術（一語の辞典)』(三省堂, 1991)
今村太平『記録映画論』(第一藝文社, 1940)
井村哲郎編『興亜院刊行図書・雑誌目録(十五年戦争重要文献シリーズ 第17集)』(不二出版, 1994)
猪瀬寧夫「北京東西郊」(『孤蓬万里——華北建設小史』工友会, 1972, 115-18)
石本五雄, 久保吉蔵, 椎名悦三郎, 毛里英於菟「日満支を綴る計画経済の再吟味座談会」(『調査週報』1939.2.9, 1-10)
伊藤隆「毛利英於菟論覚書」(『昭和会の政治（続)』山川出版会, 1993)
———「昭和十三年近衛新党問題研究覚書」(日本政治学会『「近衛新体制」の研究』木鐸社, 1972)
岩宮登「済南の思い出」(『孤蓬万里——華北建設小史』工友会, 1972, 155-156)
「華北の産業開発」(『東亜新報』1940年 7 月 9 日, 宮本武之輔『宮本武之輔日記』電気通信協会東海支部, 1971より)
梶村秀樹「1930年代満州における抗日闘争に対する日本帝国主義の諸方策——「在満朝鮮人問題」と関連して」(日本史研究会『日本史研究』第94号, 1967, 25-55, 95)
鎌倉一郎「中国の「抗戦建国」を批判す」(『解剖時代』1939.2, 4-15)
————「抽象的物価と具体的物価」(『解剖時代』1940.4, 4-35)
————「技術の解放と政治」(『解剖時代』1939.5, 4-8)
————「反動を克服する政治——紀元二千六百年宣言」(『解剖時代』1940.4, 4-12)
————「事件第四期は政治を展開す」(『解剖時代』1938.12, 70-77)
————「国民経済と私益」(『解剖時代』1939.5, 83-89)
————「国民生活組織の起点」(『解剖時代』1939.11, 4-11)
————「国民組織と東亜共同体の不可分性」(『解剖時代』1939.1, 22-28)
————「日本国民経済の形成と政治——法としての「東亜新秩序」」(『解剖時代』1939.4, 25-32)
————「太平洋空間の性格革命——世界政治と東亜共栄圏の本性」(『中央公論』1940.11, 34-42)

平安北道委員「土地回収対策」(1938?, 朝鮮総督府『鴨緑江開発委員会関係』, 216-26)
編集委員小川「組織の変遷と日赤職員のポスト」(『孤蓬万里――華北建設小史』工友会, 1972, 7-9)
平尾勝「思い出北京」(『孤蓬万里――華北建設小史』工友会, 1972, 265-267)
広瀬貞三「朝鮮における土地収用令――1910-1920年代を中心に」(『新潟国際情報大学情報文化学部紀要』, 1999.3, 1-22)
――――「朝鮮総督府の土木官僚」(松田利彦, やまだあつし『日本の朝鮮台湾支配と植民地官僚』思文閣, 2009, 260-332)
――――「軍需景気と電力建設工事」(玉城素『土木産業の社会史 4』日本経済評論社, 1993, 135-6)
――――「「満州国」における水豊ダムの建設」(『新潟国際情報大学情報文化学部紀要 6』2003, 1-25)
――――「植民地期朝鮮における水豊発電所建設と流筏問題」(『新潟国際情報大学情報文化学部紀要 1』1998, 39-58)
――――「水豊発電所建設による水没地問題――朝鮮を中心に」(『朝鮮学報』139号, 1991.6)
廣重徹『科学の社会史――近代日本の科学体制』(上下, 岩波現代文庫, 2002/03)
「北支建設署に赴任した三浦七郎博士一行」(『工事画報』第14巻 7 号, 1938.6, 33-56)
「北支産業五カ年計画案摘要」(1941年12月)
北支那方面軍参謀長「北京西郊新市街建設計画に関する件」(『陸士密大日記』72号, 1939)
本条他「はじめに」(本条比佐子, 内山雅夫, 久保亨編『興亜院と戦時中国調査』岩波書店, 2002, 1-20)
「豊満ダム万人坑」http://www.ac.auone-net.jp/~miyosi/db3.htm (2012年 7 月27日閲覧)
本間三保子『本間徳雄を偲んで』(本間三保子, 1977)
本間徳雄「満州国水力電気事業について」(『工業国策 2』, 1939.8, 28-38)
「本間徳雄氏に対する当日の質疑応答速記録」(『工業国策 2』, 1939.8, 38-42)
「本間さん水電を語る」(『電業10』第109号, 1944, 14-19)
堀和雄「「満州国」における電力業と統制政策」(『歴史学研究』第564号, 1987.2, 13-30, 58)
堀井弘一郎「新民会と華北占領政策 (中)」(『中国研究月報』第 1 号, 1993, 1-13)
法制局「興亜技術委員会官制を定む」(2000)

浅野辰雄「今日の戦い――制作報告」（『映画文化』1942-6，30-31）
安東市公署『躍進安東』（満州事情案内所，1939）
朝鮮総督府編『鴨緑江開発委員会関係』（安達遂氏所蔵の複製本）
朝鮮総督府逓信局『朝鮮水力調査書』第一巻（1930）
中国連合準備銀行『中国連合準備銀行五年史』（1944）
中国人強制連行・西松建設裁判を支援する会『戦前の「水豊」から「安野」の今へ――西松建設の戦争責任』（広島安野・中国人被害者を追悼し歴史事実を継承する会，1990）
朝鮮電気事業史編集委員会編『朝鮮電気事業史』（中央日刊協会，1981）
映画日本社「製作報告 今日の戦ひ」（『文化映画』第2巻6号，1942）
江田憲治，解学詩，松村高夫編『満鉄労働史の研究』（日本経済評論社，2002）
江守保平「建設総署歴代技監について」（『孤蓬万里――華北建設小史』工友会，1972）
深井純一『水俣病の政治経済学――産業史的背景と行政責任』（勁草書房，1999）
古川隆久「革新官僚の思想と行動」（公益財団法人史学会『史学雑誌99(4)』，1990）
――――『昭和戦中期の総合国策機関』（吉川弘文館，1992）
古海忠之『忘れ得ぬ満州国』（経済往来社，1978）
外務部委員「水没地住民のしおり」（1938?，朝鮮総督府『鴨緑江開発委員会関係』，227-28）
後藤邦夫「技術論・技術革新論・国家独占資本主義論」（中山茂ほか編『通史 日本の科学技術 第二巻』学陽書房，1995）
原田清司『水豊発電所工事大観』（土建文化社，1942）
原口忠次郎「満州の河川に就て（その一）」（満州技術協会『満州技術協会誌』第14巻101号，1937，416-23）
――――「遼河の改修に就て（一）」（満州技術協会『満州の技術』第14巻101号，1937，249-52）
――――「遼河の改修に就て（二）」（満州技術協会『満州の技術』第14巻104号，1937，287-94）
――――「遼河の改修に就て（完）」（満州技術協会『満州の技術』第15巻112号，1938，389-94）
原口忠次郎の横顔刊行会『原口忠次郎の横顔』（1966）
秦郁彦『官僚の研究』（講談社，1983）
間組百年史編纂委員会『間組百年史1889-1945』（間組，1989）
平安北道委員「警備及び保安取締対策」（1938?，朝鮮総督府『鴨緑江開発委員会関係』，232-41）

al., 90-107. Armonk, NY: M. E. Sharpe, 2006.
———. *Technology of Empire: Telecommunications and Japanese Expansion in Asia, 1883-1945*. Cambridge: Harvard University Asia Center, 2011.
Young, Louise. *Japan's Total Empire: Manchuria and the Culture of Wartime Japanese Imperialism*. Berkeley: University of California Press, 1998.〔ルイーズ・ヤング『総動員帝国——満州と戦時帝国主義の文化』加藤陽子ほか訳，岩波書店，2001〕
Zaiki, Masumi and Tōgō Tsukahara. "Meteorology on the Southern Frontier of Japan's Empire: Ogasawara Kazuo at Taihoku University." *East Asian Science, Technology and Society: An International Journal* 1, no. 2 (2007): 183-203.

日本語文献

安達宏昭「大東亜建設審議会と「経済建設」構想——「大東亜経済建設基本方策」の形成をめぐって」（立教大学『史苑』第65巻1号，2004，58-81）
相川春喜『文化映画論』（霞が関書房，1944）
———「"第2次産業革命"説の批判——技術史の方法によせて」（『科学史研究』25号，岩波書店，1953，12-16）
———『現代技術論』（三笠書房，1940）
———『技術の理論と政策』（紀元社，1942）
———『技術及び技能管理——多量生産への轉換』（東洋書館，1944）
———『技術論（復刻版）』（久山社，1990）
———『技術論入門』（三笠書房，1942）
———「日立製作所日立工場見学記」（『技術評論18(9)(225)』日本技術協会，1941，40-42）
———『産業技術』（白揚社，1942）
———「ソヴェト的人間の形成」（『世界評論5(3)』世界評論社，1950，8-16）
———『東南亜の資源と技術』（三笠書房，1944）
———「在ソ民主運動の一決算——その成果を自己批判」（『前衛』1950.3，41-56）
赤枝政吉「「熱砂の誓い」の思い出」（『孤蓬万里——華北建設小史』工友会，1972，141-43）
安芸皎一「中国の河川に学ぶ」（『孤蓬万里——華北建設小史』工友会，1972，99-102）
秋草勲「河川」（『孤蓬万里——華北建設小史』工友会，1972，67-71）

Tucker, David V. "Building 'Our' Manchukuo: Japanese City Planning, Architecture, and Nation-Building in Occupied Northeast China." Ph.D. dissertation, University of Iowa, 1999.

———. "Labor Policy and the Construction Industry in Manchukuo: Systems of Recruitment, Management, and Control." In *Asian Labor in the Wartime Japanese Empire: Unknown Histories*, ed. Paul Kratoska, 21–57. Armonk, NY: M. E. Sharpe, 2005.

Veblen, Thorstein. *The Engineers and the Price System*. Kitchener, ON: Batoche Books, 2001.

Walker, Brett L. *Toxic Archipelago: A History of Industrial Disease in Japan*. Seattle: University of Washington Press, 2010.

Watanabe, Kazuko. "Militarism, Colonialism, and the Traficking of Women: 'Comfort Women' Forced into Sexual Labor for Japanese Solciers." *Critical Asian Studies* 26, no. 4 (1994): 3–17.

Weber, Max. *The Protestant Ethic and the Spirit of Capitalism*, trans. Talcott Parsons. London: Routledge, 1992.〔マックス・ヴェーバー『プロテスタンティズムの倫理と資本主義の精神』大塚久雄訳，岩波文庫，1989〕

Weiner, Susan B. "Bureaucracy and Politics in the 1930s: The Career of Gotō Kunio." Ph.D dissertation, Harvard University, 1984.

Weisenfeld, Gennifer. *MAVO: Japanese Artists and the Avant-Garde, 1905–1931*. Berkeley: University of California Press, 2002.

White, Richard. *The Organic Machine: The Remaking of the Columbia River*. New York: Hill and Wang, 1995.

Williams, Peter and David Wallace. *Unit 731: Japan's Secret Biological Warfare in World War II*. New York: Free Press, 1989.

Woodall, Brian. *Japan Under Construction: Corruption, Politics and Public Works*. Berkeley: University of California Press, 1996.

Yamanouchi, Yasushi. "Total War and System Integration: A Methodological Introduction." In *Total War and "Modernization,"* eds., Yasushi Yamanouchi, J. Victor Koschmann, and Narita Ryuichi, 1–39. Ithaca, NY: Cornell University East Asia Program, 1998.〔山之内編「方法的序論：総力戦とシステム統合」山之内靖，ヴィクター・コシュマン，成田龍一編『総力戦と現代化』柏書房，1995，9–53〕

Yang, Daqing. "Japanese Colonial Infrastructure in Northeast Asia: Realities, Fantasies, Legacies." In *Korea at the Center*, eds. Charles K. Armstrong et.

Press, 1972.
Sombart, Werner. *The Future of Capitalism.* Berlin-Charlottenburg: Bucholz & Weisswange, 1932.〔ヴェルナー・ゾンバルト『資本主義の将来』宇治伊之助訳, 甲文堂書店, 1934〕
Spann, Othman. Der wahre Staat, 1921.
Spaulding, Robert M. "The Bureaucracy as a Political Force, 1920–1945." In *Dilemmas of Growth in Prewar Japan*, ed., James W. Morley, 33–80. Princeton: Princeton University Press, 1974.
———. "Japan's New Bureaucrats." In *Crisis Politics in Prewar Japan*, ed. George M. Wilson, 51–70. Tokyo: Sophia University Press, 1970.
Steinhoff, Patricia G. *Tenko: Ideology and Societal Integration in Prewar Japan.* New York: Garland, 1991.
Sugiyama, Mitsunobu. "The World Conception of Japanese Social Science: The Kōza Faction, the Ōtsuka School, and the Uno School of Economics." In *New Asian Marxisms*, ed. Tani Barlow, 205–246. Durham: Duke University Press, 2002.
Tanaka, Kakuei. *Building a New Japan: A Plan for Remodeling the Japanese Archipelago*, trans. Simul International. Tokyo: Simul Press, 1973.〔田中角栄『日本列島改造論』日刊工業新聞社, 1972〕
Tanaka, Stefan. *Japan's Orient: Rendering Pasts into History.* Berkeley: University of California Press, 1993.
Tanaka, Toshiyuki. *Hidden Horrors: Japanese War Crimes in World War II.* Boulder, CO: Westview Press, 1996.
Tansman, Alan. "Introduction: The Culture of Japanese Fascism." In *The Culture of Japanese Fascism*, ed. Alan Tansman, 1–28. Durham: Duke University Press, 2009.
Tatsuno, Sheridan. *The Technopolis Strategy: Japan, High Technology, and the Control of the Twenty-first Century.* New York: Prentice Hall Press, 1986.〔シェリダン・タツノ『テクノポリス戦略』正田宗一郎訳, ダイナミックセラーズ, 1988〕
Tsurumi, Shunsuke. *An Intellectual History of Wartime Japan, 1931–1945.* London: Kegan Paul International, 1986.〔鶴見俊輔『戦時期日本の精神史 1931–1945年』岩波書店, 1982〕
Tsutsui, William M. *Manufacturing Ideology: Scientific Management in Twentieth-century Japan.* Princeton: Princeton University Press, 1998.

"Modernization," eds., Yasushi Yamanouchi, J. Victor Koschmann, and Narita Ryuichi, 261–288. Ithaca, NY: Cornell University East Asia Program, 1998.
Sakai, Naoki. "Subject and Substratum: On Japanese Imperial Nationalism." *Cultural Studies* 14, no. 3 (2000): 462–530.
———. *Translation and Subjectivity: On Japan and Cultural Nationalism.* Minneapolis: University of Minnesota Press, 1997.〔酒井直樹『日本思想という問題』岩波書店，1997〕
Samuels, Richard J. *"Rich Nation, Strong Army": National Security and the Technological Transformation of Japan.* Ithaca, NY: Cornell University Press, 1994.〔リチャード・J・サミュエルズ『富国強兵の遺産——技術戦略にみる日本の総合安全保障』奥田章順，三田出版会，1997〕
Sand, Jordan. *House and Home in Modern Japan.* Cambridge: Harvard University Asia Center, 2003.
Schatzberg, Eric. "*Technik* Comes to America: Changing Meanings of Technology before 1930." *Technology and Culture* 47, no. 3 (July 2006): 486–512.
Schmid, Andre. "Colonialism and the 'Korea Problem' in the Historiography of Modern Japan: A Review Article." *The Journal of Asian Studies* 59, no. 4 (Nov. 2000): 951–976.
Scott, Howard et. al. *Introduction to Technocracy.* London: J. Lane, The Bodley Head, 1933.
Scott, James C. *Seeing Like a State: How Certain Schemes to Improve the Human Condition Have Failed.* New Haven: Yale University Press, 1999.
Sewell, Bill. "Rethinking the Modern in Japanese History: Modernity in the Service of the Prewar Japanese Empire." *Japan Review* 16 (2004): 313–358.
Shoenberger, Karl. "Japan Aid: The Give and Take." *Los Angeles Times*, June 9, 1992.
Siegelbaum, Lewis H. *Stakhanovism and the Politics of Productivity in the USSR, 1935–1941.* Cambridge: Cambridge University Press, 1988.
Silverberg, Miriam. *Erotic Grotesque Nonsense: The Mass Culture of Modern Japanese Times.* Berkeley: University of California Press, 2006.
Skya, Walter A. *Japan's Holy War: The Ideology of Radical Shintō Ultranationalism.* Durham: Duke University Press, 2009.
Smith, Kerry. *A Time of Crisis: Japan, the Great Depression, and Rural Revitalization.* Cambridge: Harvard University Asia Center, 2001.
Smith, Henry D. *Japan's First Student Radicals.* Cambridge: Harvard University

Park, Hyun Ok. *Two Dreams in One Bed: Empire, Social Life, and the Origins of the North Korean Revolution in Manchuria.* Durham, NC: Duke University Press, 2005.

Partner, Simon. *Assembled in Japan.* Berkeley: University of California Press, 2000.

Pauer, Erich. "Japan's Technical Mobilization." In *Japan's War Economy*, ed. Erich Pauer, 39-64. London: Routledge, 1999.

Perrins, Robert J. "Doctors, Diseases, and Development: Engineering Colonial Public Health in Southern Manchuria, 1905-1926." In *Building a Modern Japan: Science, Technology, and Medicine in the Meiji Era and Beyond*, ed. Morris Low, 102-132. New York: Palgrave, 2005.

Pietz, David. "Controlling the Waters in Twentieth Century China: The Nationalist State and the Huai River." In *A History of Water Volume 3*, eds. Terje Tvedt and Eva Jakobsson, 92-119. London: I. B. Tauris, 2006.

———. *Engineering the State: The Huai River and Reconstruction in Nationalist China, 1927-1937.* London: Routledge, 2002.

Rassweiler, Anne D. *The Generation of Power: The History of Dneprostroi.* Oxford: Oxford University Press, 1988.

Reuss, Martin. "Seeing Like an Engineer: Water Projects and the Mediation of the Incommensurable." *Technology and Culture* 49, no. 3 (2008): 531-546.

Reynolds, E. Bruce. *Japan in the Fascist Era.* New York: Palgrave Macmillan, 2004.

Robertson, Andrew. "Mobilizing for War, Engineering the Peace: The State, the Shop Floor and the Engineer, 1935-1960." Ph.D. dissertation, Harvard University, 2000.

Robertson, Jennifer. "Robo Sapiens Japanicus: Humanoid Robots in the Posthuman Family." *Critical Asian Studies* 39, no. 3 (2007): 369-398.

Rubinstein, Modest. "Relations of Science, Technology, and Economics Under Capitalism, and in the Soviet Union." In *Science at the Crossroads: Papers Presented to the International Congress of the History of Science and Technology Held in London from June 29th to July 3rd, 1931 by the delegates of the U.S.S.R*, 2nd ed., ed. Nikolai Bukharin et al. London, UK: Frank Cass and Company, 1971 [1931].

Saguchi, Kazurō. "The Historical Significance of the Industrial Patriotic Association: Labor Relations in the Total War State." In *Total War and*

1990.

Morley, James W. "Introduction: Choice and Consequence." In *Dilemmas of Growth in Prewar Japan*, ed., James W. Morley, 3-30. Princeton: Princeton University Press, 1974.

———. *Dilemmas of Growth in Prewar Japan*. Princeton: Princeton University Press, 1974.

Morris-Suzuki, Tessa. *Beyond Computopia: Information, Automation and Democracy in Japan*. London and New York: Kegan Paul International, 1988.

———. *The Technological Transformation of Japan: From the Seventeenth to the Twenty-first Century*. Cambridge: Cambridge University Press, 1994.

Moore, Aaron S. "Para-existential Forces of Invention: Nakai Masakazu's Theory of Technology and Critique of Capitalism." *positions east asia culture critique* 17, no. 1 (March 2009): 127-157.

———. "The Yalu River Era of Developing Asia: Japanese Expertise, Colonial Power, and the Construction of Sup'ung Dam." *The Journal of Asian Studies* 72, no. 1 (2013).

Nakagane, Katsuji. "Manchukuo and Economic Development." In *The Interwar Economy of Japan: Colonialism, Depression, and Recovery, 1910-1940*, ed. Michael Smitka, 73-97. London: Routledge, 1998.

Nakamura, Miri. "Making Bodily Differences: Mechanized Bodies in Hirabayashi Hatsunosuke's 'Robot' and Early Shōwa Robot Literature." *Japan Forum* 19, no. 2 (July 2007): 169-190.

Nakamura, Takafusa. "The Japanese Wartime Economy as a 'Planned Economy.'" In *Japan's War Economy*, ed. Erich Pauer, 9-22. London: Routledge, 2002.

———. *The Postwar Japanese Economy: Its Development and Structure*. Trans. Jacqeline Kaminski. Tokyo: University of Tokyo Press. 1981.〔中村隆英『日本経済——その成長と構造』東京大学出版会, 1979〕

Noble, David *America by Design*. Oxford University Press, 1979.

Nornes, Markus Abé. *Japanese Documentary Film: The Meiji Era through Hiroshima*. Minneapolis: University of Minnesota Press, 2003.

Oikawa, Eijiro. "The Relation Between National Socialism and Social Democracy in the Formation of the International Policy of the Shakai Taishuto." In *Nationalism and Internationalism in Imperial Japan: Autonomy, Asian Brotherhood, or World Citizenship?* ed. Dick Stegewerns, 197-228. London: Routledge Curzon, 2003.

Marx, Karl. "Theses on Feuerbach." In *Writings on the Young Marx on Philosophy and Society*, eds. Lloyd D. Easton and Guddat, Kurt. Garden City, NY: Doubleday, 1967.〔カール・マルクス「フォイエルバッハに関するテーゼ」『フォイエルバッハ論』渡邉憲正訳，大月書店，2010〕

Marx, Leo. "The Idea of 'Technology' and Post-Modern Pessimism." In *Does Technology Drive History? The Dilemma of Technological Determinism*, eds. Merritt Roe Smith and Leo Marx, 237–258. Cambridge, MA: The MIT Press, 1994.

Masuda, Yoneji. *The Information Society as Post-Industrial Society*. Tokyo: Institute for the Information Society, 1980.〔増田米二『原典 情報社会』TBSブリタニカ，1985年〕

Matsusaka, Y. Tak. *The Making of Japanese Manchuria, 1904–1932*. Cambridge: Harvard University Press, 2001.

McCormack, Gavan. *The Emptiness of Japanese Affluence*. Armonk, NY: M. E. Sharpe, 1996.〔ガバン・マコーマック『空虚な楽園――戦後日本の再検討』松居弘道，松村博訳，みすず書房，1998〕

———. "Nineteen-Thirties Japan: Fascism?" *Bulletin of Concerned Asian Scholars* 14 (1982): 2–19.

———. "Modernity, Water, and the Environment in Japan" in *A Companion to Japanese History*, ed. William Tsutsui, 443–459. Oxford: Wiley-Blackwell, 2009.

Mendl, Wolf, ed. *Japan and Southeast Asia* Volume 1. London: Routledge, 2001.

Mimura, Janis. *Planning for Empire: Reform Bureaucrats and the Japanese Wartime State*. Ithaca: Cornell University Press, 2011.

———. "Technocratic Visions of Empire: Technology Bureaucrats and the 'New Order for Science-Technology.'" In *The Japanese Empire in East Asia and its Postwar Legacy*, ed. Harald Fuess, 97–118. Munich: Iudicium-Verlag, 1998.

———. "Technocratic Visions of Empire: The Reform Bureaucrats in Wartime Japan." Ph.D. dissertation, University of California, Berkeley, 2002.

Mitchell, Timothy. *Rule of Experts: Egypt, Techno-Politics, Modernity*. Berkeley, CA: University of California Press, 2002.

Mizuno, Hiromi. *Science for the Empire: Scientific Nationalism in Modern Japan*. Stanford: Stanford University Press, 2009.

Molony, Barbara. *Technology and Investment: The Prewar Japanese Chemical Industry*. Cambridge: Council on East Asian Studies at Harvard University,

University of Chicago Press, 1996.〔J・ヴィクター・コシュマン『戦後日本の民主主義革命と主体性』葛西弘隆訳，平凡社，2011〕

———. "The Spirit of Capitalism as Disciplinary Regime: The Postwar Thought of Ōtsuka Hisao." In *Total War and "Modernization."* eds., Yasushi Yamanouchi, J. Victor Koschmann, and Narita Ryuichi, 97–116. Ithaca, NY: Cornell University East Asia Program, 1998.

———. "Rule of Technology/Technologies of Rule." Unpublished paper, Cornell University, 2002.

Koschmann, J. Victor and Sven Saaler eds., *Pan-Asianism in Modern Japanese History: Colonialism, Regionalism, and Borders.* Abingdon: Routledge, 2007.

Kratoska, Paul H., ed. *Asian Labor in the Wartime Japanese Empire: Unknown Histories.* Armonk, NY: M. E. Sharpe, 2005.

Kubo, Tōru. "The Kōain." In *China at War: Regions of China, 1937–1945*, eds. Stephen MacKinnon, Diana Lary, and Ezra Vogel, 51–64. Berkeley: University of California Press, 2007.

Lary, Diana. "Drowned Earth: the Breaching of the Yellow River Dykes, 1938." *War in History* 8, no. 2 (2001): 191–207.

Layton, Jr., Edwin. *The Revolt of the Engineers: Social Responsibility and the American Engineering Profession.* Cleveland, OH and London: The Press of Case Western Reserve University, 1971.

Lilienthal, David. *TVA: Democracy on the March.* New York: Harper & Brothers, 1944.〔デーヴィド・リリエンソール『TVA——民主主義は進展する』和田小六訳，岩波書店，1949〕

Maier, Charles S. "Society as Factory." In *In Search of Stability: Explorations in Historical Political Economy*, 19–69. Cambridge: Cambridge University Press, 1987.

Lo, Ming-cheng M. *Doctors Within Borders: Profession, Ethnicity, and Modernity in Colonial Taiwan.* Berkeley: University of California Press, 2002.

Marcuse, Herbert. *One Dimensional Man.* New York: Beacon Press, 1968.〔ヘルベルト・マルクーゼ『一次元的人間——先進産業社会におけるイデオロギーの研究』生松敬三，三沢謙一訳，河出書房新社，1980〕

Maruyama, Masao. "The Ideology and Dynamics of Japanese Fascism." In *Thought and Behaviour in Modern Japanese Politics*, ed. Ivan Morris, 25–83. Oxford: Oxford University Press, 1969.〔丸山眞男「日本ファシズムの思想と運動」『現代政治の思想と行動』新装版，未来社，2006〕

Herf, Jeffrey. *Reactionary Modernism: Technology, Culture, and Politics in Weimar and the Third Reich.* Cambridge: Cambridge University Press, 1984.〔ジェフリー・ハーフ『保守革命とモダニズム――ワイマール・第三帝国のテクノロジー・文化・政治』中村幹雄ほか訳，岩波書店，1991〕

Hoston, Germaine A. *Marxism and the Crisis of Development in Prewar Japan.* Princeton: Princeton University Press, 1986.

Hotta, Eri. *Pan-Asianism and Japan's War, 1931–1945.* New York: Palgrave MacMillan, 2007.

Iriye, Akira. "Toward a Cultural Order: The *Hsinmin Hui* (Xinmin Hui)." In *The Chinese and the Japanese: Essays in Political and Cultural Interactions*, ed. Akira Iriye, 254–274. Princeton: Princeton University Press, 1980.

Johnson, Chalmers. *MITI and the Japanese Miracle: The Growth of Industrial Policy, 1925–1975.* Tokyo: Charles E. Tuttle Co., 1982.〔チャルマーズ・ジョンソン『通産省と日本の奇跡――産業政策の発展1925–1975』佐々田博教訳，勁草書房，2018〕

Ju Zhifen. "Northern Chinese Laborers and Manchukuo." In *Asian Labor in the Wartime Japanese Empire*, ed. Paul Kratoska, 61–80. Singapore: Singapore University Press, 2006.

Kasza, Gregory J. "Fascism from Below? A Comparative Perspective on the Japanese Right, 1931–1936." *Journal of Contemporary History* 19, no. 4 (1984): 607–629.

――――. *The State and the Mass Media, 1918–1945.* Berkeley: University of California Press, 1988.

Katada, Saori N. "Why Did Japan Suspend Foreign Aid to China?" *Social Science Japan Journal* 4, no. 1 (2001): 39–58.

Kerr, Alex. *Dogs and Demons: Tales from the Dark Side.* New York: Hill & Wang, 2002.

Kimoto, Takeshi. "Tosaka Jun and the Question of Technology." In *Whither Japanese Philosophy? Reflections through other Eyes*, ed. Takahiro Nakajima, 121–140. Tokyo: UTCP, 2009.

――――. "Tosaka Jun and the Question of Technology." Paper presented at Association for Asian Studies Annual Meeting, Atlanta, 2008.

Kodama, Fumio. *Analyzing Japanese Advanced High Technologies: The Techno-paradigm Shift.* London and New York: Pinter Publishers, 1991.

Koschmann, J. Victor. *Revolution and Subjectivity in Postwar Japan.* Chicago:

Haag, John. "Othmar Spann and the Politics of 'Totality': Corporatism in Theory and Practice." Ph.D. Dissertation, Rice University, 1969.

———. "Othmar Spann and the Quest for a 'True State.'" *Austrian History Yearbook* 12 (1976): 227–250.

Habermas, Jürgen. "Science and Technology as 'Ideology.'" In *Toward a Rational Society: Student Protest, Science, and Politics*, Jürgen Habermas, trans. Jeremy J. Shapiro, 81–122. Boston: Beacon Press, 1970.〔ユルゲン・ハーバーマス『イデオロギーとしての技術と科学』長谷川宏訳，平凡社ライブラリー，2000〕

Hall, Peter. *Cities of Tomorrow: An Intellectual History of Urban Planning and Design in the Twentieth Century*. 3rd edition. Malden, MA: Blackwell Publishing, 2002.

Hanel, Johannes. "Technology and Sciences under Modern Capitalism." In *Werner Sombart (1863-1941): Social Scientist Volume 2*, ed. Jürgen Backhaus. Marburg: Metropolis, 1996.

Hanes, Jeffrey E. *The City as Subject: Seki Hajime and the Reinvention of Modern Osaka*. Berkeley: University of California Press, 2002.〔ジェフリー・E・ヘインズ『主体としての都市――関一と近代大阪の再構築』宮本憲一監訳，勁草書房，2007〕

Hanwell, Norman D. and Kurt Bloch. "Behind the Famine in North China." *Far Eastern Survey* 9, no. 6 (Mar. 13, 1940): 63–68.

Härd, Mikael. "German Regulation: The Integration of Modern Technology into National Culture." In *The Intellectual Appropriation of Technology: Discourses on Modernity, 1900–1939*, eds. Mikael Härd and Andrew Jamison, 33–67. Cambridge: The MIT Press, 1998.

Härd, Mikael and Andrew Jamison. "Conceptual Framework: Technology Debates as Appropriation Processes." In *The Intellectual Appropriation of Technology: Discourses on Modernity, 1900–1939*, eds. Mikael Härd and Andrew Jamison, 1–15. Cambridge, MA: The MIT Press, 1998.

Harootunian, Harry. *Overcome by Modernity: History, Culture, and Community in Interwar Japan*. Princeton: Princeton University Press, 2000.〔ハリー・ハルトゥーニアン『近代による超克――戦間期日本の歴史・文化・共同体（上下）』梅森直之訳，岩波書店，2007〕

Hatch, Walter F. *Asia's Flying Geese: How Regionalization Shapes Japan?* Ithaca: Cornell University Press, 2010.

———. "Rethinking Modernization and Modernity in Japanese History: A Focus on State-Society Relations." *The Journal of Asian Studies* 53, no. 2 (May 1994): 346-366.

———. *The State and Labor in Modern Japan.* Berkeley: University of California Press, 1987.

Gassert, Philipp. "'Without Concessions to Marxist or Communist thought:' Fordism in Germany, 1923-1939." In *Transatlantic Images and Perceptions: Germany and America since 1776*, ed. David Barclay and Elisabeth Glaser-Schmidt, 217-242. Cambridge: Cambridge University Press, 2003.

George, Timothy S. *Minamata: Pollution and the Struggle for Democracy in Postwar Japan.* Cambridge: Harvard University Asia Center, 2002.

Gerow, Aaron. *Visions of Japanese Modernity: Articulations of Cinema, Nation, and Spectatorship, 1895-1925.* Berkeley: University of California Press, 2010.

Gordon, Andrew. *Labor and Imperial Democracy in Prewar Japan.* Berkeley: University of California Press, 1991.

Gorky, Maxim. "Literature and the Soviet Idea." In *Problems of Soviet Literature*, ed. H. G. Scott. Moscow: Cooperative Publishing Society of Foreign Workers in the USSR, 1935.

Gotō, Kunio. "The National Land Comprehensive Development Act." In *A Social History of Science and Technology in Contemporary Japan Volume 3: High Economic Growth Period, 1960-1969*, eds. Shigeru Nakayama and Kunio Gotō, 333-346. Melbourne: Trans Pacific Press, 2006.

———. "Technology Studies, Technological Innovation and State Monopoly Capitalism." In A *Social History of Technology in Contemporary Japan Volume 2: Road to Self-Reliance*, eds. Shigeru Nakayama and Hitoshi Yoshioka, 345-357. Melbourne: Transpacific Press, 2005.

Göttl-Ottlilienfeld, Friedrich von. *Wirtschaft und Wissenschaft*, 1947.

———. "Fordism." In *The Weimar Republic Sourcebook*, eds. Anton Kaes, Martin Jay, and Edward Dimendburg, 400-402. Berkeley: University of California Press, 1995.

Griffin, Roger. "The Palingenetic Core of Generic Fascist Ideology." Translated book chapter, 1-16. http://ah.brookes.ac.uk/resources/griffin/coreoffascism.pdf. (Accessed January 14, 2012).

Grunden, Walter E. *Secret Weapons and World War II: Japan in the Shadow of Big Science.* Lawrence, KS: University Press of Kansas, 2005.

Calichman, Richard F., ed. *Overcoming Modernity: Cultural Identity in Wartime Japan*, trans. Richard Calichman. New York: Columbia University Press, 2008.

Commission on the History of Science and Technology Policy, ed. *Historical Review of Japanese Science and Technology Policy*. Tokyo: Society of Non-Traditional Technology, 1991.

Cusumano, Michael A. "'Scientific Industry:' Strategy, Technology, and Entrepreneurship in Prewar Japan." In *Managing Industrial Enterprise*, ed. William D. Wray, 269–315. Cambridge: Council of East Asian Studies/Harvard University, 1989.

Dinmore, Eric G. "A Small Island Nation Poor in Resources: Natural and Human Resource Anxieties in Trans-World War II Japan." Ph.D. dissertation, Princeton University, 2006.

Dower, John W. "The Useful War." *Daedulus* 119, no. 3 (1990): 49–70.

———. *War Without Mercy: Race and Power in the Pacific War*. New York: Pantheon Books, 1986.〔ジョン・ダワー『容赦なき戦争——太平洋戦争における人種差別』斎藤元一訳，平凡社ライブラリー，2001年〕

Driscoll, Mark. *Absolute Erotic, Absolute Grotesque: The Living, Dead, and Undead in Japan's Imperialism, 1895–1945*. Durham: Duke University Press, 2010.

Duus, Peter and Daniel I. Okimoto. "Fascism and the History of Prewar Japan: The Failure of a Concept." *The Journal of Asian Studies* 39, no. 1 (1979): 65–76.

Dyer-Witherford, Nick. *Cyber-Marx: Cycles and Circuits of Struggle in High-Technology Capitalism*. Urbana and Chicago: University of Illinois Press, 1999.

Feenberg, Andrew. *Critical Theory of Technology*. New York: Oxford University Press, 1991.〔アンドルー・フィーンバーグ『技術 クリティカル・セオリー』藤本正文訳，法政大学出版局，1995〕

Fletcher, W. Miles. *The Search for a New Order: Intellectuals and Fascism in Prewar Japan*. Chapel Hill: University of North Carolina Press, 1982.〔マイルズ・フレッチャー『知識人とファシズム——近衛新体制と昭和研究会』竹内洋，井上義和訳，柏書房，2011年〕

Gao, Bai. *Economic Ideology and Japanese Industrial Policy: Developmentalism from 1935 to 1965*. Cambridge: Cambridge University Press, 2002.

Garon, Sheldon. *Molding Japanese Minds: The State in Everyday Life*. Princeton: Princeton University Press, 1997.

参考文献一覧

英語文献

Aldrich, Daniel P. *Site Fights: Divisive Facilities and Civil Society in Japan and the West.* Ithaca, NY: Cornell University Press, 2008.〔ダニエル・P・アルドリッチ『誰が負を引きうけるのか――原発・ダム・空港立地をめぐる紛争と市民社会』湯浅陽一監訳, 世界思想社, 2012〕

Aldrich, Daniel P. and Martin Dusinberre. "Hatoko Comes Home: Civil Society and Nuclear Power in Japan." *The Journal of Asian Studies* 70, no. 3 (Sept. 2011): 683–705.

Archer, Kevin. "The Limits to the Imagineered City: Sociospatial Polarization in Orlando." *Economic Geography* 73, no. 3 (July 1997): 322–336.

Barnhart, Michael A. *Japan Prepares for Total War: The Search for Economic Security, 1919–1941.* Ithaca: Cornell University Press, 1988.

Barshay, Andrew E. *The Social Sciences in Modern Japan: The Marxian and Modernist Traditions.* Berkeley: University of California Press, 2004.〔アンドリュー・E・バーシェイ『近代日本の社会科学――丸山眞男と宇野弘蔵の射程』山田鋭夫訳, NTT 出版, 2007〕

Baskett, Michael. *The Attractive Empire: Transnational Film Culture in Imperial Japan.* Honolulu: University of Hawaii Press, 2008.

Billington, David and Donald Jackson. *Big Dams of the New Deal Era.* University of Oklahoma Press, 2006.

Bix, Herbert. "Rethinking Emperor-System Fascism." *Bulletin of Concerned Asian Scholars* 14 (1982): 20–32.

Bloom, Justin L. *Japan as a Scientific and Technological Superpower.* Potomac, MD: Technology International and Springfield, Va.: U.S. Dept. of Commerce, National Technical Information Service, 1990.

Brown, Steven T. *Tokyo Cyberpunk: Posthumanism in Japanese Visual Culture: Posthumanism in Japanese Visual Culture.* New York: Palgrave Macmillan, 2010.

Buck, Pearl. *The Good Earth.* Reprint. New York: Pocket Books, 2005.〔パール・S・バック『大地1～4』小野寺健訳, 岩波文庫, 1997〕

ま行

や行

ら行

わ行

人名索引

研究科博士後期課程在学中。電力業史・革新官僚論。（終章）

辛島理人（からしま　まさと）1975年生まれ。オーストラリア国立大学太平洋アジア研究学院博士課程修了。Ph.D.取得。経済史。現在、神戸大学大学院国際文化学研究科准教授。『帝国日本のアジア研究　総力戦体制・経済リアリズム・民主社会主義』（明石書店、2015）。（終章）

藤原辰史（ふじはら　たつし）／1976年生まれ。京都大学大学院人間・環境学研究科中途退学。現在、京都大学人文科学研究所准教授。『分解の哲学』（青土社、2019）、『トラクターの世界史』（中公新書、2017）ほか多数。（解説）

訳者略歴（担当章）

三原芳秋（みはら　よしあき）1974年生まれ。コーネル大学大学院人文科学研究科博士課程修了。文学博士（Ph.D.）。英文学・文学理論。現在、一橋大学大学院言語社会研究科教授。編訳書にゴウリ・ヴィシュワナータン著『異議申し立てとしての宗教』（みすず書房、2018）。論文に“Vico or Spinoza: An Other Way of Looking at Theory, circa 1983”. *Ex-position*, Vol. 40（2018）など。（序章）

金山浩司（かなやま　こうじ）1979年生まれ。東京大学大学院総合文化研究科修了。博士（学術）。現在、九州大学基幹教育院准教授。科学史。『神なき国の科学思想　ソヴィエト連邦における物理学哲学論争』（東海大学出版部、2018）。（一・二章）

栢木清吾（かやのき　せいご）1979年生まれ。神戸大学大学院総合人間科学研究科博士後期課程修了。博士（学術）。移民史。現在、広島工業大学ほか非常勤講師。論文に「移民史と海事史を越境する」（塩原・稲津編『社会的分断を越境する』青弓社、2017）、訳書に『よい移民　現代イギリスを生きる21人の物語』（創元社、2019）など。（三章）

山品晟互（やましな　せいご）1995年生まれ。神戸大学国際文化学部卒業。現在バルセロナ大学大学院（科学史）に所属。論文に「軍事産業としての日産　戦前・戦後の連続性」（塚原・愼編『軍事研究の歴史における戦前・戦後の技術の連続性を考える』神戸STS叢書、2017）など。（四章）

小野萌海（おの　もえみ）1998年生まれ。神戸大学国際文化学部在学。ポーランド・クラクフのヤゲウォ大学に留学。製鉄史。論文に「軍事研究についての近年の動向の調査」（塚原・愼編『軍事研究の歴史における戦前・戦後の技術の連続性を考える』神戸STS叢書、2017）。（四章）

井上雅俊（いのうえ　まさとし）1993年生まれ。神戸大学国際文化学部卒業。フランス・パリの社会科学高等研究院（EHESS）博士課程・科学技術社会史専攻に在籍。論文に「原子力性からみる核の現代史」（『ものがつなぐ世界史』ミネルヴァ書房、近刊）など。（五章）

内川隆文（うちかわ　たかふみ）1987年うまれ。東京外国語大学大学院総合国際学

著者略歴

アーロン・S・モーア（Aaron Stephen Moore）

1972年横浜生まれ。コーネル大学歴史学部 Ph.D. アリゾナ州立大学歴史・哲学・宗教学研究学科（歴史学部）准教授。専門は近現代日本史、科学技術史。主な業績には本書のほか、共編著に *Engineering Asia: Technology, Colonial Development and the Cold War Order* (Bloomsbury Academic, 2018)、日本語に翻訳された論文としては、「「大東亜の建設」から「アジアの開発」へ　日本のエンジニアリングとポストコロニアル／冷戦期のアジア開発についての言説」（『現代思想』2015年５月号）などがある。2019年９月８日、急逝。

監訳者略歴

塚原東吾（つかはら・とうご）

1961年生。東京学芸大学修士課程（化学）修了。ライデン大学医学部博士 Ph.D.（医学）。現在、神戸大学大学院国際文化学研究科教授。専門は科学史、STS。編著に、『帝国日本の科学思想史』（共編、勁草書房、2018年）、『科学機器の歴史　望遠鏡と顕微鏡』（日本評論社、2015年）など。訳書に、ロー・ミンチェン『医師の社会史』（法政大学出版局、2014年）、ラジャン『バイオ・キャピタル』（青土社、2011年）など。

Constructing East Asia:
Technology, Ideology, and Empire in Japan's Wartime Era, 1931-1945
by Aaron Stephen Moore,
Published in English by Stanford University Press,

This translation is published by arrangement with Stanford University Press,
www.sup.org
Through The English Agency (Japan) Ltd.

Printed in Japan
ISBN 978-4-409-52080-2 C3021

「大東亜」を建設する
――帝国日本の技術とイデオロギー

二〇一九年 一二月 五日 初版第一刷印刷
二〇一九年 一二月一五日 初版第一刷発行

著者 アーロン・S・モーア
監訳者 塚原東吾
発行者 渡辺博史
発行所 人文書院
〒六一二-八四四七
京都市伏見区竹田西内畑町九
電話〇七五（六〇三）一三四四
振替〇一〇〇〇-八-一一〇三

印刷 創栄図書印刷株式会社
装丁 間村俊一